효과 빠른 **약점 처방전**

과탐 **생명과학Ⅰ** S

구성과 특징 Structure

>> 전체 교과 내용을 **14강**으로 분류하여 효율적 학습이 가능하도록 구성하였습니다.

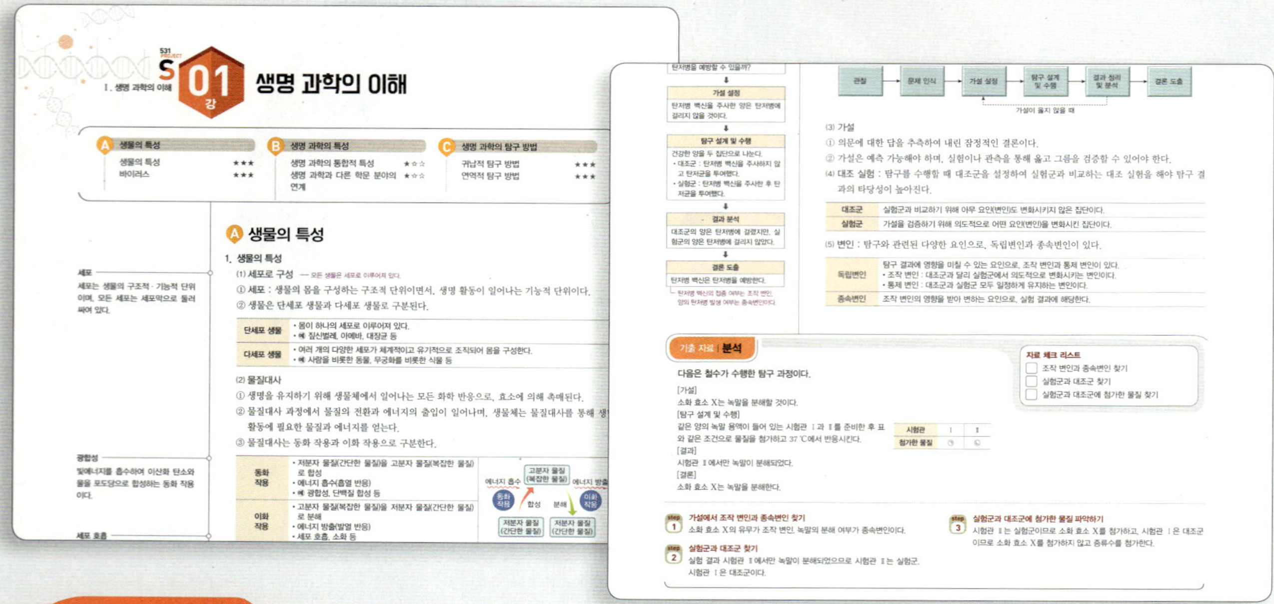

내용 정리

▶ 이 단원에서 반드시 알아야 할 개념을 체계적으로 정리하였습니다.

▶ 해당 개념에 대한 출제 빈도를 한눈에 파악할 수 있도록 제시하였습니다.

▶ **기출 자료 분석 :** 수능이나 평가원 기출 문제에 제시된 자료를 단계별로 상세하게 분석하였습니다.

기출 변형 문제

▶ 수능, 평가원, 교육청 기출 문제를 변형하여 구성하였습니다.

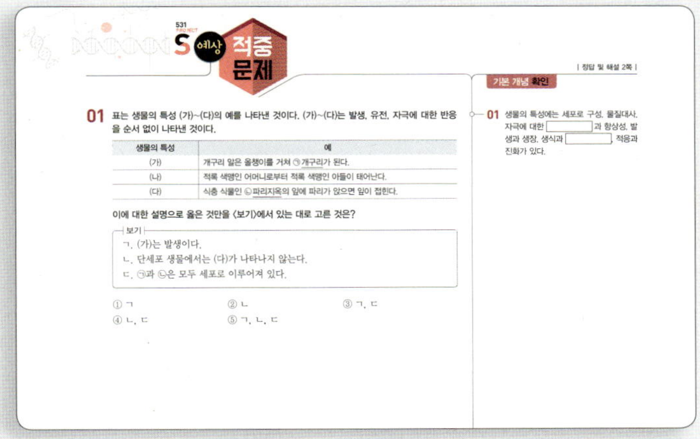

예상 적중 문제

▶ 수능에 출제될 가능성이 높은 문제로 구성하였습니다.

▶ **기본 개념 확인** : 문제를 풀기 위해 알아야 할 개념을 확인할 수 있습니다.

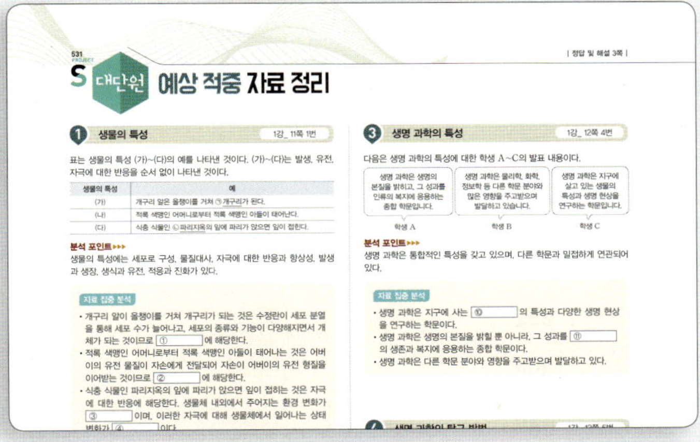

대단원 예상 적중 자료 정리

▶ 대단원에서 나올 수 있는 대표적인 자료를 분석하면서 시험에 나올 수 있는 다양한 내용을 한 번 더 확인합니다.

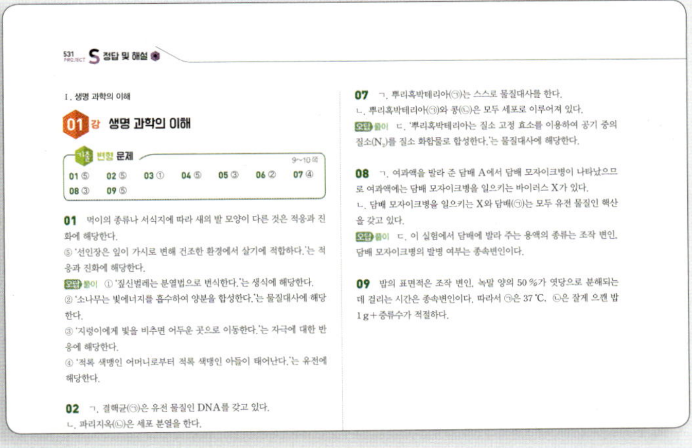

정답 및 해설

▶ 정확하고 상세한 해설로 문제를 완벽하게 이해할 수 있도록 도와줍니다.

▶ 오답 풀이를 통해 무엇이 잘못된 내용인지 확인할 수 있습니다.

차례 Contents

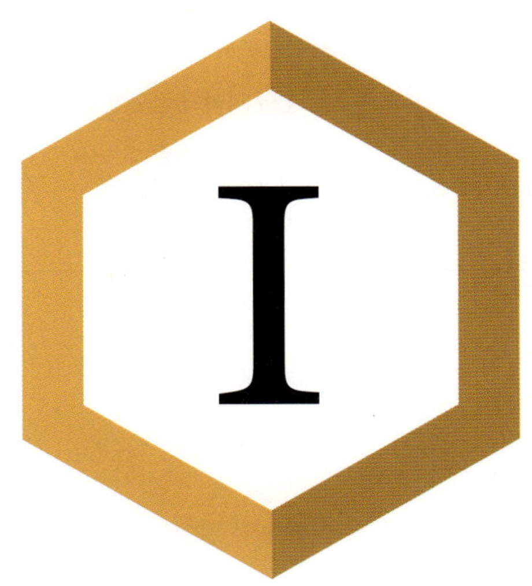

Ⅰ 생명 과학의 이해

01강   생명 과학의 이해

531
PROJECT
S 01강

생명 과학의 이해

A 생물의 특성		B 생명 과학의 특성		C 생명 과학의 탐구 방법	
생물의 특성	★★★	생명 과학의 통합적 특성	★☆☆	귀납적 탐구 방법	★★★
바이러스	★★★	생명 과학과 다른 학문 분야의 연계	★☆☆	연역적 탐구 방법	★★★

A 생물의 특성

1. 생물의 특성

(1) 세포로 구성 — 모든 생물은 세포로 이루어져 있다.

① 세포 : 생물의 몸을 구성하는 구조적 단위이면서, 생명 활동이 일어나는 기능적 단위이다.

② 생물은 단세포 생물과 다세포 생물로 구분된다.

단세포 생물	• 몸이 하나의 세포로 이루어져 있다. • 예 짚신벌레, 아메바, 대장균 등
다세포 생물	• 여러 개의 다양한 세포가 체계적이고 유기적으로 조직되어 몸을 구성한다. • 예 사람을 비롯한 동물, 무궁화를 비롯한 식물 등

(2) 물질대사

① 생명을 유지하기 위해 생물체에서 일어나는 모든 화학 반응으로, 효소에 의해 촉매된다.

② 물질대사 과정에서 물질의 전환과 에너지의 출입이 일어나며, 생물체는 물질대사를 통해 생명 활동에 필요한 물질과 에너지를 얻는다.

③ 물질대사는 동화 작용과 이화 작용으로 구분한다.

동화 작용	• 저분자 물질(간단한 물질)을 고분자 물질(복잡한 물질)로 합성 • 에너지 흡수(흡열 반응) • 예 광합성, 단백질 합성 등	
이화 작용	• 고분자 물질(복잡한 물질)을 저분자 물질(간단한 물질)로 분해 • 에너지 방출(발열 반응) • 세포 호흡, 소화 등	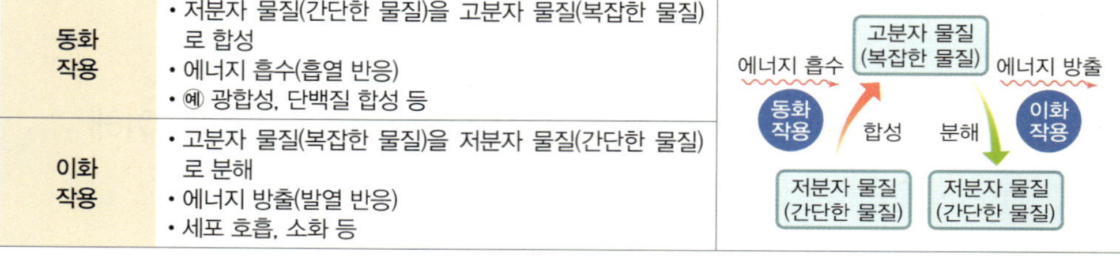

(3) 자극에 대한 반응과 항상성 : 생물은 자극에 대해 반응하며, 항상성을 유지한다.

자극에 대한 반응	• 자극에 대한 반응 : 생물체 내외에서 주어지는 환경 변화가 자극이며, 이러한 자극에 대해 생물체에서 일어나는 상태 변화가 반응이다. • 생물은 빛, 소리, 접촉 등 다양한 환경 변화를 받아들이고, 이에 대해 적절히 반응한다. • 예 지렁이가 빛을 피해 이동한다. 식물이 빛을 향해 굽어 자란다.
항상성	• 항상성 : 생물이 환경 변화에 관계없이 체내 상태를 일정하게 유지하려는 성질이다. • 생명이 유지되려면 항상성이 유지되어야 하는데, 동물의 경우에는 신경계와 내분비계의 작용으로 항상성이 조절된다. • 예 물을 많이 마시면 오줌의 양이 늘어난다. 사람은 더울 때 땀을 흘려 체온을 조절한다.

(4) 발생과 생장

① 발생과 생장 : 다세포 생물은 발생과 생장을 통해 구조적·기능적으로 완전한 개체가 된다.

발생	다세포 생물에서 생식세포의 수정으로 형성된 수정란이 세포 분열을 통해 세포 수가 늘어나고, 세포의 종류와 기능이 다양해지면서 개체가 되는 것이다.
생장	발생에 의해 생긴 개체가 세포 분열을 통해 세포 수를 늘리면서 자라는 것이다.

② 발생과 생장의 예

• 개구리 알은 올챙이를 거쳐 개구리가 된다.　• 장구벌레는 번데기 시기를 거쳐 모기가 된다.

③ 발생과 생장은 몸이 자라는 것뿐만 아니라 복잡하게 분화하여 구조적·기능적으로 완전한 개체가 되어 가는 과정이다.

세포
세포는 생물의 구조적·기능적 단위이며, 모든 세포는 세포막으로 둘러싸여 있다.

광합성
빛에너지를 흡수하여 이산화 탄소와 물을 포도당으로 합성하는 동화 작용이다.

세포 호흡
포도당을 이산화 탄소와 물로 분해하고 에너지를 방출하는 이화 작용이다.

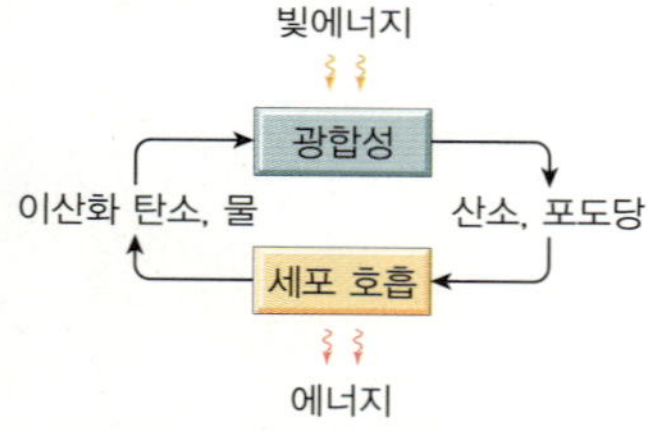

▲ 광합성과 세포 호흡의 관계

분화
세포가 분열, 증식하면서 생장하는 동안 구조나 기능이 특수화되는 현상이다. 즉, 생물의 세포, 조직 등이 각각에게 주어진 일을 수행하기 위하여 형태나 기능이 변해 가는 것을 말한다.

(5) 생식과 유전 : 생물은 생식과 유전을 통해 종족을 유지한다.

생식	• 생식 : 생물이 자신과 닮은 자손을 만드는 것이다. • 무성 생식과 유성 생식으로 구분된다. • 예 짚신벌레는 분열법으로 번식한다. 효모는 출아법으로 번식한다. 사람은 생식세포의 수정을 통해 자손을 만든다.
유전	• 유전 : 생식을 통해 어버이의 유전 물질이 자손에게 전달되어 자손이 어버이의 유전 형질을 이어받는 것이다. • 예 적록 색맹인 어머니로부터 적록 색맹인 아들이 태어난다.

(6) 적응과 진화 : 생물은 환경에 적응해 가면서 새로운 종으로 진화한다.

① 적응과 진화

적응	생물이 자신이 살아가는 환경에 적합한 몸의 형태와 기능, 생활 습성 등을 갖게 되는 것이다.
진화	• 진화 : 생물이 여러 세대를 거치면서 집단 내의 유전자 구성이 변하는 과정이나 결과이며, 이를 통해 새로운 종으로 분화되기도 한다. • 생물이 다양한 환경에 적응하며 살아감으로써 오늘날의 다양한 생물종으로 진화하였다.

② 적응과 진화의 예
- 대벌레는 포식자의 눈에 띄지 않게 나무줄기와 비슷한 모습을 가진다.
- 사막에 사는 선인장은 잎이 가시로 변해 물의 손실을 줄이고, 물을 저장하는 조직이 발달되어 있다.
- 갈라파고스 군도의 핀치는 여러 섬에 격리되어 살면서 그 섬의 환경에 적응한 결과 서로 다른 특성의 부리를 가진 종으로 진화하였다.

2. 바이러스

(1) 바이러스의 구조

① 모양이 매우 다양하고, 세균보다 크기가 작아 세균 여과기를 통과한다.

② 단백질 껍질 속에 유전 물질인 핵산(DNA 또는 RNA)이 들어 있는 단순한 구조로 되어 있다.

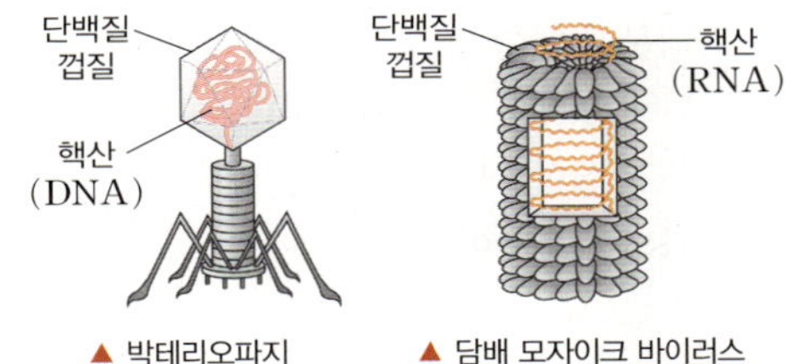

(2) 바이러스의 특성 : 바이러스는 생물적 특성과 비생물적 특성을 모두 나타낸다.

생물적 특성	• 유전 물질인 핵산을 가지고 있다. • 살아 있는 숙주 세포 내에서 핵산을 복제해 증식한다. • 증식 과정에서 돌연변이가 일어나 많은 변종 바이러스가 형성되며, 다양한 환경에 적응하고 진화할 수 있다.
비생물적 특성	• 세포로 되어 있지 않아 세포막과 세포 소기관을 가지고 있지 않다. • 대개 자신의 효소를 가지고 있지 않아 숙주 세포 밖에서는 독자적으로 물질대사를 하지 못하며, 핵산과 단백질로 이루어진 입자 상태로 존재한다.

B 생명 과학의 특성

1. 생명 과학의 통합적 특성

(1) 생명 과학은 물질이나 우주의 생성 등을 연구하는 타 과학 분야와 달리 지구에 사는 생물의 특성과 다양한 생명 현상을 연구하는 학문이다.

(2) 생물체의 모든 수준에서 생명 현상을 이해하고, 이를 종합하여 그 원리를 탐구하는 통합적 특성을 가진다.

(3) 생명 과학은 생명의 본질을 밝힐 뿐만 아니라 그 성과를 인류의 생존과 복지에 응용하는 종합 학문이다.

(4) 생명 과학에서는 생물을 구성하는 분자에서부터 생태계에 이르기까지 다양한 범위의 대상을 통합적으로 연구한다.

2. 생명 과학과 다른 학문 분야의 연계

(1) 생명 과학은 다양한 분야의 학문과 상호 작용하며 비약적인 발전을 이루고 있다.

(2) 연계된 학문 분야 : 의학, 화학, 물리학, 공학, 수학, 정보학, 심리학 등 다양한 분야가 있다.

무성 생식과 유성 생식

무성 생식	생식세포의 수정 없이 번식하므로 유전자 구성이 어미와 동일한 자손을 남기는 경우가 많다.
유성 생식	생식세포의 수정을 통해 번식하므로 유전자 구성이 다양한 자손을 남긴다.

바이러스(virus)
'독'을 뜻하는 라틴어인 '비루스(virus)'에서 유래한 단어이다. 일반적으로 생물은 DNA와 RNA를 모두 갖지만, 바이러스는 DNA와 RNA 중 한 가지를 갖기도 한다.

숙주
한 개체가 다른 개체에 기생하여 살 때 영양을 공급하는 생물이다.

생명 과학과 다른 학문 분야의 연계 사례
- 전자 현미경 : 물리학의 원리를 이용하여 개발되었다.
- 생물 정보학 : 생명 과학과 정보학이 연계된 학문으로, 통계학과 컴퓨터 시스템의 도움을 받는다.

C 생명 과학의 탐구 방법

귀납적 탐구 사례

- 세포설 : 여러 과학자들이 다양한 생물을 현미경으로 관찰한 결과 모든 생물은 세포로 구성되어 있다는 결론을 이끌어냈다.
- 진화론 : 다윈은 갈라파고스 군도를 비롯한 여러 곳에 살고 있는 생물의 특성을 관찰하고 자료를 수집하여 분석한 결과 자연 선택에 의한 진화의 원리를 밝혔다.

연역적 탐구 사례

파스퇴르의 탄저병 백신 개발

관찰 및 문제 인식
닭 콜레라 백신처럼 탄저병 백신으로 탄저병을 예방할 수 있을까?

↓

가설 설정
탄저병 백신을 주사한 양은 탄저병에 걸리지 않을 것이다.

↓

탐구 설계 및 수행
건강한 양을 두 집단으로 나눈다.
- 대조군 : 탄저병 백신을 주사하지 않고 탄저균을 투여했다.
- 실험군 : 탄저병 백신을 주사한 후 탄저균을 투여했다.

↓

결과 분석
대조군의 양은 탄저병에 걸렸지만, 실험군의 양은 탄저병에 걸리지 않았다.

↓

결론 도출
탄저병 백신은 탄저병을 예방한다.

└ 탄저병 백신의 접종 여부는 조작 변인, 양의 탄저병 발생 여부는 종속변인이다.

---

1. 귀납적 탐구 방법 — 자연 현상을 관찰하여 얻은 자료를 종합하고 분석한 후 결론을 도출해 내는 탐구 방법이다.

(1) 자연 현상의 관찰을 통하여 얻을 수 있는 지식이 곧 사실이며, 이러한 사실적 지식들을 종합하고 분석하는 과정에서 규칙성을 발견하여 일반적인 원리나 법칙을 이끌어내는 탐구 방법이다.

(2) 실험을 통해 검증하기 어려운 주제를 탐구하는 방법으로, 가설 설정 단계가 없다.

(3) 귀납적 탐구 과정

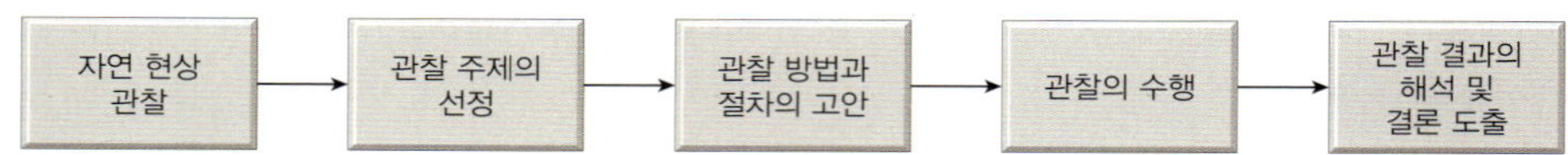

2. 연역적 탐구 방법

(1) 자연 현상을 관찰하면서 인식한 문제를 해결하기 위한 잠정적 답인 가설을 세우고, 실험을 통해 가설의 옳고 그름을 검증하는 탐구 방법이다.

(2) 연역적 탐구 과정

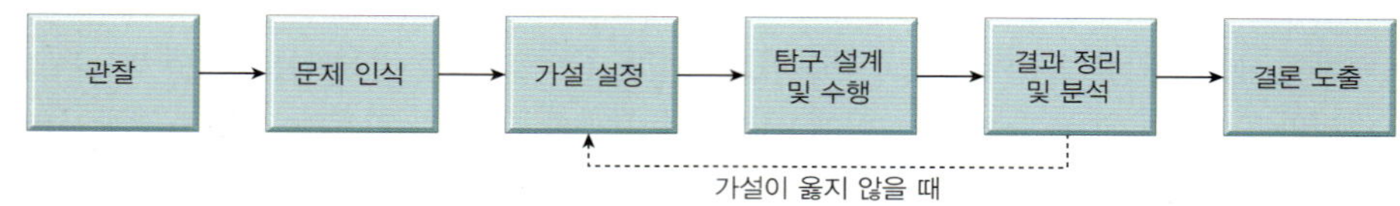

(3) 가설

① 의문에 대한 답을 추측하여 내린 잠정적인 결론이다.

② 가설은 예측 가능해야 하며, 실험이나 관측을 통해 옳고 그름을 검증할 수 있어야 한다.

(4) 대조 실험 : 탐구를 수행할 때 대조군을 설정하여 실험군과 비교하는 대조 실험을 해야 탐구 결과의 타당성이 높아진다.

대조군	실험군과 비교하기 위해 아무 요인(변인)도 변화시키지 않은 집단이다.
실험군	가설을 검증하기 위해 의도적으로 어떤 요인(변인)을 변화시킨 집단이다.

(5) 변인 : 탐구와 관련된 다양한 요인으로, 독립변인과 종속변인이 있다.

독립변인	탐구 결과에 영향을 미칠 수 있는 요인으로, 조작 변인과 통제 변인이 있다. • 조작 변인 : 대조군과 달리 실험군에서 의도적으로 변화시키는 변인이다. • 통제 변인 : 대조군과 실험군 모두 일정하게 유지하는 변인이다.
종속변인	조작 변인의 영향을 받아 변하는 요인으로, 실험 결과에 해당한다.

기출 자료 | 분석

자료 체크 리스트
- [ ] 조작 변인과 종속변인 찾기
- [ ] 실험군과 대조군 찾기
- [ ] 실험군과 대조군에 첨가한 물질 찾기

다음은 철수가 수행한 탐구 과정이다.

[가설]
소화 효소 X는 녹말을 분해할 것이다.
[탐구 설계 및 수행]
같은 양의 녹말 용액이 들어 있는 시험관 I 과 II 를 준비한 후 표와 같은 조건으로 물질을 첨가하고 37 ℃에서 반응시킨다.

시험관	I	II
첨가한 물질	㉠	㉡

[결과]
시험관 II 에서만 녹말이 분해되었다.
[결론]
소화 효소 X는 녹말을 분해한다.

 **가설에서 조작 변인과 종속변인 찾기**
소화 효소 X의 유무가 조작 변인, 녹말의 분해 여부가 종속변인이다.

step 2 실험군과 대조군 찾기
실험 결과 시험관 II 에서만 녹말이 분해되었으므로 시험관 II 는 실험군, 시험관 I 은 대조군이다.

 **실험군과 대조군에 첨가한 물질 파악하기**
시험관 II 는 실험군이므로 소화 효소 X를 첨가하고, 시험관 I 은 대조군이므로 소화 효소 X를 첨가하지 않고 증류수를 첨가한다.

01 그림은 먹이의 종류나 서식지에 따른 새의 발 모양을 나타낸 것이다.

독수리　　　오리　　　꿩

이 자료에 나타난 생물의 특성과 가장 관련이 깊은 것은?

① 짚신벌레는 분열법으로 번식한다.
② 소나무는 빛에너지를 흡수하여 양분을 합성한다.
③ 지렁이에게 빛을 비추면 어두운 곳으로 이동한다.
④ 적록 색맹인 어머니로부터 적록 색맹인 아들이 태어난다.
⑤ 선인장은 잎이 가시로 변해 건조한 환경에서 살기에 적합하다.

02 다음은 결핵균과 파리지옥에 대한 설명이다.

- 폐결핵은 ㉠ 결핵균($Mycobacterium\ tuberculosis$)이 폐에 감염되어 나타나는 질병이며, 항생제 이소니아지드와 리팜핀 등으로 치료되어 왔다. 그러나 최근에 이 항생제를 투여해도 죽지 않는 결핵균이 점점 증가하고 있다.
- ㉡ 파리지옥의 잎에는 3쌍의 감각모가 있어서 ⓐ 잎에 곤충이 앉으면 잎이 갑자기 접히며, 안쪽의 돌은 선에서 산과 소화액을 분비하여 곤충을 분해한다.

이에 대한 설명으로 옳은 것만을 〈보기〉에서 있는 대로 고른 것은?

| 보기 |
ㄱ. ㉠은 유전 물질을 갖고 있다.
ㄴ. ㉡은 세포 분열을 한다.
ㄷ. ⓐ에 나타난 생물의 특성은 자극에 대한 반응이다.

①ㄱ　　②ㄷ　　③ㄱ, ㄴ
④ㄴ, ㄷ　　⑤ㄱ, ㄴ, ㄷ

03 그림은 독감 바이러스와 짚신벌레의 공통점과 차이점을 나타낸 것이다. A와 B는 독감 바이러스와 짚신벌레를 순서 없이 나타낸 것이고, ㉢은 '스스로 물질대사를 한다.'이다.

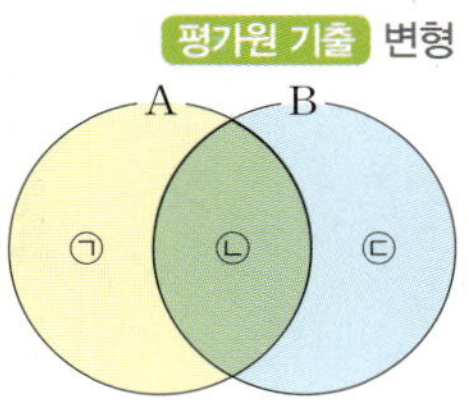

이에 대한 설명으로 옳은 것만을 〈보기〉에서 있는 대로 고른 것은?

| 보기 |
ㄱ. A는 독감 바이러스이다.
ㄴ. '핵산을 갖고 있다.'는 ㉠에 해당한다.
ㄷ. '세포로 이루어져 있다.'는 ㉡에 해당한다.

①ㄱ　　②ㄷ　　③ㄱ, ㄴ　　④ㄱ, ㄷ　　⑤ㄴ, ㄷ

04 그림은 대장균과 박테리오파지 사이에서 일어나는 과정의 일부를 나타낸 것이다. A와 B는 각각 대장균과 박테리오파지 중 하나이다.

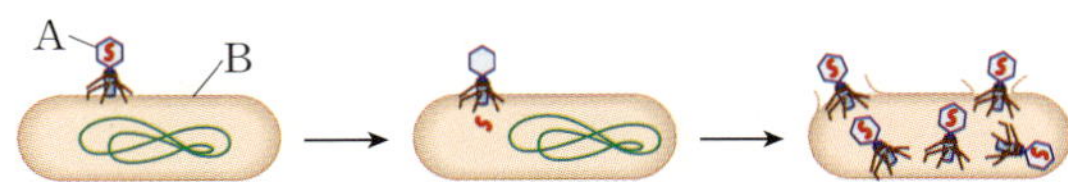

이에 대한 설명으로 옳은 것만을 〈보기〉에서 있는 대로 고른 것은?

| 보기 |
ㄱ. A는 박테리오파지이다.
ㄴ. B는 자극에 대해 반응한다.
ㄷ. A와 B는 모두 핵산을 갖고 있다.

①ㄱ　　②ㄴ　　③ㄱ, ㄷ　　④ㄴ, ㄷ　　⑤ㄱ, ㄴ, ㄷ

05 그림 (가)는 담배 모자이크 바이러스를, (나)는 대장균을 나타낸 것이다.

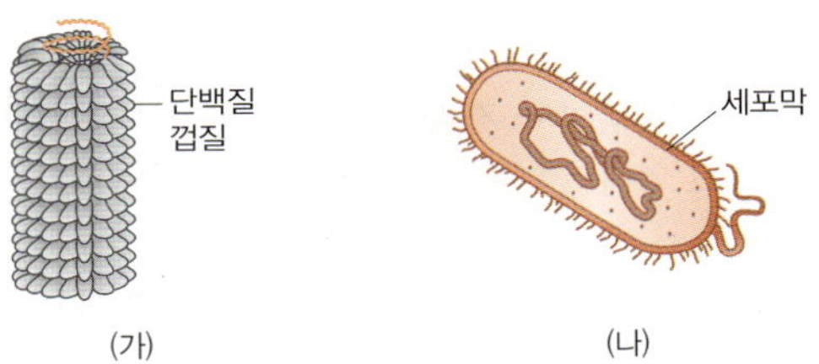

이에 대한 설명으로 옳은 것만을 〈보기〉에서 있는 대로 고른 것은?

| 보기 |
ㄱ. (가)는 유전 물질을 갖고 있다.
ㄴ. (나)는 자극에 대해 반응한다.
ㄷ. (가)와 (나)는 모두 스스로 물질대사를 한다.

①ㄱ　　②ㄷ　　③ㄱ, ㄴ　　④ㄱ, ㄷ　　⑤ㄴ, ㄷ

06 그림 (가)는 바이러스의 일종인 박테리오파지를, (나)는 토끼를 나타낸 것이다.

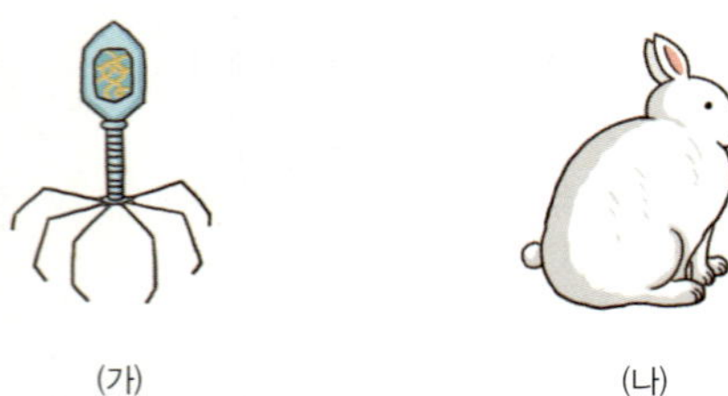

(가)　　　　　　　　　(나)

(가)와 (나)에서 공통적으로 나타나는 생물의 특성으로 옳은 것만을 〈보기〉에서 있는 대로 고른 것은?

| 보기 |
ㄱ. 세포 분열을 한다.
ㄴ. 유전 물질을 갖는다.
ㄷ. 스스로 물질대사를 한다.

① ㄱ　　　　　② ㄴ　　　　　③ ㄱ, ㄴ
④ ㄱ, ㄷ　　　　⑤ ㄴ, ㄷ

07 다음은 뿌리혹박테리아와 콩에 대한 자료이다.

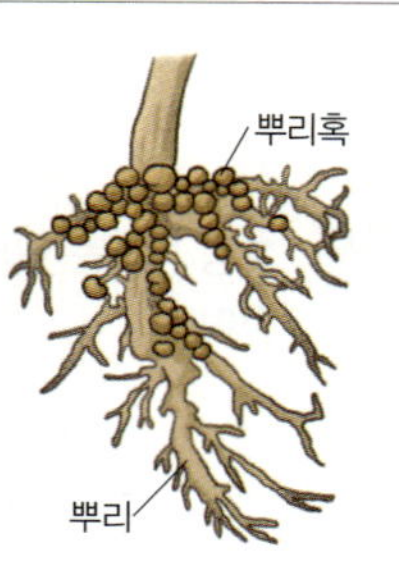

㉠ 뿌리혹박테리아는 ㉡ 콩의 뿌리혹 안에서 서식한다. ⓐ 뿌리혹박테리아는 질소 고정 효소를 이용하여 공기 중의 질소(N_2)를 질소 화합물로 합성한다. 콩은 뿌리혹박테리아가 합성한 질소 화합물을 공급받아 자라는 속도가 빠르고 열매의 단백질 함량이 높다.

이에 대한 설명으로 옳은 것만을 〈보기〉에서 있는 대로 고른 것은?

| 보기 |
ㄱ. ㉠은 스스로 물질대사를 한다.
ㄴ. ㉠과 ㉡은 모두 세포로 이루어져 있다.
ㄷ. ⓐ에 나타난 생물의 특성은 유전이다.

① ㄱ　　　　　② ㄴ　　　　　③ ㄷ
④ ㄱ, ㄴ　　　　⑤ ㄴ, ㄷ

08 다음은 담배 모자이크병을 일으키는 바이러스 X의 특성을 알아보기 위한 실험이다.

[실험 과정]
(가) 담배 모자이크병에 걸린 담배의 즙을 짜내어 세균 여과기에 거른다.
(나) 건강한 ㉠ 담배 A에는 (가)의 ㉡ 여과액을, 건강한 담배 B에는 증류수를 발라 준다.
[실험 결과]
A에서는 담배 모자이크병이 나타났지만, B에서는 담배 모자이크병이 나타나지 않았다.

이에 대한 설명으로 옳은 것만을 〈보기〉에서 있는 대로 고른 것은? (단, 제시된 조건 이외의 모든 실험 조건은 동일하게 한다.)

| 보기 |
ㄱ. ㉡에는 X가 있다.
ㄴ. X와 ㉠은 모두 핵산을 갖고 있다.
ㄷ. 이 실험에서 담배 모자이크병의 발병 여부는 통제 변인이다.

① ㄱ　　　　　② ㄷ　　　　　③ ㄱ, ㄴ
④ ㄴ, ㄷ　　　　⑤ ㄱ, ㄴ, ㄷ

09 다음은 어떤 학생이 수행한 탐구 과정 중 일부를 나타낸 것이다.

[가설] 밥의 표면적이 넓으면 아밀레이스에 의한 녹말의 분해 속도가 빠를 것이다.
[탐구 설계 및 수행]
(가) 같은 양의 침 희석액이 들어 있는 시험관 A와 B를 준비한 후 표와 같은 조건으로 물질을 첨가하고 반응시킨다.

구분	첨가한 물질	온도
시험관 A	밥 1 g＋증류수	㉠
시험관 B	㉡	37 ℃

(나) A와 B에서 각각 녹말 양의 50 %가 엿당으로 분해될 때까지의 시간을 측정한다.
[결과] 밥 1 g에 들어 있는 녹말 양의 50 %가 엿당으로 분해되는 데 걸리는 시간은 A보다 B에서 더 짧았다.

이 탐구 과정의 결과를 얻기 위한 ㉠과 ㉡으로 가장 적절한 것은? (단, 제시된 조건 이외의 모든 실험 조건은 동일하게 한다.)

	㉠	㉡
①	37 ℃	증류수
②	37 ℃	밥 1 g＋염산
③	67 ℃	밥 1 g＋증류수
④	67 ℃	잘게 으깬 밥 1 g＋염산
⑤	37 ℃	잘게 으깬 밥 1 g＋증류수

01 표는 생물의 특성 (가)~(다)의 예를 나타낸 것이다. (가)~(다)는 발생, 유전, 자극에 대한 반응을 순서 없이 나타낸 것이다.

생물의 특성	예
(가)	개구리 알은 올챙이를 거쳐 ⊙개구리가 된다.
(나)	적록 색맹인 어머니로부터 적록 색맹인 아들이 태어난다.
(다)	식충 식물인 ⓒ파리지옥의 잎에 파리가 앉으면 잎이 접힌다.

이에 대한 설명으로 옳은 것만을 〈보기〉에서 있는 대로 고른 것은?

> ┤ 보기 ├
> ㄱ. (가)는 발생이다.
> ㄴ. 단세포 생물에서는 (다)가 나타나지 않는다.
> ㄷ. ⊙과 ⓒ은 모두 세포로 이루어져 있다.

① ㄱ   ② ㄴ   ③ ㄱ, ㄷ
④ ㄴ, ㄷ   ⑤ ㄱ, ㄴ, ㄷ

02 다음은 갈라파고스 군도의 핀치에 대한 자료이다.

'종의 기원'의 저자인 다윈은 ⊙갈라파고스 군도 각 섬의 생태적인 환경에 따라 섬에 서식하고 있는 핀치의 부리 모양이나 크기가 다른 것을 관찰하였다. ⓐ선인장을 먹는 ⓑ선인장땅핀치의 길고 뾰족한 부리는 선인장의 꽃과 과육을 찢는 데 도움이 되고, 큰땅핀치의 큰 부리는 식물에서 땅으로 떨어진 씨앗을 깨는 데 도움이 된다.

선인장땅핀치

큰땅핀치

이에 대한 설명으로 옳은 것만을 〈보기〉에서 있는 대로 고른 것은?

> ┤ 보기 ├
> ㄱ. 적응과 진화는 ⊙과 관련된 생물의 특성에 해당한다.
> ㄴ. ⓐ는 세포 분열을 한다.
> ㄷ. ⓐ와 ⓑ는 모두 생식과 유전을 한다.

① ㄱ   ② ㄷ   ③ ㄱ, ㄴ
④ ㄴ, ㄷ   ⑤ ㄱ, ㄴ, ㄷ

---

01 생물의 특성에는 세포로 구성, 물질대사, 자극에 대한 [　　　]과 항상성, 발생과 생장, 생식과 [　　　], 적응과 진화가 있다.

02 생물은 몸의 형태와 기능, 생활 습성 등을 변화시키며 자신이 살아가는 환경에 [　　　]한다.

03 바이러스가 유전 물질인 핵산을 갖는 것은 [   ] 특성에 해당하고, 세포로 이루어져 있지 않고 스스로 물질대사를 하지 못하는 것은 [   ] 특성에 해당한다.

03 표 (가)는 A~C에서 특징 ㉠~㉢의 유무를, (나)는 ㉠~㉢을 순서 없이 나타낸 것이다. A~C는 대장균, 독감 바이러스, 소나무를 순서 없이 나타낸 것이다.

구분	㉠	㉡	㉢
A	○	?	○
B	×	○	×
C	×	○	?

(○: 있음, ×: 없음)

(가)

특징(㉠~㉢)

• 핵산을 갖는다.
• 다세포 생물이다.
• 스스로 물질대사를 한다.

(나)

이에 대한 설명으로 옳은 것만을 〈보기〉에서 있는 대로 고른 것은?

| 보기 |
ㄱ. A는 소나무이다.
ㄴ. B와 C는 모두 세포로 이루어져 있다.
ㄷ. ㉢은 '핵산을 갖는다.'이다.

① ㄱ
② ㄴ
③ ㄱ, ㄴ
④ ㄱ, ㄷ
⑤ ㄴ, ㄷ

04 생명 과학은 [   ]의 본질을 밝히는 학문이다.

04 다음은 생명 과학의 특성에 대한 학생 A~C의 발표 내용이다.

발표한 내용이 옳은 학생만을 있는 대로 고른 것은?

① A
② B
③ A, C
④ B, C
⑤ A, B, C

05 다음은 어떤 학생이 수행한 탐구 과정 중 일부를 나타낸 것이다.

> **[가설]**
> 무즙에는 녹말을 엿당으로 분해하는 물질이 들어 있을 것이다.
> **[탐구 설계 및 수행]**
> 표와 같은 조건으로 물질을 첨가하고 일정한 시간이 지난 후 각 시험관에서 엿당을 검출하는 반응을 실시하였다.
>
> | 시험관 | 첨가한 물질 |
> | --- | --- |
> | A | 증류수와 녹말 용액 |
> | B | ㉠ |
>
> **[결과]**
> A에서는 엿당이 검출되지 않았고, B에서는 엿당이 검출되었다.
> **[결론]**
> 무즙에는 녹말을 엿당으로 분해하는 물질이 들어 있다.

이에 대한 설명으로 옳은 것만을 〈보기〉에서 있는 대로 고른 것은? (단, 제시된 조건 이외의 모든 실험 조건은 동일하게 한다.)

> ┤ 보기 ├
> ㄱ. A는 대조군이다.
> ㄴ. ㉠에는 무즙이 포함되어 있다.
> ㄷ. 물질대사는 이 탐구와 관련된 생물의 특성에 해당한다.

① ㄱ 　　　② ㄴ 　　　③ ㄱ, ㄷ
④ ㄴ, ㄷ 　　　⑤ ㄱ, ㄴ, ㄷ

05 연역적 탐구 과정에서는 의문에 대한 답을 추측하여 내린 잠정적 결론인 [＿＿＿＿＿＿]을 설정한다.

---

06 다음은 어떤 과학자가 수행한 탐구 과정의 일부를 순서 없이 나타낸 것이다.

> (가) '현미에는 닭의 각기병을 예방하는 물질이 들어 있을 것이다.'라고 생각했다.
> (나) 집단 A의 닭에서는 각기병이 발병했지만, 집단 B의 닭에서는 각기병이 발병하지 않았다.
> (다) 건강한 닭을 두 집단 A와 B로 나눈 후 집단 A에는 백미를, 집단 B에는 현미를 모이로 주었다.

이에 대한 설명으로 옳은 것만을 〈보기〉에서 있는 대로 고른 것은? (단, 제시된 조건 이외의 모든 실험 조건은 동일하게 한다.)

> ┤ 보기 ├
> ㄱ. 집단 A는 실험군이다.
> ㄴ. 조작 변인은 각기병의 발병 여부이다.
> ㄷ. 탐구는 (가) → (다) → (나)의 순서로 이루어졌다.

① ㄱ 　　　② ㄷ 　　　③ ㄱ, ㄴ
④ ㄱ, ㄷ 　　　⑤ ㄴ, ㄷ

06 대조 실험에서 가설을 검증하기 위해 의도적으로 어떤 요인(변인)을 변화시킨 집단을 [＿＿＿＿＿＿]이라고 한다.

대단원 예상 적중 자료 정리

❶ 생물의 특성

1강_ 11쪽 1번

표는 생물의 특성 (가)~(다)의 예를 나타낸 것이다. (가)~(다)는 발생, 유전, 자극에 대한 반응을 순서 없이 나타낸 것이다.

생물의 특성	예
(가)	개구리 알은 올챙이를 거쳐 ㉠개구리가 된다.
(나)	적록 색맹인 어머니로부터 적록 색맹인 아들이 태어난다.
(다)	식충 식물인 ㉡파리지옥의 잎에 파리가 앉으면 잎이 접힌다.

분석 포인트 ▶▶▶
생물의 특성에는 세포로 구성, 물질대사, 자극에 대한 반응과 항상성, 발생과 생장, 생식과 유전, 적응과 진화가 있다.

자료 집중 분석

- 개구리 알이 올챙이를 거쳐 개구리가 되는 것은 수정란이 세포 분열을 통해 세포 수가 늘어나고, 세포의 종류와 기능이 다양해지면서 개체가 되는 것이므로 ① [ ]에 해당한다.
- 적록 색맹인 어머니로부터 적록 색맹인 아들이 태어나는 것은 어버이의 유전 물질이 자손에게 전달되어 자손이 어버이의 유전 형질을 이어받는 것이므로 ② [ ]에 해당한다.
- 식충 식물인 파리지옥의 잎에 파리가 앉으면 잎이 접히는 것은 자극에 대한 반응에 해당한다. 생물체 내외에서 주어지는 환경 변화가 ③ [ ]이며, 이러한 자극에 대해 생물체에서 일어나는 상태 변화가 ④ [ ]이다.
- 단세포 생물에서는 발생과 생장이 나타나지 않는다.
- 개구리와 파리지옥은 모두 생물이다. 모든 생물은 구조적·기능적 단위인 ⑤ [ ]로 구성되어 있다.

❷ 생물과 바이러스의 특성 비교

1강_ 12쪽 3번

표 (가)는 A~C에서 특징 ㉠~㉢의 유무를, (나)는 ㉠~㉢을 순서 없이 나타낸 것이다. A~C는 대장균, 독감 바이러스, 소나무를 순서 없이 나타낸 것이다.

구분	㉠	㉡	㉢
A	○	?	○
B	×	○	×
C	×	○	?

(○ : 있음, × : 없음)

(가)

특징(㉠~㉢)
- 핵산을 갖는다.
- 다세포 생물이다.
- 스스로 물질대사를 한다.

(나)

분석 포인트 ▶▶▶
대장균, 독감 바이러스, 소나무는 모두 유전 물질을 갖는다.

자료 집중 분석

- 대장균은 ⑥ [ ] 생물로 몸이 하나의 세포로 이루어져 있으며, 독감 바이러스는 세포로 이루어져 있지 않고, 소나무는 ⑦ [ ] 생물로 여러 개의 다양한 세포가 체계적이고 유기적으로 조직되어 있다.
- 대장균, 독감 바이러스, 소나무는 모두 ⑧ [ ]을 갖고 있다.
- 독감 바이러스는 살아 있는 숙주 세포 내에서 증식하는 과정에서 ⑨ [ ]가 일어나 많은 변종 독감 바이러스가 형성되며, 다양한 환경에 적응하고 진화할 수 있다.
- 대장균과 소나무는 스스로 물질대사를 할 수 있지만, 독감 바이러스는 스스로 물질대사를 할 수 없다.

❸ 생명 과학의 특성

1강_ 12쪽 4번

다음은 생명 과학의 특성에 대한 학생 A~C의 발표 내용이다.

생명 과학은 생명의 본질을 밝히고, 그 성과를 인류의 복지에 응용하는 종합 학문입니다.

학생 A

생명 과학은 물리학, 화학, 정보학 등 다른 학문 분야와 많은 영향을 주고받으며 발달하고 있습니다.

학생 B

생명 과학은 지구에 살고 있는 생물의 특성과 생명 현상을 연구하는 학문입니다.

학생 C

분석 포인트 ▶▶▶
생명 과학은 통합적인 특성을 갖고 있으며, 다른 학문과 밀접하게 연관되어 있다.

자료 집중 분석

- 생명 과학은 지구에 사는 ⑩ [ ]의 특성과 다양한 생명 현상을 연구하는 학문이다.
- 생명 과학은 생명의 본질을 밝힐 뿐 아니라, 그 성과를 ⑪ [ ]의 생존과 복지에 응용하는 종합 학문이다.
- 생명 과학은 다른 학문 분야와 영향을 주고받으며 발달하고 있다.

❹ 생명 과학의 탐구 방법

1강_ 13쪽 5번

다음은 어떤 학생이 수행한 탐구 과정 중 일부를 나타낸 것이다.

[가설]
무즙에는 녹말을 엿당으로 분해하는 물질이 들어 있을 것이다.
[탐구 설계 및 수행]
표와 같은 조건으로 물질을 첨가하고 일정한 시간이 지난 후 각 시험관에서 엿당을 검출하는 반응을 실시하였다.

시험관	첨가한 물질
A	증류수와 녹말 용액
B	㉠

[결과]
A에서는 엿당이 검출되지 않았고, B에서는 엿당이 검출되었다.
[결론]
무즙에는 녹말을 엿당으로 분해하는 물질이 들어 있다.

분석 포인트 ▶▶▶
연역적 탐구 과정에서는 탐구를 수행할 때 대조군을 설정하여 실험군과 대조 실험을 해야 탐구 결과의 타당성이 높아진다.

자료 집중 분석

- 탐구에서 무즙의 유무는 ⑫ [ ] 변인, 녹말이 엿당으로 분해되는지의 여부는 종속변인이다.
- ⑬ [ ]은 가설을 검증하기 위해 의도적으로 어떤 요인(변인)을 변화시킨 집단이고, ⑭ [ ]은 실험군과 비교하기 위해 아무 요인(변인)도 변화시키지 않은 집단이다. A는 대조군, B는 실험군이다. 따라서 ㉠에는 무즙이 포함되어 있다.
- 물질대사는 생명을 유지하기 위해 생물체에서 일어나는 모든 화학 반응으로 효소에 의해 촉매된다. 따라서 탐구와 관련된 생물의 특성은 물질대사이다.

II 사람의 물질대사

생명 활동과 에너지

531 PROJECT S **02강**

A 세포의 생명 활동		B 에너지 전환과 이용	
세포의 생명 활동	★☆☆	세포 호흡	★★★
물질대사	★★★	에너지의 전환과 이용	★★★

A 세포의 생명 활동

1. **세포의 생명 활동** 모든 생물은 생명을 유지하기 위해 끊임없이 에너지를 필요로 한다.
2. **물질대사**
   (1) 물질대사 : 생물체 내에서 효소의 도움을 받아 일어나는 모든 화학 반응이다.
   (2) 물질대사의 종류 : 물질대사에는 동화 작용과 이화 작용이 있으며, 물질대사가 일어날 때는 반드시 에너지의 출입(흡열 또는 발열)이 함께 일어나므로 물질대사를 에너지 대사라고도 한다.

효소

주성분이 단백질이며 생물체 내에서 일어나는 화학 반응 과정에서 활성화 에너지를 낮추어 반응 속도를 증가시켜 주는 생체 촉매이다.

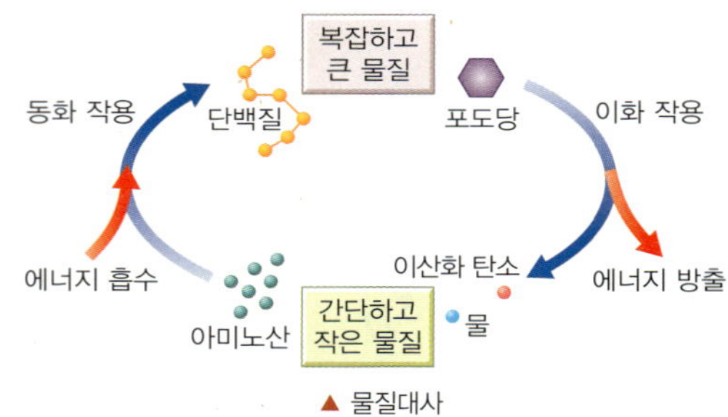

▲ 물질대사

동화 작용	이화 작용
• 간단하고 작은 물질을 복잡하고 큰 물질로 합성하는 반응이다. • 동화 작용이 일어날 때는 에너지가 필요하기 때문에 에너지를 흡수하는 흡열 반응이 일어난다. • ⑩ 광합성, 단백질 합성, DNA 합성	• 복잡하고 큰 물질을 간단하고 작은 물질로 분해하는 반응이다. • 이화 작용이 일어날 때는 에너지가 방출되기 때문에 에너지를 방출하는 발열 반응이 일어난다. • ⑩ 세포 호흡, 소화

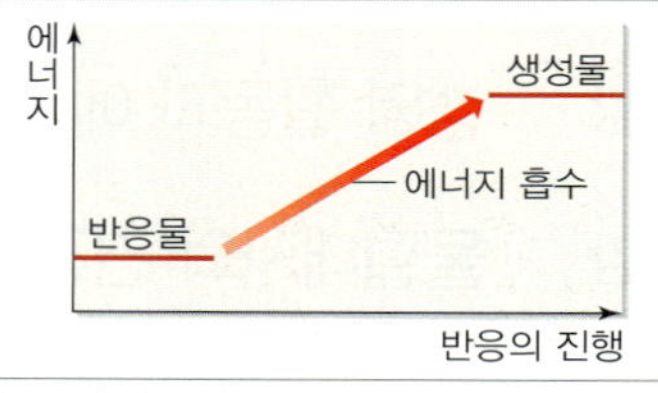 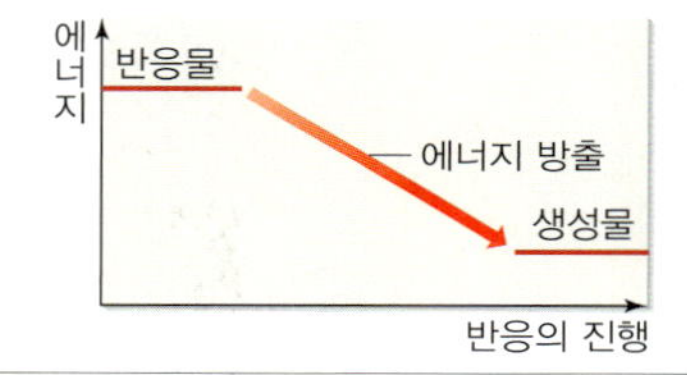

• 공통점 : 체내에서 효소가 작용하는 화학 반응이다.

동화 작용과 이화 작용의 예

동화 작용의 예	• ⑩ 광합성 • 광합성은 식물의 엽록체에서 일어나며, 저분자 물질인 이산화 탄소와 물로부터 고분자 물질인 포도당을 합성하는 반응이므로 동화 작용이다. • 빛에너지가 흡수되므로 흡열 반응이다.
이화 작용의 예	• ⑩ 세포 호흡 • 세포 호흡은 세포질과 미토콘드리아에서 일어나며, 고분자 물질인 포도당을 저분자 물질인 이산화 탄소와 물로 분해하는 반응이므로 이화 작용이다. • 에너지가 방출되므로 발열 반응이다.

B 에너지 전환과 이용

1. **세포 호흡**
   (1) 세포 호흡 : 세포 내에서 영양소를 분해하여 에너지를 얻는 과정으로, 세포의 생명 활동에 필요한 에너지를 얻는 반응이다.
   (2) 세포 호흡 장소 : 세포 호흡은 주로 미토콘드리아에서 일어나며, 일부 과정은 세포질에서 진행된다.
   (3) 세포 호흡 과정 : 포도당은 산소와 반응하여 이산화 탄소와 물로 분해되고, 그 과정에서 에너지가 방출된다. 이때 방출된 에너지의 일부는 ATP에 화학 에너지의 형태로 저장되고, 나머지는 열에너지로 방출된다.

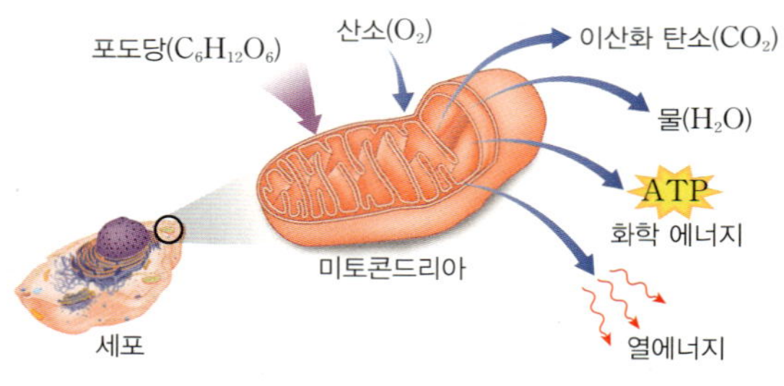

▲ 세포 호흡의 과정

$$포도당 + 산소 \longrightarrow 이산화 탄소 + 물 + ATP + 열에너지$$

2. ATP

(1) **ATP** : 생명 활동에 직접 이용되는 에너지 저장 물질이며, 에너지 전달 물질이다.

(2) **ATP의 구조** : 아데닌과 리보스에 3개의 인산이 결합된 화합물로, 인산과 인산은 고에너지 인산 결합을 하고 있다.

(3) **에너지의 저장과 방출** : ATP에서 끝에 있는 2개의 인산 사이의 고에너지 인산 결합이 끊어지면 ATP가 ADP와 무기 인산(P_i)으로 분해되면서 에너지가 방출된다. ADP는 세포 호흡 시 방출된 에너지에 의해 인산과 결합하여 다시 ATP로 합성된다.

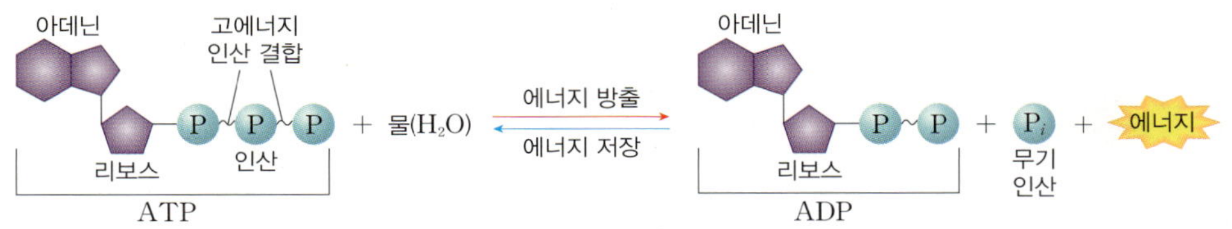

▲ ATP의 생성과 분해

3. 에너지의 전환과 이용

— 우리가 섭취한 음식물에는 화학 에너지 형태로 에너지가 저장되어 있는데, 음식물의 화학 에너지는 세포 호흡에 의해 생명 활동에 필요한 에너지로 전환된다.

(1) 세포 호흡에 의해 포도당의 화학 에너지 일부는 ATP의 화학 에너지로 저장된다.

(2) ATP가 분해되면서 방출된 에너지는 여러 형태의 에너지로 전환되어 정신 활동, 발성, 체온 유지, 근육 운동, 생장 등의 생명 활동에 이용된다.

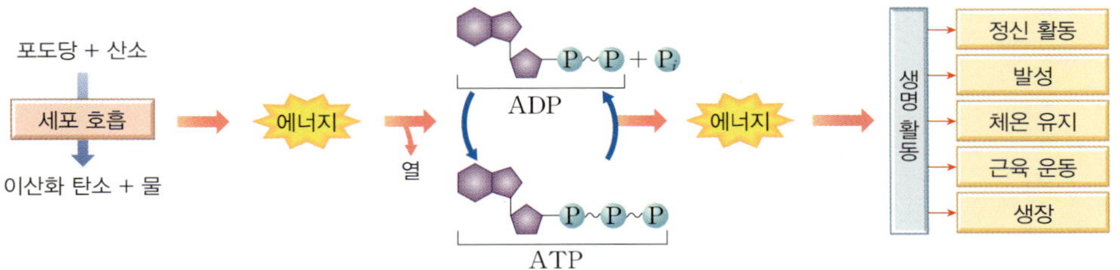

▲ 세포 호흡과 ATP에 의한 에너지 이용

4. 효모의 세포 호흡

(1) 산소를 이용하여 영양소를 이산화 탄소와 물로 완전히 분해하고 다량의 ATP를 생성한다.

> 포도당 + 산소 ⟶ 이산화 탄소 + 물 + 다량의 ATP + 열에너지

(2) 산소가 부족하거나 없는 상태에서는 영양소가 이산화 탄소와 물로 완전히 분해되지 않고, 중간 산물(에탄올)로 남는다. 산소 호흡에 비해 적은 양의 ATP를 생성한다.

> 포도당 ⟶ 에탄올 + 이산화 탄소 + 소량의 ATP + 열에너지

아데닌, 리보스, 아데노신

아데닌	질소를 함유하고 있는 화합물로 DNA와 RNA를 구성하는 기본 단위인 뉴클레오타이드를 구성하는 염기의 한 종류이다.
리보스	RNA 뉴클레오타이드를 구성하는 5탄당의 한 종류이다.
아데노신	아데닌과 리보스가 결합한 화합물로 ATP와 RNA를 구성한다.

고에너지 인산 결합

대부분의 화학 결합은 2~3 kcal의 화학 에너지를 갖는다. 그러나 ATP에 존재하는 인산과 인산 사이의 결합은 각각 7.3 kcal의 에너지를 갖는데, 이를 고에너지 인산 결합이라고 한다. ATP는 고에너지 인산 결합을 2개, ADP는 1개 갖는다.

그림은 광합성과 세포 호흡에서의 에너지와 물질의 이동을 나타낸 것이다. (가)와 (나)는 각각 광합성과 세포 호흡 중 하나이다.

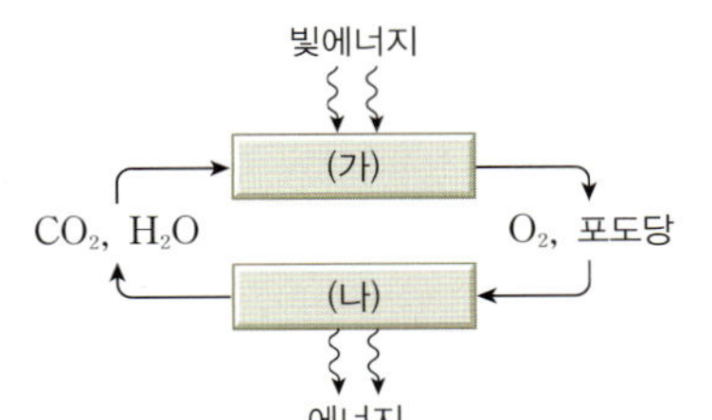

자료 체크 리스트
- [ ] (가)와 (나)의 물질대사 종류
- [ ] 광합성과 세포 호흡 장소
- [ ] 광합성과 세포 호흡에서 일어나는 에너지 전환

step 1 자료에서 (가)와 (나)의 물질대사 종류 파악하기
광합성에는 이산화 탄소(CO_2)와 물(H_2O)이 이용되고, 세포 호흡에는 산소(O_2)와 포도당이 이용되므로 (가)는 광합성이고, (나)는 세포 호흡이다.

step 2 광합성과 세포 호흡이 일어나는 장소 생각하기
광합성은 엽록체에서 일어나고, 세포 호흡은 주로 미토콘드리아에서 일어난다.

step 3 광합성과 세포 호흡 과정에서 일어나는 에너지 전환 이해하기
- 광합성은 빛에너지를 흡수하여 이산화 탄소(CO_2)와 물(H_2O)을 재료로 포도당을 합성한다. 이 과정에서 빛에너지가 화학 에너지로 전환된다.
- 세포 호흡은 포도당이 산소(O_2)와 반응하여 물(H_2O)과 이산화 탄소(CO_2)로 분해되는 반응으로 에너지가 방출된다. 이 과정에서 포도당이 가진 에너지의 일부가 ATP 합성에 이용된다.

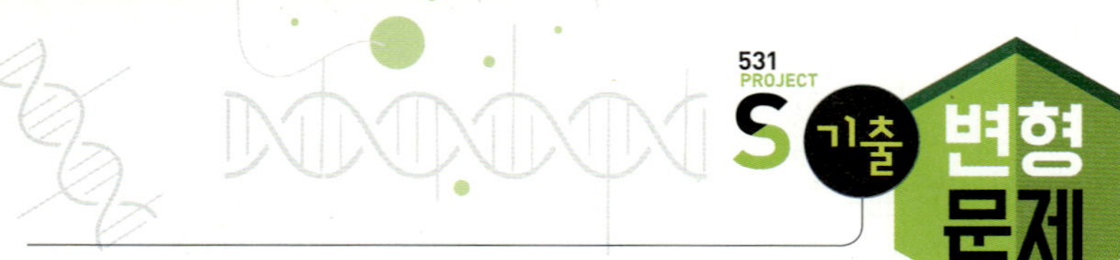

01 그림은 사람에서 일어나는 물질대사 Ⅰ과 Ⅱ를 나타낸 것이다.

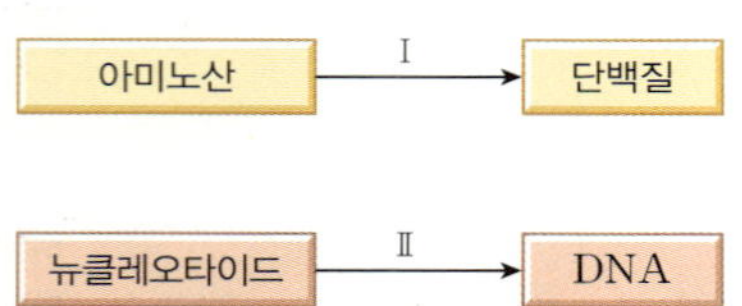

이에 대한 설명으로 옳은 것만을 〈보기〉에서 있는 대로 고른 것은?

│보기│
ㄱ. Ⅰ은 동화 작용이다.
ㄴ. Ⅱ에서 에너지가 방출된다.
ㄷ. Ⅰ과 Ⅱ에 모두 효소가 관여한다.

① ㄱ ② ㄴ ③ ㄱ, ㄷ
④ ㄴ, ㄷ ⑤ ㄱ, ㄴ, ㄷ

02 그림은 식물 세포에서 일어나는 물질대사 (가)와 (나)를 나타낸 것이다.

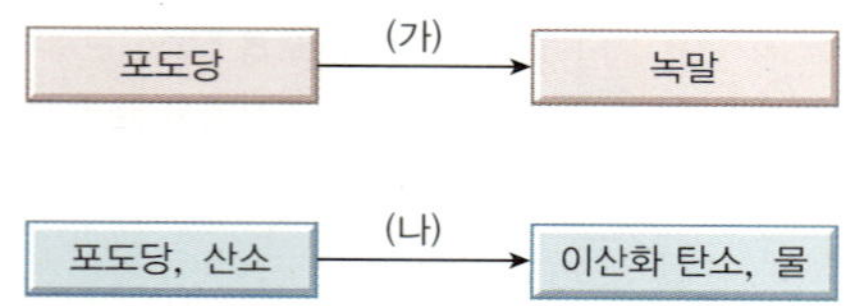

이에 대한 설명으로 옳은 것만을 〈보기〉에서 있는 대로 고른 것은?

│보기│
ㄱ. 과정 (가)에서 에너지가 방출된다.
ㄴ. 과정 (나)는 동화 작용이다.
ㄷ. (가)와 (나)에 모두 효소가 필요하다.

① ㄱ ② ㄷ ③ ㄱ, ㄴ
④ ㄱ, ㄷ ⑤ ㄴ, ㄷ

03 그림은 사람에서 세포 호흡을 통해 포도당으로부터 최종 분해 산물과 에너지가 생성되는 과정을 나타낸 것이다. ㉠과 ㉡은 각각 물(H_2O)과 산소(O_2) 중 하나이다.

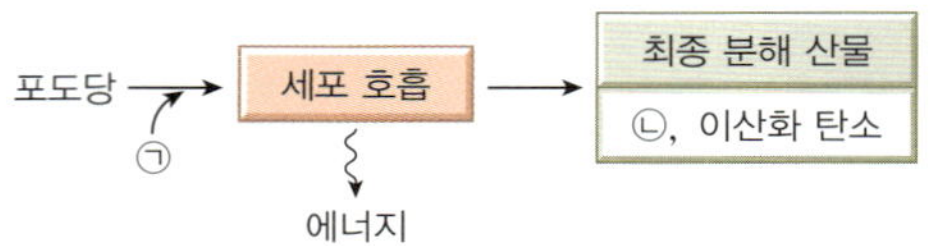

이에 대한 설명으로 옳은 것만을 〈보기〉에서 있는 대로 고른 것은?

│보기│
ㄱ. ㉠은 미토콘드리아 내에서 이용된다.
ㄴ. ㉡의 일부는 배설계를 통해 몸 밖으로 배출된다.
ㄷ. 이 과정은 동화 작용에 해당한다.

① ㄱ ② ㄷ ③ ㄱ, ㄴ
④ ㄴ, ㄷ ⑤ ㄱ, ㄴ, ㄷ

04 그림은 광합성과 세포 호흡에서의 에너지와 물질의 이동을 나타낸 것이다. ⓐ와 ⓑ는 각각 산소(O_2)와 이산화 탄소(CO_2) 중 하나이고, A와 B는 각각 광합성과 세포 호흡 중 하나이다.

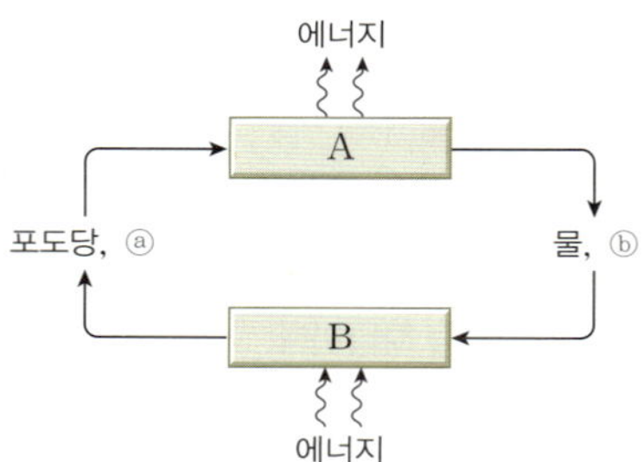

이에 대한 설명으로 옳은 것만을 〈보기〉에서 있는 대로 고른 것은?

│보기│
ㄱ. ⓐ는 이산화 탄소(CO_2)이다.
ㄴ. A에서 ADP가 ATP로 전환되는 반응이 일어난다.
ㄷ. B에서 빛에너지가 화학 에너지로 전환된다.

① ㄱ ② ㄷ ③ ㄱ, ㄴ
④ ㄴ, ㄷ ⑤ ㄱ, ㄴ, ㄷ

05 그림은 간에서 일어나는 물질대사 과정의 일부를 나타낸 것이다. ㉠과 ㉡은 각각 물(H_2O)과 산소(O_2) 중 하나이다.

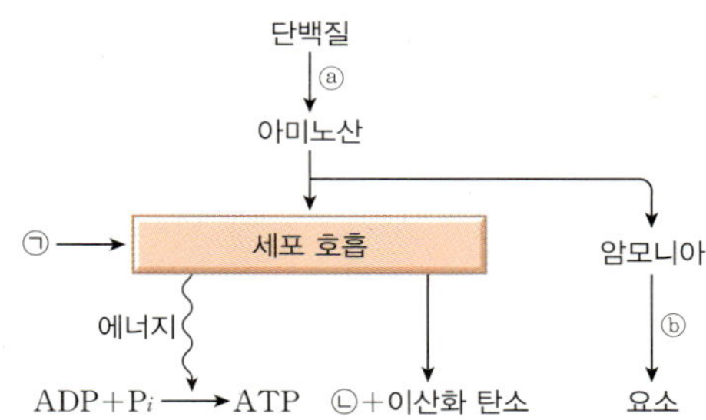

이에 대한 설명으로 옳은 것만을 〈보기〉에서 있는 대로 고른 것은?

┌ 보기 ┐
ㄱ. 과정 ⓐ와 ⓑ는 모두 동화 작용이다.
ㄴ. 아미노산이 가진 에너지는 모두 ATP에 저장된다.
ㄷ. ㉡의 일부는 호흡계를 통해 몸 밖으로 배출된다.

① ㄱ　　　　② ㄷ　　　　③ ㄱ, ㄴ
④ ㄱ, ㄷ　　　⑤ ㄴ, ㄷ

06 다음은 생물체에서 일어나는 물질대사와 에너지 전환에 대한 학생 A~C의 발표 내용이다.

발표한 내용이 옳은 학생만을 있는 대로 고른 것은?

① A　　　　② B　　　　③ A, B
④ A, C　　　⑤ B, C

07 그림은 사람의 체내에서 일어나는 에너지 대사 과정을 나타낸 것이다. ㉠과 ㉡은 각각 산소(O_2)와 이산화 탄소(CO_2) 중 하나이고, ⓐ와 ⓑ는 각각 ADP와 ATP 중 하나이다.

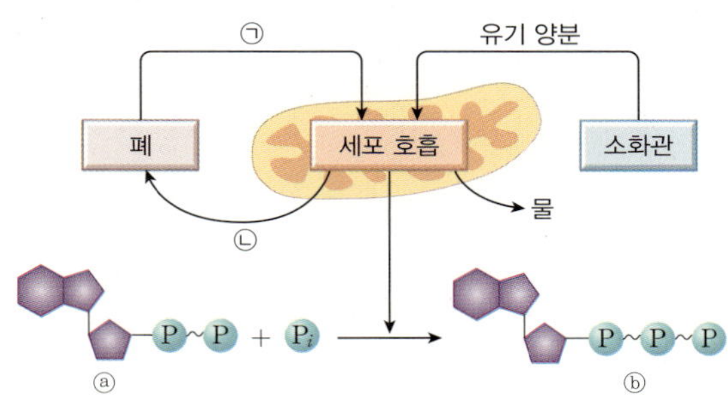

이에 대한 설명으로 옳은 것만을 〈보기〉에서 있는 대로 고른 것은?

┌ 보기 ┐
ㄱ. ㉠은 산소(O_2)이다.
ㄴ. ㉠과 유기 양분이 가지는 에너지양의 합은 ㉡과 물이 가지는 에너지양의 합보다 많다.
ㄷ. 고에너지 인산 결합 수는 ⓐ가 ⓑ보다 적다.

① ㄱ　　　　② ㄴ　　　　③ ㄱ, ㄷ
④ ㄴ, ㄷ　　　⑤ ㄱ, ㄴ, ㄷ

08 그림 (가)는 사람의 체내에서 포도당이 세포 호흡을 거쳐 최종 분해 산물로 되는 과정을, (나)는 체내에서 포도당이 글리코젠으로 되는 과정을 나타낸 것이다.

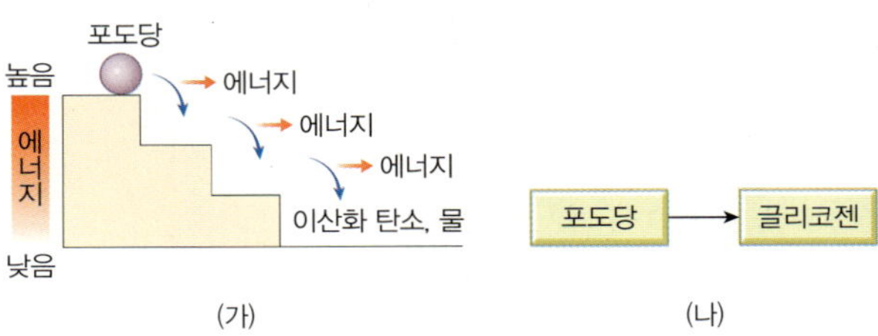

이에 대한 설명으로 옳은 것만을 〈보기〉에서 있는 대로 고른 것은?

┌ 보기 ┐
ㄱ. (가)는 이화 작용이다.
ㄴ. (나)에서 효소가 작용한다.
ㄷ. (가)에서 ATP가 생성되고, (나)에서 ATP가 사용된다.

① ㄱ　　　　② ㄷ　　　　③ ㄱ, ㄴ
④ ㄴ, ㄷ　　　⑤ ㄱ, ㄴ, ㄷ

기본 개념 확인

01 동화 작용에서는 에너지가 [   ] 되고, 이화 작용에서는 에너지가 [   ] 된다.

01 그림은 사람의 체내에서 일어나는 물질의 전환을 나타낸 것이다. ㉠과 ㉡은 각각 글리코젠과 포도당 중 하나이다.

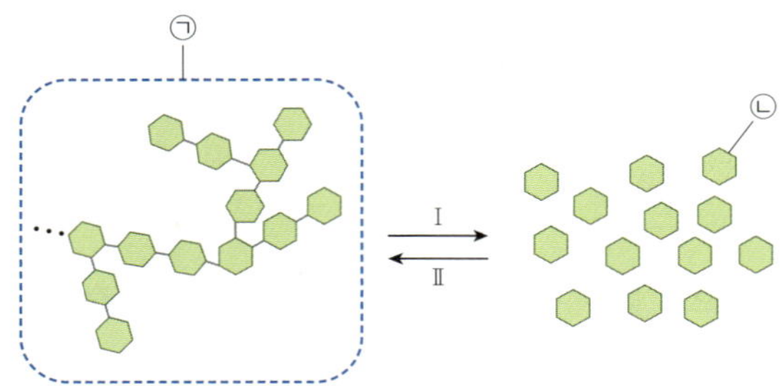

이에 대한 설명으로 옳은 것만을 〈보기〉에서 있는 대로 고른 것은?

| 보기 |

ㄱ. 과정 Ⅰ은 동화 작용이다.
ㄴ. ㉠이 가지는 에너지양은 과정 Ⅰ을 거쳐 생성된 ㉡ 전체가 가지는 에너지양 보다 많다.
ㄷ. 과정 Ⅰ과 Ⅱ는 모두 효소가 작용하는 물질대사이다.

① ㄱ   ② ㄴ   ③ ㄱ, ㄷ
④ ㄴ, ㄷ   ⑤ ㄱ, ㄴ, ㄷ

02 저분자 물질이 고분자 물질로 합성되는 과정에는 세포 호흡 과정에서 합성된 [   ] 가 사용된다.

02 그림 (가)는 동물의 체내에서 일어나는 물질 전환 과정을, (나)는 물질 전환 과정에서의 에너지 변화를 나타낸 것이다. ⓐ와 ⓑ는 각각 단백질과 아미노산 중 하나이다.

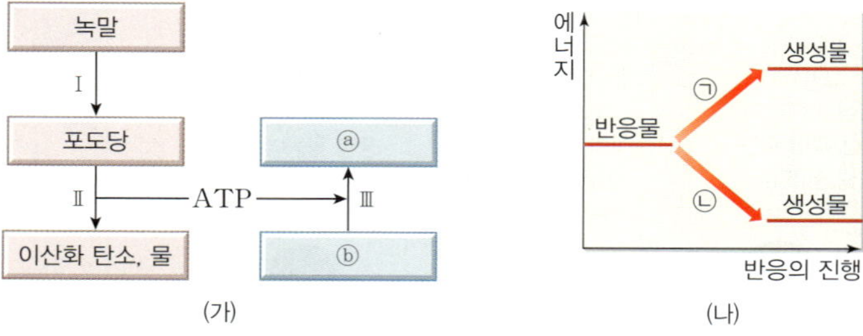

이에 대한 설명으로 옳은 것만을 〈보기〉에서 있는 대로 고른 것은?

| 보기 |

ㄱ. 과정 Ⅰ은 이화 작용이다.
ㄴ. ⓐ는 단백질이다.
ㄷ. (가)의 Ⅱ와 Ⅲ에서는 모두 (나)의 ㉡과 같은 에너지 변화를 나타낸다.

① ㄱ   ② ㄷ   ③ ㄱ, ㄴ
④ ㄴ, ㄷ   ⑤ ㄱ, ㄴ, ㄷ

03 다음은 효모를 이용한 실험이다.

[실험 과정]
(가) 발효관 A~C에 농도가 서로 다른 포도당 용액 X와 Y 및 증류수를 각각 넣고 효모액을 각각 동일한 양으로 넣는다.
(나) 맹관부에 기체가 들어가지 않게 발효관을 세우고 솜마개로 막는다.

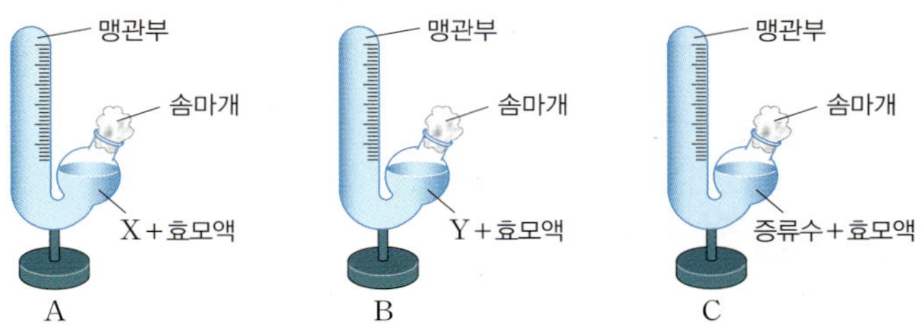

(다) 맹관부에 모인 기체의 부피를 5분 간격으로 측정한다.

[실험 결과]
그림은 각 발효관의 맹관부에 모인 기체의 부피를 5분 간격으로 측정한 결과이다.

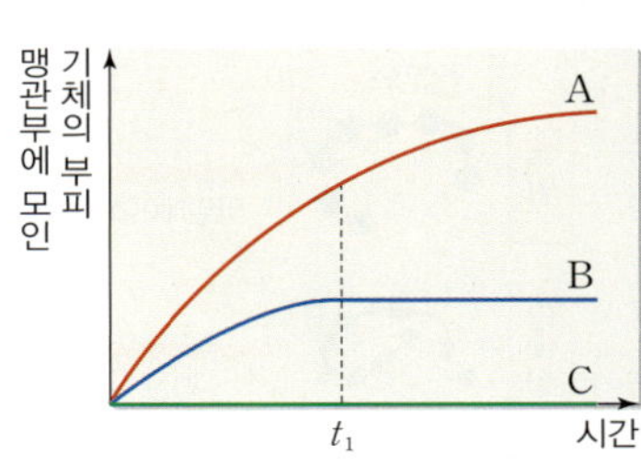

이에 대한 설명으로 옳은 것만을 〈보기〉에서 있는 대로 고른 것은? (단, A와 B에서 포도당 용액의 농도 이외의 모든 실험 조건은 동일하게 한다.)

┤보기├
ㄱ. 효모에서 이화 작용이 일어난다.
ㄴ. 포도당 용액의 농도는 X가 Y보다 높다.
ㄷ. t_1 이후 B와 C의 용액을 섞으면 기체(이산화 탄소)가 계속 발생한다.

① ㄱ   ② ㄷ   ③ ㄱ, ㄴ   ④ ㄴ, ㄷ   ⑤ ㄱ, ㄴ, ㄷ

03 산소가 없는 조건에서 효모에 의해 세포 호흡이 일어나면 포도당이 분해되면서 기체 성분인 ▢▢▢▢가 발생한다.

04 그림 (가)는 어떤 세포에서 일어나는 물질대사 과정의 일부를, (나)는 A와 B 중 하나에서 나타나는 에너지 변화를 나타낸 것이다. ㉠과 ㉡은 각각 아미노산과 포도당 중 하나이다.

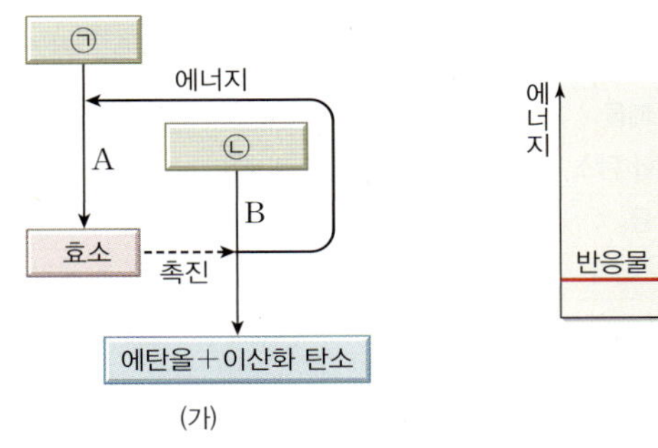

이에 대한 설명으로 옳은 것만을 〈보기〉에서 있는 대로 고른 것은?

┤보기├
ㄱ. ㉠은 아미노산이다.
ㄴ. (나)는 A에서 나타나는 에너지 변화이다.
ㄷ. B에서 방출되는 에너지의 일부는 ATP에 저장된다.

① ㄱ   ② ㄴ   ③ ㄱ, ㄷ   ④ ㄴ, ㄷ   ⑤ ㄱ, ㄴ, ㄷ

04 아미노산이 효소로 되는 과정은 ▢▢▢▢ 작용이고, 포도당이 에탄올과 이산화 탄소로 분해되는 과정은 ▢▢▢▢ 작용이다.

531 PROJECT S 03강 물질대사와 건강

<table>
<tr><td>A 기관계의 통합적 작용</td><td></td><td></td><td>B 대사성 질환과 에너지 균형</td><td></td></tr>
<tr><td>영양소의 소화와 흡수</td><td>★★☆</td><td>노폐물의 생성과 배설 ★★☆</td><td>대사성 질환</td><td>★☆☆</td></tr>
<tr><td>기체 교환과 물질 운반</td><td>★★☆</td><td>기관계의 통합적 작용 ★★★</td><td>에너지 균형</td><td>★☆☆</td></tr>
</table>

A 기관계의 통합적 작용

사람의 소화계

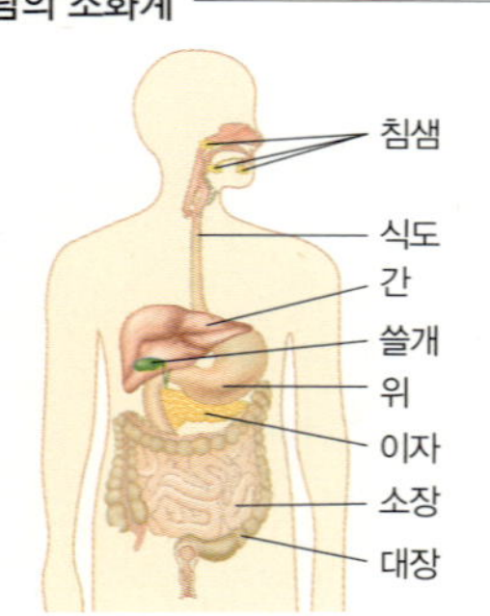

순환계의 구조

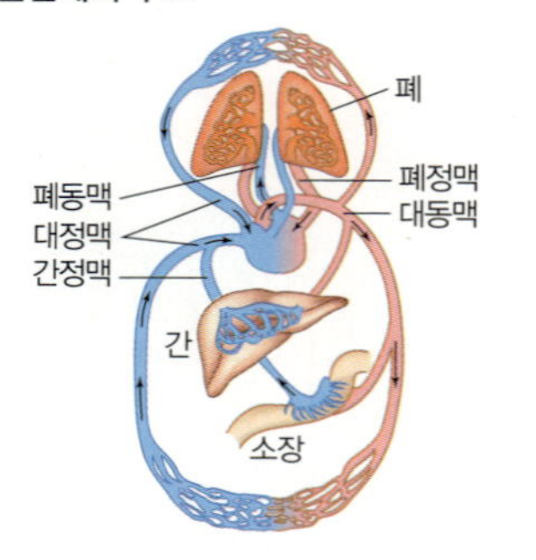

호흡계의 구조

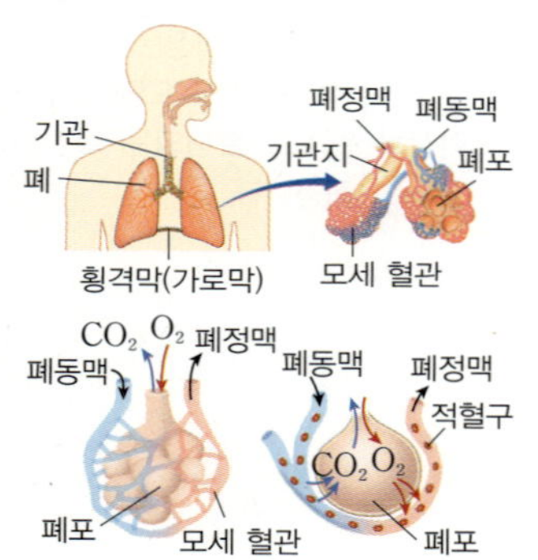

배설계의 구조

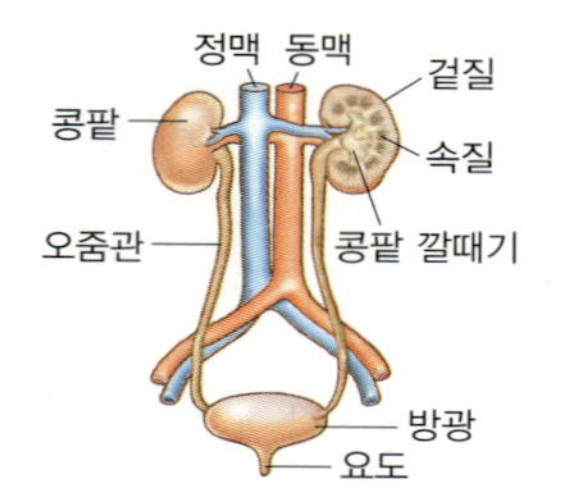

1. 영양소의 소화와 흡수 소화계에서 일어난다.

(1) 녹말, 단백질, 지방 등의 고분자 물질은 세포막을 통과할 수 없으므로 체내로 흡수되기 위해서는 소화 과정을 거쳐 저분자 물질로 분해되어야 한다.

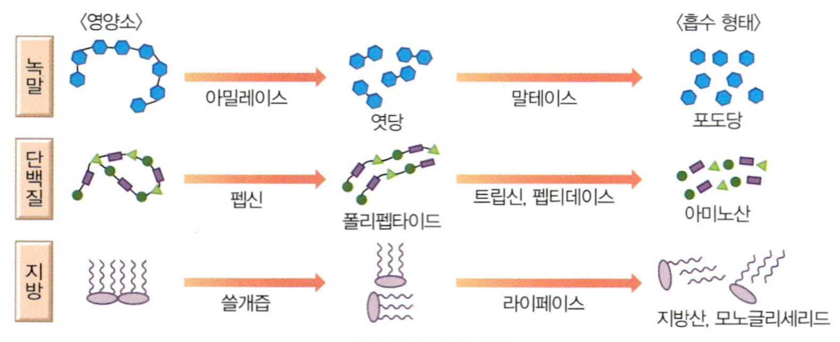

▲ 영양소의 소화 과정

(2) **영양소의 흡수와 이동** : 수용성 영양소는 소장 융털의 모세 혈관으로, 지용성 영양소는 소장 융털의 암죽관으로 흡수되어 순환계를 통해 심장으로 이동된 후 온몸으로 이동한다.

2. 기체 교환과 물질 운반 호흡계를 통해 세포 호흡에 필요한 산소를 흡수하고, 세포 호흡 결과 생성된 노폐물인 이산화 탄소와 물을 배출한다. 흡수된 산소는 순환계를 통해 조직 세포로 이동하고, 조직 세포에서 생성된 이산화 탄소는 순환계를 통해 호흡계로 이동한다.

기체 교환	폐로 들어온 산소는 폐포에서 모세 혈관(혈액)으로 이동한 후 조직 세포로 이동하고, 세포 호흡 결과 생성된 이산화 탄소는 조직 세포에서 모세 혈관(혈액)으로 이동한 후 폐포로 이동한다.
순환계를 통한 물질 운반	혈액은 소화 기관에서 흡수한 영양소와 호흡 기관에서 흡수한 산소를 조직 세포에 공급하고, 조직 세포에서 생성된 노폐물과 이산화 탄소를 각각 배설계인 콩팥과 호흡계인 폐로 운반한다.

3. 노폐물의 생성과 배설 조직 세포에서 세포 호흡 결과 생성된 노폐물은 순환계에 의해 호흡계와 배설계로 운반되어 몸 밖으로 배출된다. —— 3대 영양소의 분해 과정에서 공통으로 발생하는 노폐물은 이산화 탄소와 물이다.

영양소	노폐물	배출 경로
탄수화물, 단백질, 지방	이산화 탄소	폐에서 날숨으로 배출
	물	폐에서 날숨으로 배출, 콩팥에서 오줌으로 배설
단백질	암모니아	대부분 간에서 요소로 전환된 후 콩팥에서 오줌으로 배설

4. 기관계의 통합적 작용

(1) 소화계, 호흡계, 순환계, 배설계는 각각 고유의 기능을 수행하면서 서로 협력하여 에너지 생성에 필요한 영양소와 산소를 조직 세포에 공급하고 노폐물을 몸 밖으로 내보내는 기능을 한다.

(2) 순환계는 각 기관계를 연결하는 역할을 한다.

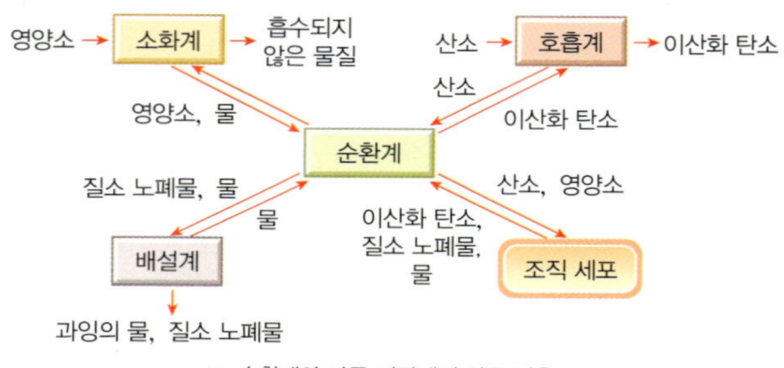

▲ 순환계와 다른 기관계의 상호 작용

B 대사성 질환과 에너지 균형

1. 대사성 질환   우리 몸에서 물질대사 장애에 의해 발생하는 질환을 통틀어 대사성 질환이라고 한다.

(1) 대사성 질환의 종류와 증상 —— 당뇨병, 고혈압, 고지혈증(고지질 혈증), 심혈관 질환, 뇌혈관 질환 등이 있다.

당뇨병	• 혈당 조절에 필요한 인슐린의 분비가 부족하거나 인슐린이 제대로 작용하지 못해 발생한다. • 혈당이 정상보다 높아 오줌 속에 포도당이 섞여 나오고 여러 가지 합병증을 일으킨다.
고혈압	혈압이 정상보다 높은 만성 질환으로, 심혈관계 질환 및 뇌혈관계 질환의 원인이 된다.
고지혈증 (고지질 혈증)	혈액 속에 콜레스테롤이나 중성 지방이 많은 상태로, 지질 성분이 혈관 내벽에 쌓이면 혈관벽의 탄력이 떨어지고 혈관의 지름이 좁아지는 동맥 경화 등 심혈관계 질환의 원인이 된다.

(2) 대사 증후군 : 체내 물질대사 장애로 인해 고혈압, 고혈당, 비만, 고지혈증 등의 증상이 한 사람에게서 동시에 나타나는 것을 말한다.

(3) 대사 증후군의 예방 : 균형 잡힌 식사, 규칙적인 운동, 충분한 휴식, 열량이 높은 음식이나 음료의 섭취 줄이기 등을 통해 대사 증후군을 예방할 수 있다.

2. 에너지 균형

(1) 기초 대사량과 1일 대사량

기초 대사량	체온 조절, 심장 박동, 혈액 순환, 호흡 활동과 같은 생명 현상을 유지하는 데 필요한 최소한의 에너지양이다.
활동 대사량	밥 먹기, 공부하기, 운동하기 등 다양한 활동을 하면서 소모되는 에너지양이다.
1일 대사량	• 기초 대사량과 활동 대사량, 음식물의 소화·흡수에 필요한 에너지양 등을 더한 값으로 하루 동안 생활하는 데 필요한 총 에너지양이다. • 1일 대사량은 성별, 나이, 체질, 활동의 종류에 따라 다르다.

(2) 에너지 섭취량과 소비량의 균형 : 생명 활동을 정상적으로 유지하고 건강한 생활을 하기 위해서는 음식물로 섭취하는 에너지양과 활동으로 소비하는 에너지양 사이에 균형이 잘 이루어져야 한다.

에너지 섭취량과 에너지 소비량이 같을 때	에너지 섭취량이 에너지 소비량보다 적을 때	에너지 섭취량이 에너지 소비량보다 많을 때
에너지 대사가 균형을 이룬다.	에너지가 부족하여 우리 몸에 저장된 지방이나 단백질로부터 에너지를 얻게 된다. → 체중이 감소하고 영양 부족 상태가 된다.	사용하고 남은 에너지가 체내에 축적되어 비만이 될 수 있다. → 비만은 다양한 질병의 원인이 된다.
에너지 섭취량 = 에너지 소비량 에너지 균형 상태	에너지 섭취량 < 에너지 소비량 에너지 부족 상태	에너지 섭취량 > 에너지 소비량 에너지 과잉 상태

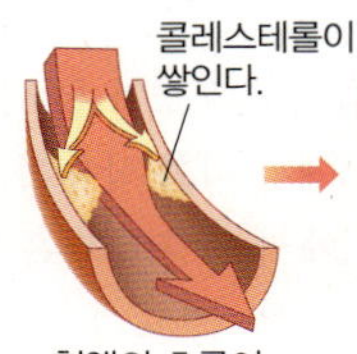
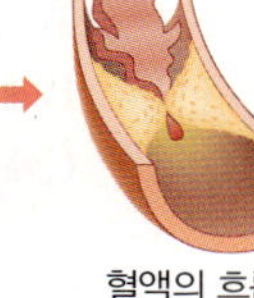

에너지 섭취량과 에너지 소비량

에너지 섭취량	음식물을 통해 섭취하는 에너지양
에너지 소비량	다양한 물질대사 및 활동으로 소비하는 에너지양

그림은 사람 몸에 있는 각 기관계의 통합적 작용을 나타낸 것이다. A와 B는 각각 소화계와 호흡계 중 하나이다.

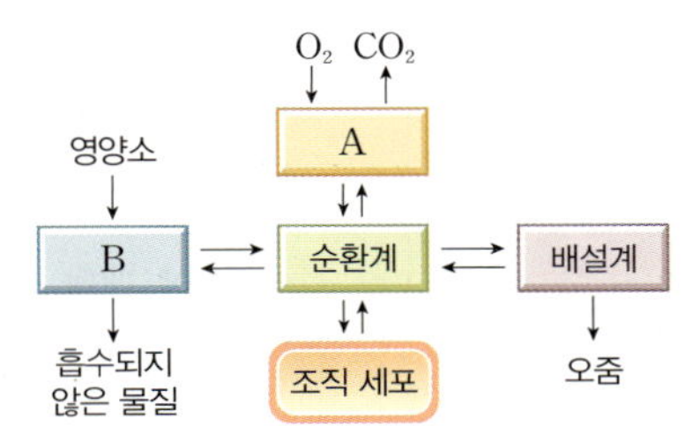

자료 체크 리스트
- [ ] A와 B의 기관계 종류
- [ ] 각 기관계의 기능과 기관의 종류
- [ ] 순환계에서 일어나는 작용 이해

step 1 A와 B가 어떤 기관계에 해당하는지 파악하기
A와 B는 각각 소화계와 호흡계 중 하나인데, 소화계에서는 영양소의 소화와 흡수가 일어나고 호흡계에서는 기체 교환이 일어난다. 따라서 A는 호흡계, B는 소화계이다.

step 2 각 기관계의 기능과 기관의 종류 알아보기
• 소화계 : 영양소의 소화와 흡수가 이루어지고 위, 간, 소장 등이 속한다.

• 호흡계 : 산소(O_2)와 이산화 탄소(CO_2)의 기체 교환이 이루어지고 코, 폐, 기관, 기관지 등이 속한다.

step 3 순환계에서 일어나는 작용 이해하기
혈액에 의해 각종 물질이 운반된다. 혈액에 포함된 물질에는 각종 영양소, 호르몬, 산소, 이산화 탄소, 질소 노폐물 등이 있다.

01 수능 기출 변형

그림은 사람의 소화계의 일부를 나타 낸 것이다. A~C는 각각 간, 소장, 위 중 하나이다.

이에 대한 설명으로 옳은 것만을 〈보기〉 에서 있는 대로 고른 것은?

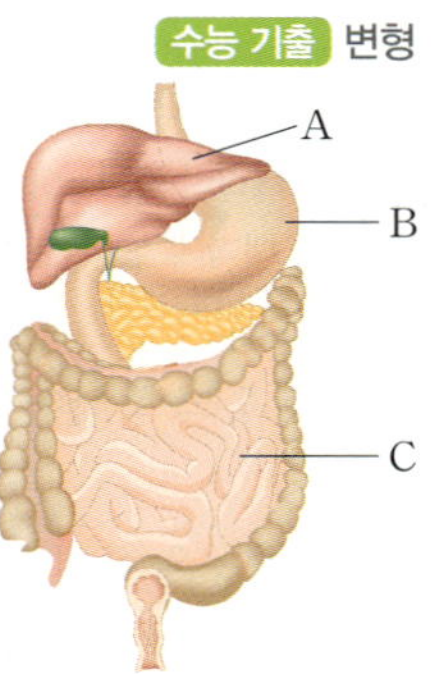

보기
ㄱ. A에서 요소가 몸 밖으로 배출된다.
ㄴ. B에서 이화 작용이 일어난다.
ㄷ. C에서 영양소의 흡수가 일어난다.

① ㄱ ② ㄴ ③ ㄱ, ㄷ
④ ㄴ, ㄷ ⑤ ㄱ, ㄴ, ㄷ

03 평가원 기출 변형

표 (가)는 세포 호흡 과정에서 생성되는 노폐물에서 특징 ㉠~㉢ 의 유무를, (나)는 ㉠~㉢을 순서 없이 나타낸 것이다. A~C는 물, 암모니아, 이산화 탄소를 순서 없이 나타낸 것이다.

특징 노폐물	㉠	㉡	㉢
A	○	?	×
B	×	○	○
C	?	○	×

(○: 있음, ×: 없음)

특징(㉠~㉢)
• 폐를 통해 배출된다.
• 간에서 요소로 전환된다.
• 아미노산이 분해될 때 생성 된다.

(가) (나)

이에 대한 설명으로 옳은 것만을 〈보기〉에서 있는 대로 고른 것은?

보기
ㄱ. ㉠은 '폐를 통해 배출된다.'이다.
ㄴ. B는 암모니아이다.
ㄷ. 지방이 분해될 때 A와 C가 생성된다.

① ㄱ ② ㄴ ③ ㄱ, ㄷ
④ ㄴ, ㄷ ⑤ ㄱ, ㄴ, ㄷ

02 수능 기출 변형

그림은 사람의 혈액 순환 경로 를 나타낸 것이다. ㉠과 ㉡은 각 각 폐동맥과 폐정맥 중 하나이 고, A와 B는 각각 간과 콩팥 중 하나이다.

이에 대한 설명으로 옳은 것만 을 〈보기〉에서 있는 대로 고른 것은?

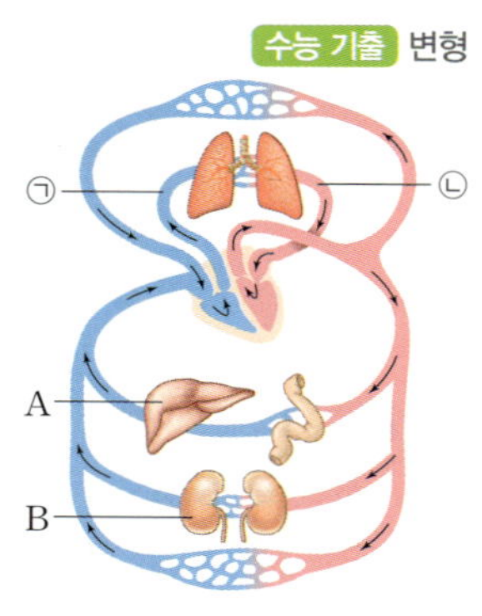

보기
ㄱ. A는 소화계에 속한다.
ㄴ. B에서 암모니아가 요소로 전환된다.
ㄷ. 혈액의 단위 부피당 이산화 탄소(CO_2)의 양은 ㉡에서 가 ㉠에서보다 많다.

① ㄱ ② ㄴ ③ ㄱ, ㄴ
④ ㄱ, ㄷ ⑤ ㄴ, ㄷ

04 평가원 기출 변형

그림은 사람에서 일어나는 에너지 대사 과정의 일부와 물질 ㉠~ ㉢의 이동을 나타낸 것이다. ㉠~㉢은 각각 산소, 이산화 탄소, 포도당 중 하나이다.

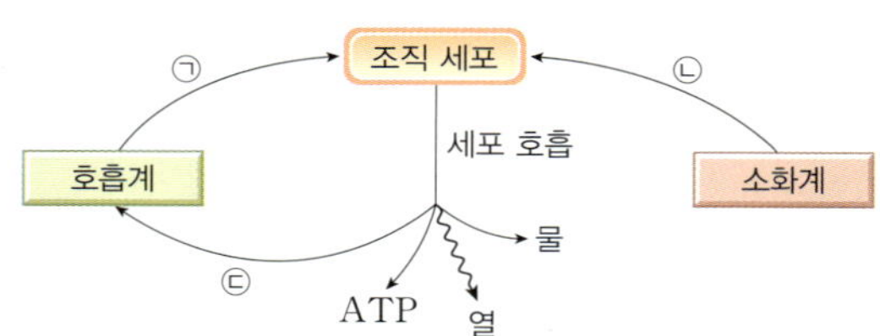

이에 대한 설명으로 옳은 것만을 〈보기〉에서 있는 대로 고른 것은?

보기
ㄱ. ㉠은 적혈구에 의해 조직 세포로 운반된다.
ㄴ. ㉡이 분해될 때 방출된 에너지의 일부는 체온 유지 에 이용된다.
ㄷ. 심한 운동을 하면 단위 시간당 호흡계를 통해 배출 되는 ㉢의 양이 운동을 하기 전보다 증가한다.

① ㄱ ② ㄴ ③ ㄱ, ㄷ
④ ㄴ, ㄷ ⑤ ㄱ, ㄴ, ㄷ

05 표는 사람의 기관계 A~C와 각 기관계에서 일어나는 작용을 설명한 것이다. A~C는 각각 배설계, 소화계, 호흡계 중 하나이다.

기관계	작용
A	요소가 생성된다.
B	분압 차에 의해 기체 교환이 일어난다.
C	?

이에 대한 설명으로 옳은 것만을 〈보기〉에서 있는 대로 고른 것은?

┌ 보기 ├
ㄱ. 대장은 A에 속한다.
ㄴ. B에서 체내의 이산화 탄소가 몸 밖으로 배출된다.
ㄷ. 건강한 사람은 C에서 여과된 포도당이 모두 재흡수된다.

① ㄱ   ② ㄷ   ③ ㄱ, ㄴ
④ ㄴ, ㄷ   ⑤ ㄱ, ㄴ, ㄷ

06 그림은 사람 몸에 있는 각 기관계의 통합적 작용을 나타낸 것이다. A~C는 각각 배설계, 소화계, 호흡계 중 하나이다.

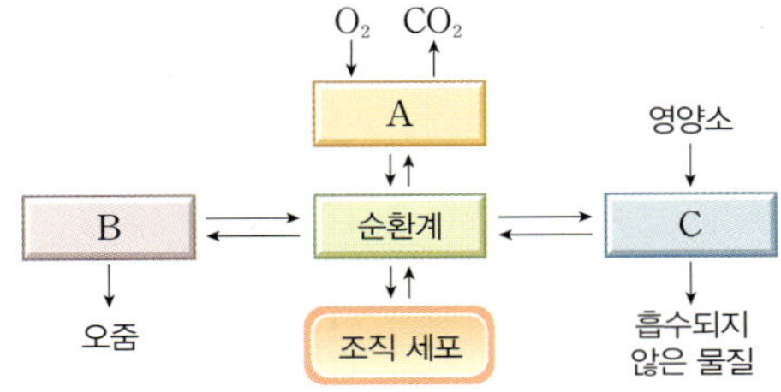

이에 대한 설명으로 옳은 것만을 〈보기〉에서 있는 대로 고른 것은?

┌ 보기 ├
ㄱ. 폐동맥은 A에 속한다.
ㄴ. B에 속한 기관 중 그 기관에 연결된 동맥에서가 정맥에서보다 혈액의 단위 부피당 요소의 양이 많게 나타나는 경우가 있다.
ㄷ. C에서는 세포 호흡이 일어나지 않는다.

① ㄱ   ② ㄴ   ③ ㄱ, ㄴ
④ ㄱ, ㄷ   ⑤ ㄴ, ㄷ

07 그림은 녹말과 단백질을 섭취한 후 인체에서 일어나는 물질대사 과정의 일부를 나타낸 것이다.

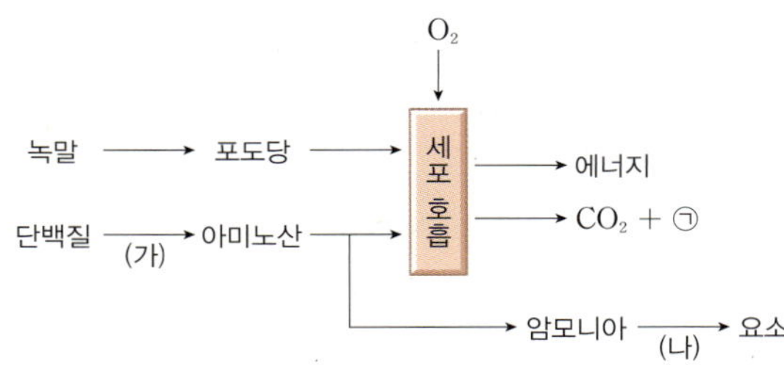

이에 대한 설명으로 옳은 것만을 〈보기〉에서 있는 대로 고른 것은?

┌ 보기 ├
ㄱ. (가) 과정은 소화계에서 일어난다.
ㄴ. (나) 과정은 이화 작용이다.
ㄷ. ㉠의 일부는 호흡계와 배설계를 통해 몸 밖으로 배출된다.

① ㄱ   ② ㄴ   ③ ㄷ
④ ㄱ, ㄷ   ⑤ ㄱ, ㄴ, ㄷ

08 표는 세 가지 질환 A~C의 특징을 나타낸 것이다. A~C는 각각 고지혈증, 고혈압, 당뇨병 중 하나이다.

질환	특징
A	혈압이 정상 범위보다 높다.
B	혈당 수치가 높고 오줌에 당이 섞여 나온다.
C	혈액 속에 중성 지방이나 콜레스테롤이 정상보다 많다.

이에 대한 설명으로 옳은 것만을 〈보기〉에서 있는 대로 고른 것은?

┌ 보기 ├
ㄱ. A~C는 모두 대사성 질환이다.
ㄴ. B는 당뇨병이다.
ㄷ. 탄수화물을 과다하게 지속적으로 섭취하면 C가 나타날 수 있다.

① ㄱ   ② ㄷ   ③ ㄱ, ㄴ
④ ㄴ, ㄷ   ⑤ ㄱ, ㄴ, ㄷ

기본 개념 확인

01 아미노산이 세포 호흡에 이용될 때 암모니아가 생성되며, 암모니아는 [   ]에서 요소로 전환된다.

01 그림 (가)는 혈액 순환 경로의 일부를, (나)는 영양소가 세포 호흡에 의해 분해되어 최종 노폐물이 생성되는 과정을 나타낸 것이다. A와 B는 각각 대동맥과 폐동맥 중 하나이고, ⓐ와 ⓑ는 각각 소장과 콩팥 중 하나이다.

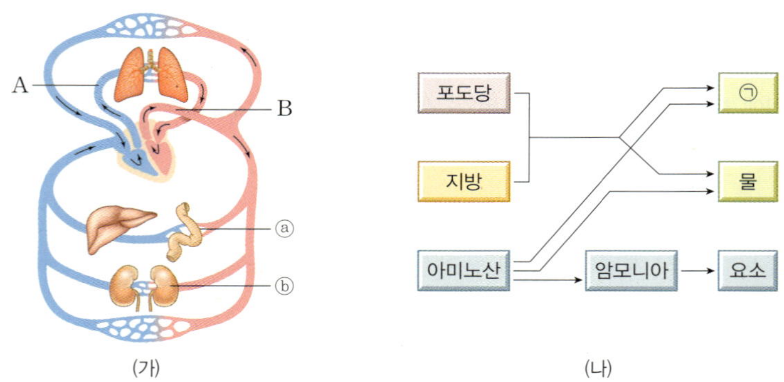

이에 대한 설명으로 옳은 것만을 〈보기〉에서 있는 대로 고른 것은? (단, ㉠은 기체이다.)

보기
ㄱ. ⓐ에서 지방이 분해된다.
ㄴ. ⓑ에서 (나)의 과정이 모두 일어난다.
ㄷ. 단위 부피당 ㉠의 양은 A의 혈액에서가 B의 혈액에서보다 많다.

① ㄱ   ② ㄴ   ③ ㄱ, ㄷ
④ ㄴ, ㄷ   ⑤ ㄱ, ㄴ, ㄷ

02 녹말이 포도당으로 분해되는 작용은 [   ]이고, 콩팥에서 물과 요소가 [   ]된다.

02 그림 (가)는 사람에서 녹말이 포도당으로 분해된 후 포도당이 세포 호흡을 통해 최종 분해 산물인 ㉠과 CO_2로 되는 과정을, (나)는 체내에서 일어나는 물질의 이동 과정을 나타낸 것이다. A~C는 각각 배설계, 소화계, 순환계 중 하나이다.

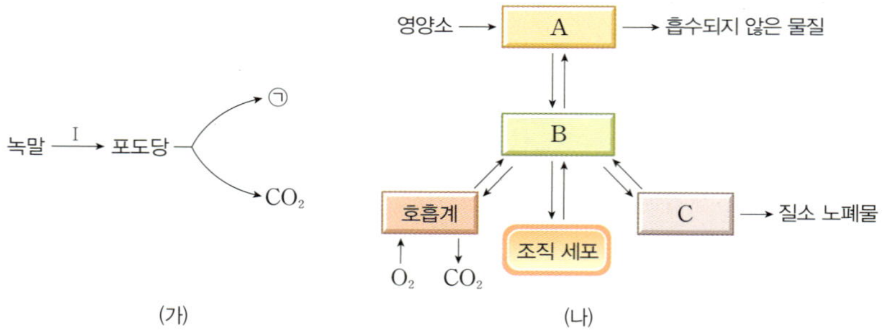

이에 대한 설명으로 옳은 것만을 〈보기〉에서 있는 대로 고른 것은?

보기
ㄱ. A에서 I 과정이 일어난다.
ㄴ. 정맥은 B에 속하는 기관이다.
ㄷ. C에서 ㉠이 몸 밖으로 배출된다.

① ㄱ   ② ㄷ   ③ ㄱ, ㄴ
④ ㄴ, ㄷ   ⑤ ㄱ, ㄴ, ㄷ

03 표 (가)는 사람 몸을 구성하는 기관계 A~C가 사람 몸에서 일어나는 작용 ㉠~㉣에 관여하는 지의 여부를, (나)는 ㉠~㉣을 나타낸 것이다. A~C는 소화계, 순환계, 호흡계를 순서 없이 나타낸 것이다.

기관계 \ 작용	㉠	㉡	㉢	㉣
A	×	○	×	?
B	○	○	○	?
C	○	×	×	×

(○ : 관여함. × : 관여 안 함)

(가)

작용 (㉠~㉣)
㉠ 단백질이 소화되어 조직 세포에 공급된다.
㉡ 조직 세포에서 생성된 이산화 탄소(CO_2)가 몸 밖으로 배출된다.
㉢ 혈액에 포함된 요소가 몸 밖으로 배출된다.
㉣ 조직 세포에서 생성된 물(H_2O)이 몸 밖으로 배출된다.

(나)

이에 대한 설명으로 옳은 것만을 〈보기〉에서 있는 대로 고른 것은?

| 보기 |

ㄱ. C는 소화계이다.

ㄴ. ㉢은 간에서 일어난다.

ㄷ. ㉣에 B, C, 배설계가 모두 관여한다.

① ㄱ 　② ㄷ 　③ ㄱ, ㄴ 　④ ㄱ, ㄷ 　⑤ ㄴ, ㄷ

04 다음은 에너지 대사와 대사성 질환에 대한 학생 A~C의 발표 내용이다.

발표한 내용이 옳은 학생만을 있는 대로 고른 것은?

① A 　② C 　③ A, B 　④ B, C 　⑤ A, B, C

05 표는 한 달 동안 사람 A와 B의 1일 평균 에너지 소비량과 1일 평균 영양소 섭취량을 나타낸 것이다. 탄수화물과 단백질은 각각 1 g당 4 kcal, 지방은 1 g당 9 kcal의 에너지를 낸다.

구분		A	B
1일 에너지 소비량(kcal)		2700	2500
1일 영양소 섭취량(g)	탄수화물	400	380
	지방	200	50
	단백질	100	20

이에 대한 설명으로 옳은 것만을 〈보기〉에서 있는 대로 고른 것은?

| 보기 |

ㄱ. 1일 대사량은 A가 B보다 많다.

ㄴ. 이와 같은 상태가 지속되면 B는 비만이 될 가능성이 높다.

ㄷ. A는 탄수화물을 통해 섭취한 에너지양이 지방을 통해 섭취한 에너지양보다 많다.

① ㄱ 　② ㄴ 　③ ㄱ, ㄷ 　④ ㄴ, ㄷ 　⑤ ㄱ, ㄴ, ㄷ

S 대단원 예상 적중 자료 정리

❶ 물질대사
2강_ 20쪽 1번

그림은 사람의 체내에서 일어나는 물질의 전환을 나타낸 것이다. ㉠과 ㉡은 각각 글리코젠과 포도당 중 하나이다.

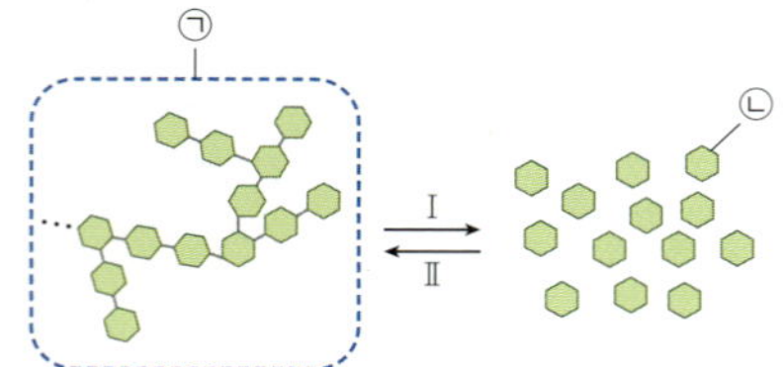

분석 포인트 ▶▶▶

간단하고 작은 물질이 복잡하고 큰 물질로 합성되는 반응은 동화 작용이고, 복잡하고 큰 물질이 간단하고 작은 물질로 분해되는 반응은 이화 작용이다.

자료 집중 분석

- ㉠은 포도당 여러 분자가 결합하여 이루어진 다당류인 ①   이고, ㉡은 단당류인 ②   이다.
- 글리코젠이 포도당보다 복잡한 물질이므로 과정 Ⅰ은 ③   이다. 이화 작용에서는 에너지가 방출되므로 ㉠이 가지는 에너지양은 이화 작용을 거쳐 생성된 ㉡ 전체가 가지는 에너지양보다 많다.
- 과정 Ⅰ과 Ⅱ는 모두 물질대사이며, 물질대사는 ④   가 작용하는 화학 반응이다.

❷ 물질의 전환과 에너지의 변화
2강_ 20쪽 2번

그림 (가)는 동물의 체내에서 일어나는 물질 전환 과정을, (나)는 물질 전환 과정에서의 에너지 변화를 나타낸 것이다. ⓐ와 ⓑ는 각각 단백질과 아미노산 중 하나이다.

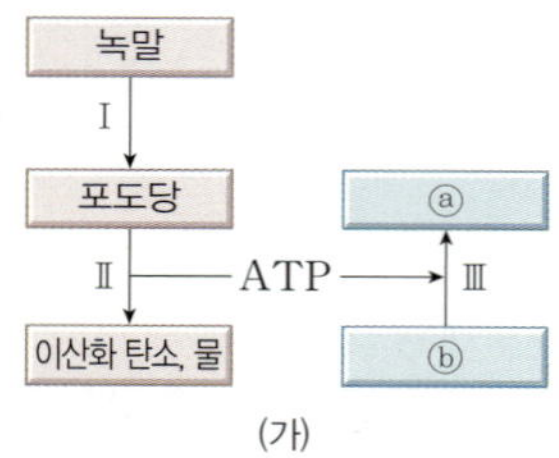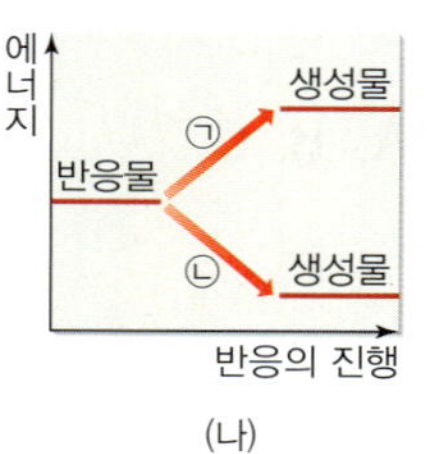

분석 포인트 ▶▶▶

동화 작용은 흡열 반응이고, 이화 작용은 발열 반응이다.

자료 집중 분석

- ⑤   에 의해 녹말이 포도당으로 분해되는 과정은 이화 작용이다.
- 포도당이 산소에 의해 산화되어 이산화 탄소와 물로 분해되는 반응을 ⑥   이라고 하며, 이 과정에서 열에너지가 방출되고 ⑦   가 합성된다.
- 아미노산이 단백질로 합성되는 반응은 ⑧   이므로 ATP가 소비된다.
- 과정 Ⅰ과 Ⅱ는 이화 작용으로 ㉡과 같은 에너지 변화를, 과정 Ⅲ은 동화 작용으로 ㉠과 같은 에너지 변화를 나타낸다.

❸ 세포 호흡과 기관계의 작용
3강_ 26쪽 1번

그림 (가)는 혈액 순환 경로의 일부를, (나)는 영양소가 세포 호흡에 의해 분해되어 최종 노폐물이 생성되는 과정을 나타낸 것이다. A와 B는 각각 대동맥과 폐동맥 중 하나이고, ⓐ와 ⓑ는 각각 소장과 콩팥 중 하나이다.

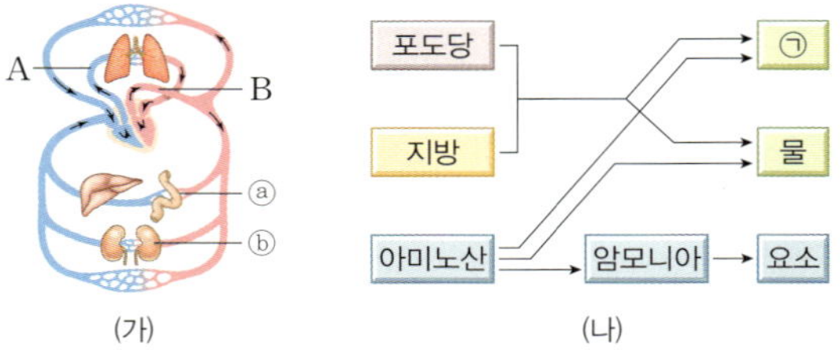

분석 포인트 ▶▶▶

포도당과 지방은 세포 호흡에 의해 이산화 탄소와 물로 최종 분해되며, 아미노산은 세포 호흡에 의해 이산화 탄소와 물로 최종 분해되고 그 과정에서 암모니아가 생성된다.

자료 집중 분석

- A는 폐동맥으로 이산화 탄소 분압이 높고 산소 분압이 낮은 ⑨   혈이 흐른다.
- B는 대동맥으로 산소 분압이 높고 이산화 탄소 분압이 낮은 ⑩   혈이 흐른다.
- ⓐ는 소장으로 영양소의 소화와 흡수가 일어나고, ⓑ는 콩팥으로 요소가 배출된다.
- ㉠은 이산화 탄소이며, ⑪   계에서 몸 밖으로 배출된다.

❹ 기관계의 통합적 작용
3강_ 26쪽 2번

그림 (가)는 사람에서 녹말이 포도당으로 분해된 후 포도당이 세포 호흡을 통해 최종 분해 산물인 ㉠과 CO_2로 되는 과정을, (나)는 체내에서 일어나는 물질의 이동 과정을 나타낸 것이다. A~C는 각각 배설계, 소화계, 순환계 중 하나이다.

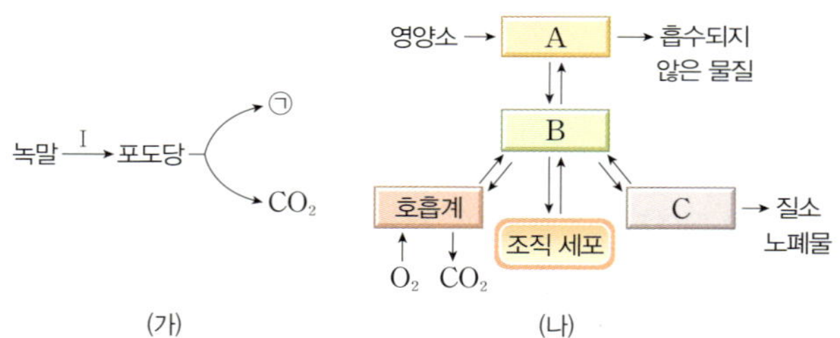

분석 포인트 ▶▶▶

세포 호흡 결과 생성된 물은 호흡계에 속하는 폐와 배설계에 속하는 콩팥을 통해 몸 밖으로 배출된다.

자료 집중 분석

- 과정 Ⅰ은 소화 과정이고, ㉠은 물이다.
- A는 ⑫   , B는 순환계, C는 배설계이다.
- 정맥은 혈관이므로 ⑬   를 구성하는 기관이다.
- 세포 호흡 결과 생성된 물은 호흡계와 ⑭   를 통해 몸 밖으로 배출된다.

항상성과 몸의 조절

531
PROJECT
S **04**
강

자극의 전달

A 뉴런		**B** 흥분의 발생		**C** 흥분의 전도와 전달	
뉴런의 구조와 기능	★☆☆	흥분	★★☆	흥분의 전도	★★★
뉴런의 종류	★★☆	흥분의 발생 과정	★★★	흥분의 전달	★★★

뉴런의 다양한 구조
뉴런은 기능과 위치에 따라 크기와 모양이 다양하며, 신경 세포체의 위치, 말이집의 유무, 기능 등에 따라 구분한다.

슈반 세포와 말이집
말이집 신경에서 슈반 세포는 축삭 돌기를 감싸 말이집을 형성하며, 말이집은 신호 전달에서 절연체 역할을 한다.

구심성 뉴런과 원심성 뉴런
우리 몸 중심부의 중추 신경계로 정보를 전달하는(=중심에 가까워지는) 뉴런을 구심성 뉴런, 중추 신경계에서 내린 반응 명령을 반응 기관으로 전달하는(=중심으로부터 멀어지는) 뉴런을 원심성 뉴런이라고 한다.

A 뉴런

1. **뉴런** 신경계를 구성하는 구조적·기능적 기본 단위가 되는 신경 세포이다.

2. **뉴런의 구조와 기능**

신경 세포체	핵과 여러 세포 소기관이 있으며 양분 공급, 물질대사, 생장 등 뉴런의 생명 활동을 조절한다.
가지 돌기	신경 세포체에서 나뭇가지 모양으로 뻗어나온 여러 개의 짧은 돌기로, 다른 뉴런이나 세포로부터 자극을 받아들인다.
축삭 돌기	신경 세포체에서 뻗어나온 하나의 긴 돌기로, 다른 뉴런이나 세포로 자극을 전달한다.
말이집	축삭 돌기를 여러 겹으로 감싸고 있는 구조로, 말이집으로 싸인 부분에서는 흥분이 발생하지 않는다.
랑비에 결절	말이집과 말이집 사이에 축삭 돌기가 노출된 부분이다.

3. **뉴런의 종류** —— 뉴런을 구분하는 기준에는 말이집의 유무나 기능 등이 있다.

(1) 말이집의 유무에 따른 구분

말이집 신경	민말이집 신경
뉴런의 축삭 돌기 일부가 말이집으로 싸여 있는 신경으로, 랑비에 결절에서만 흥분이 발생한다.	뉴런의 축삭 돌기에 말이집이 없는 신경으로, 축삭 돌기 전체에서 흥분이 발생한다.

(2) 기능에 따른 구분

구심성 뉴런 (감각 뉴런)	감각 기관에서 받아들인 자극을 중추 신경계로 전달하며, 신경 세포체가 축삭 돌기의 중간 부분 한쪽 옆에 있다. —— 중추 신경계를 향해 흥분이 이동하므로 구심성 뉴런이라고 한다.
연합 뉴런	뇌와 척수 같은 중추 신경계를 이루고, 구심성 뉴런에서 온 정보를 통합하여 원심성 뉴런에 적절한 반응 명령을 내린다.
원심성 뉴런 (운동 뉴런)	중추 신경계에서 내린 반응 명령을 반응 기관으로 전달한다. —— 중추 신경계에서 전달된 흥분이 반응 기관을 향해 이동하므로 원심성 뉴런이라고 한다.

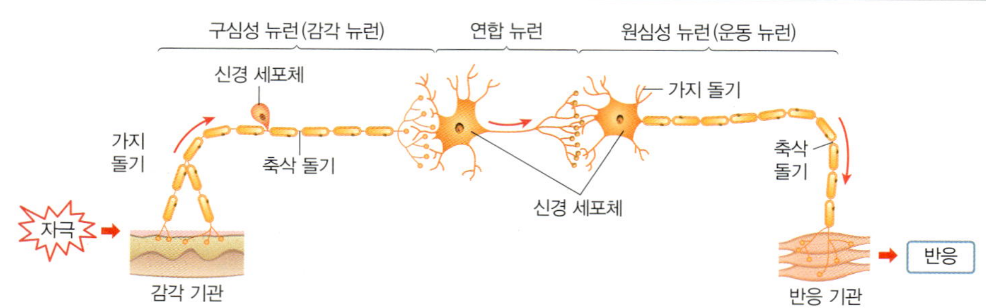

B 흥분의 발생

1. **흥분** 뉴런이 자극을 받아 세포막의 전기적 특성이 변하는 현상이다.
2. **흥분의 발생 과정** 분극 → 탈분극 → 재분극 → 분극

   (1) **분극** : 자극을 받지 않은 휴지 상태이며, 세포막을 경계로 양극으로 나누어진 상태이다.

   > - 세포막의 Na^+-K^+ 펌프는 ATP를 소모하여 Na^+은 세포 밖으로, K^+은 세포 안으로 능동 수송한다. ➡ 뉴런에서 Na^+의 농도는 항상 세포 밖이 세포 안보다 높고, K^+의 농도는 항상 세포 안이 세포 밖보다 높다.
   > - 세포 안의 K^+은 일부 열려 있는 K^+ 통로를 통해 세포 밖으로 확산될 수 있지만 세포 밖의 Na^+은 Na^+ 통로가 대부분 닫혀 있어 세포 안으로 거의 확산되지 못한다. ➡ 세포 안팎의 불균등한 이온 분포와 이온들의 막 투과도 차이로 세포 밖은 상대적으로 양(+)전하를, 세포 안은 음(−)전하를 띤다. 이와 같은 상태를 분극이라고 한다.
   > - 분극 상태에서의 막전위를 휴지 전위라고 한다. 휴지 전위는 세포에 따라 $-60\,mV \sim -90\,mV$로 다양하며, 뉴런의 휴지 전위는 $-70\,mV$이다.

   (2) **탈분극** : 역치 이상의 자극이 가해진 뉴런의 부위에서 안정적으로 유지되던 막전위가 상승하는 현상이다.

   > - 휴지 상태의 뉴런에 자극이 가해지면 자극을 받은 부위의 Na^+ 통로가 열리면서 Na^+이 세포 안으로 확산되어 막전위가 상승하는데, 이를 탈분극이라고 한다. 막전위가 역치 전위에 도달하면 더 많은 Na^+ 통로가 열리면서 다량의 Na^+이 세포 안으로 확산되어 막전위가 급격히 상승한다. ➡ 자극을 받은 부위는 분극 상태를 벗어나 세포 밖은 음(−)전하를, 세포 안은 양(+)전하를 띤다.
   > - 뉴런이 역치 이상의 자극을 받았을 때 나타나는 막전위 변화를 활동 전위라고 한다. 활동 전위가 발생하면 막전위는 약 $+30\,mV$까지 상승한다.

   (3) **재분극** : 상승한 막전위가 다시 휴지 전위로 하강하는 현상이다.

   > - 탈분극이 일어났던 부위에서 열려 있던 Na^+ 통로가 닫히고 닫혀 있던 K^+ 통로가 열려 세포 안으로의 Na^+의 확산은 감소하고, 세포 밖으로의 K^+의 확산이 증가하여 막전위가 하강하는데, 이를 재분극이라고 한다.
   > - 재분극 과정에서 막전위가 휴지 전위보다 더 하강하였다가 휴지 전위로 회복되는데 뉴런의 막전위가 휴지 전위보다 더 하강하는 현상을 과분극이라고 한다.

C 흥분의 전도와 전달

1. **흥분의 전도** 흥분이 축삭 돌기를 따라 이동하는 현상이다.

   (1) **흥분의 전도 과정** : 뉴런의 한 지점에서 활동 전위가 발생하면 세포 안으로 유입된 Na^+은 이웃한 부위를 탈분극시켜 이웃한 부위에서 새로운 활동 전위를 발생시킨다. ➡ 활동 전위가 축삭 돌기를 따라 연속적으로 발생하면서 뉴런의 말단 부위까지 흥분이 전도된다.

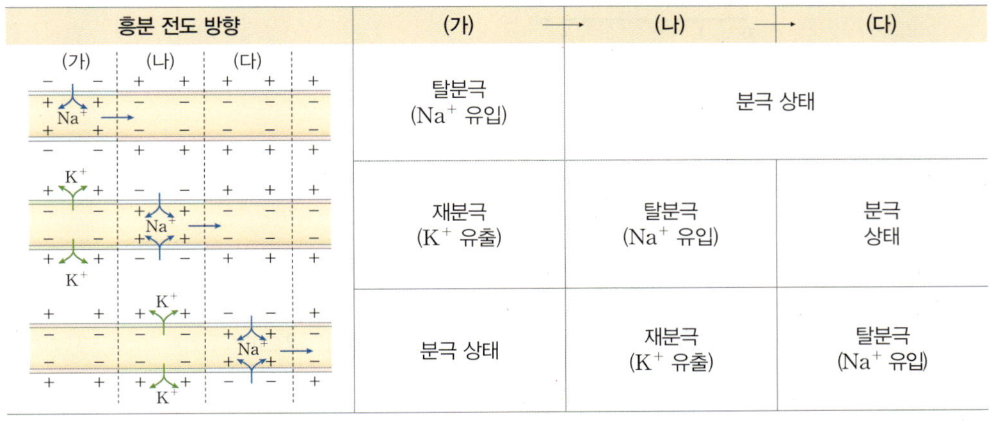

흥분 전도 방향	(가)	→ (나)	→ (다)
(가) (나) (다)	탈분극 (Na^+ 유입)	분극 상태	
	재분극 (K^+ 유출)	탈분극 (Na^+ 유입)	분극 상태
	분극 상태	재분극 (K^+ 유출)	탈분극 (Na^+ 유입)

오른쪽 여백:

막전위
뉴런의 세포막을 경계로 형성된 세포 안팎의 전위차이다. 뉴런의 세포막 안쪽과 바깥쪽에 각각 미세 전극을 꽂아 세포막 바깥쪽의 전위를 기준으로 세포 안팎의 전위차를 측정한다.

분극 상태의 뉴런에서 이온의 이동과 분포

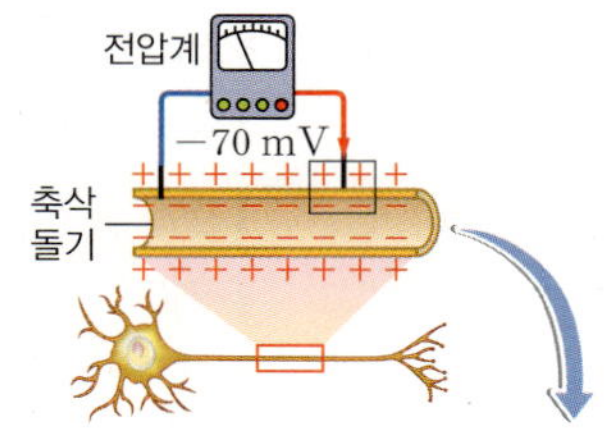
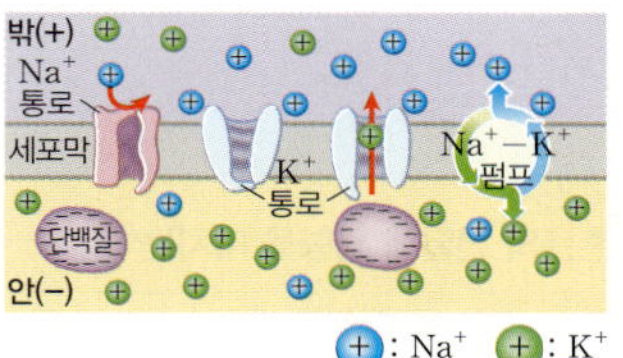

Na^+과 K^+ 농도 변화
활동 전위는 세포 안팎의 Na^+과 K^+ 중 일부가 확산을 통해 이동하여 생성되므로 Na^+ 농도는 항상 세포 밖이 세포 안보다 높고, K^+ 농도는 항상 세포 안이 세포 밖보다 높다.

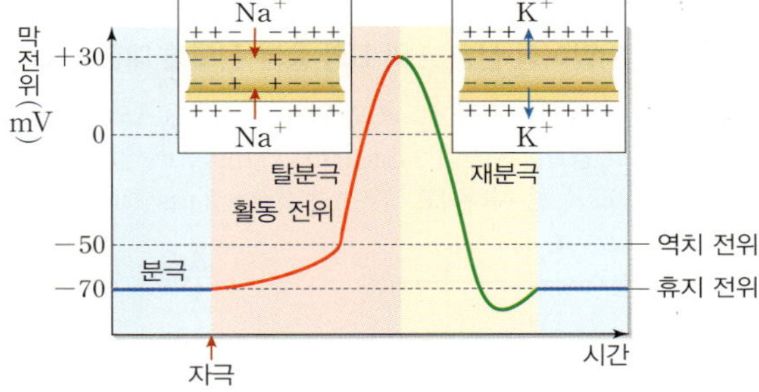

활동 전위 생성과 이온의 막 투과도 변화

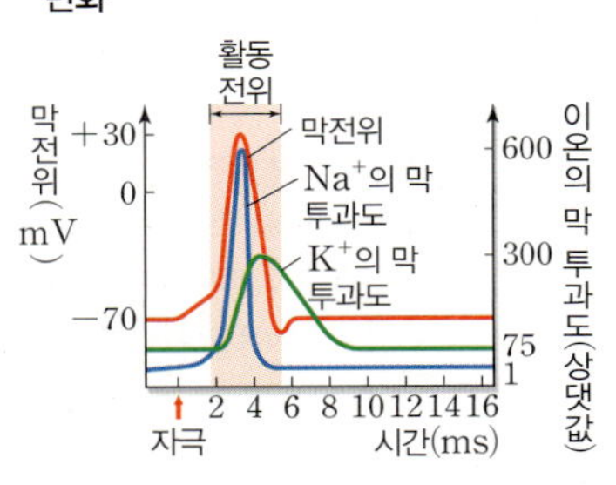

흥분의 전도와 전달 방향

한 뉴런에서 흥분의 전도는 자극을 받은 지점을 중심으로 양방향으로 일어나지만, 흥분의 전달은 한 방향으로만 일어난다.

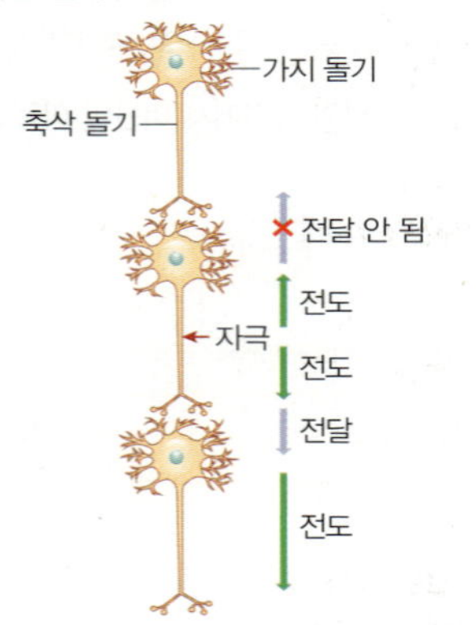

흥분의 전달에 영향을 미치는 약물

각성제	• 흥분 전달 촉진 → 긴장 유지, 각성 효과 • 예 카페인, 니코틴 등
환각제	• 인지 작용과 의식 변화 유발 → 환각 유발 • 예 대마초, LSD 등
진정제	• 흥분 전달 억제 → 긴장 및 통증 완화, 수면 유도 • 예 아편, 알코올, 프로포폴 등

(2) 흥분의 전도 속도에 영향을 미치는 요인

① 축삭 돌기의 지름이 클수록 흥분 전도 속도가 빠르다.

② 말이집 신경에서는 활동 전위가 랑비에 결절에서만 발생하여 도약전도가 일어나므로 민말이집 신경에서보다 흥분 전도 속도가 빠르다.

└ 말이집 신경에서 활동 전위가 랑비에 결절에서 다음 랑비에 결절로 건너뛰어 형성되면서 흥분 전도가 일어나는 것이다.

2. **흥분의 전달** 한 뉴런에서 다른 뉴런으로 흥분이 이동하는 현상이다.

(1) 흥분의 전달 과정

① 시냅스 이전 뉴런의 축삭 돌기 말단에 흥분이 전도된다.

② 신경 전달 물질이 들어 있는 시냅스 소포가 세포막과 융합하여 신경 전달 물질이 시냅스 틈으로 분비된다.

└ 한 뉴런의 축삭 돌기 말단부와 다음 뉴런의 가지 돌기 또는 신경 세포체가 틈을 두고 접한 부위를 말하며, 두 뉴런 사이의 틈을 시냅스 틈이라고 한다.

③ 신경 전달 물질이 확산되어 시냅스 이후 뉴런의 수용체와 결합한다.

④ 시냅스 이후 뉴런에서 이온 통로가 열리면서 Na^+이 유입되어 탈분극이 일어나고 활동 전위가 발생한다.

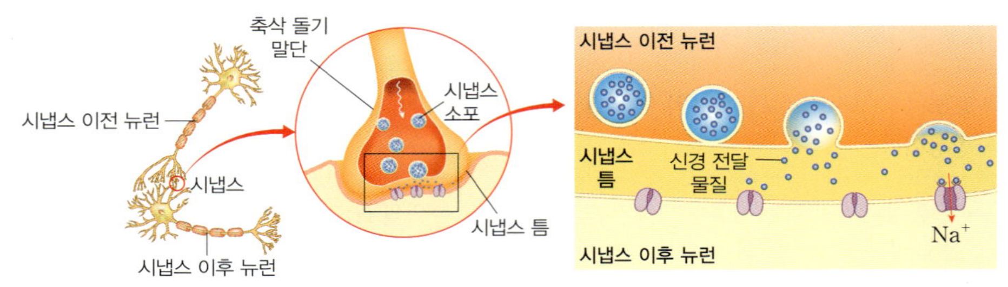

(2) **흥분의 전달 방향** : 신경 전달 물질이 들어 있는 시냅스 소포는 축삭 돌기 말단에만 있으므로 흥분은 시냅스 이전 뉴런의 축삭 돌기 말단에서 시냅스 이후 뉴런의 가지 돌기나 신경 세포체 쪽으로만 전달된다.

기출 자료 | 분석

다음은 민말이집 신경 A와 B의 흥분 전도에 대한 자료이다.

- 그림은 A와 B의 지점 $d_1 \sim d_4$의 위치를, 표는 ⊙A와 B의 지점 X에 역치 이상의 자극을 동시에 1회 주고 경과한 시간이 2 ms, 3 ms, 5 ms, 7 ms일 때 d_2에서 측정한 막전위를 나타낸 것이다. X는 d_1과 d_4 중 하나이고, Ⅰ~Ⅳ는 2 ms, 3 ms, 5 ms, 7 ms를 순서 없이 나타낸 것이다.

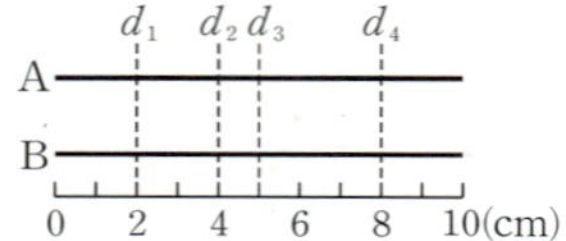

신경	d_2에서 측정한 막전위(mV)			
	Ⅰ	Ⅱ	Ⅲ	Ⅳ
A	?	−60	?	−80
B	−60	−80	?	−70

- A와 B의 흥분 전도 속도는 각각 1 cm/ms와 2 cm/ms 중 하나이다.
- A와 B 각각에서 활동 전위가 발생하였을 때 각 지점에서의 막전위 변화는 오른쪽 그림과 같다.

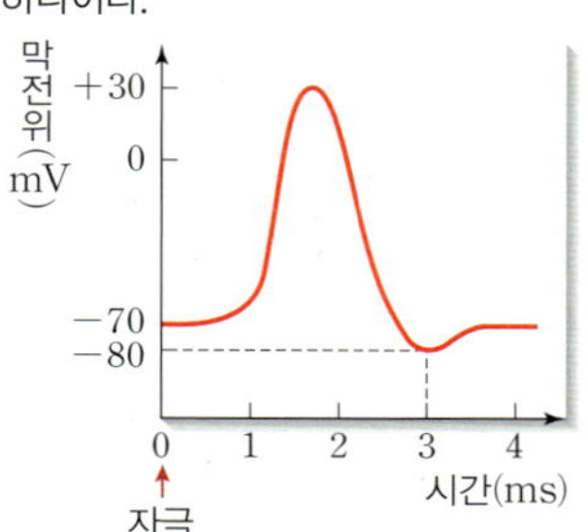

자료 체크 리스트

- [ ] A와 B의 흥분 전도 속도 비교
- [ ] 역치 이상의 자극을 준 지점 X와 X에 역치 이상의 자극을 주고 경과한 시간에 따른 막전위 분석
- [ ] A와 B의 특정 지점에서의 막전위 분석

---

step 1 d_2에서 측정한 막전위의 변화를 토대로 A와 B의 흥분 전도 속도 비교하기

Ⅱ일 때 d_2에서 측정한 막전위가 A는 −60 mV, B는 −80 mV이므로 흥분은 A의 d_2보다 B의 d_2에 먼저 도달하였다. 따라서 흥분 전도 속도는 A가 1 cm/ms, B가 2 cm/ms이다.

step 2 d_2에서 측정한 막전위의 변화를 토대로 X에 해당하는 지점과 Ⅰ~Ⅳ에 해당하는 경과 시간 분석하기

X가 d_1이면 B의 d_1에서 d_2까지 흥분이 전도되는 데 1 ms가 걸리므로

⊙이 2 ms, 3 ms, 5 ms, 7 ms일 때 B의 d_2에서 측정한 막전위가 −80 mV인 경우는 없다. 따라서 X는 d_4이고, Ⅰ은 3 ms, Ⅱ는 5 ms, Ⅲ은 2 ms, Ⅳ는 7 ms이다.

step 3 ⊙에 따른 A와 B의 특정 지점에서의 막전위 분석하기

A의 d_4에서 d_3까지 흥분이 전도되는 데 3 ms가 걸리므로 ⊙이 4 ms일 때 A의 d_3에서 측정한 막전위는 흥분이 도달한지 1 ms가 지났을 때의 막전위인 −60 mV이다.

수능 기출 변형

01 그림은 어떤 뉴런에 역치 이상의 자극을 주었을 때, 이 뉴런 세포막의 한 지점에서 시간에 따른 이온 ⓐ와 ⓑ의 막 투과도를 나타낸 것이다. ⓐ와 ⓑ는 K^+과 Na^+을 순서 없이 나타낸 것이다.

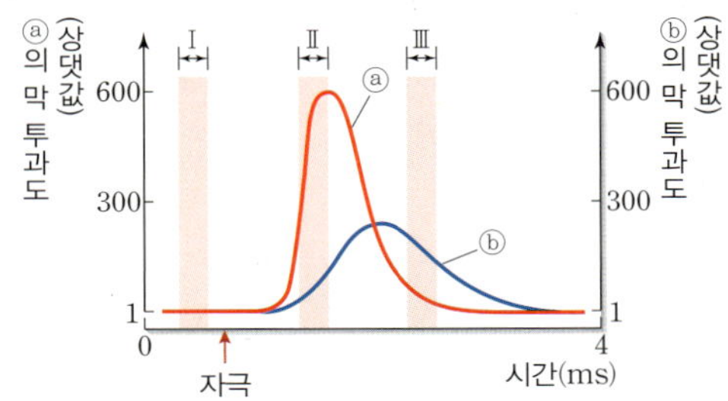

이에 대한 설명으로 옳은 것만을 〈보기〉에서 있는 대로 고른 것은?

| 보기 |

ㄱ. 구간 Ⅰ에서 Na^+-K^+ 펌프를 통해 ⓑ가 세포 밖으로 유출된다.

ㄴ. 구간 Ⅱ에서 Na^+은 Na^+ 통로를 통해 세포 안으로 확산된다.

ㄷ. 구간 Ⅲ에서 $\dfrac{\text{세포 밖의 농도}}{\text{세포 안의 농도}}$ 는 ⓐ가 ⓑ보다 작다.

① ㄱ   ② ㄴ   ③ ㄷ

④ ㄱ, ㄴ   ⑤ ㄴ, ㄷ

평가원 기출 변형

02 그림 (가)는 어떤 뉴런에 역치 이상의 자극을 주었을 때, 이 뉴런 세포막의 한 지점에서 측정한 막전위 변화를, (나)는 시점 t_1일 때 이 지점에서 Na^+ 통로를 통한 Na^+의 확산을 나타낸 것이다. ㉠과 ㉡은 세포 밖과 세포 안을 순서 없이 나타낸 것이다.

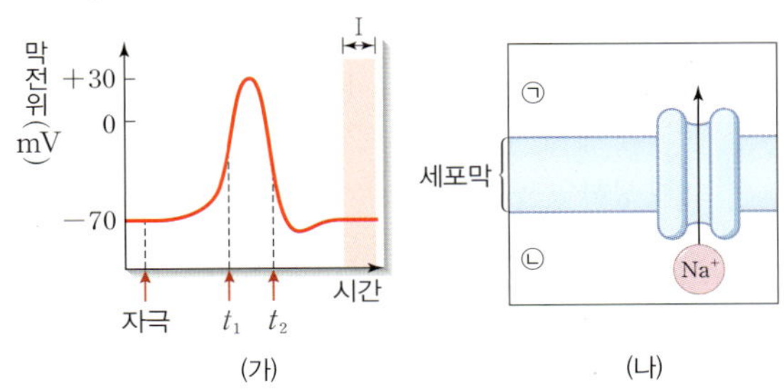

이에 대한 설명으로 옳은 것만을 〈보기〉에서 있는 대로 고른 것은?

| 보기 |

ㄱ. Na^+의 막 투과도는 t_1일 때가 t_2일 때보다 크다.

ㄴ. t_2일 때 이온의 $\dfrac{㉠에서의 농도}{㉡에서의 농도}$ 는 Na^+이 K^+보다 크다.

ㄷ. 구간 Ⅰ에서 세포막을 통한 Na^+의 이동이 일어나지 않는다.

① ㄱ   ② ㄴ   ③ ㄷ

④ ㄱ, ㄴ   ⑤ ㄱ, ㄷ

수능 기출 변형

03 다음은 민말이집 신경 A와 B의 흥분 전도에 대한 자료이다.

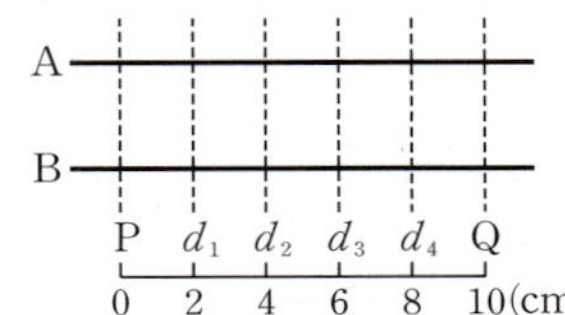

- 그림은 A와 B의 축삭 돌기 일부를, 표는 A와 B의 동일한 지점 X에 역치 이상의 자극을 동시에 1회 주고 경과한 시간이 t_1일 때 지점 $d_1 \sim d_4$에서 측정한 막전위를 나타낸 것이다. X는 지점 P와 Q 중 하나이다.

신경	t_1일 때 측정한 막전위(mV)			
	d_1	d_2	d_3	d_4
A	+10	?	−80	?
B	?	−45	?	−80

- A와 B의 흥분 전도 속도는 다르며, A와 B 중 한 신경에서의 흥분 전도 속도는 2 cm/ms이다.

- 오른쪽 그림은 A와 B 각각에서 활동 전위가 발생하였을 때 각 지점에서의 막전위 변화를 나타낸 것이다.

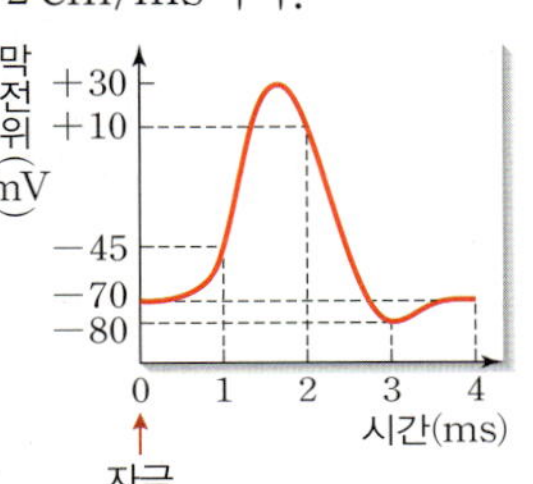

이에 대한 설명으로 옳은 것만을 〈보기〉에서 있는 대로 고른 것은? (단, A와 B에서 흥분의 전도는 각각 1회 일어났고, 휴지 전위는 −70 mV이다.)

| 보기 |

ㄱ. X는 P이다.

ㄴ. t_1은 4 ms이다.

ㄷ. t_1일 때 A의 d_2에서는 K^+이 K^+ 통로를 통해 세포 밖으로 유출된다.

① ㄱ   ② ㄴ   ③ ㄱ, ㄷ

④ ㄴ, ㄷ   ⑤ ㄱ, ㄴ, ㄷ

04 그림 (가)는 어떤 뉴런에서 지점 A~C를, (나)는 이 뉴런에서 물질 X의 처리 여부에 따라 A에 역치 이상의 자극을 1회 주었을 때 지점 @에서의 막전위 변화를 나타낸 것이다. @는 B와 C 중 하나이고, X는 세포막에 있는 이온 통로를 통한 Na^+과 K^+의 이동 중 하나를 억제한다.

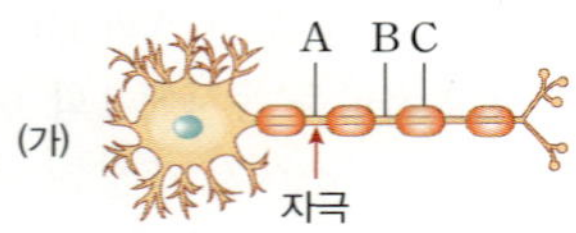

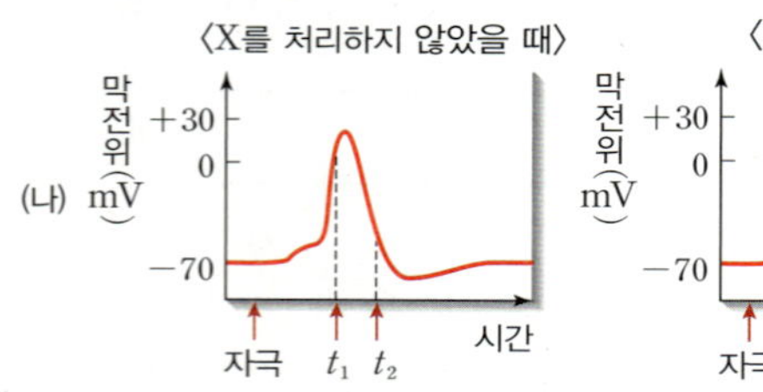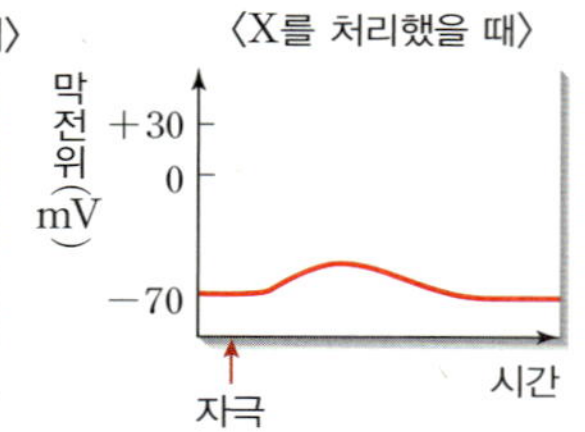

이에 대한 설명으로 옳은 것만을 〈보기〉에서 있는 대로 고른 것은?

┤보기├
ㄱ. @는 C이다.
ㄴ. X는 Na^+의 이동을 억제한다.
ㄷ. $\dfrac{K^+의\ 막\ 투과도}{Na^+의\ 막\ 투과도}$ 는 t_1일 때가 t_2일 때보다 크다.

① ㄱ 　　② ㄴ 　　③ ㄷ
④ ㄱ, ㄴ 　　⑤ ㄴ, ㄷ

05 그림 (가)는 민말이집 신경 A와 B의 축삭 돌기 일부를, (나)는 지점 P_1~P_3에서 활동 전위가 발생하였을 때의 막전위 변화를 나타낸 것이다. ㉠P_3에 역치 이상의 자극을 1회 주고 경과한 시간이 3 ms일 때 A의 P_1과 B의 P_2에서 측정한 막전위는 모두 +30 mV이다.

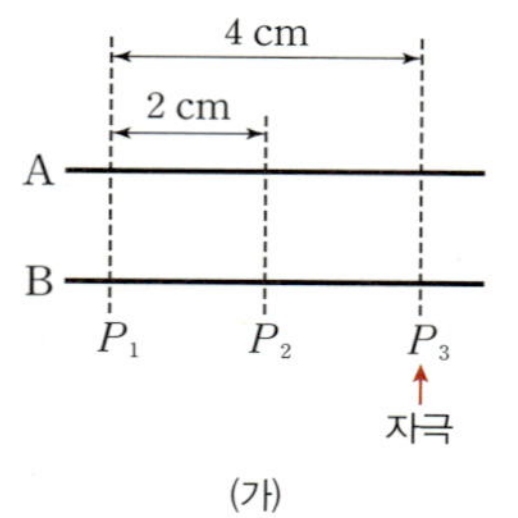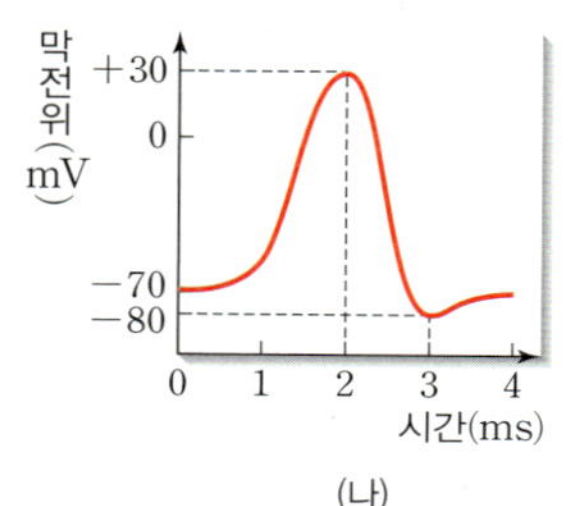

이에 대한 설명으로 옳은 것만을 〈보기〉에서 있는 대로 고른 것은? (단, A와 B에서 흥분의 전도는 각각 1회 일어났고, 휴지 전위는 −70 mV이다.)

┤보기├
ㄱ. 흥분 전도 속도는 A에서가 B에서의 1.5배이다.
ㄴ. ㉠이 2 ms일 때 A의 P_2에서 탈분극이 일어나고 있다.
ㄷ. ㉠이 5 ms일 때 B의 P_1에서 K^+의 농도는 세포 안이 세포 밖보다 높다.

① ㄱ 　　② ㄷ 　　③ ㄱ, ㄴ
④ ㄴ, ㄷ 　　⑤ ㄱ, ㄴ, ㄷ

06 다음은 민말이집 신경 A와 B의 흥분 전도에 대한 자료이다.

• 그림은 A와 B의 일부를, 표는 A와 B의 지점 d_1에 역치 이상의 자극을 동시에 1회 주고 경과한 시간이 3 ms, 4 ms, 5 ms일 때 지점 d_2에서 측정한 막전위를 나타낸 것이다. Ⅰ~Ⅲ은 3 ms, 4 ms, 5 ms를 순서 없이 나타낸 것이다.

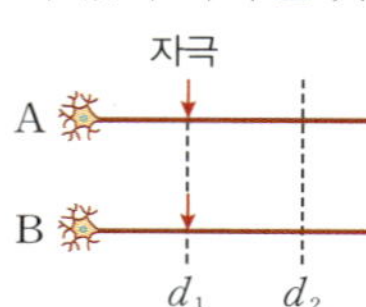

신경	d_2에서 측정한 막전위(mV)		
	Ⅰ	Ⅱ	Ⅲ
A	−70	+10	−80
B	?	+20	−60

• d_1과 d_2 사이의 거리는 3 cm이고, A와 B의 흥분 전도 속도는 각각 2 cm/ms와 3 cm/ms 중 하나이다.

• 오른쪽 그림은 A와 B 각각에서 활동 전위가 발생하였을 때 각 지점에서의 막전위 변화를 나타낸 것이다.

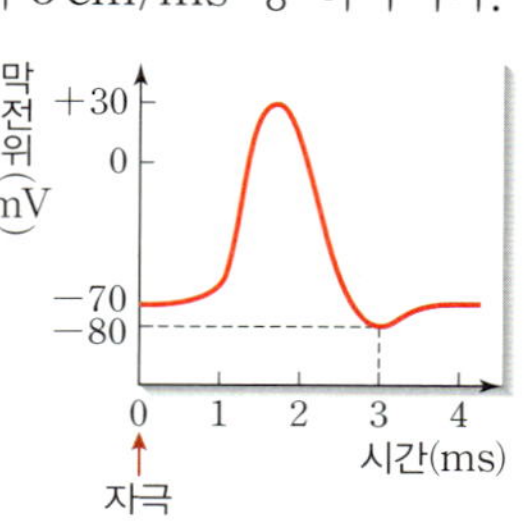

이에 대한 설명으로 옳은 것만을 〈보기〉에서 있는 대로 고른 것은? (단, A와 B에서 흥분의 전도는 각각 1회 일어났고, 휴지 전위는 −70 mV이다.)

┤보기├
ㄱ. Ⅰ은 5 ms이다.
ㄴ. A의 흥분 전도 속도는 3 cm/ms이다.
ㄷ. Ⅱ일 때 B의 d_2에서 탈분극이 일어나고 있다.

① ㄱ 　　② ㄷ 　　③ ㄱ, ㄴ
④ ㄴ, ㄷ 　　⑤ ㄱ, ㄴ, ㄷ

07 다음은 민말이집 신경 A~D의 흥분 전도에 대한 자료이다.

- 그림은 A~D의 지점 d_1~d_4의 위치를, 표는 ㉠A와 D의 d_2에 역치 이상의 자극을 동시에 1회 주고 경과한 시간이 5 ms일 때 d_3과 d_4에서 측정한 막전위를 나타낸 것이다.

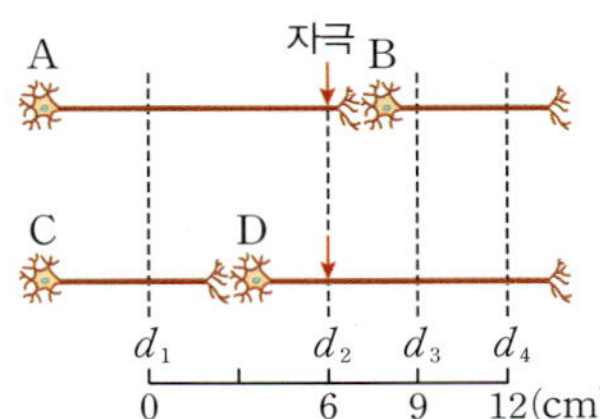

신경	5 ms일 때 측정한 막전위(mV)	
	d_3	d_4
B	+30	?
D	?	−80

- A와 D의 흥분 전도 속도는 같고, B와 C의 흥분 전도 속도는 다르며, B와 D의 흥분 전도 속도는 각각 2 cm/ms와 3 cm/ms 중 하나이다.

- 오른쪽 그림은 A~D 각각에서 활동 전위가 발생하였을 때 각 지점에서의 막전위 변화를 나타낸 것이다.

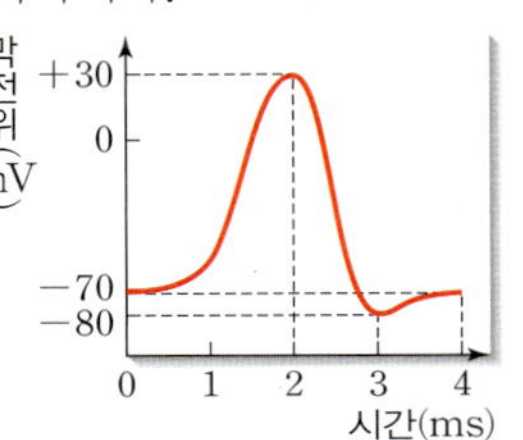

이에 대한 설명으로 옳은 것만을 〈보기〉에서 있는 대로 고른 것은? (단, A~D에서 흥분의 전도는 각각 1회 일어났고, 휴지 전위는 −70 mV이다.)

┤보기├

ㄱ. 흥분 전도 속도는 A에서가 B에서보다 빠르다.

ㄴ. ㉠이 4 ms일 때 A의 d_1에서 측정한 막전위는 +30 mV이다.

ㄷ. ㉠이 8 ms일 때 $\dfrac{\text{C의 } d_1\text{에서 측정한 막전위}}{\text{B의 } d_4\text{에서 측정한 막전위}}$ 는 1보다 작다.

① ㄱ   ② ㄷ   ③ ㄱ, ㄴ
④ ㄴ, ㄷ   ⑤ ㄱ, ㄴ, ㄷ

08 다음은 민말이집 신경 A~C의 흥분 전도에 대한 자료이다.

- 그림은 A~C의 지점 d_1~d_4의 위치를, 표는 ㉠각 신경의 d_3에 역치 이상의 자극을 동시에 1회 주고 경과한 시간이 3 ms일 때 지점 Ⅰ~Ⅳ에서 측정한 막전위를 나타낸 것이다. Ⅰ~Ⅳ는 d_1~d_4를 순서 없이 나타낸 것이다.

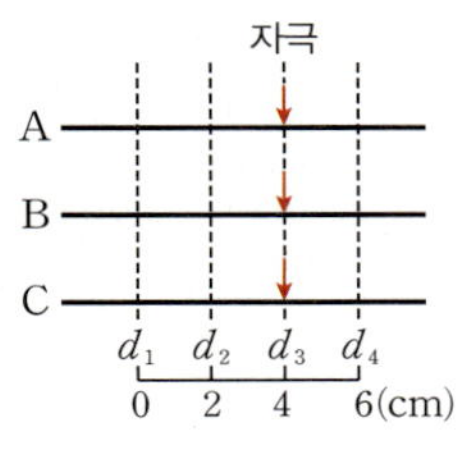

신경	3 ms일 때 측정한 막전위(mV)			
	Ⅰ	Ⅱ	Ⅲ	Ⅳ
A	ⓐ	?	?	−80
B	?	?	+30	ⓑ
C	?	−80	−60	?

- Ⅰ과 Ⅲ 사이의 거리는 2 cm이고, A~C의 흥분 전도 속도는 각각 2 cm/ms와 3 cm/ms 중 하나이다.

- 그림 (가)는 A의 d_1~d_4에서, (나)는 B와 C의 d_1~d_4에서 활동 전위가 발생하였을 때 각 지점에서의 막전위 변화를 나타낸 것이다.

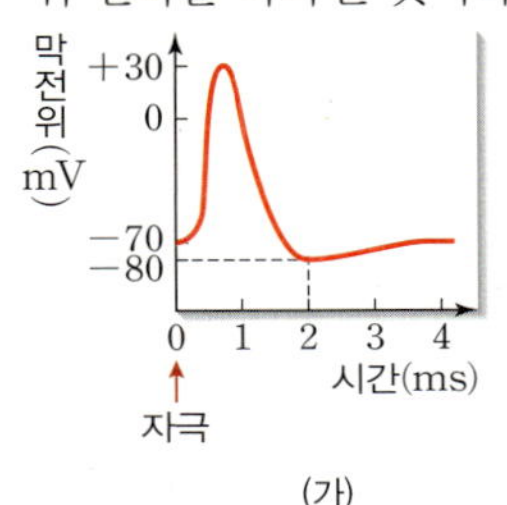

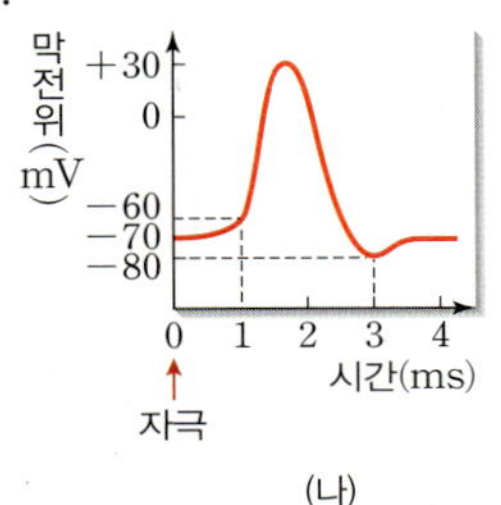

이에 대한 설명으로 옳은 것만을 〈보기〉에서 있는 대로 고른 것은? (단, A~C에서 흥분의 전도는 각각 1회 일어났고, 휴지 전위는 −70 mV이다.)

┤보기├

ㄱ. Ⅰ은 d_2이다.

ㄴ. $\dfrac{ⓐ}{ⓑ}$ 는 1보다 작다.

ㄷ. ㉠이 4 ms일 때 C의 Ⅲ에서 재분극이 일어나고 있다.

① ㄱ   ② ㄴ   ③ ㄱ, ㄷ
④ ㄴ, ㄷ   ⑤ ㄱ, ㄴ, ㄷ

531 PROJECT

S 예상 적중 문제

기본 개념 확인

01 뉴런에 역치 이상의 자극이 주어지면 세포막의 [   ]에 대한 막 투과도가 증가하여 막전위가 상승하는 탈분극이 일어난다.

---

01 그림 (가)는 어떤 뉴런 X에 역치 이상의 자극을 주었을 때 X의 세포막의 한 지점에서 시간에 따른 이온 ㉠과 ㉡의 막 투과도를, (나)는 X의 세포 밖 ㉠의 농도 조건을 Ⅰ과 Ⅱ로 달리한 후 X에 각각 역치 이상의 자극을 1회 주었을 때 시간에 따른 막전위를 나타낸 것이다. ㉠과 ㉡은 K^+과 Na^+을 순서 없이 나타낸 것이다.

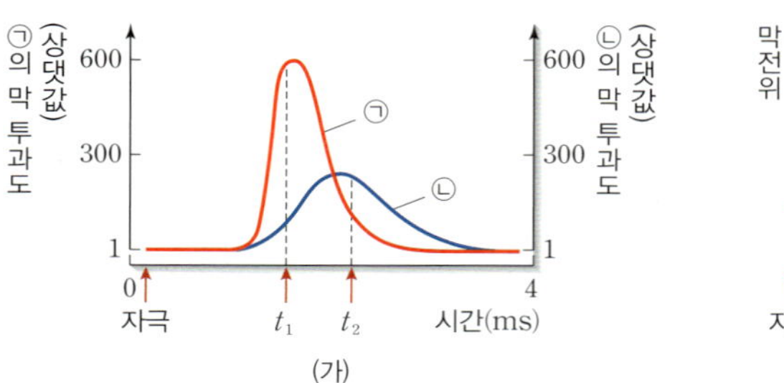
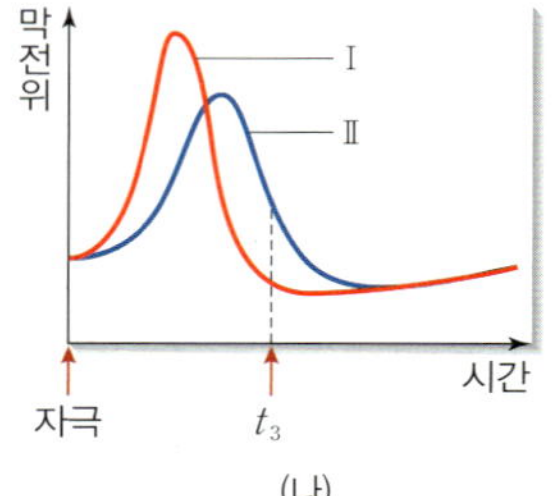

이에 대한 설명으로 옳은 것만을 〈보기〉에서 있는 대로 고른 것은? (단, (나)에서 X의 세포 밖 ㉠의 농도 이외의 다른 조건은 고려하지 않는다.)

┌ 보기 ┐
ㄱ. $\dfrac{K^+의\ 막\ 투과도}{Na^+의\ 막\ 투과도}$ 는 t_1일 때가 t_2일 때보다 작다.

ㄴ. X의 세포 밖 ㉠의 농도는 Ⅰ에서가 Ⅱ에서보다 낮다.

ㄷ. t_3일 때 ㉡은 이온 통로를 통해 세포 밖으로 확산된다.

① ㄱ　　　　　　② ㄴ　　　　　　③ ㄱ, ㄷ
④ ㄴ, ㄷ　　　　　⑤ ㄱ, ㄴ, ㄷ

---

02 탈분극이 일어난 후 막전위가 다시 하강하여 휴지 전위로 되돌아오는 현상을 [   ]이라고 한다.

---

02 그림 (가)는 어떤 뉴런에 역치 이상의 자극을 주었을 때 시간에 따른 막전위를, (나)는 이 뉴런에 물질 X를 처리하고 역치 이상의 자극을 주었을 때 시간에 따른 막전위를 나타낸 것이다. X는 세포막에 있는 이온 통로를 통한 Na^+과 K^+의 이동 중 하나를 억제한다.

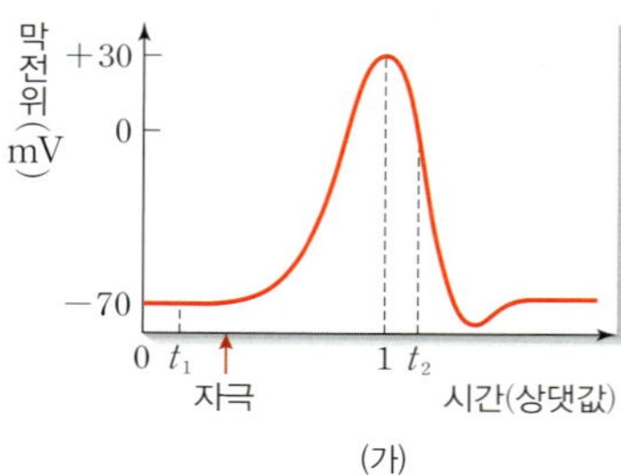
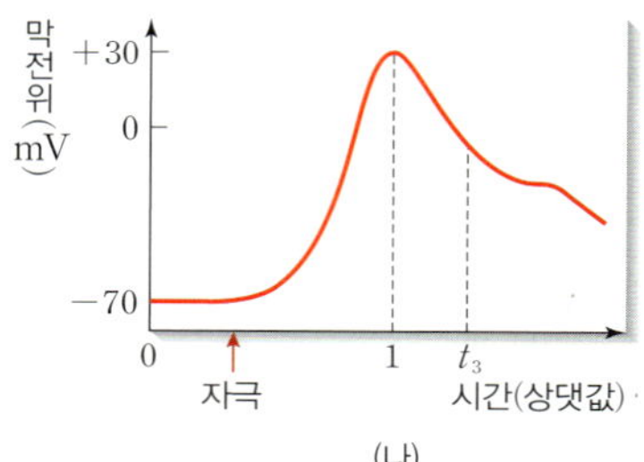

이에 대한 설명으로 옳은 것만을 〈보기〉에서 있는 대로 고른 것은?

┌ 보기 ┐
ㄱ. t_1일 때 세포막을 통한 Na^+의 이동은 일어나지 않는다.

ㄴ. X는 이온 통로를 통한 K^+의 이동을 억제한다.

ㄷ. K^+의 $\dfrac{세포\ 밖에서의\ 농도}{세포\ 안에서의\ 농도}$ 는 t_2와 t_3일 때 모두 1보다 작다.

① ㄱ　　　　　　② ㄴ　　　　　　③ ㄱ, ㄷ
④ ㄴ, ㄷ　　　　　⑤ ㄱ, ㄴ, ㄷ

03 다음은 민말이집 신경 A~C의 흥분 전도에 대한 자료이다.

- 그림은 A~C의 지점 d_1~d_4의 위치를, 표는 ㉠각 신경의 X에 역치 이상의 자극을 동시에 1회 주고 경과한 시간이 3 ms일 때 d_1~d_4에서 측정한 막전위를 나타낸 것이다. X는 d_1~d_4 중 하나이고, 신경 Ⅰ~Ⅲ은 A~C를 순서 없이 나타낸 것이다.

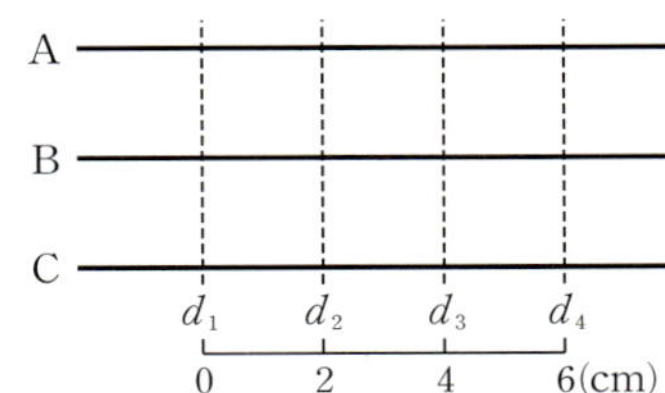

신경	3 ms일 때 측정한 막전위(mV)			
	d_1	d_2	d_3	d_4
Ⅰ	−70	?	−80	?
Ⅱ	?	+30	?	?
Ⅲ	−70	?	?	−80

- A~C의 흥분 전도 속도는 각각 2 cm/ms와 3 cm/ms 중 하나이고, A와 C의 흥분 전도 속도는 서로 다르다.
- 오른쪽 그림 (가)는 A 와 B의 d_1~d_4에서, (나)는 C의 d_1~d_4에서 활동 전위가 발생하였을 때 각 지점에서의 막전위 변화를 나타낸 것이다.

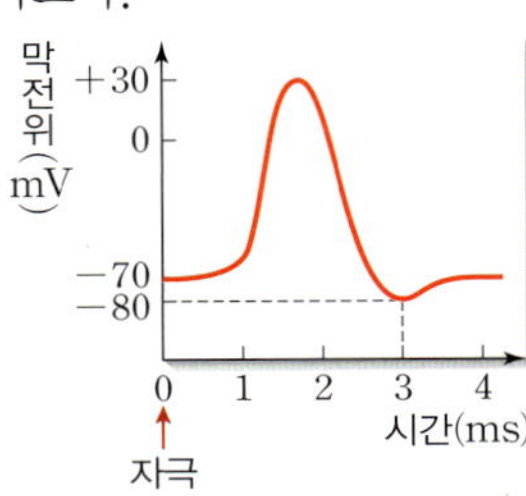

(가)

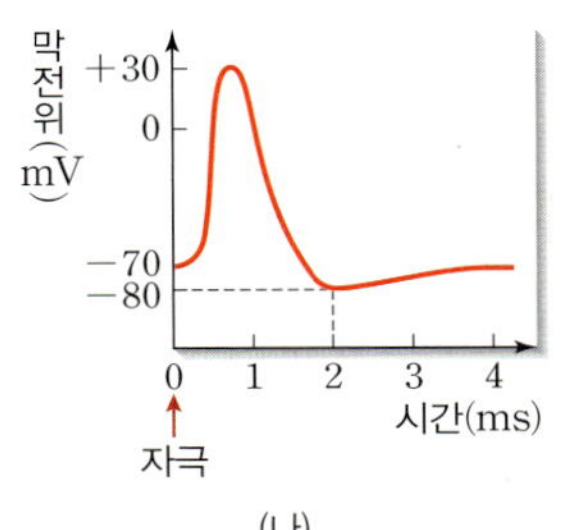

(나)

이에 대한 설명으로 옳은 것만을 〈보기〉에서 있는 대로 고른 것은? (단, A~C에서 흥분의 전도는 각각 1회 일어났고, 휴지 전위는 −70 mV이다.)

┤ 보기 ├
ㄱ. 흥분 전도 속도는 A에서가 C에서보다 빠르다.
ㄴ. ㉠이 3 ms일 때 Ⅰ의 d_2와 Ⅲ의 d_2에서 모두 재분극이 일어난다.
ㄷ. ㉠이 5 ms일 때 Ⅱ의 d_1에서 측정한 막전위는 −80 mV이다.

① ㄱ 　② ㄴ 　③ ㄱ, ㄷ 　④ ㄴ, ㄷ 　⑤ ㄱ, ㄴ, ㄷ

04 그림 (가)는 어떤 뉴런 X의 ㉠지점 P에 역치 이상의 자극을 1회 주고 경과한 시간이 t_1일 때 지점 d_1과 d_2에서 측정한 막전위를, (나)는 P에서 발생한 흥분이 X의 축삭 돌기 말단 방향 각 지점에 도달하는 데 경과한 시간을 P로부터의 거리에 따라 나타낸 것이다. Ⅰ과 Ⅱ는 X의 축삭 돌기에서 말이집으로 싸여 있는 부분과 말이집으로 싸여 있지 않은 부분을 순서 없이 나타낸 것이다.

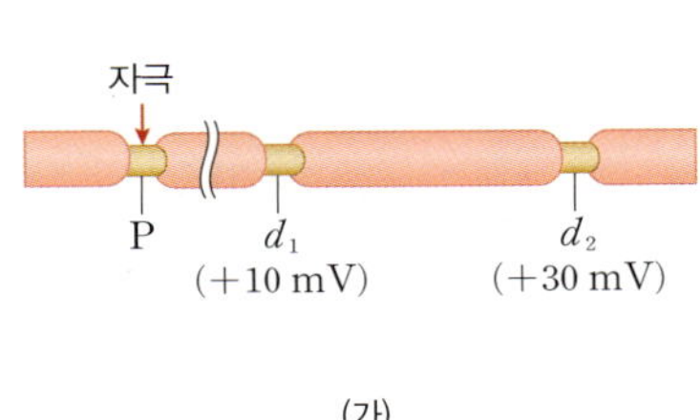

(가)

(나)

이에 대한 설명으로 옳은 것만을 〈보기〉에서 있는 대로 고른 것은? (단, X에서 흥분의 전도는 1회만 일어났으며, 활동 전위가 생성될 때 막전위는 +30 mV까지 상승한다.)

┤ 보기 ├
ㄱ. Ⅰ은 말이집으로 싸여 있는 부분이다.
ㄴ. 흥분이 도달하였을 때 Na^+에 대한 막 투과도는 Ⅰ에서가 Ⅱ에서보다 작다.
ㄷ. ㉠이 t_1일 때 d_1에서는 탈분극이 일어나고 있다.

① ㄱ 　② ㄴ 　③ ㄷ 　④ ㄱ, ㄴ 　⑤ ㄴ, ㄷ

03 재분극이 일어난 이후에는 K^+ 통로가 닫히고 □□□□의 작용으로 Na^+ 과 K^+이 재배치되어 분극 상태가 된다.

04 말이집 신경에서는 랑비에 결절에서 랑비에 결절로 흥분이 전도되는 □□□ 가 일어나므로 말이집 신경이 민말이집 신경보다 흥분 전도 속도가 빠르다.

05 시냅스를 통한 흥분의 전달은 시냅스 이전 뉴런의 [　　　] 말단에서 시냅스 이후 뉴런의 [　　　] 또는 [　　　] 쪽으로만 일어난다.

05 그림 (가)는 신경 A~C를, (나)는 A~C의 지점 P에 각각 역치 이상의 자극을 주었을 때 A~C의 지점 Q에서의 막전위 변화를 나타낸 것이다. 신경 ㉠~㉢은 A~C를 순서 없이 나타낸 것이다. A~C 각각의 축삭 돌기 굵기는 같다.

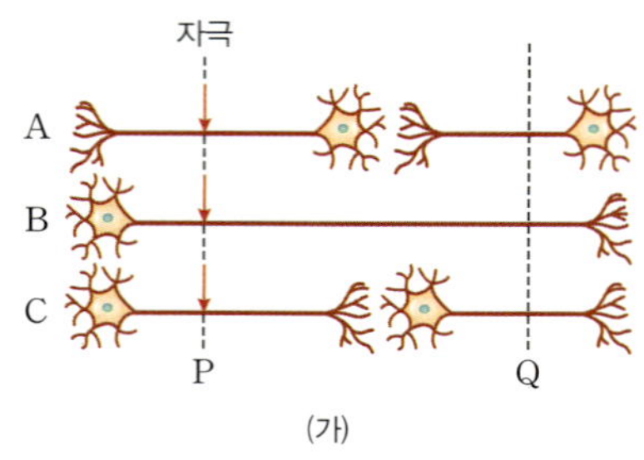

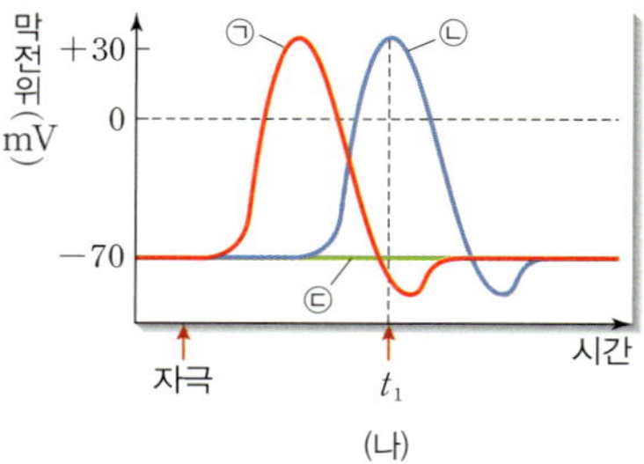

이에 대한 설명으로 옳은 것만을 〈보기〉에서 있는 대로 고른 것은? (단, A~C에서 흥분의 전도는 각각 1회 일어났고, 휴지 전위는 $-70\ \text{mV}$이다.)

| 보기 |
ㄱ. ㉢은 C이다.
ㄴ. t_1일 때 B의 Q에서 K^+은 K^+ 통로를 통해 세포 밖으로 확산된다.
ㄷ. t_1일 때 ㉡의 Q에서 Na^+의 농도는 세포 안이 세포 밖보다 높다.

① ㄱ   ② ㄴ   ③ ㄷ   ④ ㄱ, ㄴ   ⑤ ㄴ, ㄷ

06 한 뉴런의 신경 세포체 쪽에서 생성된 활동 전위는 [　　　] 말단 방향으로 이동하며, 인위적으로 축삭 돌기의 중간 지점을 자극하면 흥분은 [　　　]으로 전도될 수 있다.

06 다음은 민말이집 신경 A와 B의 흥분 전도에 대한 자료이다.

- 그림은 A와 B의 일부를, 표는 ⓐA와 B의 지점 X에 역치 이상의 자극을 동시에 1회 주고 경과한 시간이 3 ms, 4 ms, 6 ms일 때 지점 d_4에서 측정한 막전위를 나타낸 것이다. I~Ⅲ은 3 ms, 4 ms, 6 ms를 순서 없이 나타낸 것이다. X는 지점 d_1~d_3 중 하나이다.

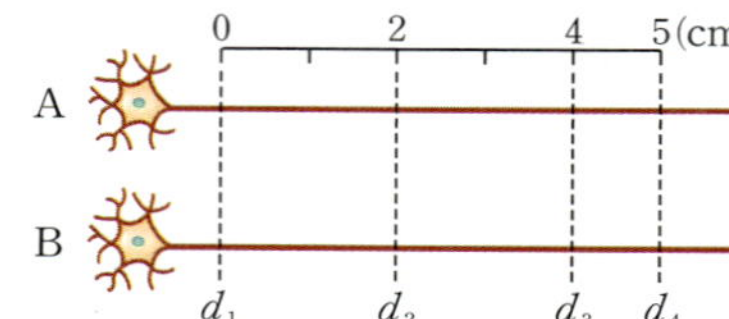

신경	d_4에서 측정한 막전위(mV)		
	I	Ⅱ	Ⅲ
A	㉠	-70	?
B	㉡	-80	?

- A와 B의 흥분 전도 속도는 각각 $1\ \text{cm/ms}$와 $2\ \text{cm/ms}$ 중 하나이고, $\dfrac{㉡}{㉠}$은 1보다 크다.

- 오른쪽 그림은 A와 B 각각에서 활동 전위가 발생하였을 때 각 지점에서의 막전위 변화를 나타낸 것이다.

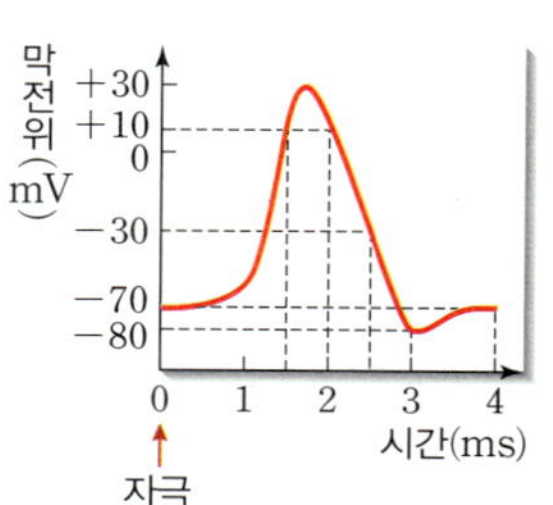

이에 대한 설명으로 옳은 것만을 〈보기〉에서 있는 대로 고른 것은? (단, A와 B에서 흥분의 전도는 각각 1회 일어났고, 휴지 전위는 $-70\ \text{mV}$이다.)

| 보기 |
ㄱ. X는 d_2이다.
ㄴ. I은 4 ms이다.
ㄷ. ⓐ가 2 ms일 때 A의 d_1에서 측정한 막전위는 ㉡과 같다.

① ㄱ   ② ㄷ   ③ ㄱ, ㄴ   ④ ㄴ, ㄷ   ⑤ ㄱ, ㄴ, ㄷ

07 다음은 민말이집 신경 (가)와 (나)의 흥분 이동에 대한 자료이다.

- 그림은 (가)와 (나)의 지점 $d_1 \sim d_4$의 위치를, 표는 ㉠(가)와 (나)의 동일한 지점 X에 역치 이상의 자극을 동시에 1회 주고 경과한 시간이 4 ms일 때 $d_1 \sim d_4$에서 측정한 막전위를 나타낸 것이다. X는 $d_1 \sim d_4$ 중 하나이고, (가)에는 $d_1 \sim d_4$ 사이에 하나의 시냅스가 있다.

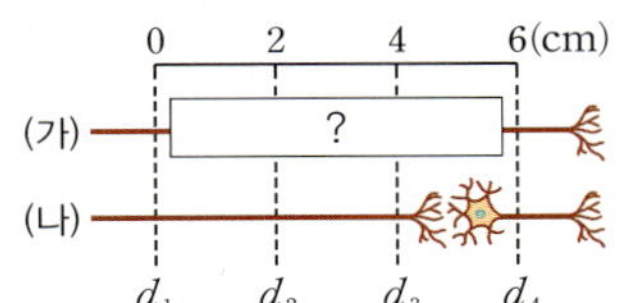

신경	4 ms일 때 측정한 막전위(mV)			
	d_1	d_2	d_3	d_4
(가)	?	ⓐ	?	-80
(나)	$+10$	?	ⓑ	$+10$

- (가)와 (나)를 구성하는 뉴런의 흥분 전도 속도는 서로 같고, (가)와 (나)에서 흥분 전달 속도는 서로 같으며, $\dfrac{ⓑ}{ⓐ}$는 1보다 작다.

- ㉠이 4 ms일 때 (나)의 d_4에서 재분극이 일어나고 있다.

- 오른쪽 그림은 (가)와 (나) 각각에서 활동 전위가 발생하였을 때 각 지점에서의 막전위 변화를 나타낸 것이며, 휴지 전위는 -70 mV이다.

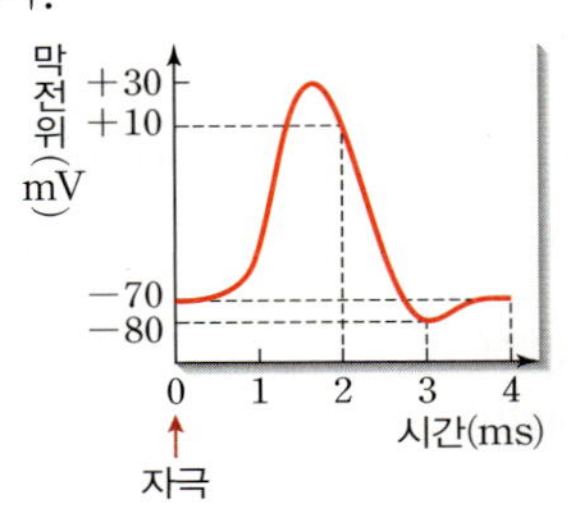

이에 대한 설명으로 옳은 것만을 〈보기〉에서 있는 대로 고른 것은? (단, (가)와 (나)의 시냅스 이후 뉴런에서 흥분의 전도는 각각 1회 일어났고, 시냅스 위치 이외의 다른 조건은 모두 동일하다.)

| 보기 |
ㄱ. ⓐ는 -80이다.
ㄴ. (가)에서 시냅스는 d_2와 d_3 사이에 있다.
ㄷ. ㉠이 5 ms일 때 (가)의 d_2에서 측정한 막전위는 (나)의 d_4에서 측정한 막전위와 같다.

① ㄱ　　　　② ㄷ　　　　③ ㄱ, ㄴ
④ ㄱ, ㄷ　　　⑤ ㄴ, ㄷ

07 시냅스에서 흥분은 [＿＿＿＿]의 확산에 의해 전달되므로 시냅스에서의 흥분 전달 속도는 뉴런에서의 흥분 전도 속도보다 느리다.

531 PROJECT

S 05강 근수축

A 골격근		B 골격근 수축의 원리(활주설)		C 근육 섬유에서 ATP의 합성	
골격근의 구조	★☆☆	골격근의 수축 과정	★★★	골격근 수축의 에너지원	★☆☆
근육 원섬유 마디의 구조	★★☆	근육 원섬유 마디의 변화	★★★	ATP의 생성과 공급	★★★

A 골격근

근육 섬유(근육 세포)
근육 섬유는 근육을 구성하는 세포이다. 골격근을 구성하는 세포는 하나의 세포에 여러 개의 핵이 있는 다핵 세포이다. 반면에 심장근과 내장근을 구성하는 세포는 하나의 세포에 한 개의 핵만 있다.

1. **골격근의 구조**
   (1) 골격근은 평행하게 배열된 여러 개의 근육 섬유 다발로 구성되고, 하나의 근육 섬유는 여러 가닥의 근육 원섬유로 구성된다.
   (2) 하나의 근육 원섬유는 가는 액틴 필라멘트와 굵은 마이오신 필라멘트로 구성되며, 근육 원섬유 마디가 반복되어 길게 연결되어 있다.

2. **근육 원섬유 마디의 구조** Z선을 기준으로 나뉘는 근수축의 기본 단위이다.

I대(명대)	액틴 필라멘트만 있어 전자 현미경으로 관찰했을 때 밝게 보이는 부분이다.
A대(암대)	마이오신 필라멘트가 있어 전자 현미경으로 관찰했을 때 어둡게 보이는 부분이다.
H대	A대 중에서 마이오신 필라멘트만 있는 부분이며, 전자 현미경으로 관찰했을 때 액틴 필라멘트와 마이오신 필라멘트가 겹쳐진 부분보다 조금 밝게 보인다.
Z선	액틴 필라멘트가 결합되어 있는 I대 중앙의 수직선으로, 근육 원섬유 마디를 구분하는 경계선이다.
M선	근육 원섬유 마디 중앙에 있는 선으로, 마이오신 필라멘트가 결합되어 있다.

근육 원섬유 마디의 단면 구조

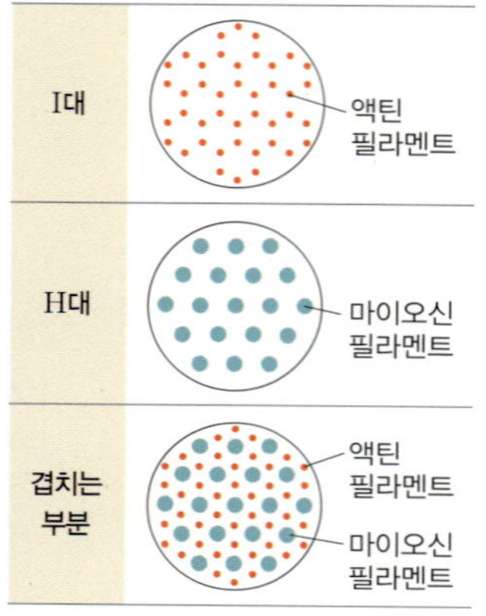

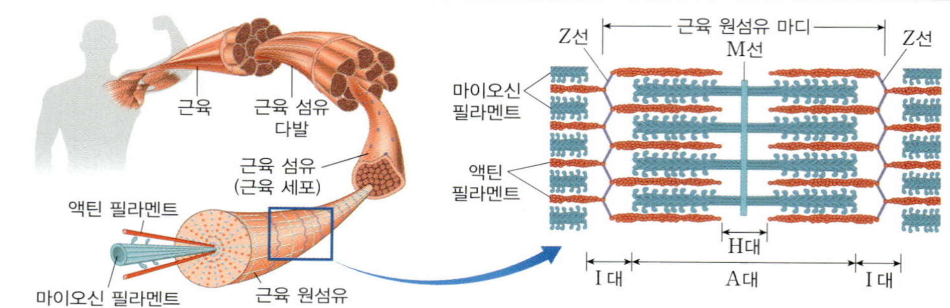

3. **골격근의 작용** 골격근의 양 끝은 힘줄에 의해 서로 다른 뼈에 붙어 있고, 두 뼈는 관절과 인대에 의해 서로 연결되어 있다. 뼈에 붙어 있는 한 쌍의 골격근은 서로 반대로 작용하며, 뼈와 근육의 작용으로 다양한 몸의 움직임이 만들어진다.

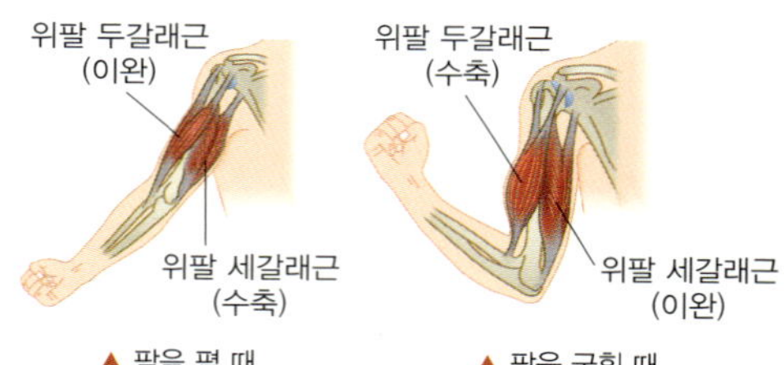

B 골격근 수축의 원리(활주설)

골격근의 수축 과정

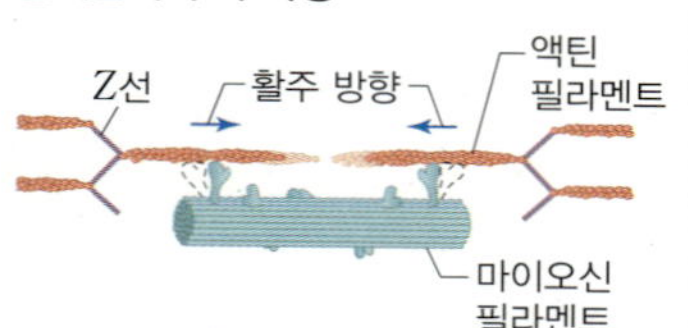

1. **운동 뉴런의 흥분 전달과 골격근의 수축** 근육 섬유에 접해 있는 운동 뉴런의 축삭 돌기 말단에 흥분이 전도되면 축삭 돌기 말단에 있는 시냅스 소포가 세포막과 융합하여 아세틸콜린이 방출된다.
   ➡ 근육 섬유의 세포막이 탈분극되어 활동 전위가 발생하고 근육 원섬유 마디가 짧아지면서 근육 원섬유가 수축한다.

2. **골격근의 수축 과정** 골격근이 수축할 때 근육 원섬유 마디에서 액틴 필라멘트와 마이오신 필라멘트의 길이는 변화하지 않으며, 마이오신 필라멘트가 ATP를 소모하면서 액틴 필라멘트를 끌어당겨 액틴 필라멘트가 마이오신 필라멘트 사이로 미끄러져 들어간다. ➡ 액틴 필라멘트와 마이오신 필라멘트가 겹치는 부분이 길어져 근육 원섬유 마디의 길이가 짧아진다.

3. 골격근의 수축 과정에서 근육 원섬유 마디의 변화

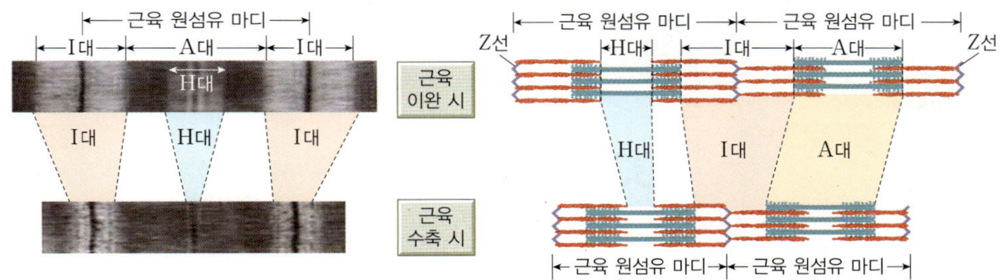

근육 원섬유 마디의 길이	H대 길이	I대 길이	A대 길이	액틴 필라멘트와 마이오신 필라멘트의 길이	액틴 필라멘트와 마이오신 필라멘트가 겹치는 부분의 길이
짧아짐	짧아짐	짧아짐	변화 없음	변화 없음	길어짐

C 근육 섬유에서 ATP의 합성

1. 골격근 수축의 에너지원

(1) 골격근의 근육 섬유가 수축을 반복하기 위한 에너지는 ATP로부터 공급받는다.

(2) ATP가 ADP로 분해될 때 방출되는 에너지를 이용하여 근수축이 일어난다.

2. 근육 섬유에서 ATP의 생성과 공급

(1) 크레아틴 인산을 이용해 ATP를 생성하여 근수축에 공급한다. ➡ ATP가 빠르게 생성되지만 크레아틴 인산의 양이 충분하지 않아 지속 시간이 짧다.

(2) 세포 호흡을 통해 ATP를 생성하여 근수축에 공급한다.

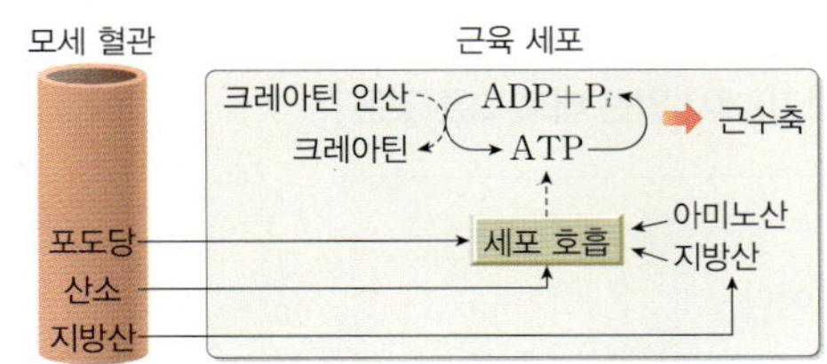

골격근 수축 과정에서 근육 원섬유 마디의 변화 비교

근육 원섬유 마디가 짧아진 길이=H대가 짧아진 길이=I대가 짧아진 길이

세포 호흡을 통한 ATP 생성

근육 섬유(근육 세포)에 산소 공급이 충분할 때는 산소 호흡을 통해 ATP를 생성하고, 산소 공급이 부족할 때는 젖산 발효를 통해 ATP를 생성한다.

크레아틴 인산

크레아틴과 인산이 결합된 물질로 크레아틴 인산이 크레아틴으로 분해되는 과정에서 ADP에 인산기를 제공하여 ATP를 빠르게 생성한다.

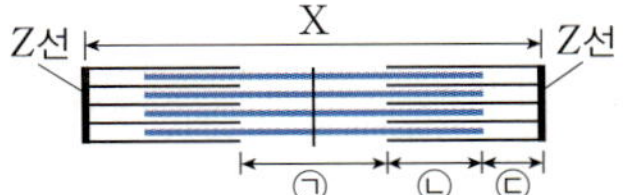

다음은 골격근의 수축 과정에 대한 자료이다.

- 그림은 근육 원섬유 마디 X의 구조를, 표는 골격근 수축 과정의 두 시점 t_1과 t_2일 때 ㉠의 길이와 ㉡의 길이를 더한 값(㉠+㉡)과 ㉢의 길이를 나타낸 것이다. X는 좌우 대칭이고, t_1일 때 A대의 길이는 1.6 μm이다.

시점	㉠+㉡	㉢
t_1	1.3 μm	0.7 μm
t_2	?	0.5 μm

- 구간 ㉠은 마이오신 필라멘트만 있는 부분이고, ㉡은 액틴 필라멘트와 마이오신 필라멘트가 겹치는 부분이며, ㉢은 액틴 필라멘트만 있는 부분이다.

자료 체크 리스트

- [ ] 구간 ㉠~㉢의 구성과 전자 현미경으로 관찰했을 때의 밝기 비교
- [ ] 구간 ㉠, ㉡의 길이 분석
- [ ] t_1과 t_2일 때 X와 각 구간별 길이 비교

---

step 1 근육 원섬유 마디를 구성하는 액틴 필라멘트와 마이오신 필라멘트의 유무로 ㉠~㉢을 분석하고, 전자 현미경으로 관찰했을 때의 밝기 비교하기

㉠에는 마이오신 필라멘트만 있으므로 H대이고, ㉢에는 액틴 필라멘트만 있으므로 I대의 절반($\frac{\text{I대}}{2}$)이며, ㉡은 액틴 필라멘트와 마이오신 필라멘트가 겹치는 부분의 절반($\frac{\text{겹치는 부분}}{2}$)이다. 따라서 전자 현미경으로 관찰했을 때 ㉢은 ㉡보다 밝게 보인다.

step 2 제시된 A대의 길이와 구간별 길이의 합을 이용하여 t_1일 때 X, ㉠, ㉡의 길이 구하기

A대의 길이=㉠의 길이+2×(㉡의 길이)이고 t_1일 때 A대의 길이는 1.6 μm, ㉠의 길이+㉡의 길이는 1.3 μm이므로 ㉠의 길이는 1.0 μm,

㉡의 길이는 0.3 μm이다. X의 길이=㉠의 길이+2×(㉡의 길이+㉢의 길이)이므로 t_1일 때 X의 길이는 3.0 μm이다.

step 3 골격근이 수축할 때 근육 원섬유 마디와 각 구간별 길이 변화를 토대로 t_1과 t_2일 때 X의 길이와 각 구간별 길이 비교하기

골격근의 수축으로 X의 길이가 d만큼 짧아지면 H대는 d만큼 짧아지고, $\frac{\text{I대}}{2}$의 길이는 $\frac{d}{2}$만큼 짧아지며, $\frac{\text{겹치는 부분}}{2}$은 $\frac{d}{2}$만큼 길어진다. t_1과 t_2일 때 X의 길이와 각 구간별 길이는 표와 같다.

시점	X의 길이	㉠의 길이	㉡의 길이	㉢의 길이
t_1	3.0 μm	1.0 μm	0.3 μm	0.7 μm
t_2	2.6 μm	0.6 μm	0.5 μm	0.5 μm

01 다음은 골격근의 수축 과정에 대한 자료이다.

- 그림은 근육 원섬유 마디 X의 구조를, 표는 골격근 수축 과정의 두 시점 t_1과 t_2일 때 X의 길이, ㉠의 길이에서 ⓐ의 길이를 뺀 값(㉠−ⓐ), ⓑ의 길이를 나타낸 것이다. X는 좌우 대칭이고, ⓐ와 ⓑ는 ㉡과 ㉢을 순서 없이 나타낸 것이다.

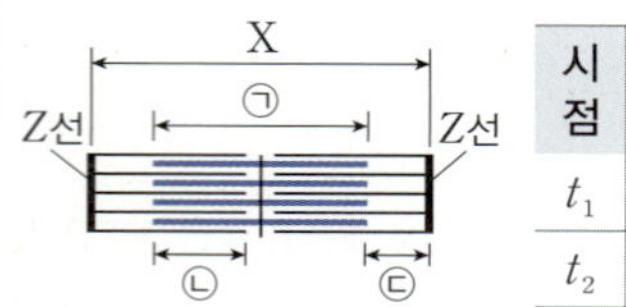

시점	X의 길이	㉠−ⓐ	ⓑ의 길이
t_1	2.8 μm	1.0 μm	?
t_2	?	1.2 μm	0.7 μm

- 구간 ㉠은 마이오신 필라멘트가 있는 부분이고, ㉡은 액틴 필라멘트와 마이오신 필라멘트가 겹치는 부분이며, ㉢은 액틴 필라멘트만 있는 부분이다.
- H대의 길이는 t_1일 때가 t_2일 때보다 길다.

이에 대한 설명으로 옳은 것만을 〈보기〉에서 있는 대로 고른 것은?

| 보기 |
ㄱ. ⓐ는 ㉡이다.
ㄴ. t_2일 때 X의 길이는 2.4 μm이다.
ㄷ. $\dfrac{t_2일 때 \text{ H대의 길이}}{t_1일 때 \text{ A대의 길이}}$ 는 $\dfrac{1}{8}$이다.

① ㄱ   ② ㄴ   ③ ㄱ, ㄷ
④ ㄴ, ㄷ   ⑤ ㄱ, ㄴ, ㄷ

02 그림 (가)는 근육 원섬유 마디 X가 이완된 상태를, (나)는 X의 서로 다른 세 지점에서 ⓐ 방향으로 자른 단면 ㉮~㉰를 나타낸 것이다. ㉠과 ㉡은 마이오신 필라멘트와 액틴 필라멘트를 순서 없이 나타낸 것이다.

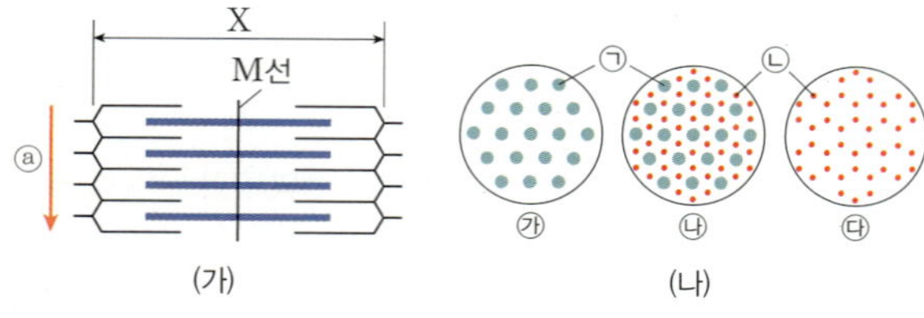

이에 대한 설명으로 옳은 것만을 〈보기〉에서 있는 대로 고른 것은?

| 보기 |
ㄱ. ㉠은 마이오신 필라멘트이다.
ㄴ. A대에는 단면이 ㉮와 같은 부분만 있다.
ㄷ. X의 길이가 짧아지면 짧아지기 전보다 $\dfrac{\text{단면이 ㉰와 같은 부분의 길이}}{\text{단면이 ㉯와 같은 부분의 길이}}$ 의 값은 커진다.

① ㄱ   ② ㄷ   ③ ㄱ, ㄴ   ④ ㄱ, ㄷ   ⑤ ㄴ, ㄷ

03 다음은 골격근의 수축 과정에 대한 자료이다.

- 그림은 근육 원섬유 마디 X의 구조를, 표는 골격근 수축 과정의 두 시점 t_1과 t_2일 때 ㉠의 길이와 ㉢의 길이를 더한 값(㉡+㉢)을 나타낸 것이다. X는 좌우 대칭이고, t_1일 때 X의 길이는 2.6 μm이다.

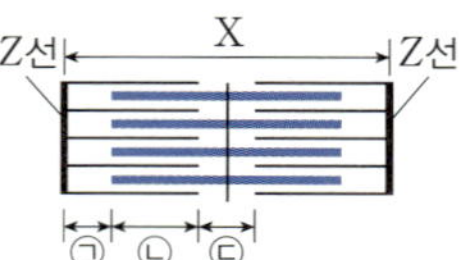

시점	㉠의 길이	㉡+㉢
t_1	0.5 μm	?
t_2	0.8 μm	1.2 μm

- 구간 ㉠은 액틴 필라멘트만 있는 부분이고, ㉡은 액틴 필라멘트와 마이오신 필라멘트가 겹치는 부분이며, ㉢은 마이오신 필라멘트만 있는 부분이다.

이에 대한 설명으로 옳은 것만을 〈보기〉에서 있는 대로 고른 것은?

| 보기 |
ㄱ. X가 수축할 때 ATP가 사용된다.
ㄴ. t_2일 때 A대의 길이는 1.4 μm이다.
ㄷ. $\dfrac{t_1일 때 \text{ ㉡의 길이}}{t_2일 때 \text{ H대의 길이}}$ 는 1보다 크다.

① ㄱ   ② ㄴ   ③ ㄷ   ④ ㄱ, ㄴ   ⑤ ㄱ, ㄷ

04 그림 (가)는 팔을 구부렸을 때와 폈을 때를, (나)는 골격근 ㉠을 구성하는 근육 원섬유의 구조를 나타낸 것이다. 구간 ⓐ와 ⓑ는 I대와 A대를 순서 없이 나타낸 것이다.

이에 대한 설명으로 옳은 것만을 〈보기〉에서 있는 대로 고른 것은?

| 보기 |
ㄱ. ⓐ에는 액틴 필라멘트와 마이오신 필라멘트가 모두 있는 부위가 있다.
ㄴ. (나)에서 근육 원섬유 마디 하나의 길이는 'ⓐ의 길이 $+\dfrac{\text{ⓑ의 길이}}{2}$'와 같다.
ㄷ. ㉠을 구성하는 근육 원섬유에서 $\dfrac{\text{ⓐ의 길이}}{\text{ⓑ의 길이}}$ 는 팔을 구부렸을 때가 폈을 때보다 작다.

① ㄱ   ② ㄴ   ③ ㄱ, ㄴ   ④ ㄱ, ㄷ   ⑤ ㄴ, ㄷ

05 다음은 골격근의 수축 과정에 대한 자료이다.

- 표는 골격근 수축 과정의 두 시점 ⓐ와 ⓑ에서 근육 원섬유 마디 X의 길이를, 그림은 ⓐ일 때 X의 구조를 나타낸 것이다. X는 좌우 대칭이다.

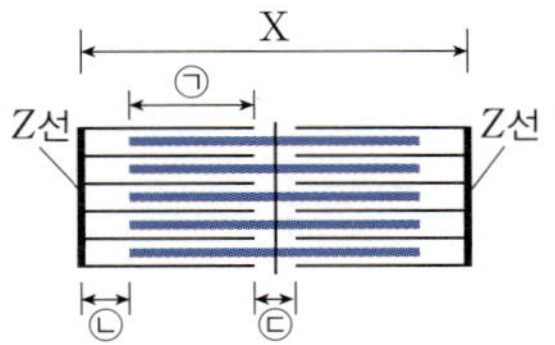

시점	X의 길이
ⓐ	2.8 μm
ⓑ	3.2 μm

- 구간 ㉠은 액틴 필라멘트와 마이오신 필라멘트가 겹치는 부분이고, ㉡은 액틴 필라멘트만 있는 부분이며, ㉢은 마이오신 필라멘트만 있는 부분이다.
- ⓑ일 때 H대의 길이는 0.8 μm이다.

이에 대한 설명으로 옳은 것만을 〈보기〉에서 있는 대로 고른 것은?

|보기|
ㄱ. 전자 현미경으로 관찰했을 때 ㉠은 ㉡보다 밝게 보인다.
ㄴ. ㉠의 길이에서 ㉡의 길이를 뺀 값은 ⓐ일 때가 ⓑ일 때보다 0.4 μm 길다.
ㄷ. $\dfrac{㉢의 길이}{㉠의 길이+㉡의 길이}$ 는 ⓐ일 때가 ⓑ일 때의 $\dfrac{3}{4}$ 이다.

① ㄱ ② ㄴ ③ ㄱ, ㄷ
④ ㄴ, ㄷ ⑤ ㄱ, ㄴ, ㄷ

---

06 그림은 무릎을 고무망치로 쳤을 때의 반응을, 표는 무릎을 고무망치로 치기 전과 친 후에 골격근 X와 Y 중 하나를 구성하는 근육 원섬유 ⓐ에서 구간 Ⅰ과 Ⅱ의 길이를 나타낸 것이다. Ⅰ과 Ⅱ는 A대와 H대를 순서 없이 나타낸 것이다.

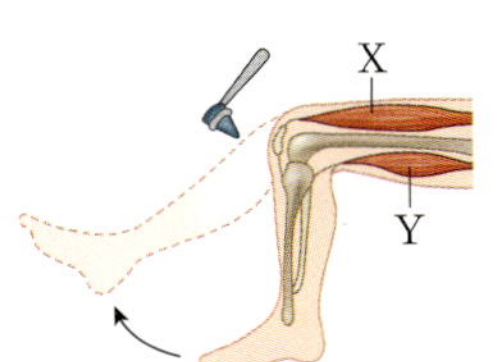

구분	Ⅰ의 길이	Ⅱ의 길이
고무망치로 치기 전	0.2 μm	1.4 μm
고무망치로 친 후	0.6 μm	㉠

이에 대한 설명으로 옳은 것만을 〈보기〉에서 있는 대로 고른 것은?

|보기|
ㄱ. Ⅱ에는 마이오신 필라멘트만 있다.
ㄴ. ⓐ는 Y를 구성하는 근육 원섬유이다.
ㄷ. ㉠은 1.4 μm이다.

① ㄱ ② ㄴ ③ ㄱ, ㄷ
④ ㄴ, ㄷ ⑤ ㄱ, ㄴ, ㄷ

---

07 다음은 골격근의 수축 과정에 대한 자료이다.

- 그림은 근육 원섬유 마디 X의 구조를 나타낸 것이며, X는 좌우 대칭이다.

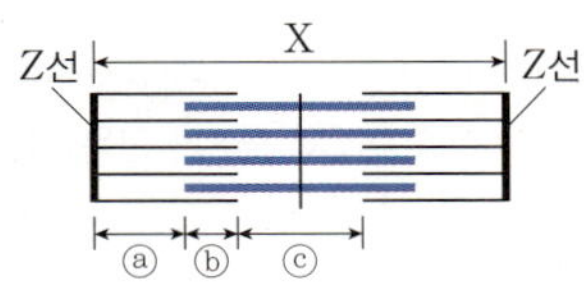

- 구간 ⓐ는 액틴 필라멘트만 있는 부분이고, ⓑ는 액틴 필라멘트와 마이오신 필라멘트가 겹치는 부분이며, ⓒ는 마이오신 필라멘트만 있는 부분이다.
- 표는 골격근 수축 과정의 두 시점 t_1과 t_2일 때 X의 길이, 구간 ㉠의 길이와 ㉡의 길이를 더한 값(㉠+㉡), 구간 ㉢의 길이를 나타낸 것이다. ㉠~㉢은 ⓐ~ⓒ를 순서 없이 나타낸 것이다.

시점	X의 길이	㉠+㉡	㉢의 길이
t_1	3.2 μm	1.3 μm	?
t_2	2.6 μm	1.0 μm	0.4 μm

- ㉠에는 액틴 필라멘트가 있다.

이에 대한 설명으로 옳은 것만을 〈보기〉에서 있는 대로 고른 것은?

|보기|
ㄱ. ㉡은 ⓒ이다.
ㄴ. ㉠의 길이와 ㉢의 길이를 더한 값은 t_1일 때와 t_2일 때가 같다.
ㄷ. $\dfrac{t_1일\ 때\ ⓐ의\ 길이}{t_2일\ 때\ A대의\ 길이-t_1일\ 때\ H대의\ 길이}$ 는 $\dfrac{7}{10}$ 이다.

① ㄱ ② ㄷ ③ ㄱ, ㄴ
④ ㄴ, ㄷ ⑤ ㄱ, ㄴ, ㄷ

---

08 표는 골격근의 근육 원섬유 마디 X가 수축하는 과정에서 두 시점 t_1과 t_2일 때 X의 길이와 구간 ㉠의 길이를, 그림은 X의 한 지점에서 관찰되는 단면을 나타낸 것이다. ㉠은 Ⅰ대, H대, A대 중 하나이다.

시점	X의 길이	㉠의 길이
t_1	2.0 μm	1.4 μm
t_2	2.4 μm	1.4 μm

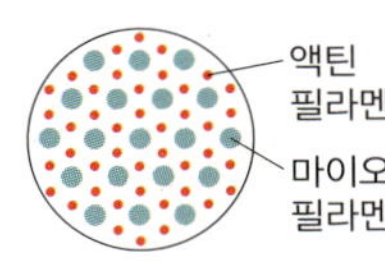

이에 대한 설명으로 옳은 것만을 〈보기〉에서 있는 대로 고른 것은?

|보기|
ㄱ. ㉠은 Ⅰ대이다.
ㄴ. 그림의 단면은 ㉠에서 관찰된다.
ㄷ. $\dfrac{액틴\ 필라멘트의\ 길이}{마이오신\ 필라멘트의\ 길이}$ 는 t_1일 때가 t_2일 때보다 작다.

① ㄱ ② ㄴ ③ ㄱ, ㄴ
④ ㄱ, ㄷ ⑤ ㄴ, ㄷ

기본 개념 확인

01 액틴 필라멘트가 마이오신 필라멘트 사이로 미끄러져 들어가 근육 원섬유 마디가 짧아지면서 근수축이 일어나는 원리를 [   ] 이라고 한다.

01 그림 (가)는 어떤 골격근 ㉠을 구성하는 근육 원섬유 마디 X의 구조를, (나)는 ㉠의 운동 시 t_1에서 t_2로 시간이 경과할 때 P_1과 P_2 중 한 지점에서 관찰되는 단면의 변화를 나타낸 것이다. P_1과 P_2는 각각 M선으로부터 거리가 일정한 지점이고, 구간 ⓐ는 H대이다.

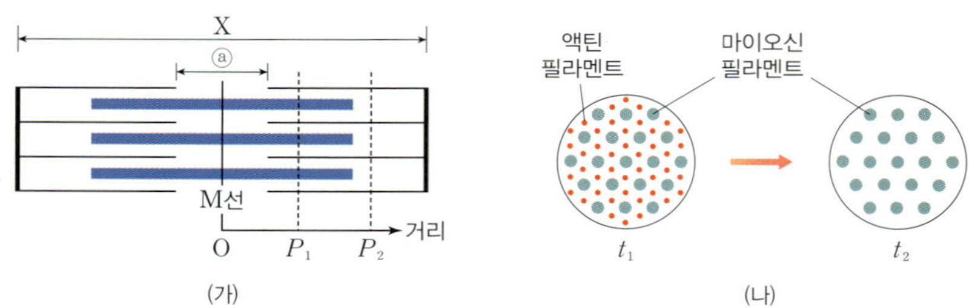

이에 대한 설명으로 옳은 것만을 〈보기〉에서 있는 대로 고른 것은? (단, X가 수축 또는 이완할 때 M선, P_1, P_2의 위치는 변하지 않는다.)

┌ 보기 ┐
ㄱ. (나)의 변화가 관찰되는 지점은 P_2이다.
ㄴ. I대의 길이는 t_1일 때가 t_2일 때보다 짧다.
ㄷ. X의 길이에서 ⓐ의 길이를 뺀 값은 t_1일 때가 t_2일 때보다 크다.

① ㄱ   ② ㄴ   ③ ㄷ
④ ㄱ, ㄴ   ⑤ ㄴ, ㄷ

02 [   ] 의 양 끝은 힘줄에 의해 서로 다른 뼈에 붙어 있으며, 한 쌍의 근육은 관절을 각각 반대 방향으로 움직이게 한다.

02 그림 (가)는 팔을 구부리는 과정에서 골격근 ㉠의 변화를, (나)는 (가)의 과정이 일어나는 동안 t_1~t_3에서 측정된 구간 ⓐ와 ⓑ의 길이를 나타낸 것이다. ㉠을 구성하는 근육 원섬유 마디 X에서 ⓐ와 ⓑ는 액틴 필라멘트와 마이오신 필라멘트가 겹치는 두 구간 중 한 구간과 액틴 필라멘트만 있는 두 구간 중 한 구간을 순서 없이 나타낸 것이다. X에서 A대의 길이는 1.6 μm이다.

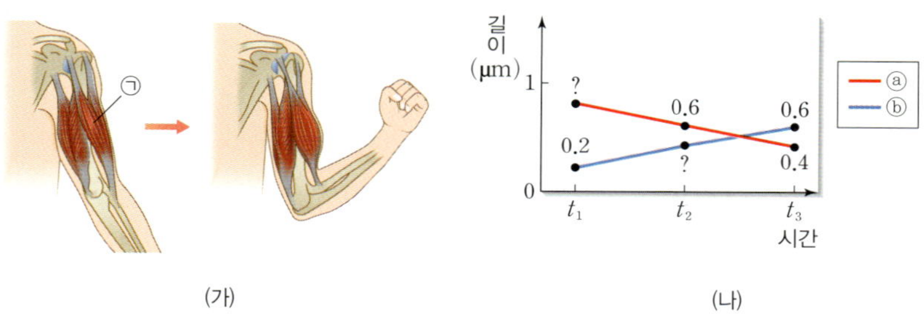

이에 대한 설명으로 옳은 것만을 〈보기〉에서 있는 대로 고른 것은?

┌ 보기 ┐
ㄱ. ㉠을 구성하는 근육 섬유는 여러 개의 핵을 가진 세포이다.
ㄴ. 전자 현미경으로 관찰했을 때 ⓐ는 ⓑ보다 어둡게 보인다.
ㄷ. $\dfrac{t_2일\ 때\ H대의\ 길이}{t_1일\ 때\ X의\ 길이}$ 는 $\dfrac{1}{4}$이다.

① ㄱ   ② ㄴ   ③ ㄱ, ㄷ
④ ㄴ, ㄷ   ⑤ ㄱ, ㄴ, ㄷ

03 다음은 골격근의 수축 과정에 대한 자료이다.

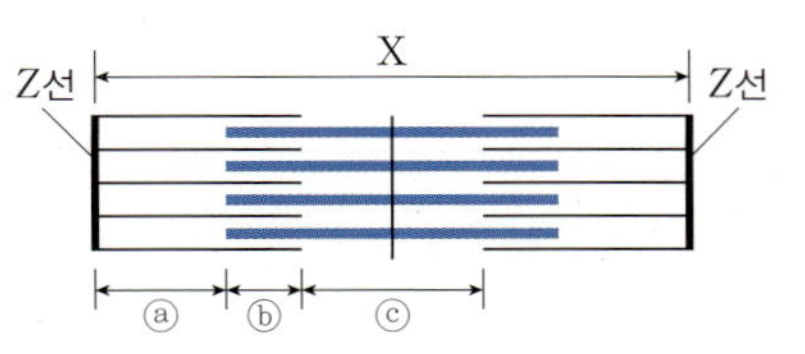

- 그림은 근육 원섬유 마디 X의 구조를 나타낸 것이며, X는 좌우 대칭이다.
- 구간 ⓐ는 액틴 필라멘트만 있는 부분이고, ⓑ는 액틴 필라멘트와 마이오신 필라멘트가 겹치는 부분이며, ⓒ는 마이오신 필라멘트만 있는 부분이다.
- t_1일 때 ⓑ의 길이는 t_2일 때 ⓒ의 길이보다 0.1 μm 짧다.
- t_1일 때 ⓒ의 길이는 t_2일 때 ⓐ의 길이보다 0.3 μm 길다.
- t_1일 때 X의 길이는 2.8 μm이고, t_2일 때 ⓐ의 길이와 ⓑ의 길이는 같다.

이에 대한 설명으로 옳은 것만을 〈보기〉에서 있는 대로 고른 것은?

| 보기 |
ㄱ. t_1에서 t_2로 될 때 X에서 ATP가 사용된다.
ㄴ. t_2일 때 A대의 길이는 1.4 μm이다.
ㄷ. t_1일 때 ⓐ의 길이는 t_2일 때 H대의 길이보다 0.3 μm 길다.

① ㄱ　　　　② ㄴ　　　　③ ㄱ, ㄷ　　　　④ ㄴ, ㄷ　　　　⑤ ㄱ, ㄴ, ㄷ

04 다음은 골격근의 수축 과정에 대한 자료이다.

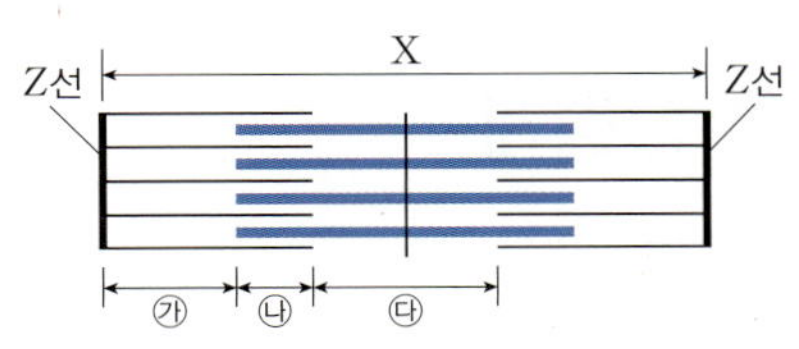

- 그림은 근육 원섬유 마디 X의 구조를 나타낸 것이며, X는 좌우 대칭이다.
- 구간 ㉮는 액틴 필라멘트만 있는 부분이고, ㉯는 액틴 필라멘트와 마이오신 필라멘트가 겹치는 부분이며, ㉰는 마이오신 필라멘트만 있는 부분이다.
- 표 (가)는 구간 ㉠~㉢에서 액틴 필라멘트와 마이오신 필라멘트의 유무를, (나)는 골격근 수축 과정의 두 시점 t_1과 t_2일 때 X의 길이와 ㉠의 길이를 더한 값(X+㉠), ㉡의 길이와 ㉢의 길이를 더한 값(㉡+㉢)을 나타낸 것이다. ㉠~㉢은 ㉮~㉰를 순서 없이 나타낸 것이다.

구간	액틴 필라멘트	마이오신 필라멘트
㉠	?	ⓐ
㉡	?	○
㉢	ⓑ	?

(○ : 있음, × : 없음)

(가)

시점	X+㉠	㉡+㉢
t_1	3.4 μm	1.4 μm
t_2	3.2 μm	0.8 μm

(나)

이에 대한 설명으로 옳은 것만을 〈보기〉에서 있는 대로 고른 것은?

| 보기 |
ㄱ. ⓐ는 '○'이고, ⓑ는 '×'이다.
ㄴ. X의 길이에서 ㉢의 길이를 뺀 값은 t_1일 때가 t_2일 때보다 0.2 μm 길다.
ㄷ. $\dfrac{㉠의\ 길이}{㉡의\ 길이}$ 는 t_1일 때가 t_2일 때보다 작다.

① ㄱ　　　　② ㄴ　　　　③ ㄷ　　　　④ ㄱ, ㄷ　　　　⑤ ㄴ, ㄷ

531 PROJECT

S 06강 신경계

A	신경계		B	중추 신경계		C	말초 신경계	
	사람의 신경계	★★☆		뇌, 척수	★★★		체성 신경	★★★
	사람의 신경계 구성과 구분	★☆☆		의식적인 반응과 무조건 반사	★☆☆		자율 신경	★★★

A 신경계

뇌의 구조

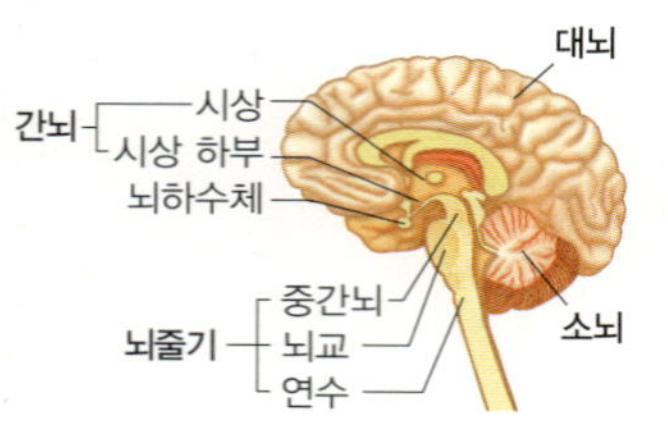

1. 사람의 신경계

중추 신경계	• 뇌와 척수로 구성된다. • 전달되어 온 자극(감각 정보)을 분석·통합·판단한 후 적절한 반응 명령을 내린다.
말초 신경계	• 해부학적으로 뇌에 연결된 뇌 신경과 척수에 연결된 척수 신경으로 구분되고, 기능적으로 구심성 신경(감각 신경)과 원심성 신경으로 구분된다. • 자극(감각 정보)을 중추 신경계에 전달하고, 중추 신경계에서 내린 명령을 반응 기관에 전달한다.

뇌줄기(뇌간)

중간뇌, 뇌교, 연수를 합하여 뇌줄기(뇌간)라고 하며, 생명 유지와 관련된 중요한 역할을 한다.

2. 사람의 신경계 구성과 구분

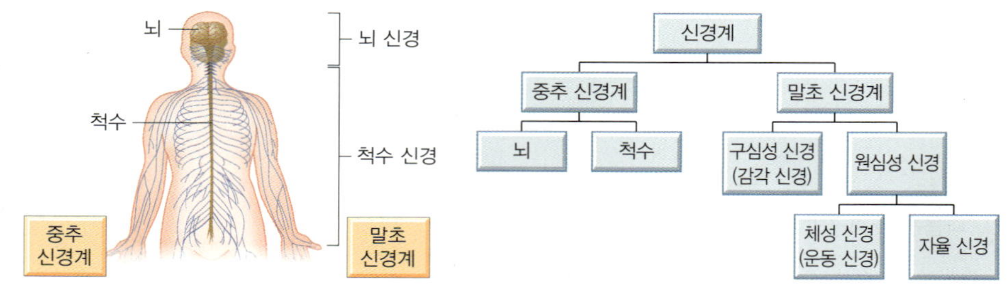

연수에서의 신경 교차

연수에서 대부분 신경의 좌우 교차가 일어나므로 대뇌의 좌반구는 몸의 오른쪽 감각과 운동을, 우반구는 몸의 왼쪽 감각과 운동을 담당한다.

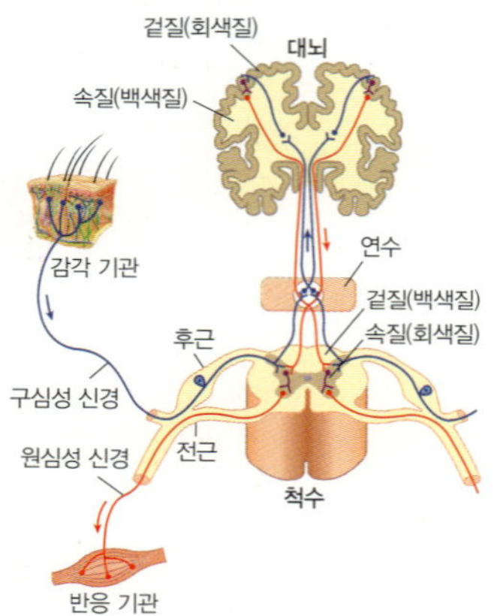

B 중추 신경계

1. 뇌 사람의 뇌는 대뇌, 소뇌, 간뇌, 중간뇌, 뇌교, 연수로 구성된다.

대뇌	• 좌우 2개의 반구로 나누어져 있으며, 대뇌 겉질은 뉴런의 신경 세포체가 모여 있는 회색질이고, 대뇌 속질은 축삭 돌기가 모여 있는 백색질이다. • 언어, 기억, 판단, 추리, 상상 등의 고등 정신 활동과 감각, 골격근에 의한 수의(자발적) 운동의 중추이다. • 대뇌의 겉질은 위치에 따라 전두엽, 두정엽, 측두엽, 후두엽으로, 기능에 따라 감각령, 연합령, 운동령으로 구분한다.
소뇌	• 몸의 자세와 균형을 유지하고, 대뇌와 함께 수의 운동을 조절한다.
간뇌	• 대뇌와 중간뇌 사이, 소뇌의 앞쪽에 위치하며 시상과 시상 하부로 구분된다. – 시상 : 척수나 연수로부터 오는 감각 정보를 대뇌 겉질의 각 부분에 전달한다. – 시상 하부 : 자율 신경과 내분비계의 조절 중추로 체온, 혈당량, 혈장 삼투압 조절 등 항상성 유지의 중추이다.
중간뇌	• 감각 뉴런의 정보를 전달하는 통로이다. • 소뇌와 함께 몸의 운동과 균형을 조절하고, 안구 운동과 홍채 운동(동공 반사)의 조절 중추이다.
뇌교	• 중간뇌와 연수 사이에 위치하고, 대뇌와 소뇌 사이의 정보를 전달하는 통로이다. • 연수와 함께 호흡 운동을 조절한다.
연수	• 뇌교와 척수 사이에 위치하며, 대뇌와 연결된 대부분 신경의 교차가 일어난다. • 심장 박동, 호흡 운동, 소화 운동, 소화액 분비 등의 조절 중추이다. • 기침, 재채기, 하품, 침 분비, 눈물 분비 등의 반사 중추이다.

척수를 거치지 않고 뇌로 직접 전달되는 신호

얼굴에 위치한 감각 기관에서 받아들인 자극은 척수를 거치지 않고 대뇌에 직접 전달되며, 대뇌의 반응 명령이 얼굴에 위치한 반응 기관에 전달될 때도 척수를 거치지 않고 직접 전달된다.

2. 척수 연수에서 이어져 척추 속으로 뻗어있으며, 뇌와 척수 신경 사이에서 정보를 전달한다.

(1) 척수의 겉질은 백색질, 속질은 회색질이며, 척추 마디마다 배 쪽으로는 원심성 신경 다발이 좌우로 1개씩 전근을 이루고, 등 쪽으로는 구심성 신경 다발이 좌우로 1개씩 후근을 이룬다.

(2) 무릎 반사, 회피 반사, 배변·배뇨 반사, 젖 분비, 땀 분비 등의 중추이다.

의식적인 반응과 무조건 반사 속도 비교

무조건 반사는 의식적인 반응보다 반응 경로가 짧아 반응이 빠르게 일어난다.

3. 의식적인 반응과 무조건 반사

의식적인 반응	대뇌가 중추가 되어 대뇌의 판단과 명령에 따라 일어나는 의식적인 행동이다.
무조건 반사	대뇌가 관여하지 않고, 중간뇌, 연수, 척수 등이 중추가 되어 무의식적으로 일어나는 행동이다.

C 말초 신경계

1. 말초 신경계의 기능에 따른 구분

구심성 신경 (감각 신경)	감각 기관에서 받아들인 자극을 중추 신경계로 전달한다.
원심성 신경	중추 신경계의 명령을 골격근으로 전달하는 체성 신경과 심장근, 내장근, 분비샘으로 전달하는 자율 신경이 있다.

2. 체성 신경

(1) 중추 신경계와 반응 기관을 1개의 뉴런이 연결하며, 중추 신경계와 반응 기관 사이에 신경절이 없다.

(2) 주로 대뇌가 중추인 수의(자발적) 운동을 담당하며, 무릎 반사와 같은 무조건 반사도 담당한다.

3. 자율 신경

(1) 중추 신경계와 반응 기관을 2개의 뉴런이 연결하며, 대부분 중추 신경계와 반응 기관 사이에 1개의 신경절이 있다.

(2) 대뇌의 직접적인 지배를 받지 않으며 중간뇌, 연수, 척수 등의 명령을 심장근, 내장근, 분비샘에 전달한다.

(3) 같은 조직 또는 기관에 작용하지만, 서로 반대되는 작용(길항 작용)을 하는 교감 신경과 부교감 신경이 있다.

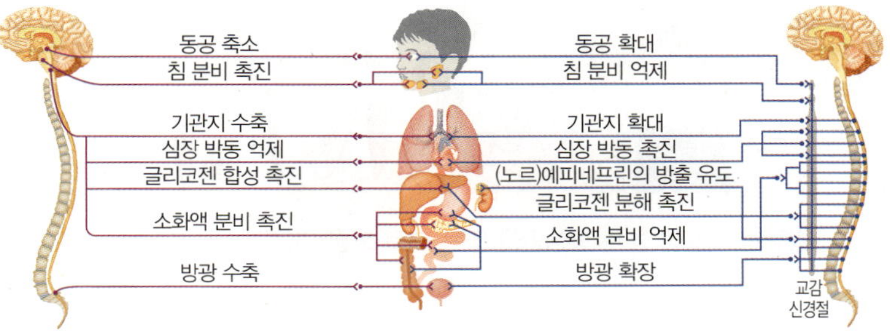

교감 신경	척수에서 뻗어나오며, 신경절 이전 뉴런(아세틸콜린 분비)이 신경절 이후 뉴런(노르에피네프린 분비)보다 짧다.
부교감 신경	중간뇌, 연수, 척수에서 뻗어나오며, 신경절 이전 뉴런(아세틸콜린 분비)이 신경절 이후 뉴런(아세틸콜린 분비)보다 길다.

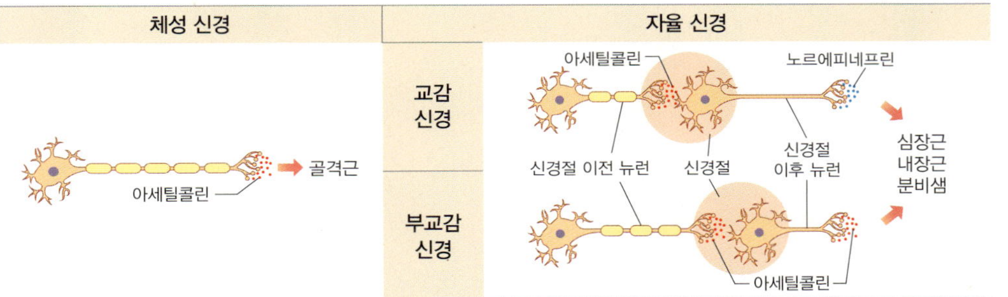

기출 자료 | 분석

그림은 중추 신경계로부터 말초 신경을 통해 심장과 다리 골격근에 연결된 경로를 나타낸 것이다.

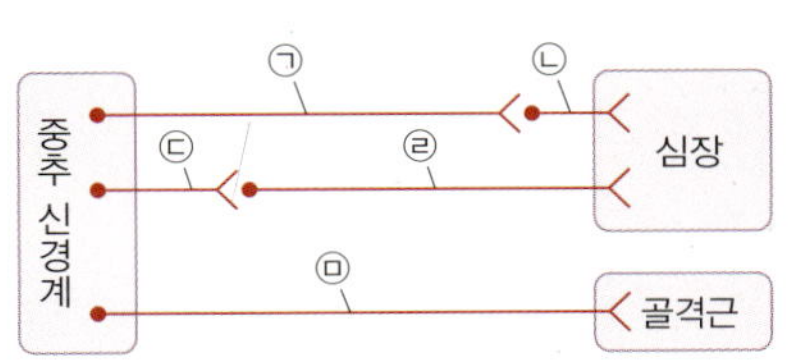

자료 체크 리스트
- [ ] 체성 신경과 자율 신경의 구분
- [ ] 신경 전달 물질의 종류와 작용 분석
- [ ] 말초 신경계에 명령을 내리는 중추 분석

step 1 중추 신경계와 반응 기관을 연결하는 뉴런의 수와 특징을 이용하여 체성 신경과 자율 신경 구분하기

중추 신경계와 골격근 사이는 1개의 뉴런으로 연결되고 신경절이 없으므로 ㉤은 체성 신경이다. 중추 신경계와 심장을 연결하는 말초 신경은 각각 2개의 뉴런으로 구성되고 신경절이 있으므로 자율 신경에 해당한다. ㉠이 ㉡보다 길므로 ㉠은 부교감 신경의 신경절 이전 뉴런, ㉡은 부교감 신경의 신경절 이후 뉴런이고, ㉢이 ㉣보다 짧으므로 ㉢은 교감 신경의 신경절 이전 뉴런, ㉣은 교감 신경의 신경절 이후 뉴런이다.

step 2 신경 전달 물질의 종류와 작용 분석하기

㉠과 ㉡의 말단에서는 모두 아세틸콜린이 분비되어 심장 박동을 억제하고, ㉢의 말단에서는 아세틸콜린, ㉣의 말단에서는 노르에피네프린이 분비되어 심장 박동을 촉진한다. ㉤의 말단에서는 아세틸콜린이 분비되어 골격근을 수축시킨다.

step 3 말초 신경계에 명령을 내리는 중추 분석하기

심장에 연결된 부교감 신경의 신경절 이전 뉴런 ㉠의 신경 세포체는 심장 박동 조절 중추인 연수에 있다. 심장에 연결된 교감 신경의 신경절 이전 뉴런 ㉢의 신경 세포체와 골격근에 연결된 체성 신경 ㉤의 신경 세포체는 모두 척수의 속질(회색질)에 있다.

01

다음은 사람의 신경계를 구성하는 구조와 기능에 대한 학생 A~C의 발표 내용이다.

발표한 내용이 옳은 학생만을 있는 대로 고른 것은?

① A ② B ③ A, C
④ B, C ⑤ A, B, C

03

표 (가)는 중추 신경계를 구성하는 구조 A~C에서 특징 ㉠~㉢의 유무를, (나)는 ㉠~㉢을 순서 없이 나타낸 것이다. A~C는 연수, 중간뇌, 척수를 순서 없이 나타낸 것이다.

특징 구조	㉠	㉡	㉢
A	?	○	×
B	?	ⓐ	?
C	ⓑ	×	?

(○: 있음, ×: 없음)

특징(㉠~㉢)
• 뇌줄기를 구성한다.
• 부교감 신경이 나온다.
• 호흡 운동의 조절 중추이다.

(가)　　　　　(나)

이에 대한 설명으로 옳은 것만을 〈보기〉에서 있는 대로 고른 것은?

┤보기├
ㄱ. ⓐ와 ⓑ는 모두 '○'이다.
ㄴ. A는 배뇨 반사의 중추이다.
ㄷ. B는 중간뇌이다.

① ㄱ ② ㄷ ③ ㄱ, ㄴ
④ ㄱ, ㄷ ⑤ ㄴ, ㄷ

02

그림은 중추 신경계의 구조를 나타낸 것이다. A~D는 간뇌, 대뇌, 소뇌, 중간뇌를 순서 없이 나타낸 것이다.

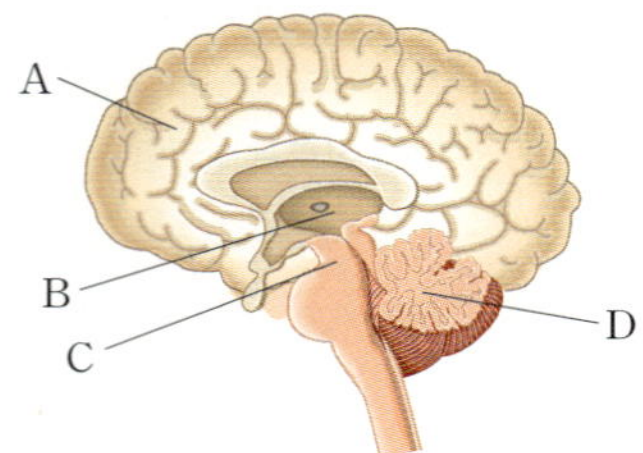

이에 대한 설명으로 옳은 것만을 〈보기〉에서 있는 대로 고른 것은?

┤보기├
ㄱ. A의 겉질은 백색질이다.
ㄴ. B에는 시상 하부가 있다.
ㄷ. C와 D는 모두 뇌줄기를 구성한다.

① ㄱ ② ㄴ ③ ㄱ, ㄴ
④ ㄱ, ㄷ ⑤ ㄴ, ㄷ

04

그림은 무릎 반사가 일어날 때 흥분 전달 경로를 나타낸 것이다. 뉴런 ㉠과 ㉡은 구심성 신경의 뉴런과 원심성 신경의 뉴런을 순서 없이 나타낸 것이다.

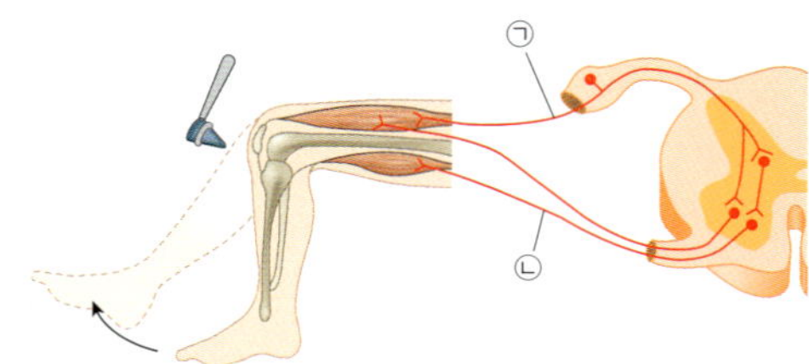

이에 대한 설명으로 옳은 것만을 〈보기〉에서 있는 대로 고른 것은?

┤보기├
ㄱ. ㉠은 후근을 통해 나온다.
ㄴ. ㉡의 신경 세포체는 척수의 겉질에 있다.
ㄷ. ㉡은 자율 신경에 해당한다.

① ㄱ ② ㄷ ③ ㄱ, ㄴ
④ ㄱ, ㄷ ⑤ ㄴ, ㄷ

05 그림은 중추 신경계로부터 말초 신경을 통해 위와 다리 골격근에 연결된 경로를 나타낸 것이다.

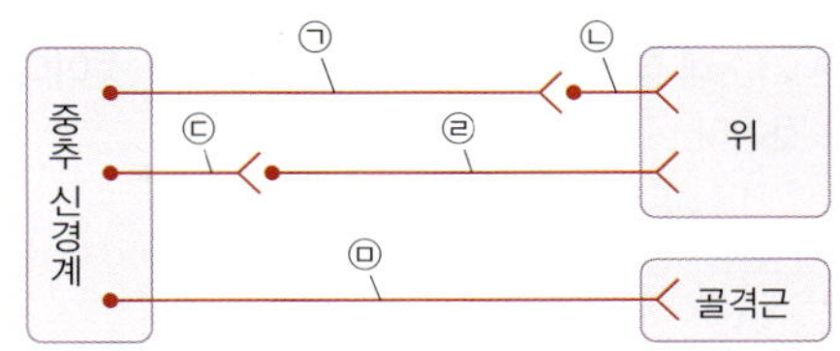

이에 대한 설명으로 옳은 것만을 〈보기〉에서 있는 대로 고른 것은?

보기
ㄱ. ⓒ이 흥분하면 위에서 소화액 분비가 촉진된다.
ㄴ. ⓒ의 신경 세포체는 연수에 있다.
ㄷ. ㉠과 ⓜ의 말단에서 분비되는 신경 전달 물질은 같다.

① ㄱ ② ㄴ ③ ㄱ, ㄷ
④ ㄴ, ㄷ ⑤ ㄱ, ㄴ, ㄷ

07 그림은 중추 신경계에 속한 A와 B로부터 자율 신경 ㉠과 ㉡을 통해 눈, 방광, 소장에 연결된 경로를 각각 나타낸 것이다. A와 B는 중간뇌와 척수를 순서 없이 나타낸 것이다.

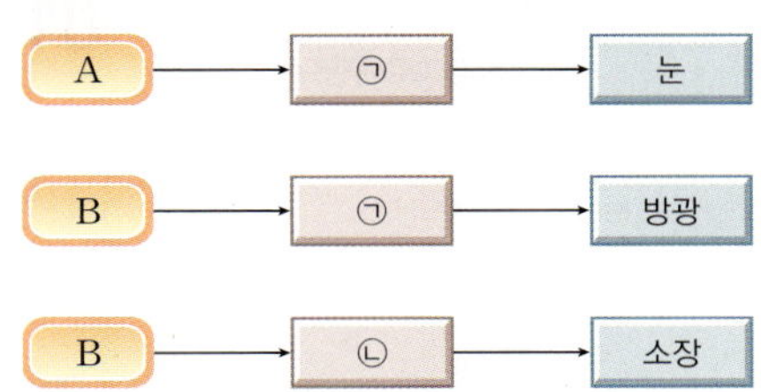

이에 대한 설명으로 옳은 것만을 〈보기〉에서 있는 대로 고른 것은?

보기
ㄱ. A는 중간뇌이다.
ㄴ. B의 속질에는 신경 세포체가 모여 있다.
ㄷ. $\dfrac{\text{신경절 이후 뉴런의 길이}}{\text{신경절 이전 뉴런의 길이}}$ 는 ㉠에서가 ㉡에서보다 작다.

① ㄱ ② ㄴ ③ ㄱ, ㄷ
④ ㄴ, ㄷ ⑤ ㄱ, ㄴ, ㄷ

06 그림 (가)는 심장 박동을 조절하는 자율 신경 A와 B를, (나)는 A와 B 중 하나를 자극했을 때 심장 세포에서 활동 전위가 발생하는 빈도의 변화를 나타낸 것이다.

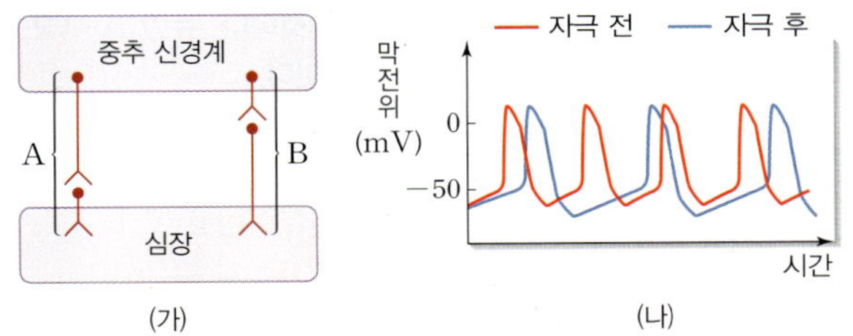

이에 대한 설명으로 옳은 것만을 〈보기〉에서 있는 대로 고른 것은?

보기
ㄱ. (나)는 A를 자극했을 때의 변화를 나타낸 것이다.
ㄴ. A의 신경절 이전 뉴런의 신경 세포체는 척수에 있다.
ㄷ. B의 신경절 이후 뉴런 말단에서 노르에피네프린이 분비된다.

① ㄱ ② ㄴ ③ ㄱ, ㄴ
④ ㄱ, ㄷ ⑤ ㄴ, ㄷ

08 그림은 동공의 크기를 조절하는 데 관여하는 자율 신경의 뉴런 ㉠~㉣을, (나)는 ㉠을 자극했을 때 동공의 크기 변화를 나타낸 것이다. ⓐ와 ⓑ 각각에 하나의 신경절이 있다.

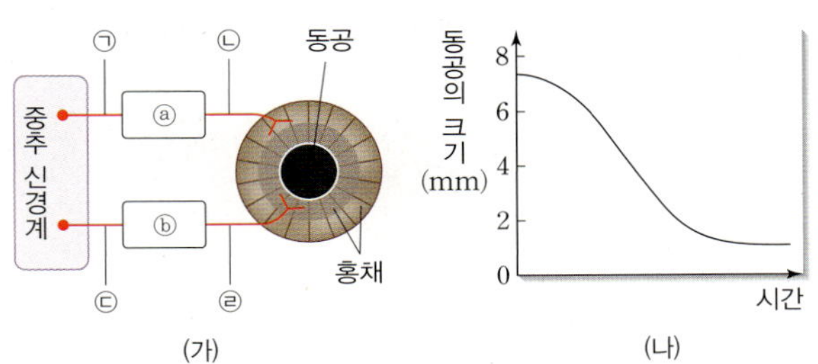

이에 대한 설명으로 옳은 것만을 〈보기〉에서 있는 대로 고른 것은?

보기
ㄱ. ㉠의 신경 세포체는 중간뇌에 있다.
ㄴ. ㉢과 ㉣은 척수의 전근을 구성한다.
ㄷ. ㉠과 ㉣의 말단에서는 모두 아세틸콜린이 분비된다.

① ㄱ ② ㄷ ③ ㄱ, ㄴ
④ ㄴ, ㄷ ⑤ ㄱ, ㄴ, ㄷ

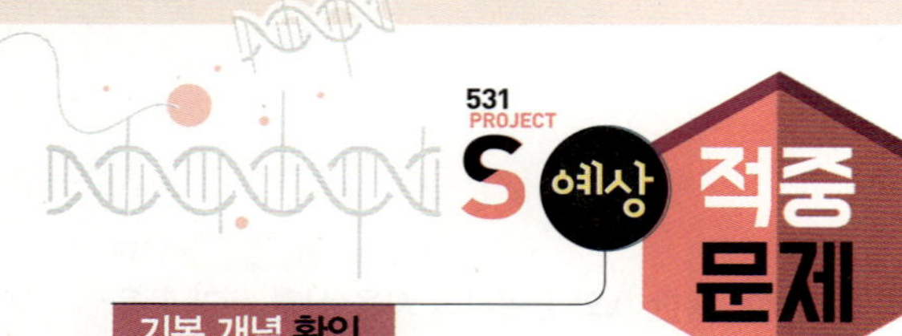

기본 개념 확인

01 사람의 신경계는 크게 [   ] 신경계와 [   ] 신경계로 구분된다.

01 그림은 대뇌, 중간뇌, 척수를 구분 기준에 따라 구분하는 과정을 나타낸 것이다. A~C는 대뇌, 중간뇌, 척수를 순서 없이 나타낸 것이다.

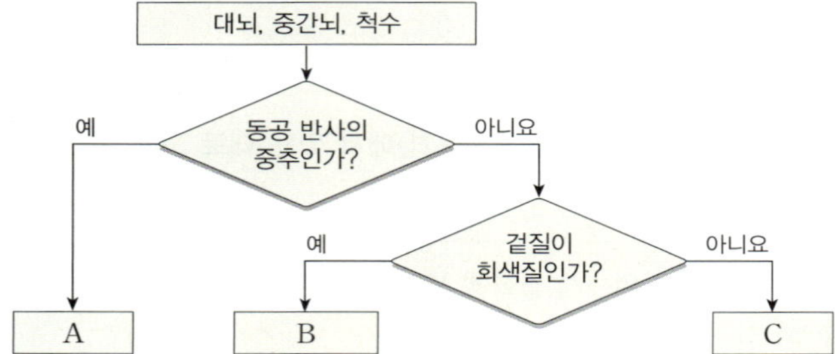

이에 대한 설명으로 옳은 것만을 〈보기〉에서 있는 대로 고른 것은?

| 보기 |
ㄱ. A는 뇌줄기를 구성한다.
ㄴ. 알츠하이머병은 B의 기능 저하로 기억력과 인지 기능이 약화되는 질환이다.
ㄷ. C에는 부교감 신경의 신경절 이전 뉴런의 신경 세포체가 있다.

① ㄱ   ② ㄷ   ③ ㄱ, ㄴ
④ ㄴ, ㄷ   ⑤ ㄱ, ㄴ, ㄷ

02 [   ]는 무릎 반사, 회피 반사, 배변·배뇨 반사 등의 중추이다.

02 그림은 자극에 의한 반사가 일어날 때 흥분 전달 경로를 나타낸 것이다. 뉴런 A~C는 각각 구심성 신경을 이루는 뉴런과 원심성 신경을 이루는 뉴런 중 하나이다.

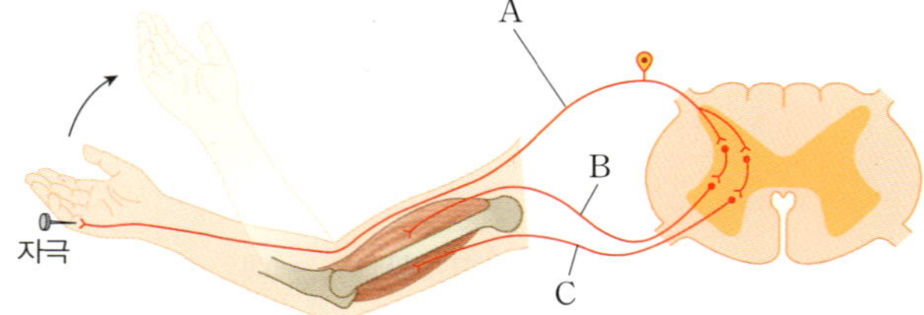

이에 대한 설명으로 옳은 것만을 〈보기〉에서 있는 대로 고른 것은?

| 보기 |
ㄱ. A는 척수의 후근을 이룬다.
ㄴ. B는 자율 신경에 속한다.
ㄷ. C의 신경 세포체는 척수의 백색질에 있다.

① ㄱ   ② ㄷ   ③ ㄱ, ㄴ
④ ㄱ, ㄷ   ⑤ ㄴ, ㄷ

03 그림 (가)는 소장에 연결된 말초 신경 A와 B를, (나)는 A와 B 중 하나를 자극했을 때 소장 근육의 수축력 변화를 나타낸 것이다.

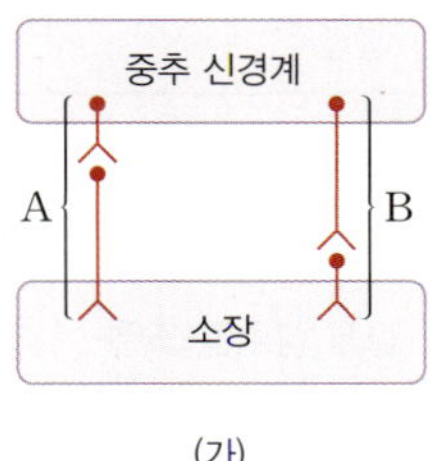

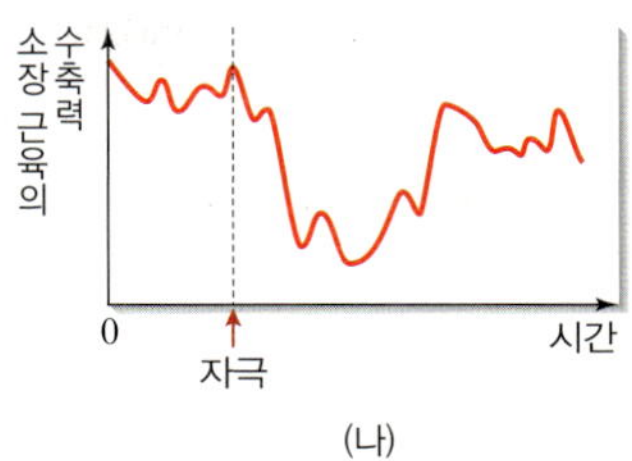

(가)　　　　　　　　　(나)

이에 대한 설명으로 옳은 것만을 〈보기〉에서 있는 대로 고른 것은?

| 보기 |
ㄱ. (나)는 A를 자극했을 때의 변화를 나타낸 것이다.
ㄴ. B의 신경절 이전 뉴런의 신경 세포체는 연수에 있다.
ㄷ. A의 신경절 이전 뉴런과 B의 신경절 이후 뉴런에서 분비되는 신경 전달 물질은 같다.

① ㄱ　　　　　　② ㄷ　　　　　　③ ㄱ, ㄴ
④ ㄴ, ㄷ　　　　⑤ ㄱ, ㄴ, ㄷ

04 그림은 중추 신경계로부터 자율 신경과 체성 신경을 통해 심장, 다리 골격근, 방광에 연결된 경로를 나타낸 것이다. ㉠~㉤은 서로 다른 뉴런이고, ㉠과 ㉡의 말단에서 분비되는 신경 전달 물질은 서로 다르며, ㉢과 ㉤의 말단에서 분비되는 신경 전달 물질은 서로 같다.

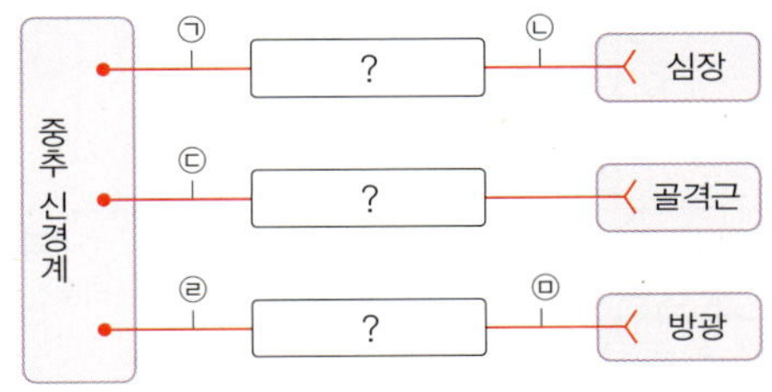

이에 대한 설명으로 옳은 것만을 〈보기〉에서 있는 대로 고른 것은?

| 보기 |
ㄱ. ㉠의 길이는 ㉡의 길이보다 짧다.
ㄴ. ㉢은 척수의 후근을 통해 나온다.
ㄷ. ㉤에서 활동 전위 발생 빈도가 증가하면 방광은 수축한다.

① ㄱ　　　　　　② ㄴ　　　　　　③ ㄱ, ㄷ
④ ㄴ, ㄷ　　　　⑤ ㄱ, ㄴ, ㄷ

07강 항상성

531 PROJECT S

A 호르몬의 특성과 종류		B 항상성		
호르몬의 특성	★☆☆	항상성 유지의 원리	★★★	체온 조절 ★★★
사람의 내분비샘과 주요 호르몬	★☆☆	혈당량 조절	★★★	혈장 삼투압 조절 ★★★

A 호르몬의 특성과 종류

1. 호르몬의 특성 — 호르몬은 적은 양으로 생리 작용을 조절하며 분비량이 많으면 과다증이, 부족하면 결핍증이 나타난다.

(1) 내분비샘에서 생성되어 분비되며, 혈액에 의해 운반된다.

(2) 해당 호르몬과 결합하는 수용체를 가진 표적 세포(표적 기관)에만 작용한다.

2. 사람의 내분비샘과 주요 호르몬

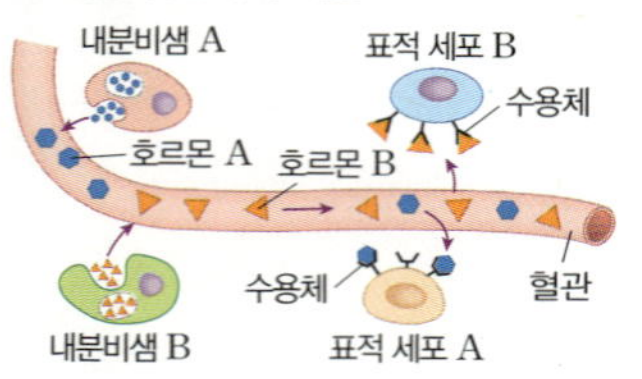

호르몬의 분비와 작용

내분비샘		호르몬의 종류	증상
뇌하수체	전엽	생장 호르몬	생장 촉진
		갑상샘 자극 호르몬(TSH)	갑상샘에서 티록신 분비 촉진
	후엽	항이뇨 호르몬(ADH)	콩팥에서 물의 재흡수 촉진
갑상샘		티록신	물질대사 촉진
부신	겉질	당질 코르티코이드	혈당량 증가(지방이나 단백질을 포도당으로 전환)
	속질	에피네프린	혈당량 증가(글리코젠이 포도당으로 분해되는 과정 촉진), 심장 박동 촉진, 혈압 상승
이자	α세포	글루카곤	혈당량 증가(글리코젠이 포도당으로 분해되는 과정 촉진)
	β세포	인슐린	혈당량 감소(포도당이 글리코젠으로 합성되는 과정 촉진)
난소		에스트로젠	여자의 2차 성징 발현
정소		테스토스테론	남자의 2차 성징 발현

B 항상성

1. 항상성 체내·외의 환경 변화에 대해 체내 환경(혈당량, 체온, 혈장 삼투압 등)을 정상 범위로 유지하려는 특성이며, 신경계와 내분비계(호르몬)의 작용으로 항상성이 유지된다. — 간뇌의 시상 하부가 항상성의 조절 중추이다.

2. 항상성 유지의 원리

(1) 음성 피드백 : 어떤 과정의 산물이나 결과물이 그 과정을 억제하는 조절 원리이다.

예 티록신의 분비 조절

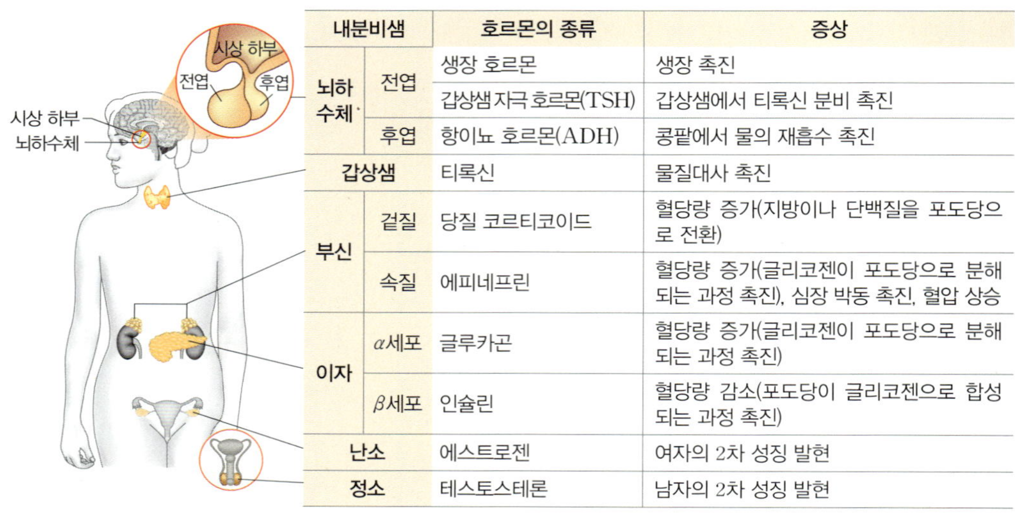

(2) 길항 작용 : 두 가지 요인이 같은 기관에 대해 서로 반대로 작용하여 서로의 효과를 줄이는 것이다.

예 교감 신경과 부교감 신경의 소화액 분비 조절, 인슐린과 글루카곤의 혈당량 조절

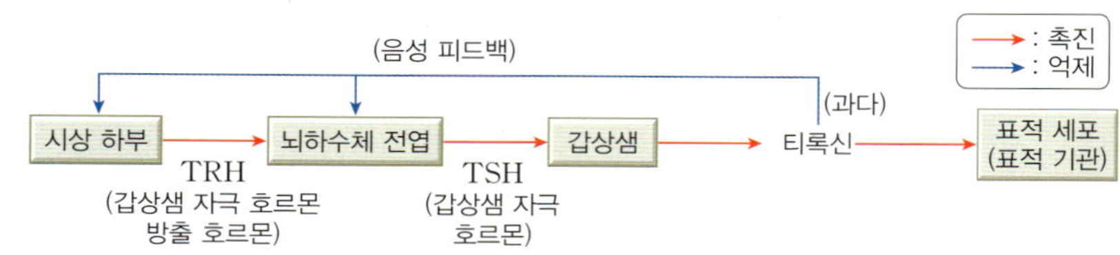

▲ 교감 신경과 부교감 신경의 소화액 분비 조절　　　▲ 인슐린과 글루카곤의 혈당량 조절

곁단 (왼쪽 여백)

호르몬의 분비와 작용

내분비샘 A / 표적 세포 B / 수용체 / 호르몬 A / 호르몬 B / 내분비샘 B / 수용체 / 혈관 / 표적 세포 A

호르몬과 신경의 작용 비교

구분	호르몬	신경
신호 전달 속도	느림	빠름
작용 범위	넓음	좁음
효과	오래 지속	일시적

제1형 당뇨병과 제2형 당뇨병

제1형 당뇨병은 이자의 β세포가 파괴되어 인슐린을 생성하지 못하여 발병하고, 제2형 당뇨병은 인슐린은 정상적으로 분비되나 인슐린의 표적 세포가 인슐린에 정상적으로 반응하지 못하여 발병한다.

갑상샘 기능 항진증과 갑상샘 기능 저하증

갑상샘 기능 항진증
- 티록신 과다 분비
- 대사량이 증가하고, 체온, 심장 박동 수, 심장 박출량이 증가한다.
- 성격이 과민해지고, 쉽게 피로감을 느끼며, 눈이 돌출되는 현상이 나타나기도 한다.

갑상샘 기능 저하증
- 티록신 결핍
- 대사량이 감소하고, 심장 박동 수와 심장 박출량이 감소한다.
- 추위를 잘 느끼며, 체중이 증가한다.

양성 피드백에 의한 호르몬의 분비 조절

대부분의 호르몬 분비는 음성 피드백으로 조절되지만, 옥시토신과 같은 일부 호르몬의 분비는 양성 피드백으로 조절된다.

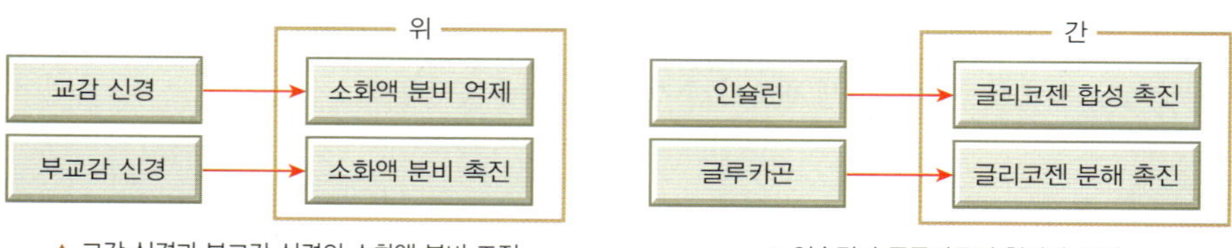

3. **혈당량 조절** 간뇌의 시상 하부와 이자에서 혈당량의 변화를 감지하며, 자율 신경과 호르몬에 의해 혈중 포도당 농도가 정상 범위로 유지된다.

구분	조절 과정
혈당량이 정상 범위보다 높을 때	이자의 β세포에서 인슐린 분비 촉진 → 간에서 포도당을 글리코젠으로 합성하여 저장하는 과정 촉진, 체세포로의 포도당 흡수 촉진 → 혈당량 감소
혈당량이 정상 범위보다 낮을 때	• 이자의 α세포에서 글루카곤 분비 촉진 → 간에서 글리코젠을 포도당으로 분해하여 방출하는 과정 촉진 → 혈당량 증가 • 간뇌의 시상 하부가 교감 신경 자극 → 부신 속질에서 에피네프린 분비 촉진 → 간에서 글리코젠을 포도당으로 분해하여 방출하는 과정 촉진 → 혈당량 증가

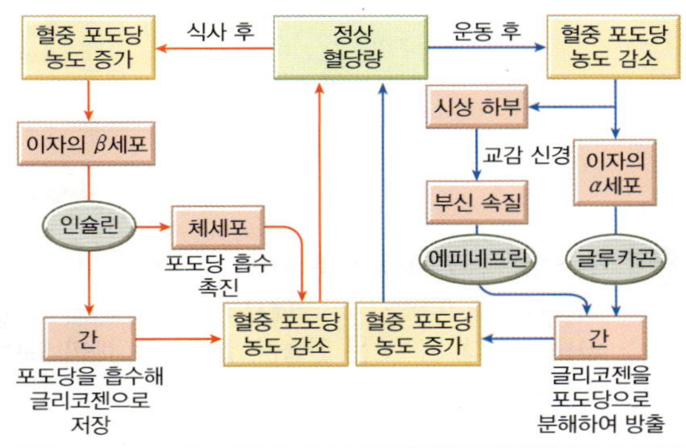

4. **체온 조절** 체온 변화를 감지하고 조절하는 중추는 간뇌의 시상 하부이며, 자율 신경과 호르몬의 작용으로 체온이 정상 범위로 유지된다.

구분	조절 과정
체온이 정상 범위보다 높을 때	• 교감 신경의 작용 완화로 피부 근처 혈관 확장 → 피부 근처를 흐르는 혈액의 양 증가 → 피부를 통한 열 방출량 증가 • 땀 분비 촉진 → 피부를 통한 열 방출량 증가
체온이 정상 범위보다 낮을 때	• 교감 신경의 작용 강화로 피부 근처 혈관 수축 → 피부 근처를 흐르는 혈액의 양 감소 → 피부를 통한 열 방출량 감소 • 체성 신경의 작용으로 골격근이 수축하여 몸 떨림 → 체내 열 발생량 증가

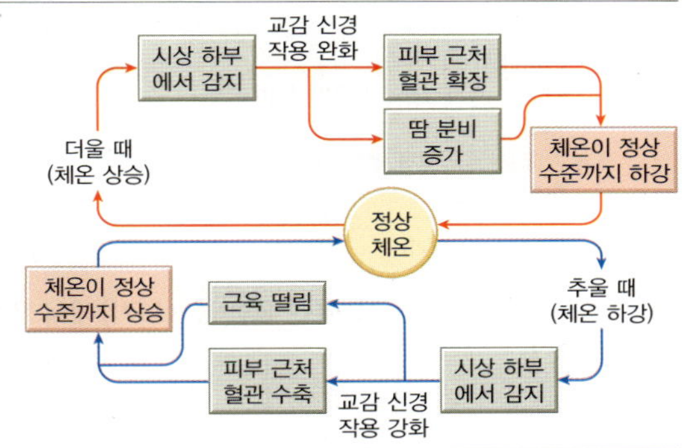

5. **혈장 삼투압 조절** 혈장 삼투압을 감지하고 조절하는 중추는 간뇌의 시상 하부이며, 항이뇨 호르몬(ADH)의 분비를 조절하여 혈장 삼투압을 정상 범위로 유지한다.

구분	조절 과정
혈장 삼투압이 정상 범위보다 높을 때	뇌하수체 후엽에서 항이뇨 호르몬(ADH) 분비 촉진 → 콩팥에서 수분 재흡수량 증가 → 오줌량 감소(오줌 삼투압 증가) → 혈장 삼투압 감소
혈장 삼투압이 정상 범위보다 낮을 때	뇌하수체 후엽에서 항이뇨 호르몬(ADH) 분비 억제 → 콩팥에서 수분 재흡수량 감소 → 오줌량 증가(오줌 삼투압 감소) → 혈장 삼투압 증가

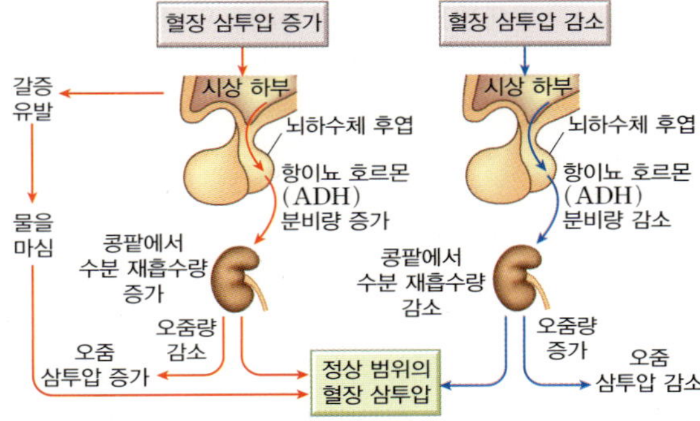

그림 (가)는 호르몬 X의 분비와 작용을, (나)는 혈액량이 정상 상태일 때와 ⊙일 때 혈장 삼투압에 따른 혈중 X 농도를 나타낸 것이다. ⊙은 혈액량이 정상 상태일 때보다 증가한 상태와 감소한 상태 중 하나이다.

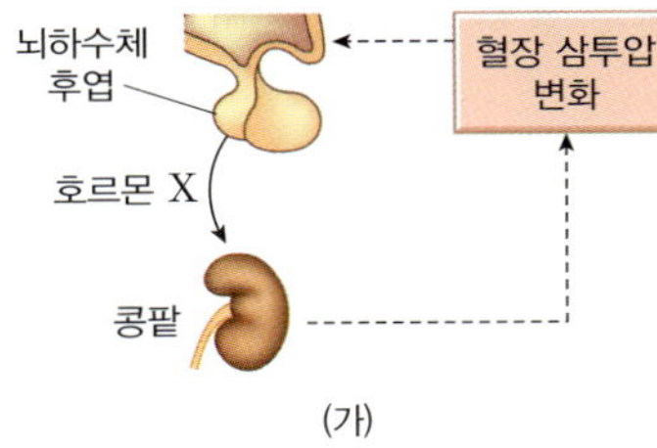

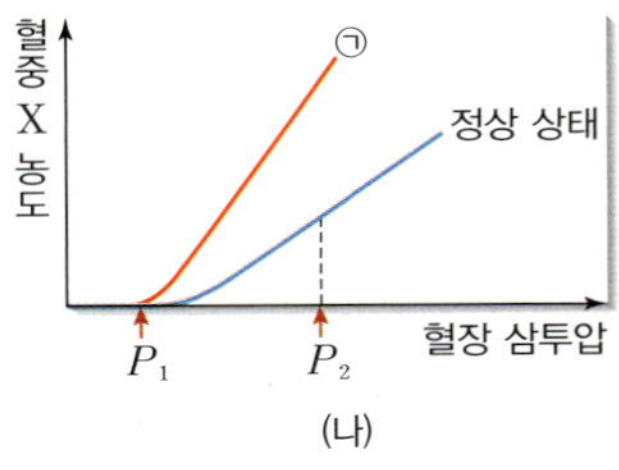

자료 체크 리스트

- [ ] 혈장 삼투압의 조절 중추와 항이뇨 호르몬(ADH)의 작용 분석
- [ ] 혈액량에 따른 혈장 삼투압과 항이뇨 호르몬(ADH) 농도 사이의 관계 분석
- [ ] 혈장 삼투압에 따른 단위 시간당 오줌 생성량과 오줌 삼투압 분석

step 1 **혈장 삼투압의 조절 중추와 항이뇨 호르몬(ADH)의 작용 분석하기**
시상 하부는 혈장 삼투압의 조절 중추로 혈장 삼투압 변화를 감지하여 뇌하수체 후엽에서 항이뇨 호르몬(X)의 분비를 조절한다. 항이뇨 호르몬(X)은 표적 기관인 콩팥에서 수분의 재흡수를 촉진한다.

step 2 **혈장 삼투압과 항이뇨 호르몬 농도 사이의 관계를 토대로 혈액량 분석하기**
$P_1 \sim P_2$ 사이에서는 혈장 삼투압이 같을 때 혈중 X(항이뇨 호르몬) 농도는 ⊙일 때가 정상 상태일 때보다 높으므로 콩팥에서 수분 재흡수량은 ⊙일 때가 정상 상태일 때보다 더 많으며, 이는 혈액량이 정상 상태일 때보다 부족하기 때문이다.

step 3 **혈장 삼투압에 따른 단위 시간당 오줌 생성량과 오줌 삼투압 분석하기**
혈액량이 정상일 때 혈장 삼투압이 높을수록 혈중 X(항이뇨 호르몬) 농도도 증가한다. 혈중 X(항이뇨 호르몬) 농도가 높을수록 콩팥에서 재흡수되는 수분량이 많아져 단위 시간당 오줌 생성량은 감소하고, 생성되는 오줌의 삼투압은 증가한다. 따라서 단위 시간당 오줌 생성량은 P_1일 때가 P_2일 때보다 많고, 생성되는 오줌의 삼투압은 P_1일 때가 P_2일 때보다 낮다.

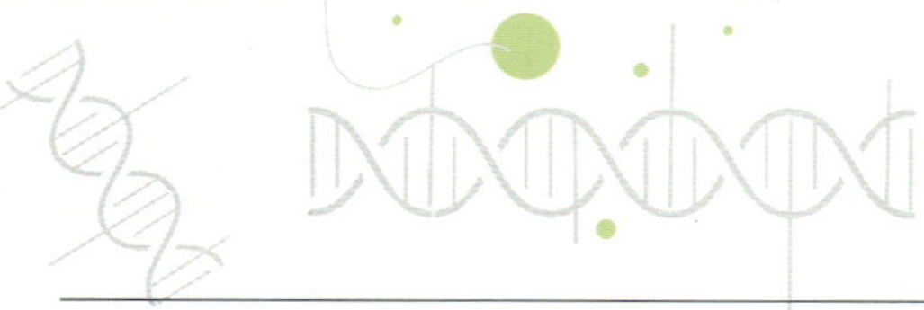

01

표 (가)는 사람 몸에서 분비되는 호르몬 A~C에서 나타나는 특징 3가지를, (나)는 (가) 중에서 A~C에 있는 특징의 개수를 나타낸 것이다. A~C는 인슐린, 글루카곤, 에피네프린을 순서 없이 나타낸 것이다.

특징
• 이자에서 분비된다.
• 혈액을 통해 표적 기관에 운반된다.
• 간에서 글리코젠 합성을 촉진한다.

(가)

호르몬	특징의 개수
A	1
B	2
C	3

(나)

이에 대한 설명으로 옳은 것만을 〈보기〉에서 있는 대로 고른 것은?

보기
ㄱ. A는 부신 겉질에서 분비된다.
ㄴ. 간에서 B와 C는 길항 작용을 한다.
ㄷ. C는 인슐린이다.

① ㄱ ② ㄴ ③ ㄱ, ㄴ
④ ㄱ, ㄷ ⑤ ㄴ, ㄷ

02

그림은 정상인과 환자 A가 각각 같은 양의 포도당을 섭취한 후 시간에 따른 혈중 인슐린 농도와 혈당량을 나타낸 것이다. A는 제1형 당뇨병 환자와 제2형 당뇨병 환자 중 하나이다.

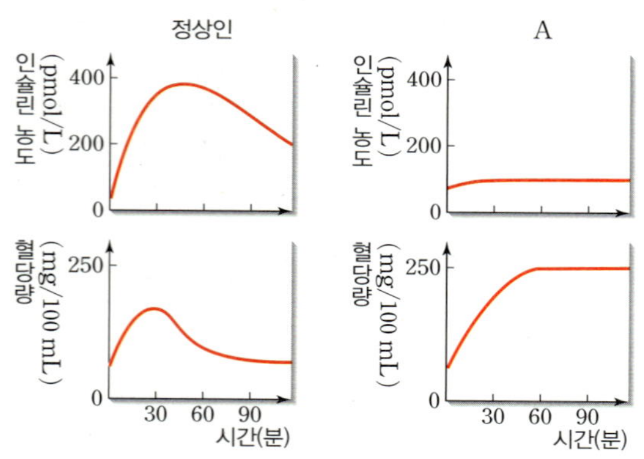

이에 대한 설명으로 옳은 것만을 〈보기〉에서 있는 대로 고른 것은?

보기
ㄱ. 혈당량의 조절 중추는 연수이다.
ㄴ. A는 제2형 당뇨병 환자이다.
ㄷ. A에게 인슐린을 투여하면 A의 혈당량을 낮출 수 있다.

① ㄱ ② ㄷ ③ ㄱ, ㄴ
④ ㄱ, ㄷ ⑤ ㄴ, ㄷ

03

다음은 사람의 항상성과 내분비계 질환에 대한 학생 A~C의 발표 내용이다.

발표한 내용이 옳은 학생만을 있는 대로 고른 것은?

① A ② B ③ A, C
④ B, C ⑤ A, B, C

04

그림은 티록신의 분비 조절 과정 중 일부를, 표는 정상인과 갑상샘 기능 항진증 환자 A에서 호르몬 ⓐ와 ⓑ의 혈중 농도를 비교하여 나타낸 것이다. 내분비샘 ㉠과 ㉡은 갑상샘과 뇌하수체 전엽을 순서 없이 나타낸 것이고, ⓐ와 ⓑ는 TSH(갑상샘 자극 호르몬)와 TRH(갑상샘 자극 호르몬 방출 호르몬)를 순서 없이 나타낸 것이다. A는 ㉠과 ㉡ 중 한 곳에만 이상이 생겼다.

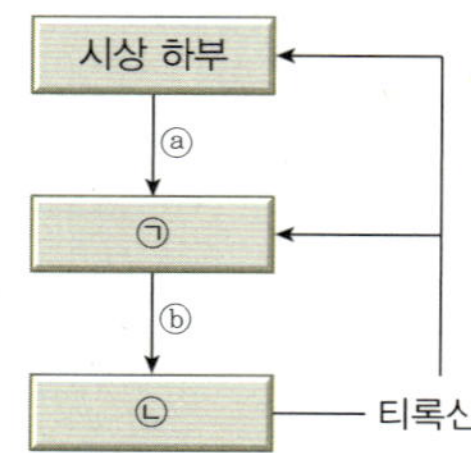

구분	ⓐ	ⓑ
정상인	정상	정상
A	낮음	높음

이에 대한 설명으로 옳은 것만을 〈보기〉에서 있는 대로 고른 것은?

보기
ㄱ. ⓐ는 TRH(갑상샘 자극 호르몬 방출 호르몬)이다.
ㄴ. A는 ㉡에 이상이 생겼다.
ㄷ. A는 정상인에 비해 심장 박동 수와 대사량이 낮다.

① ㄱ ② ㄴ ③ ㄱ, ㄴ
④ ㄱ, ㄷ ⑤ ㄴ, ㄷ

05 그림 (가)는 이자에서 분비되는 호르몬 ㉠과 ㉡을, (나)는 정상인에서 혈중 포도당 농도에 따른 호르몬 X의 혈중 농도를 나타낸 것이다. ㉠과 ㉡은 인슐린과 글루카곤을 순서 없이 나타낸 것이고, X는 ㉠과 ㉡ 중 하나이다.

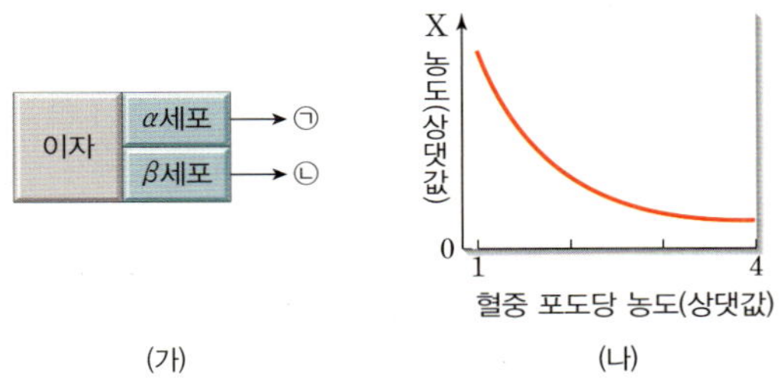

(가)　　　　(나)

이에 대한 설명으로 옳은 것만을 〈보기〉에서 있는 대로 고른 것은?

| 보기 |
ㄱ. X는 ㉠이다.
ㄴ. ㉡은 혈액에서 조직 세포로의 포도당 흡수를 촉진한다.
ㄷ. ㉡은 이자에 연결된 부교감 신경의 흥분 발생 빈도가 증가하면 분비가 촉진된다.

① ㄱ　　　　② ㄷ　　　　③ ㄱ, ㄴ
④ ㄴ, ㄷ　　　　⑤ ㄱ, ㄴ, ㄷ

---

06 그림 (가)는 정상인에서 저온 자극이 주어졌을 때 시상 하부로부터 자율 신경 A를 통해 피부 근처 혈관의 수축이 일어나는 과정을, (나)는 이 사람에서 시상 하부 온도에 따른 ㉠을 나타낸 것이다. ㉠은 근육에서의 열 발생량과 피부에서의 열 발산량 중 하나이다.

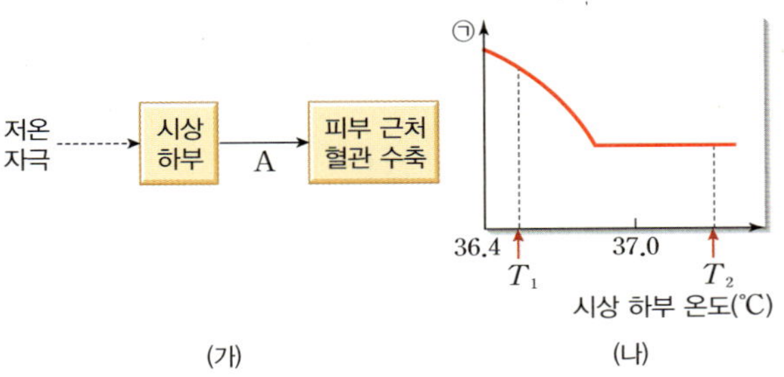

(가)　　　　(나)

이에 대한 설명으로 옳은 것만을 〈보기〉에서 있는 대로 고른 것은?

| 보기 |
ㄱ. A의 신경절 이후 뉴런 말단에서 분비되는 신경 전달 물질은 노르에피네프린이다.
ㄴ. ㉠은 근육에서의 열 발생량이다.
ㄷ. 단위 시간당 피부 근처 모세 혈관을 흐르는 혈액의 양은 T_1일 때가 T_2일 때보다 많다.

① ㄴ　　　　② ㄷ　　　　③ ㄱ, ㄴ
④ ㄱ, ㄷ　　　　⑤ ㄱ, ㄴ, ㄷ

---

07 그림 (가)는 호르몬 X의 혈중 농도에 따른 ㉡에 대한 ㉠의 비를, (나)는 정상인이 1 L의 물을 섭취한 후 단위 시간당 오줌 생성량을 시간에 따라 나타낸 것이다. X는 뇌하수체 후엽에서 분비되고, ㉠과 ㉡은 오줌 삼투압과 혈장 삼투압을 순서 없이 나타낸 것이다.

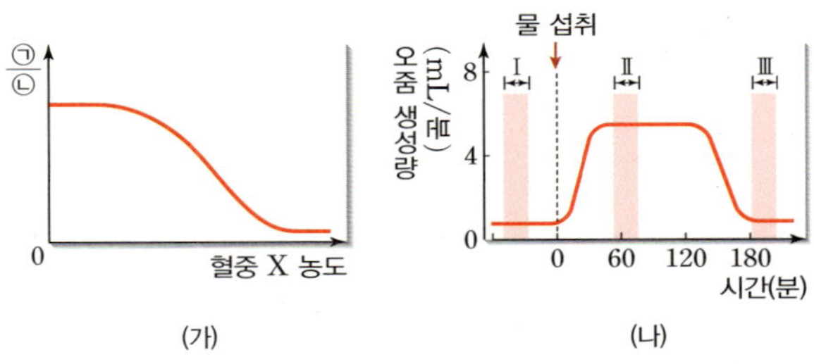

(가)　　　　(나)

이에 대한 설명으로 옳은 것만을 〈보기〉에서 있는 대로 고른 것은? (단, 제시된 자료 이외에 체내 수분량에 영향을 미치는 요인은 없다.)

| 보기 |
ㄱ. ㉡은 오줌 삼투압이다.
ㄴ. ㉠은 구간 Ⅰ에서가 구간 Ⅱ에서보다 낮다.
ㄷ. $\dfrac{\text{혈중 X 농도}}{\text{단위 시간당 오줌 생성량}}$ 는 구간 Ⅱ에서가 구간 Ⅲ에서보다 낮다.

① ㄱ　　　　② ㄴ　　　　③ ㄱ, ㄷ
④ ㄴ, ㄷ　　　　⑤ ㄱ, ㄴ, ㄷ

---

08 그림 (가)는 사람에서 호르몬 X의 분비와 작용을, (나)는 이 사람에서 전체 혈액량이 정상 상태일 때와 ㉠일 때 혈장 삼투압에 따른 혈중 X 농도를 나타낸 것이다. ㉠은 전체 혈액량이 정상 상태일 때보다 증가한 상태와 정상 상태일 때보다 감소한 상태 중 하나이다.

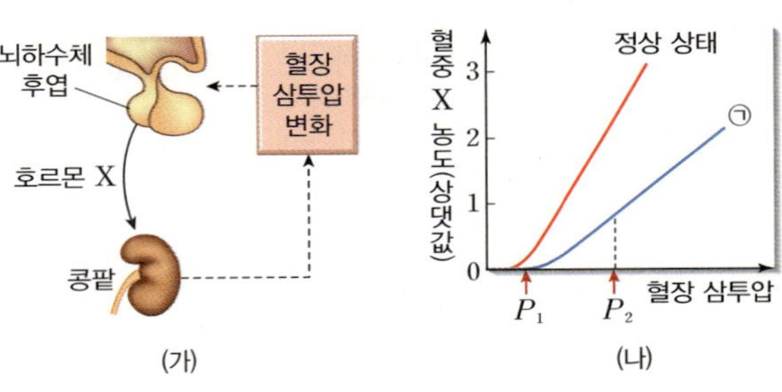

(가)　　　　(나)

이에 대한 설명으로 옳은 것만을 〈보기〉에서 있는 대로 고른 것은? (단, 제시된 자료 이외에 체내 수분량에 영향을 미치는 요인은 없다.)

| 보기 |
ㄱ. X의 분비를 조절하는 중추는 간뇌의 시상 하부이다.
ㄴ. ㉠은 전체 혈액량이 정상 상태일 때보다 감소한 상태이다.
ㄷ. 전체 혈액량이 정상 상태일 때 단위 시간당 오줌 생성량은 P_1일 때가 P_2일 때보다 적다.

① ㄱ　　　　② ㄴ　　　　③ ㄱ, ㄴ
④ ㄱ, ㄷ　　　　⑤ ㄴ, ㄷ

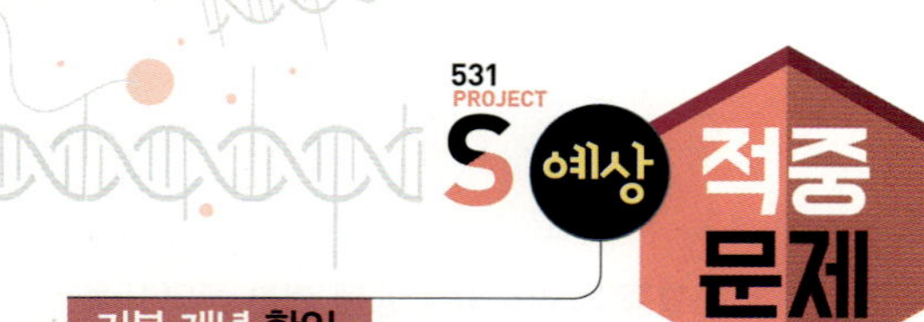

기본 개념 확인

01 ☐☐☐☐은 내분비샘에서 생성되는 신호 전달 물질로 혈액을 통해 운반되며 표적 세포(표적 기관)에만 작용한다.

01 그림은 호르몬 ㉠~㉢의 분비 경로를 나타낸 것이다. 내분비샘 A~C는 부신, 갑상샘, 뇌하수체를 순서 없이 나타낸 것이고, ㉠~㉢은 티록신, 에피네프린, 항이뇨 호르몬을 순서 없이 나타낸 것이다.

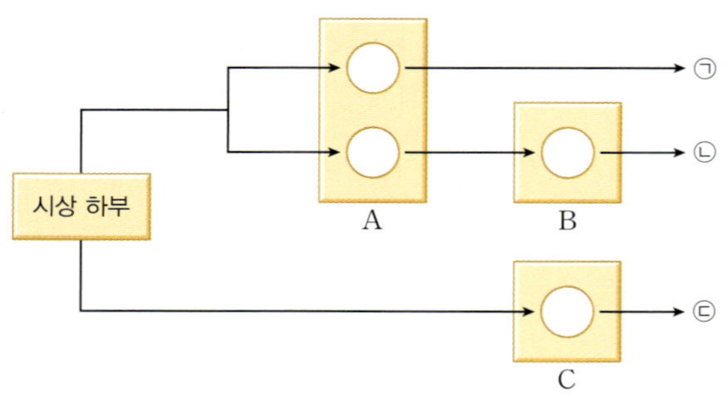

이에 대한 설명으로 옳은 것만을 〈보기〉에서 있는 대로 고른 것은?

| 보기 |

ㄱ. ㉠의 분비량이 정상보다 너무 적으면 갑상샘 기능 저하증이 나타날 수 있다.
ㄴ. 음성 피드백에 의해 ㉡의 분비가 조절된다.
ㄷ. ㉢은 혈당량을 증가시킨다.

① ㄱ   ② ㄴ   ③ ㄱ, ㄷ
④ ㄴ, ㄷ   ⑤ ㄱ, ㄴ, ㄷ

02 이자의 α세포에서는 혈당량을 높이는 ☐☐☐☐이 분비되고, β세포에서는 혈당량을 낮추는 ☐☐☐이 분비된다.

02 그림 (가)는 이자에서 분비되는 호르몬 ㉠과 ㉡을, (나)는 정상인에게 공복 시 포도당을 투여한 후 시간에 따른 호르몬 X의 혈중 농도를 나타낸 것이다. ㉠과 ㉡은 글루카곤과 인슐린을 순서 없이 나타낸 것이고, X는 ㉠과 ㉡ 중 하나이다.

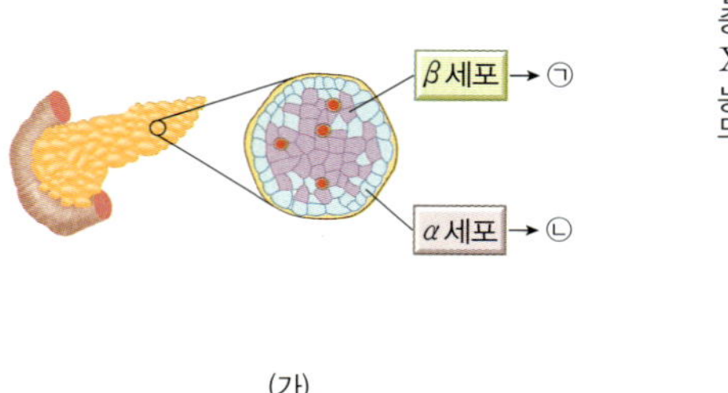

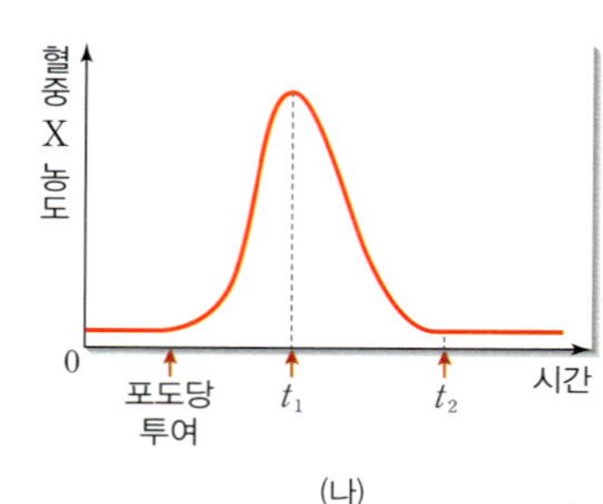

(가)   (나)

이에 대한 설명으로 옳은 것만을 〈보기〉에서 있는 대로 고른 것은?

| 보기 |

ㄱ. 이자에 연결된 교감 신경의 흥분 발생 빈도가 증가하면 X의 분비가 촉진된다.
ㄴ. ㉡은 간에서 글리코젠을 포도당으로 분해하는 과정을 촉진한다.
ㄷ. 혈당량은 t_1일 때가 t_2일 때보다 낮다.

① ㄱ   ② ㄴ   ③ ㄱ, ㄴ
④ ㄱ, ㄷ   ⑤ ㄴ, ㄷ

03 그림은 정상인에서 시상 하부 온도에 따른 ㉠과 ㉡을 나타낸 것이다. ㉠과 ㉡은 피부 근처 혈관에서의 열 발산량과 골격근의 떨림에 의한 열 발생량을 순서 없이 나타낸 것이다.

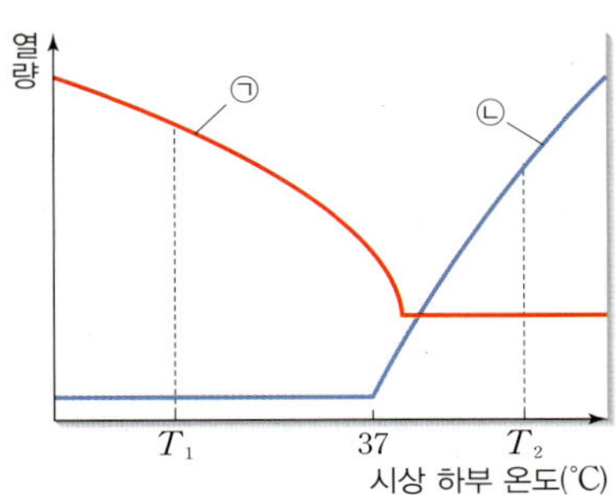

이에 대한 설명으로 옳은 것만을 〈보기〉에서 있는 대로 고른 것은?

| 보기 |

ㄱ. ㉠은 골격근의 떨림에 의한 열 발생량이다.
ㄴ. 피부 근처 혈관에 연결된 교감 신경의 활동 전위 발생 빈도는 T_1일 때가 T_2일 때보다 적다.
ㄷ. 단위 시간당 $\dfrac{\text{피부 근처 혈관을 흐르는 혈액량}}{\text{골격근에서의 물질대사율}}$ 은 T_1일 때가 T_2일 때보다 작다.

① ㄱ　　　　　　　② ㄴ　　　　　　　③ ㄱ, ㄷ
④ ㄴ, ㄷ　　　　　　⑤ ㄱ, ㄴ, ㄷ

03 체온 변화를 감지하여 체온을 조절하는 중추는 간뇌의 [　　　　]이며, 호르몬과 자율 신경의 작용으로 체온을 정상 범위로 유지시킨다.

04 그림 (가)는 정상인에서 ㉠과 ㉡에 따른 호르몬 X의 혈중 농도를, (나)는 이 사람에게 물과 소금물을 순서대로 섭취하게 하였을 때 단위 시간당 오줌 생성량을 나타낸 것이다. X는 뇌하수체 후엽에서 분비되며, ㉠과 ㉡은 혈장 삼투압과 혈압을 순서 없이 나타낸 것이다.

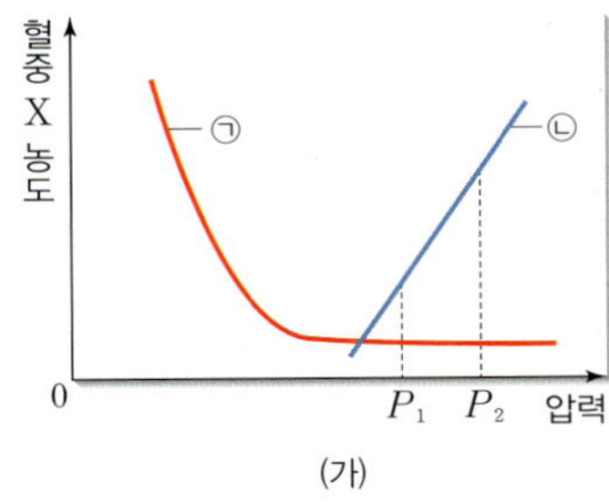

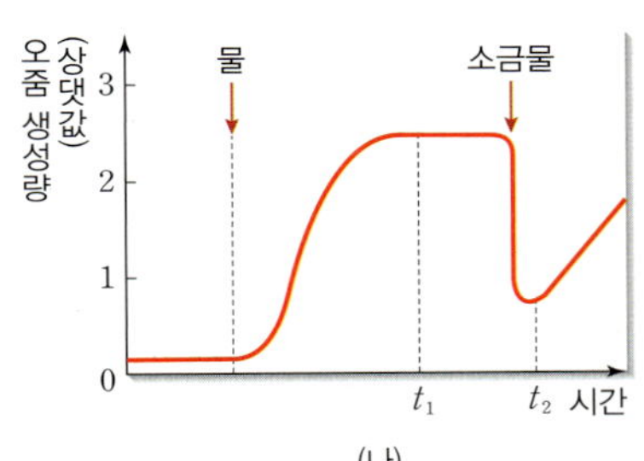

이에 대한 설명으로 옳은 것만을 〈보기〉에서 있는 대로 고른 것은? (단, 제시된 자료 이외에 체내 수분량에 영향을 미치는 요인은 없다.)

| 보기 |

ㄱ. ㉠은 혈압이다.
ㄴ. 콩팥에서 단위 시간당 수분 재흡수량은 P_1일 때가 P_2일 때보다 적다.
ㄷ. ㉡은 t_1일 때가 t_2일 때보다 낮다.

① ㄱ　　　　　　　② ㄴ　　　　　　　③ ㄱ, ㄷ
④ ㄴ, ㄷ　　　　　　⑤ ㄱ, ㄴ, ㄷ

04 항이뇨 호르몬(ADH)의 분비량이 증가하면 단위 시간당 오줌 생성량과 혈장 삼투압은 [　　　　]하고, 전체 혈액량과 생성되는 오줌의 삼투압은 [　　　　]한다.

531
PROJECT
S

08강 방어 작용

A 질병과 병원체		B 우리 몸의 방어 작용		C 혈액형	
질병	★☆☆	비특이적 방어 작용	★★★	ABO식 혈액형	★★★
병원체	★☆☆	특이적 방어 작용	★★★		

A 질병과 병원체

1. 질병

감염성 질병	병원체가 원인이 되어 발생하며, 다른 사람에게 전염될 수 있다. 예 독감, 감기, 결핵 등
비감염성 질병	병원체 없이 유전, 환경, 생활 방식 등 다양한 원인이 복합적으로 작용하여 발생하며, 다른 사람에게 전염되지 않는다. 예 고혈압, 당뇨병, 혈우병, 낫 모양 적혈구 빈혈증 등

2. 병원체 질병을 일으키는 감염 인자

세균	• 핵이 없는 단세포 원핵생물이며, 분열법으로 번식한다. • 질병의 예 : 결핵, 파상풍, 탄저병, 콜레라, 장티푸스, 세균성 식중독, 세균성 폐렴 등 • 치료 : 항생제를 이용하여 치료한다.
바이러스	• 세포 구조로 되어 있지 않으며, 핵산과 단백질 껍질로만 구성된다. • 스스로 물질대사를 하지 못하며, 살아 있는 숙주 세포 내에서만 증식이 가능하다. • 질병의 예 : 감기, 독감, 홍역, 소아마비, 후천성 면역 결핍증(AIDS), 에볼라 등 • 치료 : 항바이러스제를 이용하여 치료한다.
원생생물	• 핵을 가지고 있는 진핵생물이며, 막으로 둘러싸인 세포 소기관을 가진다. • 질병의 예 : 말라리아, 수면병, 아메바성 이질 등
곰팡이	• 핵을 가지고 있는 진핵생물이며, 막으로 둘러싸인 세포 소기관을 가진다. • 질병의 예 : 무좀, 건선 등 • 치료 : 항진균제를 이용하여 치료한다.

B 우리 몸의 방어 작용

1. 비특이적 방어 작용(선천성 면역) — 병원체의 종류나 감염 경험의 유무와 관계없이 감염이 일어나면 신속하게 반응이 일어난다.

(1) 피부와 점막

피부	병원체의 침입을 막는 물리적 장벽 역할을 하며, 피부에서 분비되는 지방과 땀의 산성 성분, 땀·눈물·침 속의 라이소자임이 세균의 증식을 억제한다.
점막	기관, 소화관 등의 내벽을 덮고 있는 세포층으로, 라이소자임이 들어 있는 점액으로 덮여 있어 세균의 증식을 억제한다.

(2) **식세포 작용(식균 작용)** : 대식세포와 같은 백혈구가 체내로 침입한 병원체를 세포 안으로 끌어들여 효소를 이용하여 분해하는 작용이다.

(3) **염증 반응** : 피부나 점막이 손상되어 병원체가 체내로 침입하였을 때 일어나는 방어 작용으로 열, 붉어짐, 부어오름, 통증 등의 증상이 나타난다.

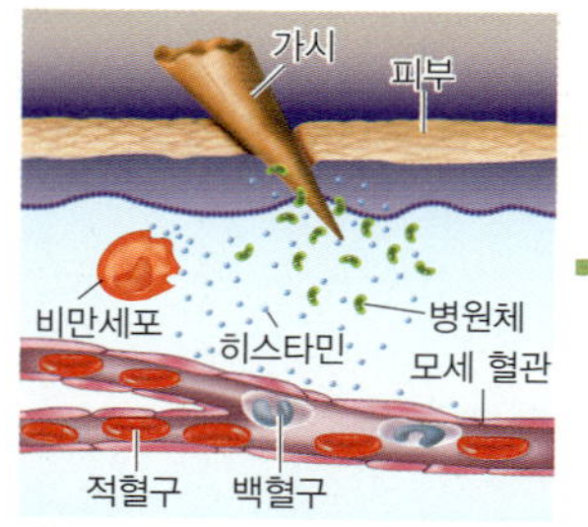

피부나 점막이 손상되어 병원체가 체내에 침입하면 손상된 부위의 비만세포에서 히스타민 등의 화학 신호 물질이 분비된다.

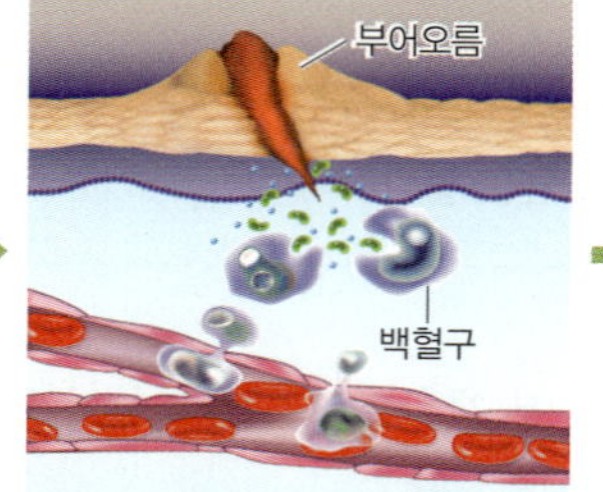

히스타민이 모세 혈관을 확장시켜 혈류량을 늘리고 혈관벽의 투과성을 증가시킨다. ➡ 상처 부위가 붉게 부어오르고, 혈장과 백혈구가 상처 부위로 쉽게 빠져나간다.

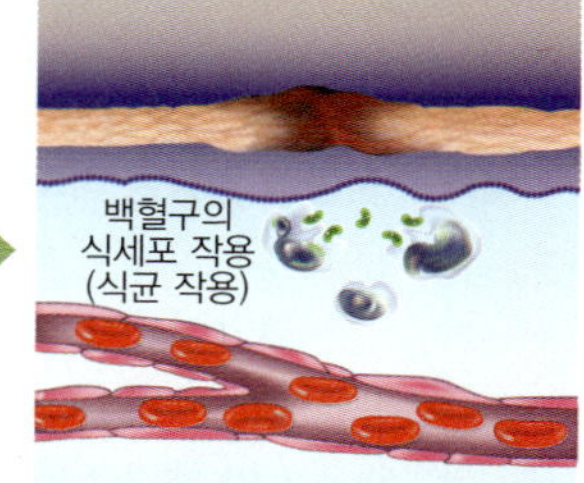

상처 부위에 모인 백혈구가 식세포 작용(식균 작용)으로 병원체를 분해하여 제거한다.

원생생물에 의한 질병의 발병
원생생물은 대부분 매개 곤충(모기, 파리 등), 오염된 물과 음식물을 통해 사람 몸에 들어와 질병을 일으킨다.

• 단백질로만 구성되어 있는 감염성 입자이다.
• 질병의 예 : 크로이츠펠트·야코프병(사람), 광우병(소) 등

변형된 프라이온의 축적
정상 프라이온이 변형된 프라이온과 접촉하면 변형된 프라이온으로 변한다. 변형된 프라이온이 뇌 속에 축적되면 신경 세포가 파괴되어 질병이 나타난다.

라이소자임
사람의 눈물, 콧물, 침, 점액 등에 포함되어 있는 효소로, 세균의 세포벽을 분해하여 세균에 의한 질병의 감염을 막는다.

2. **특이적 방어 작용(후천성 면역)** 병원체의 종류에 따라 선별적으로 일어나는 방어 작용으로, B 림프구(B 세포)와 T 림프구(T 세포)에 의해 이루어진다.

(1) 세포성 면역과 체액성 면역

세포성 면역	활성화된 세포독성 T림프구가 병원체에 감염된 세포를 직접 공격하여 제거하는 면역 반응이다.
체액성 면역	B 림프구로부터 분화된 형질 세포가 생성하여 분비하는 항체가 항원을 제거하는 면역 반응이다.

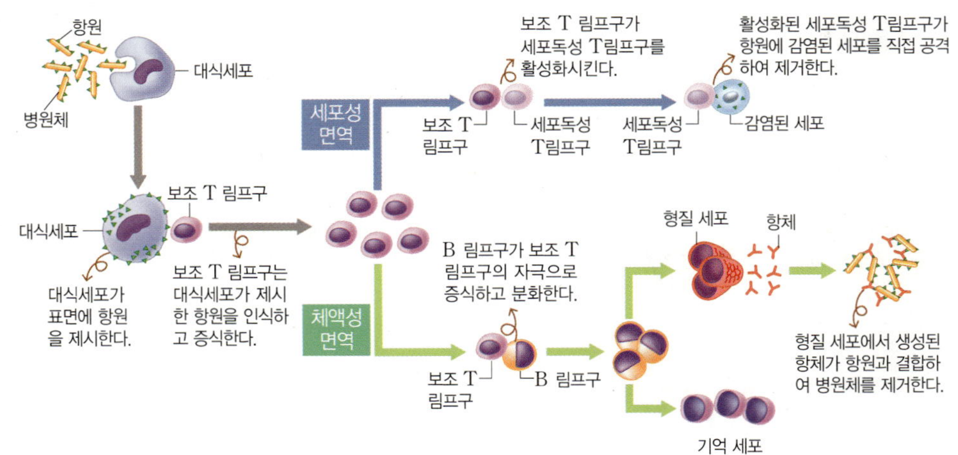

(2) 1차 면역 반응과 2차 면역 반응

1차 면역 반응	항원이 처음 침입하였을 때 일어나는 면역 반응으로 보조 T 림프구의 도움을 받아 B 림프구가 기억 세포와 형질 세포로 분화되며, 형질 세포에서 항체가 생성된다.
2차 면역 반응	동일 항원이 재침입하면 1차 면역 반응의 결과로 생성된 기억 세포가 빠르게 기억 세포와 형질 세포로 분화되며, 형질 세포에서 항체가 생성된다.

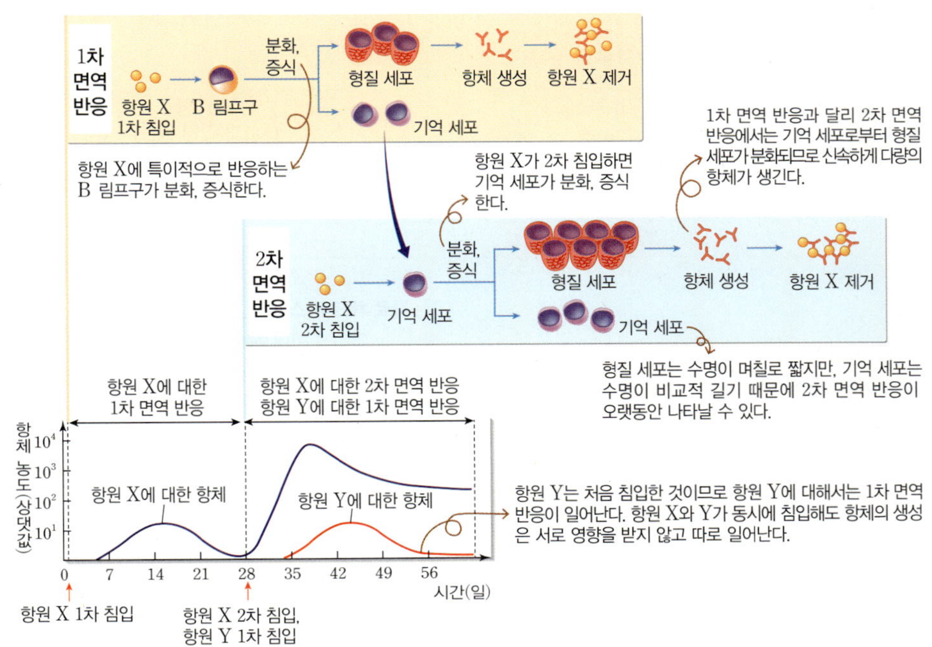

3. **백신** 감염성 질병을 예방하기 위해 체내에 주입하는 항원을 포함한 물질이다. 백신을 주사하면 주입한 항원에 대한 기억 세포가 생성되어 동일한 항원이 재침입하였을 때 2차 면역 반응이 일어나 신속하게 다량의 항체가 생성되어 질병을 예방할 수 있다.

C 혈액형

1. **ABO식 혈액형**
(1) 적혈구 표면에 있는 응집원(항원)은 A와 B, 혈장에 있는 응집소(항체)는 α와 β 두 종류가 있으며 응집원 A는 응집소 α와, 응집원 B는 응집소 β와 결합하여 응집 반응이 일어난다.

특이적 방어 작용의 특성
특이적 방어 작용은 병원체를 인식하여 특이적으로 반응이 일어나므로 비특이적 방어 작용에 비해 시간이 걸린다.

B 림프구와 T 림프구의 생성과 성숙
B 림프구는 골수에서 생성되어 성숙되고, T 림프구는 골수에서 생성되어 가슴샘에서 성숙된다.

항원과 항체

항원	체내에서 면역 반응을 일으키는 원인 물질이다.
항체	형질 세포에서 생성하여 분비하는 면역 단백질로 항원과 결합하여 항원을 무력화시킨다.

항원 항체 반응의 특이성
특정 항체는 항원 결합 부위에 맞는 특정 항원에만 결합하여 작용한다.

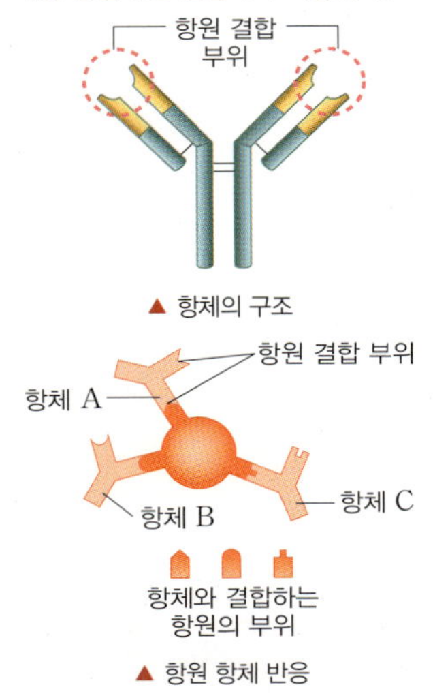

기억 세포와 2차 면역 반응
1차 면역 반응 후 체내에서 항원이 사라진 뒤에도 침입한 항원에 대한 기억 세포가 남아 있어 동일한 항원이 재침입하였을 때 2차 면역 반응이 일어난다. 2차 면역 반응에서는 1차 면역 반응에서보다 신속하게 많은 양의 항체가 생성된다.

면역 관련 질환

알레르기	특정 항원에 대하여 면역 반응이 과민하게 일어나 발생한다. 예 알레르기성 비염, 천식, 아토피 등
자가 면역 질환	면역계가 자기 몸의 세포나 조직을 항원으로 인식하고 공격하여 발생한다. 예 류머티즘 관절염, 홍반성 루푸스 등
면역 결핍 질환	면역계의 세포나 기관에 이상이 생겨 면역 기능이 저하되어 발생한다. 예 후천성 면역 결핍증(AIDS) 등

(2) 응집원의 종류에 따라 A형, B형, AB형, O형으로 구분하며, 항 A 혈청(응집소 α 함유), 항 B 혈청(응집소 β 함유)과의 응집 반응을 이용하여 ABO식 혈액형을 판정할 수 있다.

구분	A형	B형	AB형	O형
응집원	응집원 A / 적혈구	응집원 B	응집원 A / 응집원 B	없음
응집소	응집소 β / 혈장	응집소 α	없음	응집소 β 응집소 α

구분	A형 (응집원 A 있음)	B형 (응집원 B 있음)	AB형 (응집원 A, B 있음)	O형 (응집원 없음)
항 A 혈청 (응집소 α 함유)	응집됨	응집 안 됨	응집됨	응집 안 됨
항 B 혈청 (응집소 β 함유)	응집 안 됨	응집됨	응집됨	응집 안 됨

2. Rh식 혈액형

(1) 적혈구 표면에 있는 Rh 응집원(항원)의 유무에 따라 Rh^+형과 Rh^-형으로 구분하며, Rh 응집소(항체)는 혈장에 존재한다. 항 Rh 혈청(Rh 응집소 함유)과의 응집 반응을 이용하여 Rh식 혈액형을 판정할 수 있다.

(2) Rh 응집원(항원)은 Rh 응집소(항체)와 결합하여 응집 반응이 일어나며, Rh^-형인 사람이 Rh 응집원에 노출되면 Rh 응집소를 생성한다.

구분	Rh 응집원	Rh 응집소
Rh^+형	있음	없음
Rh^-형	없음	없음(Rh 응집원에 노출되면 생성됨)

구분	Rh^+형 (Rh 응집원 있음)	Rh^-형 (Rh 응집원 없음)
항 Rh 혈청 (Rh 응집소 함유)	응집됨	응집 안 됨

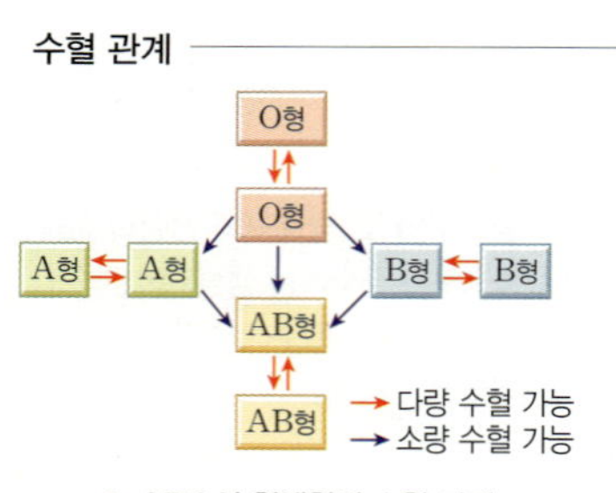

▲ ABO식 혈액형의 수혈 관계

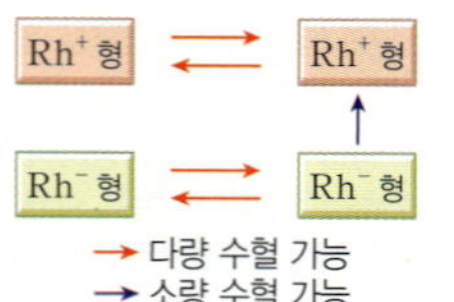

▲ Rh식 혈액형의 수혈 관계

기출 자료 | 분석

그림 (가)는 어떤 사람이 세균 X에 감염된 후 나타나는 특이적 면역(방어) 작용의 일부를, (나)는 이 사람에서 X의 침입에 의해 생성되는 혈중 항체 농도 변화를 나타낸 것이다. ㉠과 ㉡은 보조 T 림프구와 B 림프구를 순서 없이 나타낸 것이다.

자료 체크 리스트
- [ ] 특이적 방어 작용의 과정 분석
- [ ] 1차 면역 반응과 2차 면역 반응의 구분
- [ ] 항원의 침입에 의해 생성되는 혈중 항체 농도 변화에서 각 구간별 방어 작용 분석

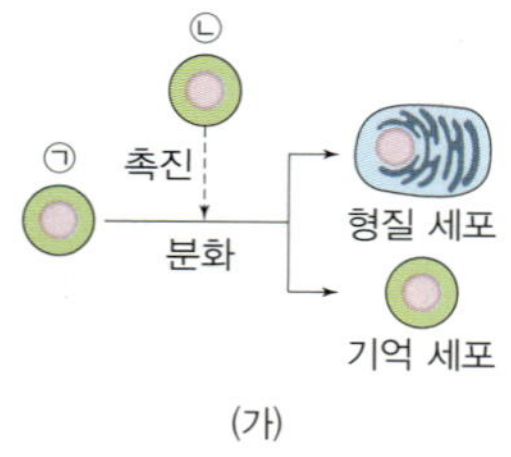

(가)

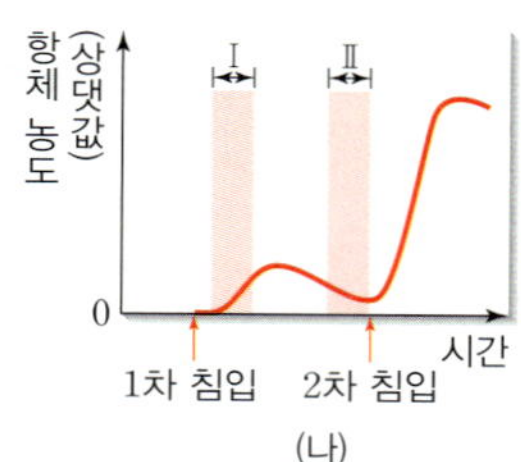

(나)

step 1 특이적 방어 작용에 관여하는 세포를 확인하고, 과정 분석하기
특이적 방어 작용에서 B 림프구(㉠)는 보조 T 림프구(㉡)의 도움을 받아 형질 세포와 기억 세포로 분화되며, 형질 세포에서 항체가 생성된다.

step 2 X의 침입에 의해 생성되는 혈중 항체 농도 변화를 해석하여 1차 면역 반응과 2차 면역 반응 구분하기
X가 2차 침입했을 때 2차 면역 반응이 일어나 X가 1차 침입했을 때보다 X에 대한 항체가 신속하게 다량 생성되었으며, 그 결과 혈중 항체 농도가 빠르게 증가하였다.

step 3 X의 침입에 의해 생성되는 혈중 항체 농도 변화를 토대로 각 구간에서 일어나는 방어 작용 분석하기
구간 Ⅰ에서는 X의 1차 침입에 의해 1차 면역 반응이 일어나 B 림프구가 기억 세포와 형질 세포로 분화되고, 형질 세포에서 X에 대한 항체가 생성되고 있음을 알 수 있다. 1차 면역 반응을 통해 생성된 기억 세포는 체내에 남아 동일한 항원이 재침입하였을 때 2차 면역 반응이 일어나도록 한다. 따라서 구간 Ⅱ에는 X에 대한 기억 세포가 있다.

01 표는 사람의 질병을 (가)와 (나)로 구분하여 나타낸 것이다. (가)와 (나)는 각각 감염성 질병과 비감염성 질병 중 하나이다. <수능 기출 변형>

구분	질병
(가)	㉠ 결핵, ㉡ 홍역
(나)	당뇨병, 혈우병

이에 대한 설명으로 옳은 것만을 〈보기〉에서 있는 대로 고른 것은?

보기
ㄱ. ㉠의 병원체와 ㉡의 병원체는 모두 단백질을 가진다.
ㄴ. ㉡의 병원체는 스스로 물질대사를 할 수 있다.
ㄷ. 말라리아는 (나)의 예에 해당한다.

① ㄱ　　　② ㄴ　　　③ ㄱ, ㄴ
④ ㄱ, ㄷ　　　⑤ ㄴ, ㄷ

02 표는 사람의 6가지 질병을 A∼C로 구분하여 나타낸 것이다. <수능 기출 변형>

이에 대한 설명으로 옳은 것만을 〈보기〉에서 있는 대로 고른 것은?

구분	질병
A	탄저병, 파상풍
B	독감, 소아마비
C	수면병, 말라리아

보기
ㄱ. A의 치료에 항생제를 사용한다.
ㄴ. A의 병원체와 B의 병원체는 모두 핵산을 가진다.
ㄷ. B의 병원체와 C의 병원체는 모두 세포로 되어 있다.

① ㄱ　　　② ㄷ　　　③ ㄱ, ㄴ
④ ㄴ, ㄷ　　　⑤ ㄱ, ㄴ, ㄷ

03 그림은 결핵을 일으키는 병원체 A, 무좀을 일으키는 병원체 B, 후천성 면역 결핍증(AIDS)을 일으키는 병원체 C의 공통점과 차이점을 나타낸 것이다. <수능 기출 변형>

이에 대한 설명으로 옳은 것만을 〈보기〉에서 있는 대로 고른 것은?

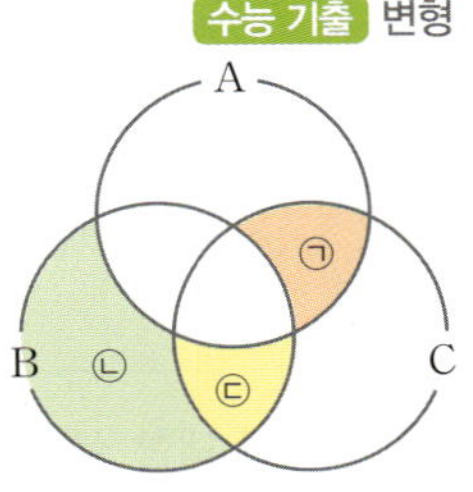

보기
ㄱ. '세포 분열에 의해 스스로 증식한다.'는 ㉠에 해당한다.
ㄴ. '핵막이 있다.'는 ㉡에 해당한다.
ㄷ. '유전 물질을 가진다.'는 ㉢에 해당한다.

① ㄱ　　　② ㄴ　　　③ ㄱ, ㄴ
④ ㄱ, ㄷ　　　⑤ ㄴ, ㄷ

04 그림 (가)는 어떤 사람에게 세균 X가 침입했을 때 일어나는 방어 작용 일부를, (나)는 이 사람에서 X의 침입에 의해 생성되는 X에 대한 혈중 항체 농도 변화를 나타낸 것이다. 세포 ㉠∼㉢은 기억 세포, 형질 세포, 보조 T 림프구를 순서 없이 나타낸 것이다. <수능 기출 변형>

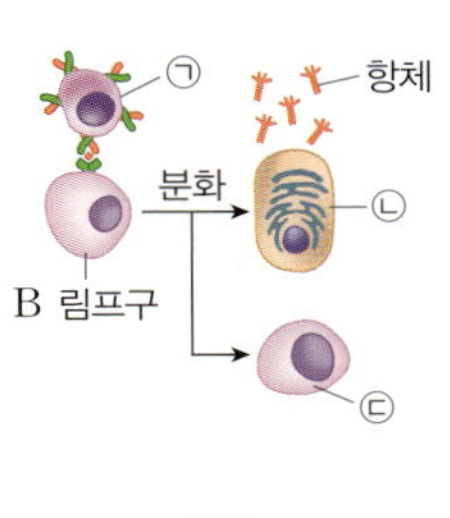

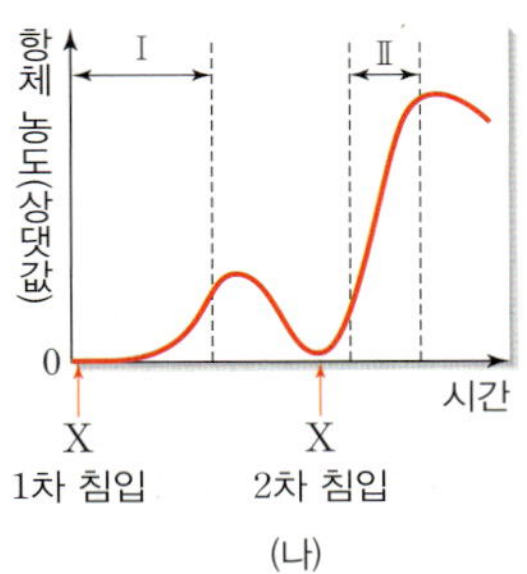

(가)　　　(나)

이에 대한 설명으로 옳은 것만을 〈보기〉에서 있는 대로 고른 것은?

보기
ㄱ. ㉠은 골수에서 성숙한다.
ㄴ. 구간 I 에서 X에 대한 체액성 면역 반응이 일어났다.
ㄷ. 구간 II 에서 X에 대한 ㉡이 ㉢으로 분화된다.

① ㄴ　　　② ㄷ　　　③ ㄱ, ㄴ
④ ㄱ, ㄷ　　　⑤ ㄴ, ㄷ

05 그림 (가)는 어떤 사람 P가 세균 X에 처음 감염된 후 나타나는 면역 반응을 순차적으로 나타낸 것이고, (나)는 P에서 (가)의 면역 반응이 일어나는 동안 X에 대한 혈중 항체 농도 변화를 나타낸 것이다. 세포 ㉠과 ㉡은 보조 T 림프구와 대식세포를 순서 없이 나타낸 것이다. <수능 기출 변형>

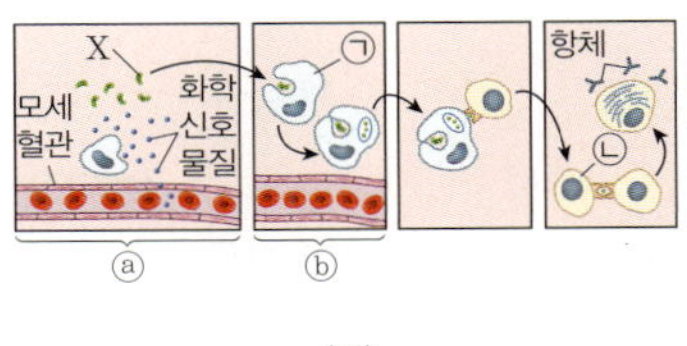

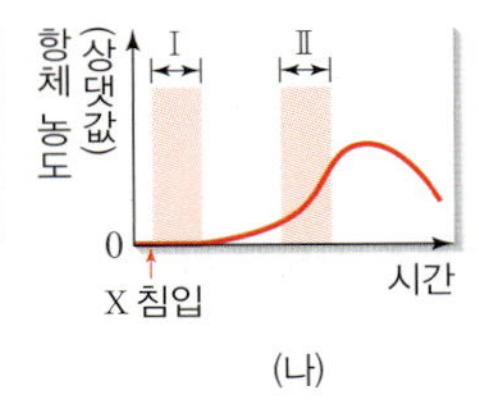

(가)　　　(나)

이에 대한 설명으로 옳은 것만을 〈보기〉에서 있는 대로 고른 것은? (단, P는 이전에 X에 감염된 적이 없다.)

보기
ㄱ. ⓐ와 ⓑ에서 모두 X에 대한 비특이적 방어 작용이 일어났다.
ㄴ. 구간 I 에서 ㉡은 ㉠으로부터 X에 대한 정보를 전달받아 활성화된다.
ㄷ. 구간 II 에서 X에 대한 기억 세포가 형질 세포로 분화한다.

① ㄴ　　　② ㄷ　　　③ ㄱ, ㄴ
④ ㄱ, ㄷ　　　⑤ ㄱ, ㄴ, ㄷ

06 다음은 병원체 X의 면역학적 특성을 알아보기 위한 실험이다.

[실험 과정 및 결과]

(가) X로부터 두 종류의 물질 ㉠과 ㉡을 얻는다.

(나) 유전적으로 동일하고 X, ㉠, ㉡에 노출된 적이 없는 생쥐 Ⅰ~Ⅴ를 준비한다.

(다) 표와 같이 주사액을 Ⅰ~Ⅲ에게 주사하고 일정 시간이 지난 후, 생쥐의 생존 여부를 관찰한다.

생쥐	주사액	생존 여부
Ⅰ	X	죽는다
Ⅱ	㉠	산다
Ⅲ	㉡	산다

(라) (다)의 Ⅱ에서 혈청 ⓐ를, Ⅲ에서 혈청 ⓑ를 얻은 후 X와 섞었을 때 항원 항체 반응 여부를 확인한다.

혈청	반응 여부
ⓐ	일어난다
ⓑ	일어난다

(마) 표와 같이 주사액을 Ⅳ와 Ⅴ에게 주사하고 1일 후 생쥐의 생존 여부와 체내에 살아 있는 X의 수를 확인한다.

생쥐	주사액	생존 여부
Ⅳ	ⓐ+X	죽는다
Ⅴ	ⓑ+X	산다

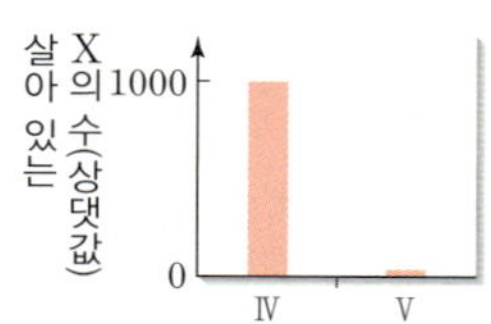

이에 대한 설명으로 옳은 것만을 〈보기〉에서 있는 대로 고른 것은? (단, 제시된 요인 이외에 다른 요인은 고려하지 않는다.)

보기

ㄱ. ⓐ와 ⓑ 중 ⓑ는 X에 대한 백신으로 사용할 수 있다.

ㄴ. (다)의 Ⅲ에서 X에 대한 특이적 방어 작용이 일어났다.

ㄷ. ⓐ와 ⓑ에는 모두 X에 대한 형질 세포가 들어 있지 않다.

① ㄱ　　② ㄴ　　③ ㄱ, ㄷ　　④ ㄴ, ㄷ　　⑤ ㄱ, ㄴ, ㄷ

07 다음은 항원 X와 Y에 대한 생쥐의 방어 작용 실험이다.

[실험 과정]

(가) 유전적으로 동일하고 X와 Y에 노출된 적이 없는 생쥐 Ⅰ~Ⅳ를 준비한 후, Ⅰ에게 X를 주사하고 Ⅱ에게 Y를 주사한다.

(나) 일정 시간이 지난 후, Ⅰ에서 ㉠을 분리하여 Ⅲ에게 주사하고, Ⅱ에서 ㉡을 분리하여 Ⅳ에게 주사한다. ㉠과 ㉡은 혈청과 기억 세포를 순서 없이 나타낸 것이다.

(다) Ⅲ에게 X를 주사하고, Ⅳ에게 Y를 주사한다.

[실험 결과]

Ⅲ에서 X에 대한 1차 면역 반응이 일어났고, Ⅳ에서 Y에 대한 2차 면역 반응이 일어났다.

이에 대한 설명으로 옳은 것만을 〈보기〉에서 있는 대로 고른 것은? (단, 제시된 요인 이외에 다른 요인은 고려하지 않는다.)

보기

ㄱ. ㉠에는 X에 대한 형질 세포가 들어 있다.

ㄴ. ㉡은 B 림프구가 분화하여 생성된다.

ㄷ. (나)의 Ⅳ에게 X를 주사하면 X에 대한 2차 면역 반응이 일어난다.

① ㄱ　　　② ㄴ　　　③ ㄱ, ㄴ
④ ㄱ, ㄷ　　⑤ ㄴ, ㄷ

08 다음은 항원 A와 B에 대한 생쥐의 방어 작용 실험이다.

- A와 B에 노출된 적이 없는 생쥐 ㉠에게 A와 B를 함께 주사하고, 일정 시간이 지난 후 ㉠에게 동일한 양의 A와 B를 다시 주사하였다.

- 그림은 ㉠에서 A와 B에 대한 혈중 항체 농도 변화를 나타낸 것이다.

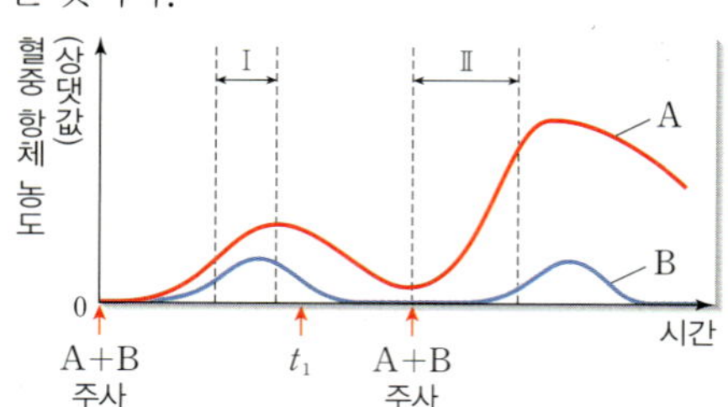

- 시점 t_1일 때 ㉠으로부터 ⓐ 혈청을 분리하였으며, ㉠에서 A와 B 중 하나에 대해서만 기억 세포가 형성되었다.

이에 대한 설명으로 옳은 것만을 〈보기〉에서 있는 대로 고른 것은? (단, 제시된 요인 이외에 다른 요인은 고려하지 않는다.)

보기

ㄱ. ⓐ에는 A에 대한 기억 세포가 들어 있다.

ㄴ. 구간 Ⅰ에서 B에 대한 체액성 면역 반응이 일어났다.

ㄷ. 구간 Ⅱ에서 A에 대한 2차 면역 반응과 B에 대한 비특이적 면역 반응이 일어났다.

① ㄴ　　　② ㄷ　　　③ ㄱ, ㄴ
④ ㄱ, ㄷ　　⑤ ㄴ, ㄷ

09 다음은 철수네 가족의 ABO식 혈액형에 대한 자료이다. `수능 기출` 변형

> • 철수네 가족은 아버지, 어머니, 철수, 여동생으로 구성
>   되며, 이들의 ABO식 혈액형은 모두 다르다.
> • 표는 철수네 가족 구성원에서 ㉠과 ㉡의 유무를 나타
>   낸 것이다. ㉠과 ㉡은 응집원 A와 응집소 β를 순서
>   없이 나타낸 것이다.
>
> | 구분 | 아버지 | 어머니 | 철수 | 여동생 |
> |---|---|---|---|---|
> | ㉠ | ○ | × | ○ | ? |
> | ㉡ | × | ? | ? | × |
>
> (○: 있음, ×: 없음)
>
> • 아버지의 적혈구를 여동생의 혈장과 섞으면 응집 반
>   응이 일어나지 않는다.

이에 대한 설명으로 옳은 것만을 〈보기〉에서 있는 대로 고른 것은?
(단, ABO식 혈액형만 고려하며, 돌연변이는 고려하지 않는다.)

> ┤보기├
> ㄱ. ㉠은 응집소 β이다.
> ㄴ. 철수의 혈액을 항 A 혈청과 섞으면 응집 반응이 일어
>   난다.
> ㄷ. 어머니의 혈장과 여동생의 적혈구를 섞으면 응집 반응
>   이 일어나지 않는다.

① ㄱ　　　　② ㄷ　　　　③ ㄱ, ㄴ
④ ㄴ, ㄷ　　　⑤ ㄱ, ㄴ, ㄷ

10 표는 100명의 학생 집단을 대상으로 ABO식 혈액형에 대한 응집원 ㉠, ㉡과 응집소 ㉢, ㉣의 유무를 조사한 것이다. 이 집단에는 A형, B형, O형, AB형이 모두 있고, $\dfrac{\text{A형인 학생 수}}{\text{AB형인 학생 수}}$ 는 1보다 크다. `평가원 기출` 변형

구분	학생 수
응집원 ㉠을 가진 학생	62
응집소 ㉢을 가진 학생	50
응집원 ㉡과 응집소 ㉣을 모두 가진 학생	22

이에 대한 설명으로 옳은 것만을 〈보기〉에서 있는 대로 고른 것은?

> ┤보기├
> ㄱ. O형인 학생 수가 가장 적다.
> ㄴ. 응집소 ㉢은 응집소 β이다.
> ㄷ. 항 A 혈청에 응집되는 혈액을 가진 학생 수는 항 B
>   혈청에 응집되는 혈액을 가진 학생 수보다 적다.

① ㄱ　　　　② ㄴ　　　　③ ㄱ, ㄴ
④ ㄱ, ㄷ　　　⑤ ㄴ, ㄷ

11 표는 사람 (가)~(라) 사이의 ABO식 혈액형에 대한 혈액 응집 반응 결과를, 그림은 (가)의 혈액과 (나)의 혈장을 섞은 결과를 나타낸 것이다. (가)~(라)의 ABO식 혈액형은 모두 다르다. `교육청 기출` 변형

구분	(다)의 혈장	(라)의 혈장
(가)의 적혈구	×	?
(나)의 적혈구	㉠	×

(○: 응집됨, ×: 응집 안 됨)

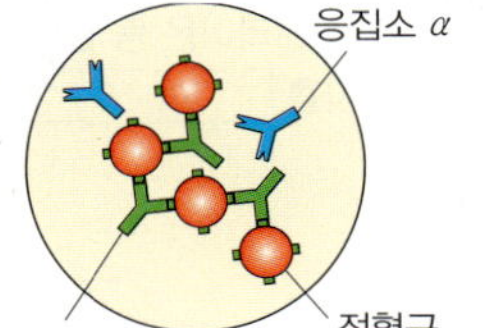

이에 대한 설명으로 옳은 것만을 〈보기〉에서 있는 대로 고른 것은? (단, ABO식 혈액형만 고려하며, 돌연변이는 고려하지 않는다.)

> ┤보기├
> ㄱ. ㉠은 '○'이다.
> ㄴ. (다)의 ABO식 혈액형은 AB형이다.
> ㄷ. (라)의 적혈구와 (나)의 혈장을 섞으면 응집 반응이
>   일어난다.

① ㄱ　　　　② ㄷ　　　　③ ㄱ, ㄴ
④ ㄴ, ㄷ　　　⑤ ㄱ, ㄴ, ㄷ

12 다음은 사람 Ⅰ과 Ⅱ의 Rh식 혈액형 판정에 대한 실험이다. Ⅰ과 Ⅱ는 ABO식 혈액형이 서로 같고, 다른 사람으로부터 수혈을 받은 적이 없다. `평가원 기출` 변형

> [실험 과정]
> (가) 붉은털원숭이의 혈액에서 ㉠적혈구를 분리하여
>   토끼에게 주사한다.
> (나) 1주 후 (가)의 토끼에서 ㉡혈청을 분리한다.
> (다) (나)에서 얻은 토끼의 혈청을 Ⅰ과 Ⅱ의 혈액에 각각
>   섞었을 때 응집 반응 여부에 따라 Rh식 혈액형을
>   판정한다.
>
> [실험 결과]
>
> | 구분 | 응집 반응 여부 | Rh식 혈액형 |
> |---|---|---|
> | Ⅰ | 응집 안 됨 | Rh⁻형 |
> | Ⅱ | 응집됨 | Rh⁺형 |

이에 대한 설명으로 옳은 것만을 〈보기〉에서 있는 대로 고른 것은? (단, Rh식 혈액형만을 고려하며, 돌연변이는 고려하지 않는다.)

> ┤보기├
> ㄱ. ㉠에 Rh 응집원이 있다.
> ㄴ. Ⅱ의 혈장과 ㉡에 모두 Rh 응집소가 있다.
> ㄷ. Ⅰ의 적혈구와 Ⅱ의 혈액을 섞으면 응집 반응이 일
>   어난다.

① ㄱ　　　　② ㄷ　　　　③ ㄱ, ㄴ
④ ㄴ, ㄷ　　　⑤ ㄱ, ㄴ, ㄷ

531 PROJECT S 예상 적중 문제

기본 개념 확인

01 세균, 바이러스, 원생생물, 곰팡이, 변형된 프라이온 등 질병을 일으키는 감염 인자를 [　　　　　]라고 한다.

---

01 표 (가)는 사람의 질병 A~C에서 특징 ⊙~ⓒ의 유무를, (나)는 ⊙~ⓒ을 순서 없이 나타낸 것이다. A~C는 파상풍, 혈우병, 후천성 면역 결핍증(AIDS)을 순서 없이 나타낸 것이다.

특징 질병	⊙	ⓒ	ⓒ
A	?	○	○
B	ⓐ	×	?
C	×	ⓑ	○

(○: 있음, ×: 없음)

(가)

특징(⊙~ⓒ)
• 타인에게 전염되지 않는다.
• 바이러스에 의해 유발된다.
• 병원체가 단백질을 가지고 있다.

(나)

이에 대한 설명으로 옳은 것만을 〈보기〉에서 있는 대로 고른 것은?

| 보기 |
| ㄱ. ⓐ는 '○', ⓑ는 '×'이다. |
| ㄴ. A와 C의 병원체는 모두 세포 구조로 되어 있다. |
| ㄷ. B는 백신을 이용하여 예방할 수 있다. |

① ㄱ　　　　② ㄴ　　　　③ ㄱ, ㄴ
④ ㄱ, ㄷ　　　⑤ ㄴ, ㄷ

---

02 2차 면역 반응은 동일한 항원이 재침입하였을 때 그 항원에 대한 [　　　] 세포가 빠르게 [　　　　] 세포와 기억 세포로 분화하여 신속하게 다량의 항체를 생성하는 반응이다.

---

02 다음은 항원 X에 대한 생쥐의 방어 작용 실험이다.

[실험 과정]
(가) 유전적으로 동일하고 X에 노출된 적이 없는 생쥐 ⓐ~ⓒ를 준비한다.
(나) ⓐ에게 X를 2회에 걸쳐 주사한다.
(다) 1주 후 (나)의 ⓐ에서 ⊙과 ⓒ을 분리하여 ⓑ에게 ⊙을, ⓒ에게 ⓒ을 각각 주사한다. ⊙과 ⓒ은 혈청과 X에 대한 기억 세포를 순서 없이 나타낸 것이다.
(라) 일정 시간이 지난 후 ⓑ와 ⓒ에게 X를 각각 주사한다.

[실험 결과]
ⓑ와 ⓒ의 X에 대한 혈중 항체 농도 변화는 그림과 같다.

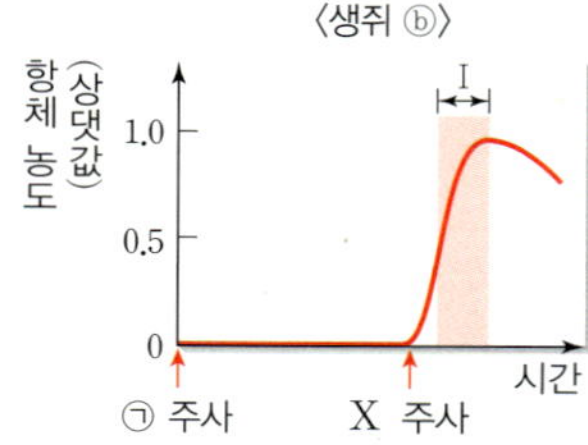

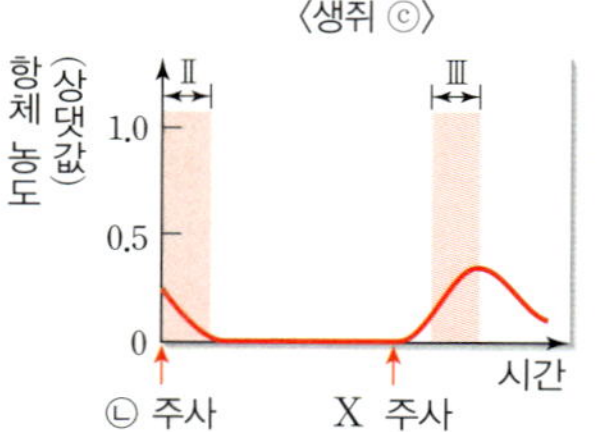

이에 대한 설명으로 옳은 것만을 〈보기〉에서 있는 대로 고른 것은?

| 보기 |
| ㄱ. ⊙은 혈청이다. |
| ㄴ. 구간 Ⅰ과 Ⅲ에서는 모두 X에 대한 특이적 면역 반응이 일어났다. |
| ㄷ. X에 대한 형질 세포의 수는 구간 Ⅱ에서가 구간 Ⅲ에서보다 많다. |

① ㄱ　　　　② ㄴ　　　　③ ㄱ, ㄴ
④ ㄱ, ㄷ　　　⑤ ㄴ, ㄷ

03 그림 (가)~(다)는 세균 X에 감염된 적이 없던 어떤 사람에게 X가 2차례에 걸쳐 침입하였을 때 일어나는 방어 작용을 순서 없이 나타낸 것이고, (라)는 이 사람에서 X의 침입 후 생성되는 X에 대한 혈중 항체 농도 변화를 나타낸 것이다. 세포 ㉠~㉢은 대식세포, 기억 세포, 형질 세포를 순서 없이 나타낸 것이다.

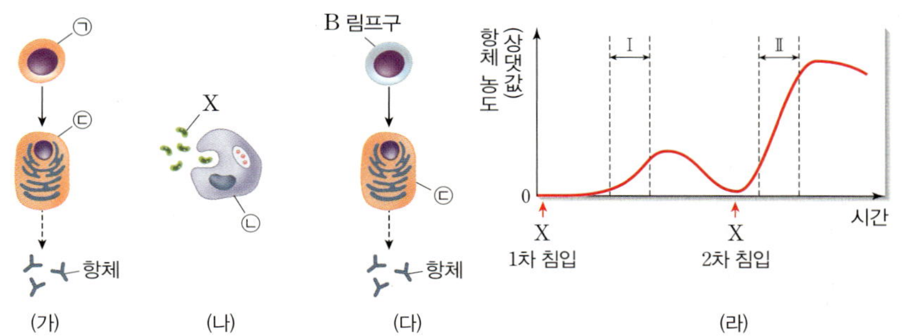

이에 대한 설명으로 옳은 것만을 〈보기〉에서 있는 대로 고른 것은?

> | 보기 |
> ㄱ. 구간 Ⅰ과 Ⅱ에서 모두 (가)의 반응이 일어난다.
> ㄴ. (나)와 (다)의 반응은 모두 특이적 방어 작용에 해당한다.
> ㄷ. (다)의 반응에 보조 T 림프구가 관여한다.

① ㄱ   ② ㄴ   ③ ㄷ   ④ ㄱ, ㄷ   ⑤ ㄴ, ㄷ

03 [   ] 방어 작용은 병원체의 종류나 감염 경험의 유무와 관계없이 일어나는 [   ] 면역이고, [   ] 방어 작용은 특정 항원을 인식하여 제거하는 [   ] 면역이다.

04 다음은 병원체 A~C를 이용한 생쥐의 방어 작용 실험이다.

> - 표는 A~C에 있는 항원을 나타낸 것이다.
>
> | 병원체 | A | B | C |
> |---|---|---|---|
> | 항원 | ㉠, ㉡ | ㉡, ㉢ | ㉢ |
>
> - 백신 X는 병원체 ⓐ를 약화시켜 만들었으며, X에는 ⓐ의 모든 항원이 포함되어 있다. ⓐ는 A와 B 중 하나이다.
>
> [실험 과정]
> (가) A~C에 노출된 적이 없고, 유전적으로 동일한 생쥐 1과 생쥐 2에게 각각 X를 주사한다.
> (나) 일정 시간이 지난 후 생쥐 1에게 C를, 생쥐 2에게 B를 각각 주사한다.
>
> [실험 결과]
> 생쥐 1과 생쥐 2에서 혈중 항체 농도 변화는 그림과 같다.
>
> 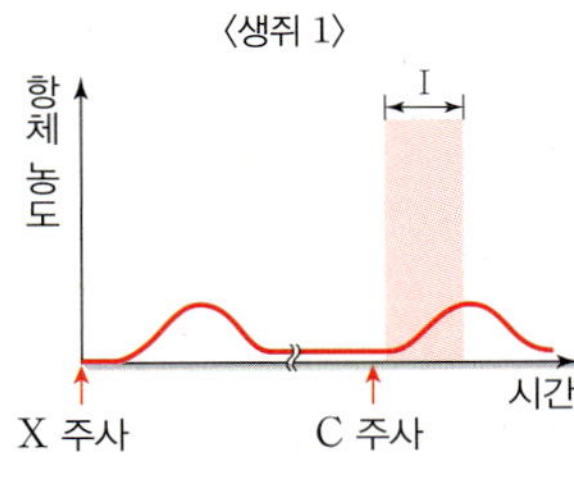
>
> 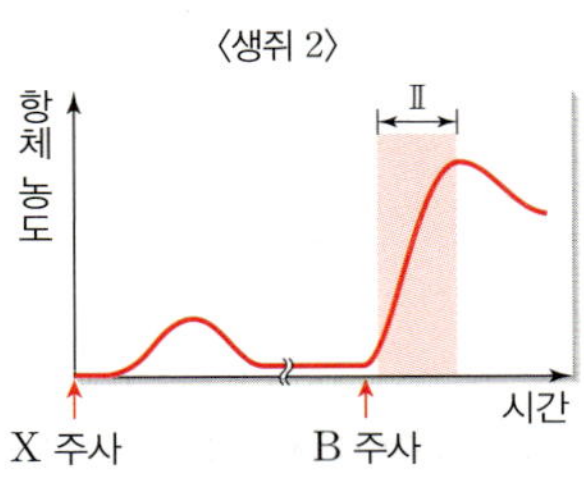
>

이에 대한 설명으로 옳은 것만을 〈보기〉에서 있는 대로 고른 것은?

> | 보기 |
> ㄱ. ⓐ는 A이다.
> ㄴ. 구간 Ⅰ과 Ⅱ에서 모두 체액성 면역 반응이 일어났다.
> ㄷ. 구간 Ⅱ에서 ㉡에 대한 2차 면역 반응이 일어났다.

① ㄱ   ② ㄴ   ③ ㄱ, ㄷ   ④ ㄴ, ㄷ   ⑤ ㄱ, ㄴ, ㄷ

04 [   ]은 질병을 일으키지 않을 정도로 약화시킨 인공 항원이다.

05 ABO식 혈액형에서 [   ]은 적혈구 표면에, [   ]는 혈장에 있다.

05 다음은 영희네 가족의 ABO식 혈액형에 대한 자료이다.

- 영희네 가족은 아버지, 어머니, 영희로 구성되며, 이들의 ABO식 혈액형은 모두 다르다.
- 표는 영희네 가족 구성원에서 (가)~(라)의 유무를 나타낸 것이다. (가)~(라)는 응집원 A, 응집원 B, 응집소 α, 응집소 β를 순서 없이 나타낸 것이다.

구분	(가)	(나)	(다)	(라)
아버지	×	○	○	×
어머니	ⓐ	×	○	×
영희	?	ⓑ	×	○

(○: 있음, ×: 없음)

- 아버지의 혈액과 영희의 혈액은 모두 항 A 혈청과 섞었을 때 응집 반응을 나타낸다.
- 어머니의 적혈구를 영희의 혈장과 섞으면 응집 반응이 일어난다.

이에 대한 설명으로 옳은 것만을 〈보기〉에서 있는 대로 고른 것은? (단, ABO식 혈액형만 고려하며, 돌연변이는 고려하지 않는다.)

┌─ 보기 ─┐
ㄱ. ⓐ는 '×', ⓑ는 '○'이다.
ㄴ. (라)는 응집소 β이다.
ㄷ. 아버지의 혈장과 어머니의 적혈구를 섞으면 응집 반응이 일어나지 않는다.

① ㄱ   ② ㄴ   ③ ㄱ, ㄷ
④ ㄴ, ㄷ   ⑤ ㄱ, ㄴ, ㄷ

06 ABO식 혈액형 판정에 사용하는 항 A 혈청에는 응집소 [   ]가, 항 B 혈청에는 응집소 [   ]가 들어 있다.

06 표는 사람 (가)~(라) 사이의 ABO식 혈액형에 대한 혈액 응집 반응 결과를, 그림은 (가)의 혈액과 (나)의 혈액을 섞은 결과를 나타낸 것이다. (가)~(라)의 ABO식 혈액형은 모두 다르다.

구분	(다)의 혈장	(라)의 혈장
(가)의 적혈구	ⓐ	?
(나)의 적혈구	○	ⓑ

(○: 응집됨, ×: 응집 안 됨)

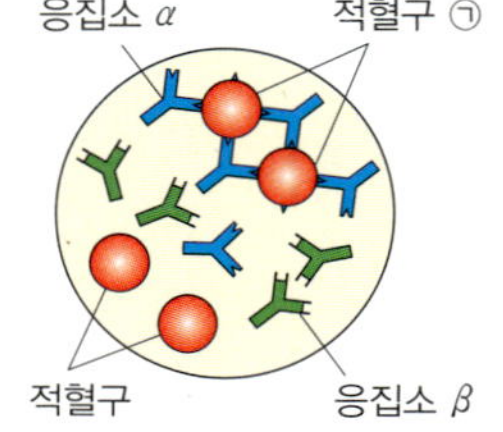

이에 대한 설명으로 옳은 것만을 〈보기〉에서 있는 대로 고른 것은? (단, ABO식 혈액형만 고려하며, 돌연변이는 고려하지 않는다.)

┌─ 보기 ─┐
ㄱ. 적혈구 ㉠은 (가)의 적혈구이다.
ㄴ. ⓐ와 ⓑ는 모두 '×'이다.
ㄷ. (나)의 혈장과 (라)의 적혈구를 섞으면 응집 반응이 일어나지 않는다.

① ㄱ   ② ㄴ   ③ ㄱ, ㄴ
④ ㄱ, ㄷ   ⑤ ㄴ, ㄷ

531 PROJECT

S 대단원 예상 적중 자료 정리

① 흥분의 발생　　4강_ 36쪽 1번

그림 (가)는 어떤 뉴런 X에 역치 이상의 자극을 주었을 때 X의 세포막의 한 지점에서 시간에 따른 이온 ㉠과 ㉡의 막 투과도를, (나)는 X의 세포 밖 ㉠의 농도 조건을 Ⅰ과 Ⅱ로 달리한 후 X에 각각 역치 이상의 자극을 1회 주었을 때 시간에 따른 막전위를 나타낸 것이다. ㉠과 ㉡은 K^+과 Na^+을 순서 없이 나타낸 것이다.

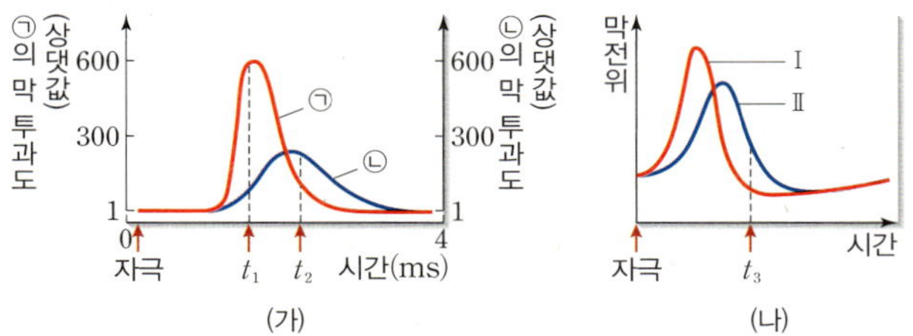

분석 포인트▶▶▶

뉴런에서 Na^+ 통로가 열리면 Na^+의 막 투과도가 증가하고, K^+ 통로가 열리면 K^+의 막 투과도가 증가한다.

자료 집중 분석

- X에 역치 이상의 자극이 주어지면 ①　　　　의 막 투과도가 증가하면서 탈분극이 일어나고, 이후 ②　　　　의 막 투과도가 증가하면서 재분극이 일어난다. ➡ 막 투과도가 먼저 증가하는 ㉠이 Na^+, 이후에 증가하는 ㉡이 K^+이다.
- 뉴런의 세포막을 경계로 Na^+의 농도는 항상 ③　　　　이 ④　　　　보다 높다.
- 뉴런의 세포막을 경계로 K^+의 농도는 항상 세포 밖이 세포 안보다 낮다.

② 말이집 신경에서의 흥분 전도　　4강_ 37쪽 4번

그림 (가)는 어떤 뉴런 X의 ㉠지점 P에 역치 이상의 자극을 1회 주고 경과한 시간이 t_1일 때 지점 d_1과 d_2에서 측정한 막전위를, (나)는 P에서 발생한 흥분이 X의 축삭 돌기 말단 방향 각 지점에 도달하는 데 경과한 시간을 P로부터의 거리에 따라 나타낸 것이다. Ⅰ과 Ⅱ는 X의 축삭 돌기에서 말이집으로 싸여 있는 부분과 말이집으로 싸여 있지 않은 부분을 순서 없이 나타낸 것이다.

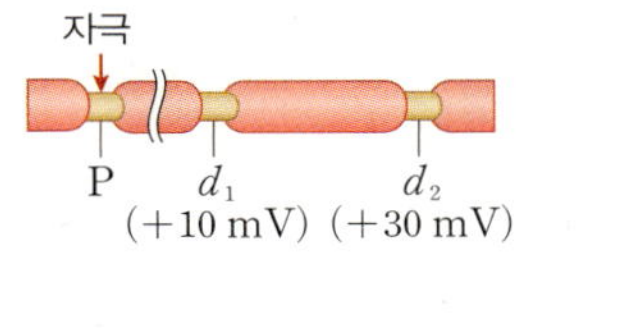
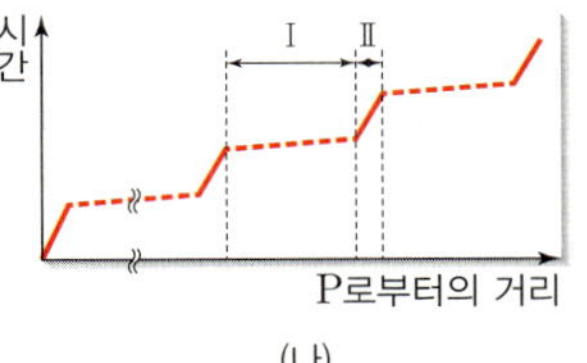

분석 포인트▶▶▶

말이집 신경에서 말이집으로 싸여 있는 부분에서는 흥분이 발생하지 않고, 말이집으로 싸여 있지 않은 랑비에 결절에서만 흥분이 발생한다.

자료 집중 분석

- P에 주어진 자극은 d_1과 d_2 중 d_1에 먼저 도달한다. ➡ ㉠이 t_1일 때 d_1에서는 ⑤　　　　이 일어난다.
- 흥분은 Ⅰ에서 짧은 시간 동안 긴 거리를 이동하였고, Ⅱ에서 긴 시간 동안 짧은 거리를 이동하였다. ➡ Ⅰ은 말이집으로 싸여 있는 부분, Ⅱ는 말이집으로 싸여 있지 않은 부분이다.

③ 흥분의 전도와 전달　　4강_ 39쪽 7번

다음은 민말이집 신경 (가)와 (나)의 흥분 이동에 대한 자료이다.

- 그림은 (가)와 (나)의 지점 $d_1 \sim d_4$의 위치를, 표는 ㉠ (가)와 (나)의 동일한 지점 X에 역치 이상의 자극을 동시에 1회 주고 경과한 시간이 4 ms일 때 $d_1 \sim d_4$에서 측정한 막전위를 나타낸 것이다. X는 $d_1 \sim d_4$ 중 하나이고, (가)에는 $d_1 \sim d_4$ 사이에 하나의 시냅스가 있다.

신경	4 ms일 때 측정한 막전위(mV)			
	d_1	d_2	d_3	d_4
(가)	?	ⓐ	?	-80
(나)	$+10$	?	ⓑ	$+10$

- (가)와 (나)를 구성하는 뉴런의 흥분 전도 속도는 서로 같고, (가)와 (나)에서 흥분 전달 속도는 서로 같으며, $\dfrac{ⓑ}{ⓐ}$ 는 1보다 작다.
- ㉠이 4 ms일 때 (나)의 d_4에서 재분극이 일어나고 있다.
- 오른쪽 그림은 (가)와 (나) 각각에서 활동 전위가 발생하였을 때 각 지점에서의 막전위 변화를 나타낸 것이며, 휴지 전위는 -70mV이다.

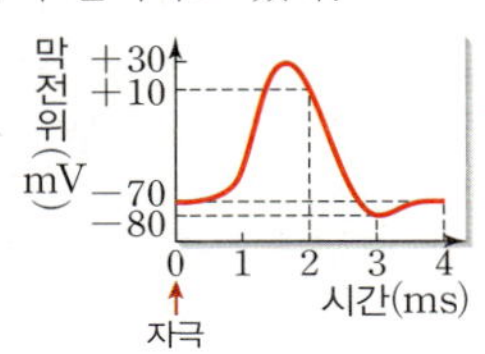

분석 포인트▶▶▶

흥분은 시냅스 이전 뉴런에서 시냅스 이후 뉴런 쪽으로만 전달된다.

자료 집중 분석

- (가)와 (나)에서 흥분 전도 속도와 흥분 전달 속도는 같지만, ㉠이 4 ms일 때 (가)와 (나)의 d_4에서 측정한 막전위가 서로 다르다. ➡ X는 d_1과 d_4가 아니다.
- ㉠이 4 ms일 때 (가)의 d_4에서 측정한 막전위가 -80 mV이다. ➡ X가 d_2이면 (가)에서 시냅스는 d_1과 d_2 사이에 있고, 흥분 전도 속도는 4 cm/ms이므로 ㉠이 4 ms일 때 (나)의 d_1에서 측정한 막전위는 -70 mV ~ -80 mV이어야 한다.
- ㉠이 4 ms일 때 (나)의 d_1에서 측정한 막전위는 $+10$ mV이고, $\dfrac{ⓑ}{ⓐ}$ 는 1보다 작다. ➡ X는 ⑥　　　　이고, (가)에서 시냅스는 d_1과 d_2 사이에 있다.
- 뉴런에 역치 이상의 자극이 가해진 후 경과한 시간이 t일 때 특정 지점에서 측정한 막전위는 t에서 그 지점에 흥분이 도달하는 데 걸린 시간을 뺀 시간에서의 막전위이다. → ㉠이 4 ms일 때 (가)의 d_4에서 측정한 막전위가 -80 mV이므로 (가)와 (나)에서 흥분 전도 속도는 ⑦　　　　이다. ➡ ⓐ는 -80이고, ⓑ는 -70이다.
- ㉠이 4 ms일 때 (나)의 d_4에서 재분극이 일어나고 있으며, (나)의 d_4에서 측정한 막전위가 $+10$ mV이다. → ㉠이 4 ms일 때 (나)의 d_4에서는 흥분이 도달한 지 2 ms가 경과하였을 때의 막전위를 나타내고 있다. ➡ (나)의 d_3에서 d_4로 흥분이 전달되는 데 ⑧　　　　가 걸린다.

④ 골격근의 구조와 근수축 원리　　5강_ 44쪽 1번

그림 (가)는 어떤 골격근 ㉠을 구성하는 근육 원섬유 마디 X의 구조를, (나)는 ㉠의 운동 시 t_1에서 t_2로 시간이 경과할 때 P_1과 P_2 중 한 지점에서 관찰되는 단면의 변화를 나타낸 것이다. P_1과 P_2는 각각 M선으로부터 거리가 일정한 지점이고, 구간 ⓐ는 H대이다.

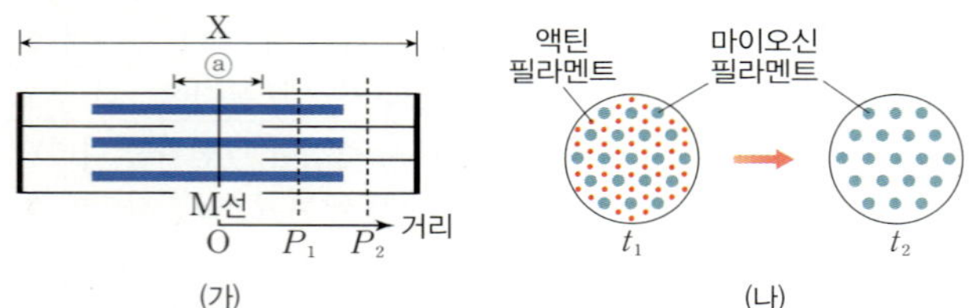

분석 포인트 ▶▶▶
골격근의 수축은 액틴 필라멘트가 마이오신 필라멘트 사이로 미끄러져 들어가 근육 원섬유 마디가 짧아지는 활주설의 원리로 일어난다.

자료 집중 분석

- ㉠의 수축 과정에서 X를 구성하는 가는 ⑨ ⬚ 필라멘트와 굵은 ⑩ ⬚ 필라멘트의 길이는 변하지 않는다. ➡ X의 길이에서 ⓐ(H대)의 길이를 뺀 값은 두 액틴 필라멘트의 길이의 합과 같으므로 변화가 없다.
- 액틴 필라멘트가 마이오신 필라멘트 사이로 미끄러져 들어가 X의 길이가 짧아진다. ➡ 액틴 필라멘트만 있는 ⑪ ⬚ 의 길이는 짧아진다.
- P_1과 P_2는 각각 M선으로부터 거리가 일정한 지점으로 ㉠이 운동하는 동안 함께 이동하지 않는다.
- t_1에서 t_2로 시간이 경과할 때 액틴 필라멘트와 마이오신 필라멘트가 모두 있는 단면이 관찰되었다가 마이오신 필라멘트만 있는 단면이 관찰되었다. ➡ (나)의 변화가 관찰된 지점은 P_1이다.

⑤ 골격근의 수축 과정　　5강_ 45쪽 4번

다음은 골격근의 수축 과정에 대한 자료이다.

- 그림은 근육 원섬유 마디 X의 구조를 나타낸 것이며, X는 좌우 대칭이다.

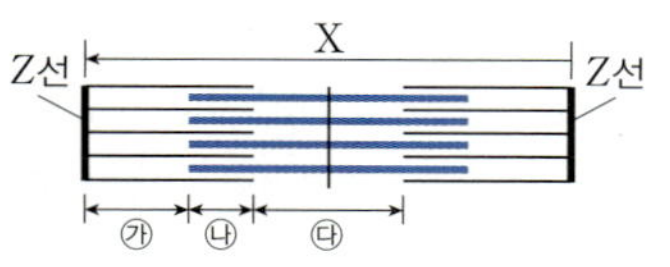

- 구간 ㉮는 액틴 필라멘트만 있는 부분이고, ㉯는 액틴 필라멘트와 마이오신 필라멘트가 겹치는 부분이며, ㉰는 마이오신 필라멘트만 있는 부분이다.
- 표 (가)는 구간 ㉠~㉢에서 액틴 필라멘트와 마이오신 필라멘트의 유무를, (나)는 골격근 수축 과정의 두 시점 t_1과 t_2일 때 X의 길이와 ㉠의 길이를 더한 값(X+㉠), ㉡의 길이와 ㉢의 길이를 더한 값(㉡+㉢)을 나타낸 것이다. ㉠~㉢은 ㉮~㉰를 순서 없이 나타낸 것이다.

구간	액틴 필라멘트	마이오신 필라멘트
㉠	?	ⓐ
㉡	?	○
㉢	ⓑ	?

(○: 있음, ×: 없음)

(가)

시점	X+㉠	㉡+㉢
t_1	3.4 μm	1.4 μm
t_2	3.2 μm	0.8 μm

(나)

분석 포인트 ▶▶▶
골격근이 수축하여 X의 길이가 짧아지면 I대와 H대의 길이는 짧아지고, 액틴 필라멘트와 마이오신 필라멘트가 겹치는 부분의 길이는 길어진다.

자료 집중 분석

- 골격근이 수축하여 X의 길이가 d만큼 짧아지면, 구간 ㉮의 길이는 ⑫ ⬚ 만큼 짧아지고 구간 ㉯는 $\frac{d}{2}$만큼 길어지며 구간 ㉰는 ⑬ ⬚ 만큼 짧아진다.
- X+㉠은 t_1일 때가 t_2일 때보다 0.2 μm 길고, ㉡+㉢은 t_1일 때가 t_2일 때보다 0.6 μm 길다. ➡ ㉡+㉢의 변화량이 X+㉠의 변화량의 3배이므로 ㉠은 ㉯이다.
- ㉠에는 마이오신 필라멘트가 있으므로 ⓐ는 '○'이다.
- ㉡에는 마이오신 필라멘트가 있다. ➡ ㉡은 ㉰(H대), ㉢은 ㉮이며, ㉢에는 액틴 필라멘트가 있으므로 ⓑ는 '○'이다.
- X+㉠(㉯)은 t_1일 때가 t_2일 때보다 0.2 μm 길므로 X의 길이와 ㉡(㉰)의 길이는 모두 t_1일 때가 t_2일 때보다 0.4 μm 길고, ㉠(㉯)의 길이는 t_1일 때가 t_2일 때보다 0.2 μm 짧고, ㉢(㉮)의 길이는 t_1일 때가 t_2일 때보다 0.2 μm 길다.

⑥ 무조건 반사　　6강_ 50쪽 2번

그림은 자극에 의한 반사가 일어날 때 흥분 전달 경로를 나타낸 것이다. 뉴런 A~C는 각각 구심성 신경을 이루는 뉴런과 원심성 신경을 이루는 뉴런 중 하나이다.

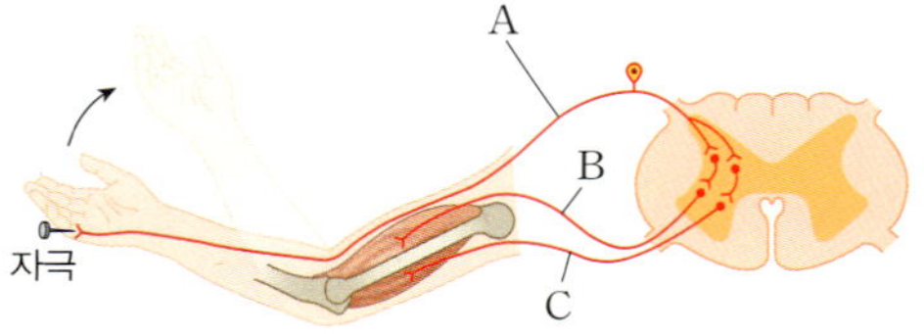

분석 포인트 ▶▶▶
무조건 반사가 일어날 때 흥분은 구심성 뉴런 → 연합 뉴런 → 원심성 뉴런의 경로로 전달된다.

자료 집중 분석

- A는 신경 세포체가 축삭 돌기의 한쪽 옆에 있고, 자극을 수용하는 감각 기관과 척수 사이를 연결한다. ➡ A는 감각 기관에서 받아들인 자극을 척수에 전달하는 ⑭ ⬚ 신경을 이루는 뉴런이다.
- A는 척수의 등 쪽에서 나온다. ➡ A는 척수의 ⑮ ⬚ 을 이룬다.
- B와 C는 척수와 팔의 골격근 사이를 연결하며 신경절이 없다. ➡ B와 C는 모두 원심성 신경을 이루는 뉴런이며, 말초 신경계 중 ⑯ ⬚ 신경에 속한다.
- B와 C는 모두 척수의 배 쪽에서 나온다. ➡ B와 C는 모두 척수의 ⑰ ⬚ 을 이룬다.
- 척수의 겉질은 축삭 돌기가 모여 있는 백색질, 속질은 신경 세포체가 모여 있는 회색질이다. ➡ B와 C의 신경 세포체는 모두 척수의 속질에 있다.

❼ 말초 신경계   6강_ 51쪽 4번

그림은 중추 신경계로부터 자율 신경과 체성 신경을 통해 심장, 다리 골격근, 방광에 연결된 경로를 나타낸 것이다. ㉠~㉤은 서로 다른 뉴런이고, ㉠과 ㉡의 말단에서 분비되는 신경 전달 물질은 서로 다르며, ㉢과 ㉤의 말단에서 분비되는 신경 전달 물질은 서로 같다.

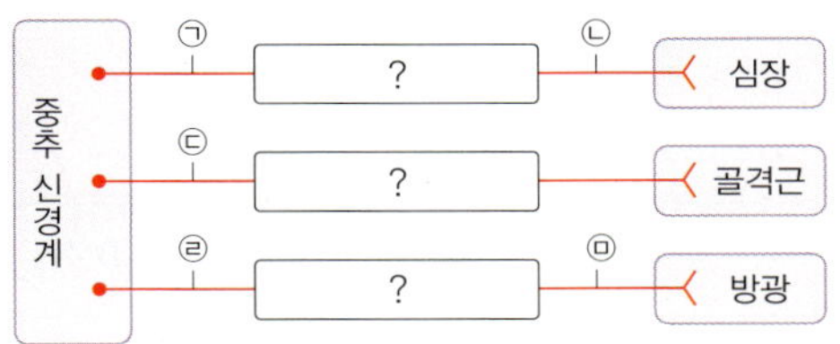

분석 포인트▸▸▸

말초 신경계에 속하는 자율 신경과 체성 신경은 신경절의 유무, 분비하는 신경 전달 물질의 종류 등에 차이가 있다.

자료 집중 분석

- ㉠과 ㉡은 중추 신경계와 심장 사이를 연결하며, ㉠과 ㉡의 말단에서 분비되는 신경 전달 물질은 서로 다르다. ➡ ㉠과 ㉡은 자율 신경에 속하며, 각각 척수와 심장 사이를 연결하는 교감 신경의 신경절 이전 뉴런과 신경절 이후 뉴런이다. ➡ ㉠에서 분비되는 신경 전달 물질은 아세틸콜린, ㉡에서 분비되는 신경 전달 물질은 ⑱⃞ 이다.
- ㉡에서 활동 전위 발생 빈도가 증가하면 심장 박동이 촉진된다.
- ㉢은 중추 신경계와 골격근 사이를 연결한다. ➡ ㉢은 중추 신경계로부터 골격근에 운동 명령을 전달하는 체성 신경을 구성하는 뉴런이며, ㉢은 척수의 전근을 통해 나온다.
- ㉢과 ㉤의 말단에서 분비되는 신경 전달 물질은 서로 같다. ➡ ㉢과 ㉤에서 분비되는 신경 전달 물질은 ⑲⃞ 이다.
- ㉣과 ㉤은 중추 신경계와 방광 사이를 연결한다. ➡ ㉤에서 아세틸콜린이 분비되므로 ㉣과 ㉤은 각각 척수와 방광 사이를 연결하는 부교감 신경의 신경절 이전 뉴런과 신경절 이후 뉴런이다. ➡ ㉣에서 분비되는 신경 전달 물질은 아세틸콜린이며, ㉣의 길이가 ㉤의 길이보다 길다.
- ㉤에서 활동 전위 발생 빈도가 증가하면 방광은 수축한다.

❽ 혈당량 조절   7강_ 56쪽 2번

그림 (가)는 이자에서 분비되는 호르몬 ㉠과 ㉡을, (나)는 정상인에게 공복 시 포도당을 투여한 후 시간에 따른 호르몬 X의 혈중 농도를 나타낸 것이다. ㉠과 ㉡은 글루카곤과 인슐린을 순서 없이 나타낸 것이고, X는 ㉠과 ㉡ 중 하나이다.

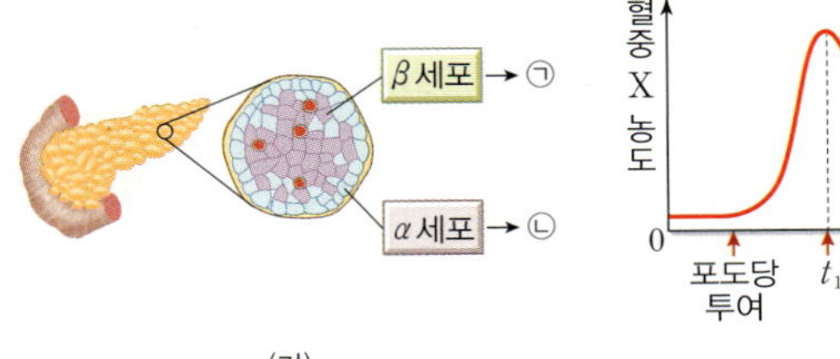

(가)   (나)

분석 포인트▸▸▸

이자에서 분비되는 인슐린과 글루카곤이 간에서 길항 작용을 하여 혈당량이 일정하게 유지된다.

자료 집중 분석

- ㉠은 이자의 β세포에서 분비되고, ㉡은 이자의 α세포에서 분비된다.
  ➡ ㉠은 ⑳⃞ , ㉡은 ㉑⃞ 이다.
- (나)에서 포도당을 투여하면 혈당량이 증가하게 되며 그에 따라 혈중 X 농도가 증가한다. ➡ X는 혈당량을 낮추는 역할을 하는 인슐린(㉠)이다.
- 인슐린(㉠)은 간에서 포도당을 글리코젠으로 합성하는 과정을 촉진하여 혈당량을 낮추고, 글루카곤(㉡)은 간에서 글리코젠을 포도당으로 분해하는 과정을 촉진하여 혈당량을 높인다.
- 이자에 연결된 부교감 신경의 흥분 발생 빈도가 증가하면 인슐린(㉠)의 분비가 촉진되고, 이자에 연결된 교감 신경의 흥분 발생 빈도가 증가하면 글루카곤(㉡)의 분비가 촉진된다.

❾ 혈장 삼투압 조절   7강_ 57쪽 4번

그림 (가)는 정상인에서 ㉠과 ㉡에 따른 호르몬 X의 혈중 농도를, (나)는 이 사람에게 물과 소금물을 순서대로 섭취하게 하였을 때 단위 시간당 오줌 생성량을 나타낸 것이다. X는 뇌하수체 후엽에서 분비되며, ㉠과 ㉡은 혈장 삼투압과 혈압을 순서 없이 나타낸 것이다.

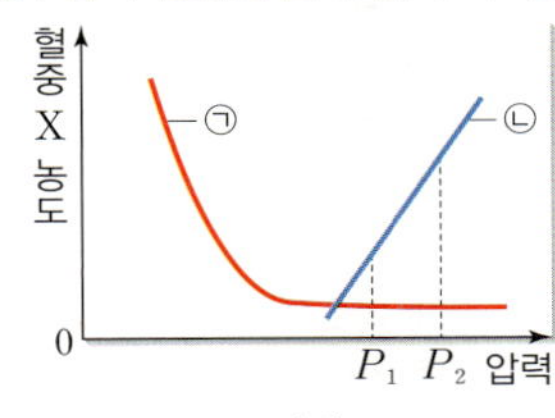

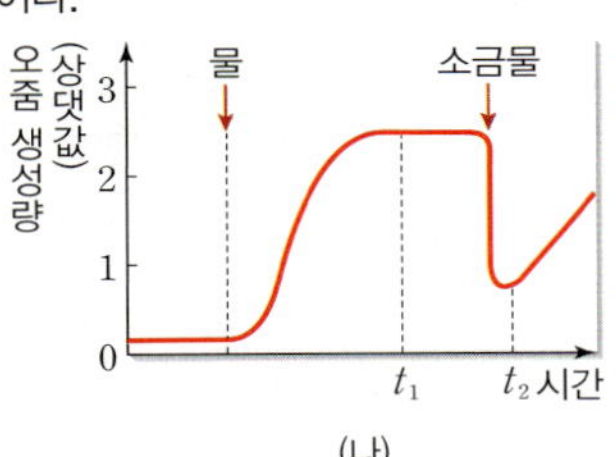

(가)   (나)

분석 포인트▸▸▸

항이뇨 호르몬(ADH)은 콩팥에서 수분의 재흡수를 촉진하여 혈장 삼투압을 낮추는 역할을 한다.

자료 집중 분석

- 항이뇨 호르몬(ADH)의 분비를 조절하여 혈장 삼투압을 정상 범위로 유지하는 중추는 간뇌의 ㉒⃞ 이다.
- 혈압이 높아지면 어느 정도까지는 항이뇨 호르몬(X)의 분비가 감소하여 콩팥에서 수분 재흡수량이 감소한다. ➡ ㉠이 증가할수록 혈중 항이뇨 호르몬(X) 농도가 감소하다가 일정해지므로 ㉠은 혈압이다.
- 혈장 삼투압이 높아지면 항이뇨 호르몬(X)의 분비가 증가하여 콩팥에서 수분 재흡수량이 증가한다. ➡ ㉡이 증가할수록 혈중 항이뇨 호르몬(X) 농도가 증가하므로 ㉡은 혈장 삼투압이다.
- (가)에서 혈장 삼투압(㉡)에 따른 혈중 항이뇨 호르몬(X) 농도 : $P_1 < P_2$
  ➡ 콩팥에서 단위 시간당 수분 재흡수량 : $P_1 < P_2$
  ➡ 단위 시간당 오줌 생성량 : $P_1 > P_2$
  ➡ 생성되는 오줌의 삼투압 : $P_1 < P_2$
- (나)에서 단위 시간당 오줌 생성량 : $t_1 > t_2$
  ➡ 혈장 삼투압 : $t_1 < t_2$
  ➡ 혈중 항이뇨 호르몬(X) 농도 : $t_1 < t_2$
  ➡ 생성되는 오줌의 삼투압 : $t_1 < t_2$

❿ 특이적 면역 반응　　　　8강_ 64쪽 2번

다음은 항원 X에 대한 생쥐의 방어 작용 실험이다.

[실험 과정]
(가) 유전적으로 동일하고 X에 노출된 적이 없는 생쥐 ⓐ~ⓒ를 준비한다.
(나) ⓐ에게 X를 2회에 걸쳐 주사한다.
(다) 1주 후 (나)의 ⓐ에서 ㉠과 ㉡을 분리하여 ⓑ에게 ㉠을, ⓒ에게 ㉡을 각각 주사한다. ㉠과 ㉡은 혈청과 X에 대한 기억 세포를 순서 없이 나타낸 것이다.
(라) 일정 시간이 지난 후 ⓑ와 ⓒ에게 X를 각각 주사한다.

[실험 결과]
ⓑ와 ⓒ의 X에 대한 혈중 항체 농도 변화는 그림과 같다.

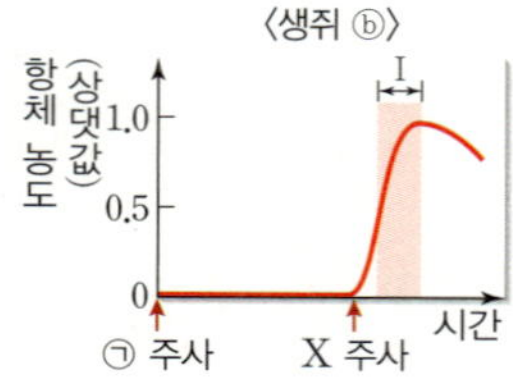

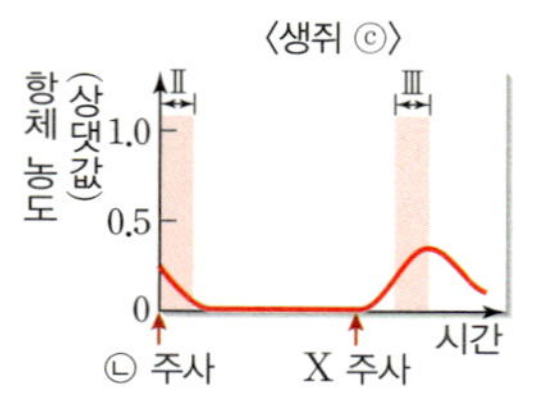

분석 포인트 ▶▶▶
혈청에는 세포 성분이 들어 있지 않고 항체가 들어 있으며, 특정 항원에 대한 기억 세포가 있으면 동일한 항원이 재침입하였을 때 2차 면역 반응이 일어난다.

자료 집중 분석
- ⓑ에서는 ㉠을 주사한 후 X에 대한 혈중 항체 농도가 0이었다가 X를 주사한 후 크게 증가하였다. → ㉠에는 X에 대한 항체가 들어 있지 않으며 X를 주사한 후 X에 대한 2차 면역 반응이 일어났다. ➡ ㉠은 X에 대한 ㉓　　　　 이다.
- ⓒ에서는 ㉡을 주사한 후 X에 대한 혈중 항체 농도가 0보다 컸다가 0으로 감소하였으며, X를 주사한 후 X에 대한 혈중 항체 농도가 ⓑ와 비교하여 적게 증가하였다. → ㉡에는 X에 대한 항체가 포함되어 있으며 X를 주사한 후 X에 대한 1차 면역 반응이 일어났다. ➡ ㉡은 ㉔　　　 이다.
- 구간 Ⅰ과 Ⅲ에서는 모두 형질 세포에서 X에 대한 항체가 생성되는 체액성 면역 반응이 일어났다. ➡ 구간 Ⅰ과 Ⅲ에서 모두 특이적 면역 반응이 일어났다.
- 구간 Ⅱ에서 X에 대한 혈중 항체 농도가 0보다 큰 것은 ㉡에 들어 있는 X에 대한 항체 때문이다. ➡ ㉡에는 세포 성분이 들어 있지 않으므로 X에 대한 형질 세포의 수는 구간 Ⅱ에서가 구간 Ⅲ에서보다 적다.

⓫ 백신과 2차 면역 반응　　　　8강_ 65쪽 4번

다음은 병원체 A~C를 이용한 생쥐의 방어 작용 실험이다.

- 표는 A~C에 있는 항원을 나타낸 것이다.

병원체	A	B	C
항원	㉠, ㉡	㉡, ㉢	㉢

- 백신 X는 병원체 ⓐ를 약화시켜 만들었으며, X에는 ⓐ의 모든 항원이 포함되어 있다. ⓐ는 A와 B 중 하나이다.

[실험 과정]
(가) A~C에 노출된 적이 없고, 유전적으로 동일한 생쥐 1과 생쥐 2에게 각각 X를 주사한다.

(나) 일정 시간이 지난 후 생쥐 1에게 C를, 생쥐 2에게 B를 각각 주사한다.

[실험 결과]
생쥐 1과 생쥐 2에서 혈중 항체 농도 변화는 그림과 같다.

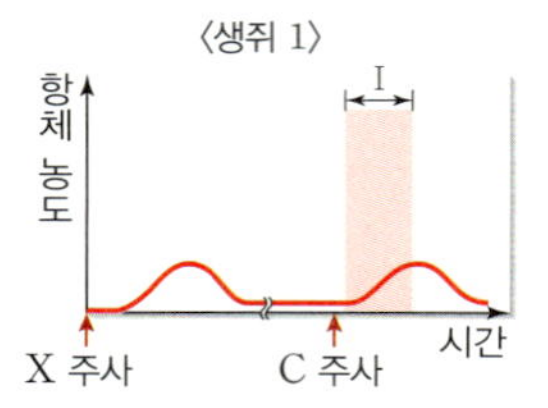

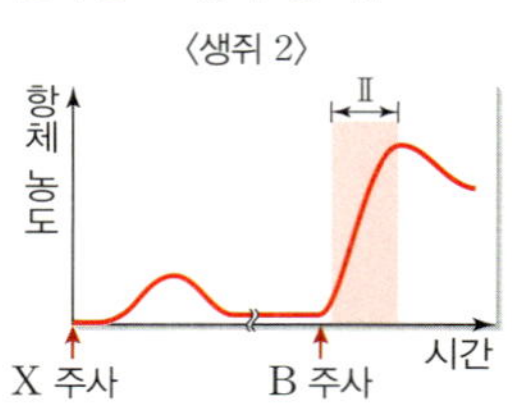

분석 포인트 ▶▶▶
백신은 질병을 일으키지 않을 정도로 약화시킨 인공 항원이므로 백신을 주사하면 백신에 들어 있는 항원에 대한 항체와 기억 세포가 생성된다.

자료 집중 분석
- X를 주사한 후 B를 주사한 생쥐 2에서가 X를 주사한 후 C를 주사한 생쥐 1에서보다 혈중 항체 농도가 크게 증가하였다. ➡ 생쥐 1에서는 C에 있는 항원에 대해 ㉕　　　 , 생쥐 2에서는 B에 있는 항원에 대해 ㉖　　　 이 일어났다.
- C에는 ㉢, B에는 ㉡과 ㉢이 있다. → X에는 ㉡과 ㉢ 중 ㉡이 있다. ➡ X는 A이다.
- 구간 Ⅰ과 Ⅱ에서는 모두 형질 세포에서 항체가 생성되는 체액성 면역 반응이 일어났다.
- 생쥐 2에게 X를 주사하면 체내에 ㉠에 대한 기억 세포와 ㉡에 대한 기억 세포가 생성되므로 ㉡과 ㉢을 가진 B를 주사하면 ㉡에 대한 2차 면역 반응이 일어난다.

⓬ ABO식 혈액형　　　　8강_ 66쪽 6번

표는 사람 (가)~(라) 사이의 ABO식 혈액형에 대한 혈액 응집 반응 결과를, 그림은 (가)의 혈액과 (나)의 혈액을 섞은 결과를 나타낸 것이다. (가)~(라)의 ABO식 혈액형은 모두 다르다.

구분	(다)의 혈장	(라)의 혈장
(가)의 적혈구	ⓐ	?
(나)의 적혈구	○	ⓑ

(○: 응집됨, ×: 응집 안 됨)

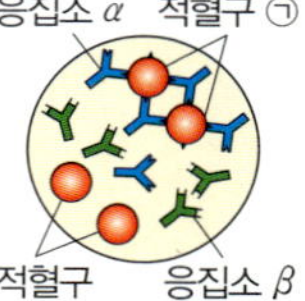

분석 포인트 ▶▶▶
ABO식 혈액형에서 응집원(항원)은 적혈구 표면에 있고, 응집소(항체)는 혈장에 있다.

자료 집중 분석
- 그림에서 응집소 α와 결합하는 적혈구 ㉠, 응집원 A와 B가 모두 없는 적혈구, 응집소 α와 β가 있다. → (가)와 (나)의 ABO식 혈액형은 각각 A형과 O형 중 하나이다.
- (나)의 적혈구와 (다)의 혈장을 섞으면 응집 반응이 일어나므로 (나)의 적혈구에는 응집원 A, (다)의 혈장에는 응집소 α가 있다. ➡ (가)는 O형, (나)는 A형, (다)는 B형, (라)는 AB형이다.

구분	(가)(O형)	(나)(A형)	(다)(B형)	(라)(AB형)
응집원	없음	A	B	A, B
응집소	α, β	㉗	㉘	없음

IV 유전

S 09강 · Ⅳ. 유전

염색체와 세포 분열

A 염색체		B 세포 주기		C 체세포 분열과 생식세포 분열	
유전자, 염색체, 유전체의 관계	★★☆	세포 주기	★★★	체세포 분열	★★☆
염색체의 구조와 종류	★★☆			생식세포 분열	★★★
핵상과 핵형	★★★			생식세포 분열과 유전적 다양성	★★★

A 염색체

1. 유전자, 염색체, 유전체

(1) 유전자 : 생물의 유전 형질에 대한 정보가 저장된 DNA의 특정 부위이다. ─ 염색사 형태로 존재

(2) 염색체 : DNA와 단백질로 구성되어 있으며, 분열하지 않는 세포에서는 핵 속에 실처럼 풀어져 있다가 세포가 분열할 때 응축되어 막대 모양으로 관찰된다. ─ 염색체 형태로 존재

(3) 유전체 : 한 개체가 가진 모든 염색체를 구성하는 DNA에 저장된 유전 정보의 전체이다.

2. 염색체의 구조

(1) 염색체는 DNA와 히스톤 단백질로 이루어진 복합체이다.

(2) DNA – 히스톤 단백질 복합체를 뉴클레오솜이라고 하는데, 하나의 염색체는 많은 수의 뉴클레오솜으로 이루어진다.

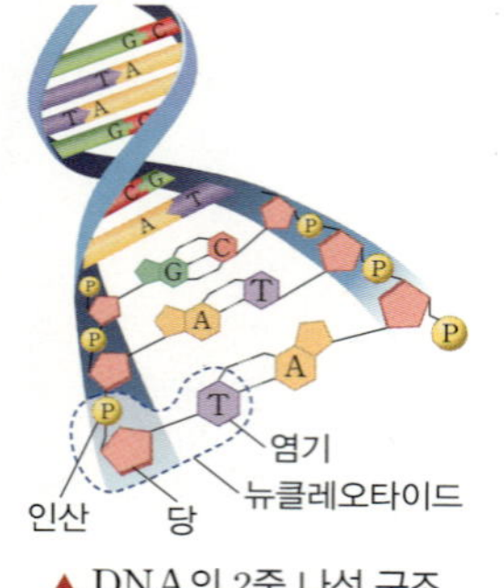

▲ DNA의 2중 나선 구조

DNA
유전 정보를 저장하고 있는 유전 물질로, 하나의 DNA에는 많은 수의 유전자가 존재한다.

▲ 염색체의 구조

동원체
염색체에서 잘록한 부분으로 세포가 분열할 때 방추사가 부착되는 부분이다.

3. 염색체의 종류

(1) 상동 염색체 : 체세포에 있는 모양과 크기가 같은 한 쌍의 염색체이다.

(2) 상염색체와 성염색체

① 상염색체 : 성에 관계없이 암수에 공통적으로 존재하는 염색체이다.

② 성염색체 : 성 결정에 관여하는 염색체로, 사람의 경우 X 염색체와 Y 염색체가 있다.

4. 핵상과 핵형

(1) 핵상 : 하나의 세포 속에 들어 있는 염색체의 상대적인 수이다. 상동 염색체가 쌍을 이루고 있으면 $2n$, 상동 염색체 중 1개씩만 있으면 n으로 표시한다.

(2) 핵형 : 한 생물이 가진 염색체의 수, 모양, 크기 등과 같은 염색체의 외형적 특징이다.

① 생물종에 따라 핵형이 서로 다르며, 같은 종의 경우 성별이 같으면 핵형이 같다.

② 서로 다른 종의 두 생물은 염색체 수가 같을 수는 있지만, 염색체의 모양과 크기에 차이가 있다.

③ 핵형 분석을 통해 성별, 염색체 수나 구조 이상을 알 수 있다.

상동 염색체와 대립유전자
• 상동 염색체: 상동 염색체 중 하나는 부계로부터, 다른 하나는 모계로부터 물려받은 것이다.
• 대립유전자: 상동 염색체의 같은 위치에 존재하여 하나의 형질을 결정하지만, 대립유전자의 조합에 따라 나타내는 특성은 서로 다를 수 있다.

B 세포 주기

1. **세포 주기** 분열로 생긴 딸세포가 생장하여 다시 분열을 마칠 때까지의 기간으로, 간기와 분열기로 나뉜다.

   (1) **간기** : 분열기와 분열기 사이의 기간으로, G_1기, S기, G_2기로 나뉜다.

G_1기	세포 소기관의 수가 늘어나면서 세포의 생장이 가장 많이 일어난다.
S기	DNA 복제가 일어나 세포당 DNA양이 2배로 증가한다.
G_2기	방추사를 구성하는 단백질을 합성하고, 세포가 생장하면서 세포 분열을 준비한다.

   (2) **분열기(M기)** : 핵분열(DNA 분리)과 세포질 분열이 일어난다.

   ① 간기에 비해 분열 시간이 짧다.

   ② 핵분열 과정은 전기, 중기, 후기, 말기로 구분한다.

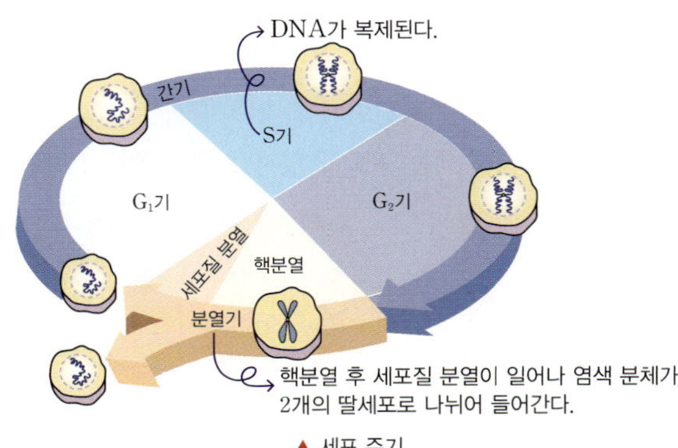

▲ 세포 주기

C 체세포 분열과 생식세포 분열

1. **체세포 분열** 하나의 체세포가 둘로 나누어지는 과정으로, 생물의 발생과 생장, 조직 재생, 무성 생식 과정에서 일어난다.

   (1) **체세포 분열 과정** : 핵분열은 염색체의 행동에 따라 전기, 중기, 후기, 말기로 나뉜다.

간기	• 세포가 생장하고 DNA가 복제된다. • 핵막과 인이 뚜렷하며, 염색체는 핵 속에 실처럼 풀어져 있다.
전기	• 염색체가 응축되고, 핵막과 인이 사라진다. • 방추사가 형성되어 동원체에 붙는다.
중기	• 염색체가 세포 중앙에 배열된다. • 염색체를 관찰하기 가장 좋은 시기이다.
후기	• 하나의 염색체를 이루던 염색 분체가 분리된다. • 분리된 염색 분체는 방추사에 의해 세포의 양극으로 이동한다.
말기	• 염색체가 풀어지고, 핵막이 형성되어 2개의 딸핵이 생긴다. • 방추사가 사라지고, 세포질 분열이 시작된다.

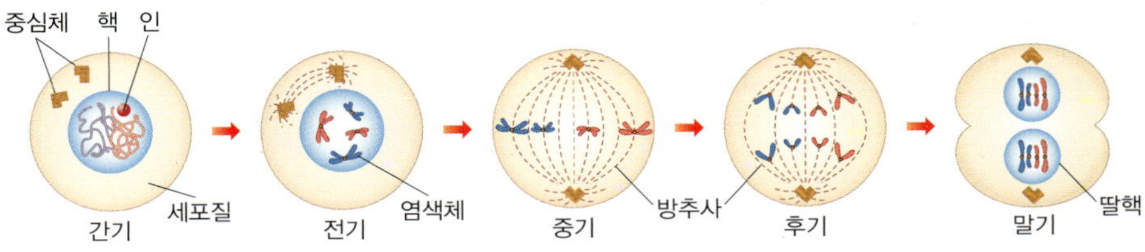

   (2) **체세포 분열 결과**

   ① 상동 염색체는 분리되지 않으므로 염색체 수에는 변화가 없다.

   ② 염색 분체가 분리되므로 분열 결과 형성된 두 딸세포는 대립유전자 구성이 같다.

2. **생식세포 분열(감수 분열)** 생식 기관에서 생식세포를 형성할 때 일어나는 세포 분열이다.

   (1) **감수 1분열($2n \rightarrow n$)** : 간기에 DNA가 복제된 후 진행되며, 상동 염색체가 분리되어 각각의 딸세포로 나뉘어 들어가므로 염색체 수와 DNA양이 절반으로 줄어든다.

G, S, M의 의미
• G : Gap(공백) 또는 Growth(생장)
• S : Synthesis(합성)
• M : Mitosis(분열)

염색 분체의 형성과 분리
• 세포 분열 전기와 중기의 염색체는 두 가닥으로 이루어져 있는데, 이때 각각의 가닥을 염색 분체라고 한다. 1개의 염색체를 이루고 있는 2개의 염색 분체는 간기 때 복제되어 동일한 유전 정보를 갖고 있는 DNA가 각각 응축되어 형성된 것이므로 유전 정보가 같다.
• 염색 분체는 세포 분열 과정에서 분리되어 각각의 딸세포로 나뉘어 들어간다.

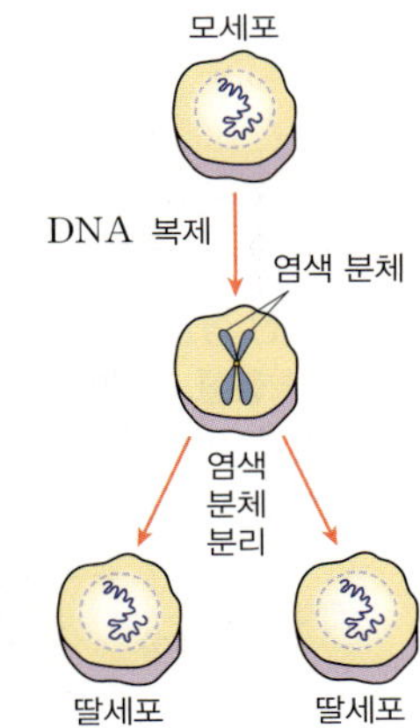

세포질 분열
• 동물 세포 : 세포의 적도면 부위에서 세포막이 안쪽으로 함입되어 세포질이 분리된다.
• 식물 세포 : 세포의 적도면 중앙에 세포판이 형성된 후 세포판이 세포 가장자리 쪽으로 자라나 세포질이 분리된다.

상동 염색체가 접합한 상태로 4분 염색체라고도 한다. 감수 1분열 전기에 형성되어 중기까지 관찰된다.

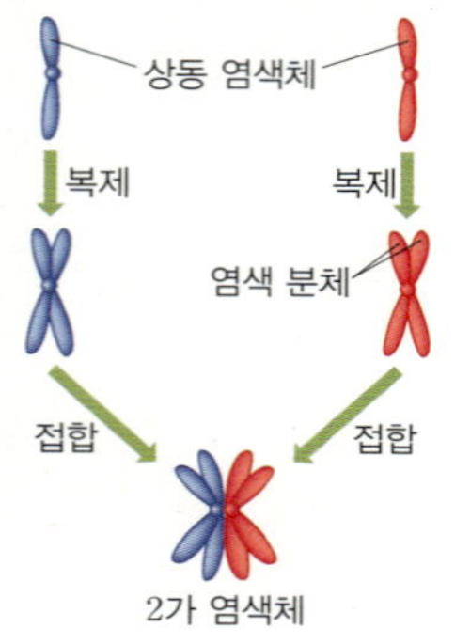

간기	• 세포가 생장하고, DNA가 복제된다. • 핵막과 인이 뚜렷하며, 핵 속에 염색체가 실처럼 풀어져 있다.
전기	• 염색사가 응축하여 염색체를 형성하고, 핵막과 인이 사라진다. • 상동 염색체끼리 접합하여 2가 염색체를 형성한다. • 방추사가 형성되어 동원체에 붙는다.
중기	• 2가 염색체가 세포의 중앙에 배열된다.
후기	• 2가 염색체를 이루던 상동 염색체가 분리된다. • 분리된 상동 염색체는 방추사에 의해 세포의 양극으로 이동한다.
말기	• 핵막이 나타나고 방추사가 사라진다. • 세포질 분열이 일어나 염색체 수가 반감된 딸세포 2개가 형성된다.

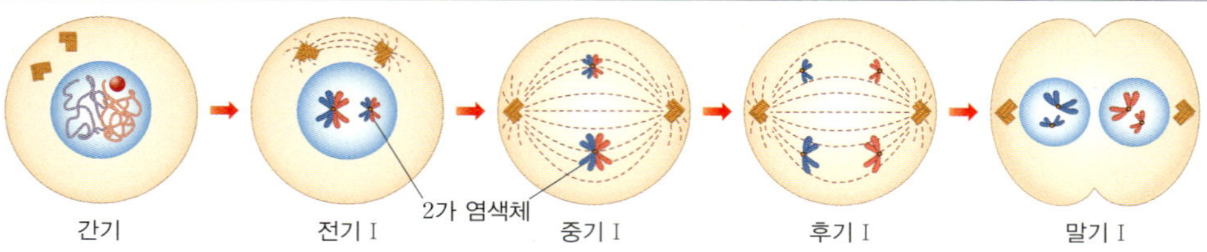

(2) 감수 2분열($n \rightarrow n$) : 염색 분체가 분리되어 각각의 딸세포로 나뉘어 들어가므로 감수 1분열을 마친 세포와 비교하면 염색체 수에는 변화가 없지만, DNA양이 절반으로 줄어든다.

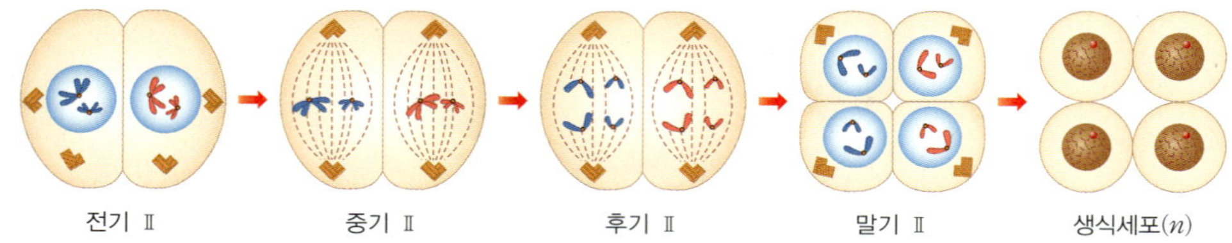

(3) 생식세포 분열과 유전적 다양성

① 유전적으로 다양한 생식세포의 형성 : 생식세포 분열 과정에서 상동 염색체의 무작위 배열과 분리에 의해 유전적으로 다양한 생식세포가 형성된다. ➡ 이론적으로 n쌍의 상동 염색체를 가진 생물이라면 생식세포의 염색체 조합은 2^n가지이다.

② 암수 생식세포의 무작위 수정 : 암수 생식세포가 무작위로 수정하여 수정란이 형성되면 유전적으로 다양한 자손이 생긴다. ➡ 이론적으로 부계와 모계의 생식세포의 수정으로 생길 수 있는 자손의 염색체 조합은 $2^n \times 2^n$가지이다.

③ 유전적 다양성이 높은 종은 환경 변화에 대한 적응력이 높아 쉽게 멸종되지 않는다.

기출 자료 | 분석

사람의 유전 형질 ⓐ는 2쌍의 대립유전자 H와 h, T와 t에 의해 결정된다. 표는 어떤 사람의 난자 형성 과정에서 나타나는 세포 (가)~(다)에서 유전자 ㉠~㉢의 유무를, 그림은 (가)~(다)가 갖는 H와 t의 DNA 상대량을 나타낸 것이다. (가)~(다)는 중기의 세포이고, ㉠~㉢은 h, T, t를 순서 없이 나타낸 것이다.

자료 체크 리스트

☐ (가)~(다)의 핵상 찾기
☐ (가)~(다)의 유전자형 찾기
☐ ㉠~㉢이 어떤 유전자인지 찾기

유전자	세포		
	(가)	(나)	(다)
㉠	○	○	×
㉡	○	×	○
㉢	×	?	×

(○: 있음, ×: 없음)

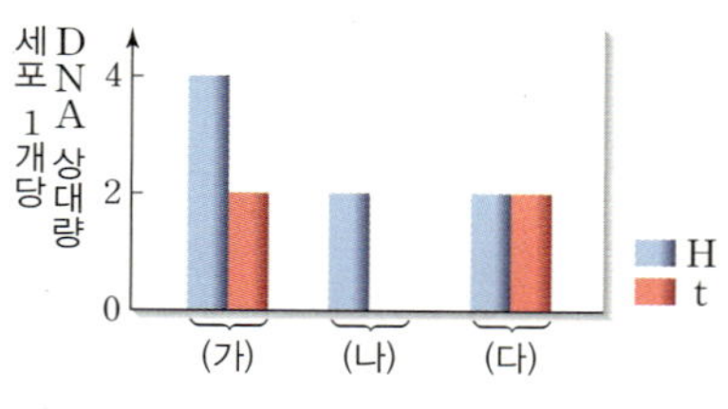

 **step 1** **(가)~(다)의 핵상 찾기**

그림에서 세포 1개당 H의 DNA 상대량은 (가)가 (나)와 (다)보다 2배 많으므로 (가)는 핵상이 $2n$인 감수 1분열 중기 세포, (나)와 (다)는 핵상이 n인 감수 2분열 중기 세포이다.

step 2 **(가)~(다)의 유전자형 찾기**

핵상이 n인 (나)는 t를 가지고 있지 않으므로 대립유전자 T만 가진다. 따라서 (나)의 유전자형은 HHTT이고, (다)의 유전자형은 HHtt이다. (나)

와 (다)는 감수 1분열 중기 세포인 (가)로부터 분리되어 생성된 세포이므로 (가)의 유전자형은 HHHHTTtt이다.

 **step 3** **㉠~㉢이 어떤 유전자인지 찾기**

㉠~㉢은 각각 h, T, t 중 하나이며, H를 포함하지 않는다. (다)는 t를 가지고 있으므로 ㉡이 t이고, (가)와 (나)는 T를 가지고 있으므로 ㉠은 T이다. 따라서 ㉢이 h이다.

01 그림은 어떤 사람의 체세포에 있는 염색체의 구조를 나타낸 것이다. 이 사람의 어떤 형질에 대한 유전자형은 Aa이다.

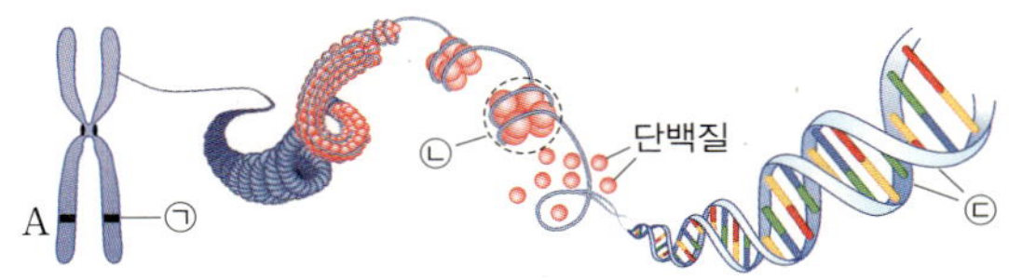

이에 대한 설명으로 옳은 것만을 〈보기〉에서 있는 대로 고른 것은?

> ┤보기├
> ㄱ. ㉠은 a이다.
> ㄴ. ㉡은 단백질과 DNA로 구성된다.
> ㄷ. ㉢에 유전 정보가 저장되어 있다.

① ㄱ   ② ㄴ   ③ ㄷ
④ ㄱ, ㄴ   ⑤ ㄴ, ㄷ

02 그림은 같은 종인 동물($2n=6$) Ⅰ과 Ⅱ의 세포 (가)~(라) 각각에 들어 있는 모든 염색체를 나타낸 것이다. (가)~(라) 중 2개는 Ⅰ의 세포이며, 나머지 2개는 Ⅱ의 세포이다. (가)는 Ⅰ의 세포이고, 이 동물의 성염색체는 암컷이 XX, 수컷이 XY이다.

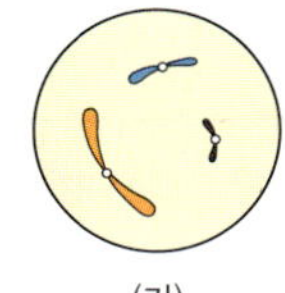 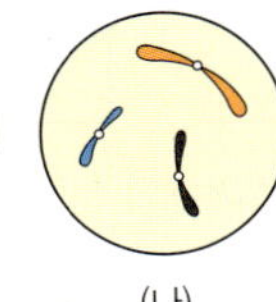 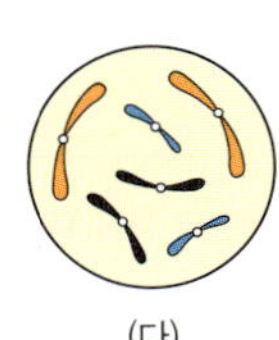 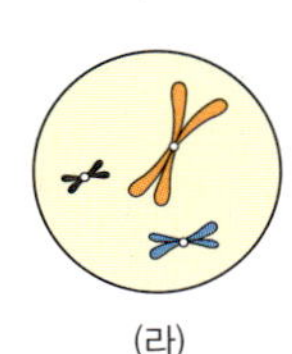

  (가)   (나)   (다)   (라)

이에 대한 설명으로 옳은 것만을 〈보기〉에서 있는 대로 고른 것은? (단, 돌연변이와 교차는 고려하지 않는다.)

> ┤보기├
> ㄱ. Ⅰ과 Ⅱ는 성이 다르다.
> ㄴ. (나)와 (라)의 핵상은 같다.
> ㄷ. (다)는 Ⅰ의 세포이다.

① ㄱ   ② ㄴ   ③ ㄷ
④ ㄱ, ㄴ   ⑤ ㄴ, ㄷ

03 그림은 같은 종인 동물($2n=6$) Ⅰ과 Ⅱ의 세포 (가)~(라) 각각에 들어 있는 모든 염색체를 나타낸 것이다. (가)~(라) 중 2개는 Ⅰ의 세포이고, 나머지 2개는 Ⅱ의 세포이다. 이 동물의 성염색체는 암컷이 XX, 수컷이 XY이다. 이 동물 종의 특정 형질은 2쌍의 대립유전자 A와 a, B와 b에 의해 결정된다. Ⅰ의 유전자형은 AaBB이고, Ⅱ의 유전자형은 AABb이다. ㉠과 ㉡은 각각 B와 b 중 하나이다.

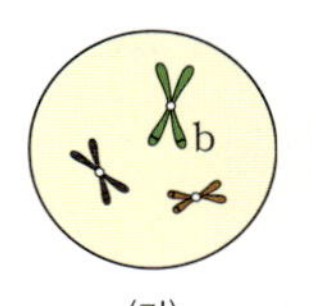 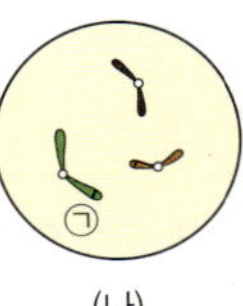 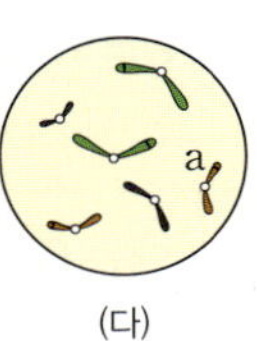 

  (가)   (나)   (다)   (라)

이에 대한 설명으로 옳은 것만을 〈보기〉에서 있는 대로 고른 것은? (단, 돌연변이와 교차는 고려하지 않는다.)

> ┤보기├
> ㄱ. (라)는 Ⅱ의 세포이다.
> ㄴ. ㉠과 ㉡은 모두 B이다.
> ㄷ. 세포 1개당 $\dfrac{\text{A의 DNA양}}{\text{염색체 수}}$ 의 값은 (가)가 (다)의 2배이다.

① ㄱ   ② ㄷ   ③ ㄱ, ㄴ
④ ㄴ, ㄷ   ⑤ ㄱ, ㄴ, ㄷ

04 그림은 어떤 사람에서 체세포의 세포 주기를 나타낸 것이다. 이 사람의 특정 형질에 대한 유전자형은 Rr이며, R는 r의 대립유전자이다. ㉠~㉢은 각각 G_1기, M기, S기 중 하나이다.

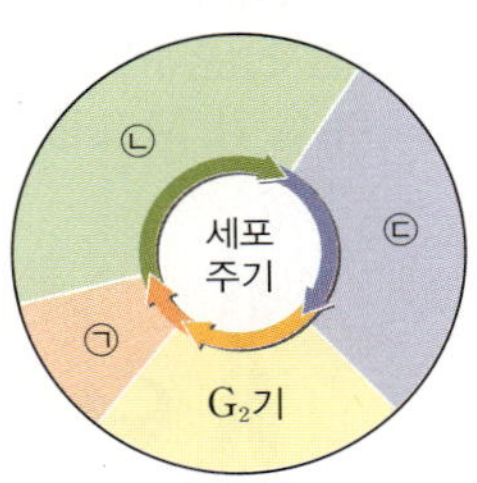

이에 대한 설명으로 옳은 것만을 〈보기〉에서 있는 대로 고른 것은? (단, R와 r 각각의 1개당 DNA 상대량은 같다.)

> ┤보기├
> ㄱ. ㉠에서 2가 염색체가 관찰된다.
> ㄴ. ㉢에서 핵막이 소실된다.
> ㄷ. 세포 1개당 $\dfrac{\text{㉡에서 r의 DNA 상대량}}{G_2\text{기에서 R의 DNA 상대량}}$ 은 1보다 작다.

① ㄱ   ② ㄷ   ③ ㄱ, ㄴ
④ ㄴ, ㄷ   ⑤ ㄱ, ㄴ, ㄷ

05

그림은 어떤 동물의 체세포를 배양한 후 세포당 DNA양에 따른 세포 수를 나타낸 것이다.

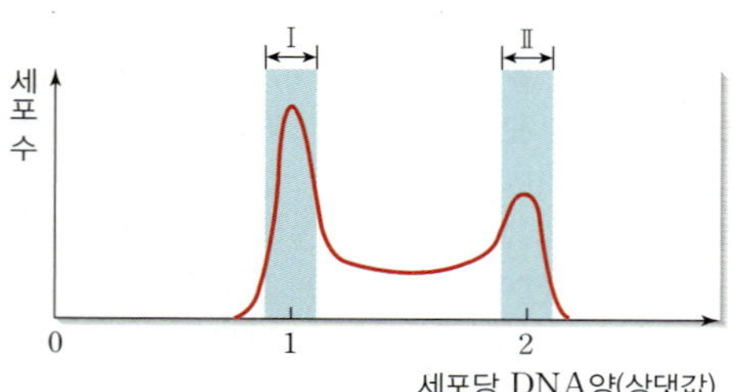

이에 대한 설명으로 옳은 것만을 〈보기〉에서 있는 대로 고른 것은?

| 보기 |

ㄱ. 구간 Ⅰ에는 G_1기의 세포가 있다.
ㄴ. 구간 Ⅱ에는 염색 분체의 분리가 일어나는 시기의 세포가 있다.
ㄷ. $\dfrac{G_1기\ 세포\ 수}{G_2기\ 세포\ 수}$ 는 1보다 작다.

① ㄱ   ② ㄷ   ③ ㄱ, ㄴ
④ ㄴ, ㄷ   ⑤ ㄱ, ㄴ, ㄷ

06

그림 (가)는 어떤 사람에서 체세포의 세포 주기를, (나)는 이 사람의 체세포에 있는 염색체의 구조를 나타낸 것이다. 이 사람의 특정 형질에 대한 유전자형은 Rr이고, R는 r의 대립유전자이다. ㉠~㉢은 각각 G_1기, G_2기, M기 중 하나이다.

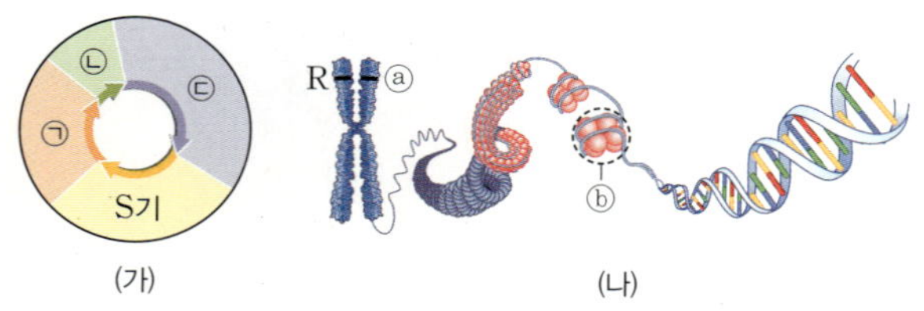

이에 대한 설명으로 옳은 것만을 〈보기〉에서 있는 대로 고른 것은?

| 보기 |

ㄱ. ⓐ는 R이다.
ㄴ. ㉡ 시기의 세포에서 ⓑ가 관찰된다.
ㄷ. 세포 1개당 $\dfrac{㉢\ 시기의\ DNA양}{㉠\ 시기의\ DNA양}$ 은 1보다 크다.

① ㄱ   ② ㄷ   ③ ㄱ, ㄴ
④ ㄴ, ㄷ   ⑤ ㄱ, ㄴ, ㄷ

07

그림 (가)는 어떤 동물($2n=4$)의 체세포 Q를 배양한 후 세포당 DNA양에 따른 세포 수를, (나)는 Q의 체세포 분열 과정 중 어느 한 시기에서 관찰되는 세포를 나타낸 것이다.

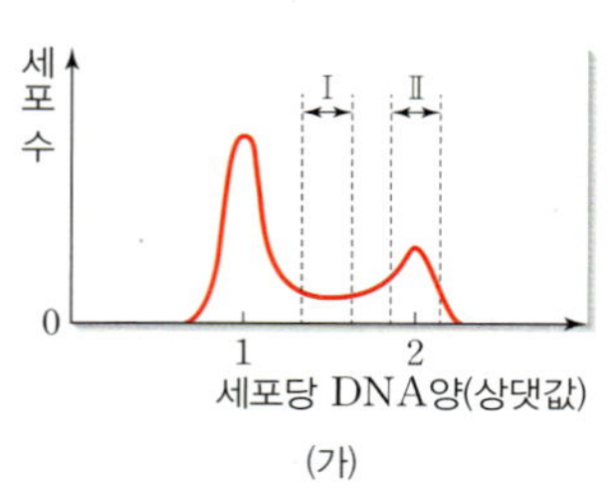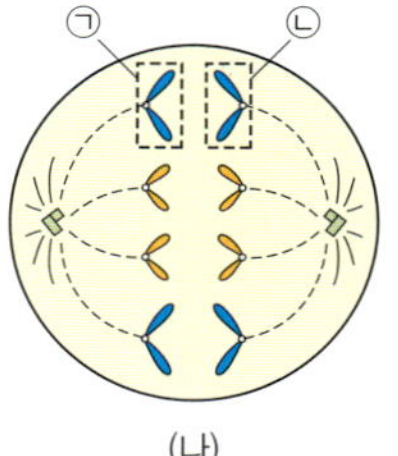

이에 대한 설명으로 옳은 것만을 〈보기〉에서 있는 대로 고른 것은? (단, 돌연변이와 교차는 고려하지 않는다.)

| 보기 |

ㄱ. 구간 Ⅰ에는 G_1기의 세포가 있다.
ㄴ. (나)는 구간 Ⅱ에서 관찰된다.
ㄷ. ㉠과 ㉡은 부모에게서 각각 하나씩 물려받은 것이다.

① ㄱ   ② ㄴ   ③ ㄷ
④ ㄱ, ㄴ   ⑤ ㄴ, ㄷ

08

다음은 세포 주기에 대한 실험이다.

[실험 과정]
(가) 어떤 동물의 체세포를 배양하여 집단 A와 B로 나눈다.
(나) A와 B 중 B에만 물질 ㉠을 처리하고, 두 집단을 동일한 조건에서 일정 시간 동안 배양한다.
(다) 두 집단에서 같은 수의 세포를 동시에 고정한 후, 각 집단에서 세포당 DNA양을 측정하여 DNA양에 따른 세포 수를 조사한다.

[실험 결과]

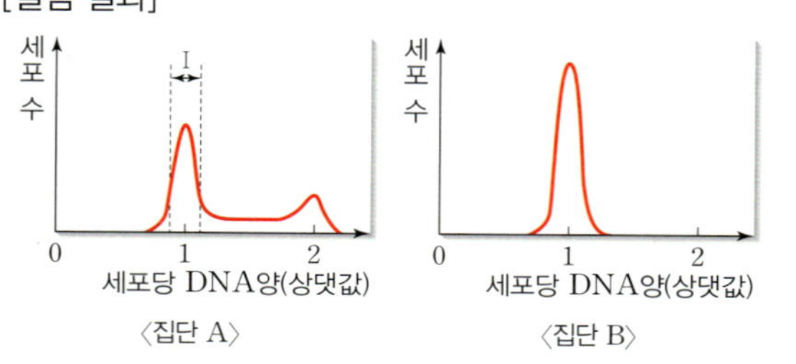

이에 대한 설명으로 옳은 것만을 〈보기〉에서 있는 대로 고른 것은?

| 보기 |

ㄱ. 구간 Ⅰ에는 핵막을 가진 세포가 있다.
ㄴ. 집단 A의 세포 주기에서 M기가 G_1기보다 길다.
ㄷ. ㉠은 G_2기에서 M기로의 전환을 억제한다.

① ㄱ   ② ㄷ   ③ ㄱ, ㄴ
④ ㄱ, ㄷ   ⑤ ㄴ, ㄷ

09 그림은 유전자형이 EeFFHh인 어떤 동물에서 G_1기의 세포 I 로부터 정자가 형성되는 과정을, 표는 세포 ㉠~㉣의 세포 1개당 유전자 E, F, H의 DNA 상대량을 나타낸 것이다. Ⅱ와 Ⅲ은 모두 중기의 세포이다. ㉠~㉣은 I~Ⅳ를 순서 없이 나타낸 것이고, E는 e의 대립유전자이며, H는 h의 대립유전자이다.

세포	DNA 상대량		
	E	F	H
㉠	0	?	?
㉡	?	2	?
㉢	?	2	0
㉣	?	?	?

이에 대한 설명으로 옳은 것만을 〈보기〉에서 있는 대로 고른 것은? (단, 돌연변이와 교차는 고려하지 않으며, E, e, F, H, h 각각의 1개당 DNA 상대량은 1이다.)

| 보기 |
ㄱ. ㉡은 Ⅲ이다.
ㄴ. ㉣은 2가 염색체를 가지고 있다.
ㄷ. 세포 1개당 $\dfrac{\text{F의 DNA 상대량}}{\text{e의 DNA 상대량}+\text{h의 DNA 상대량}}$ 은 I이 ㉠의 2배이다.

① ㄱ   ② ㄴ   ③ ㄷ
④ ㄱ, ㄷ   ⑤ ㄴ, ㄷ

10 사람의 유전 형질 ⓐ는 2쌍의 대립유전자 H와 h, T와 t에 의해 결정된다. 표는 세포 I~Ⅳ가 갖는 유전자 ㉠~㉣의 유무를 나타낸 것이다. ㉠~㉣은 H, h, T, t를 순서 없이 나타낸 것이다. 사람 (가)에서는 ㉠~㉣의 유무가 I, Ⅱ, Ⅲ과 같은 세포가 형성되고, 사람 (나)에서는 ㉠~㉣의 유무가 Ⅱ, Ⅲ, Ⅳ와 같은 세포가 형성된다. (가)와 (나)의 성별은 다르다.

세포	유전자			
	㉠	㉡	㉢	㉣
I	○	×	×	×
Ⅱ	○	○	×	○	×
Ⅲ	×	×	○	○
Ⅳ	○	×	○	○

(○: 있음, ×: 없음)

이에 대한 설명으로 옳은 것만을 〈보기〉에서 있는 대로 고른 것은? (단, 돌연변이와 교차는 고려하지 않으며, H, h, T, t 각각의 1개당 DNA 상대량은 1이다.)

| 보기 |
ㄱ. ㉠은 ㉣의 대립유전자이다.
ㄴ. (가)는 남자이다.
ㄷ. 세포 1개당 $\dfrac{\text{X 염색체 수}}{\text{상염색체 수}}$ 는 Ⅱ가 Ⅳ의 2배이다.

① ㄱ   ② ㄴ   ③ ㄷ
④ ㄱ, ㄴ   ⑤ ㄴ, ㄷ

11 그림 (가)는 어떤 동물($2n=6$)의 세포가 분열하는 동안 핵 1개당 DNA 상대량을, (나)는 이 세포 분열 과정의 어느 한 시기에서 관찰되는 세포를 나타낸 것이다. (나)는 구간 Ⅱ와 Ⅲ 중 어느 한 구간에서 관찰된다.

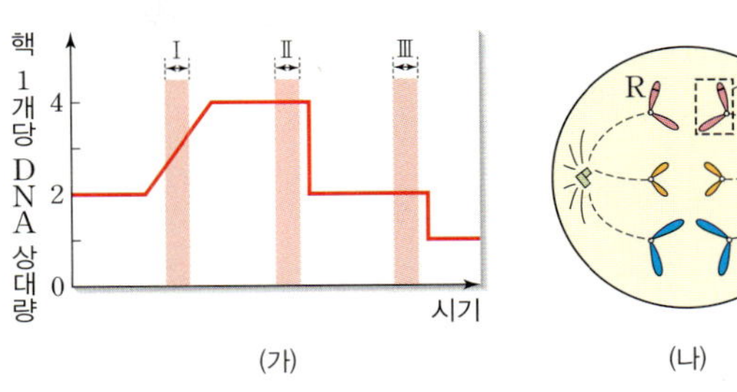

이에 대한 설명으로 옳은 것만을 〈보기〉에서 있는 대로 고른 것은? (단, 돌연변이와 교차는 고려하지 않는다.)

| 보기 |
ㄱ. ⓐ에는 R가 있다.
ㄴ. 구간 I 에서 2가 염색체가 관찰된다.
ㄷ. (나)는 구간 Ⅱ에서 관찰된다.

① ㄱ   ② ㄷ   ③ ㄱ, ㄴ
④ ㄴ, ㄷ   ⑤ ㄱ, ㄴ, ㄷ

12 사람의 유전 형질 ⓐ는 2쌍의 대립유전자 E와 e, F와 f에 의해 결정되며, E와 e는 9번 염색체에, F와 f는 X 염색체에 있다. 그림은 사람 I 의 세포 (가)~(다)와 사람 Ⅱ의 세포 (라)~(바)에서 유전자 ㉠~㉣의 DNA 상대량을 나타낸 것이다. ㉠~㉣은 E, e, F, f를 순서 없이 나타낸 것이다.

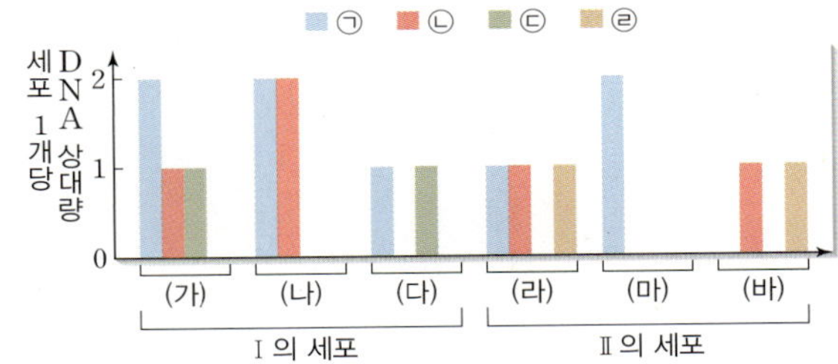

이에 대한 설명으로 옳은 것만을 〈보기〉에서 있는 대로 고른 것은? (단, 돌연변이와 교차는 고려하지 않는다.)

| 보기 |
ㄱ. ㉠은 ㉣의 대립유전자이다.
ㄴ. I 의 ⓐ에 대한 유전자형은 EeFF이다.
ㄷ. 세포 1개당 $\dfrac{\text{상염색체 수}}{\text{X 염색체 수}}$ 는 (나)와 (라)가 같다.

① ㄱ   ② ㄴ   ③ ㄷ
④ ㄱ, ㄴ   ⑤ ㄱ, ㄷ

531 PROJECT
S 예상 적중 문제

01 염색체에서 ☐☐☐☐ 가 히스톤 단백질을 감아 뉴클레오솜을 형성하며, 세포 주기에서 DNA를 복제하는 시기는 ☐☐☐☐ 이다.

01 그림은 어떤 사람의 체세포에 있는 염색체의 구조를 나타낸 것이다. 이 사람의 어떤 형질에 대한 유전자형은 Aa이다.

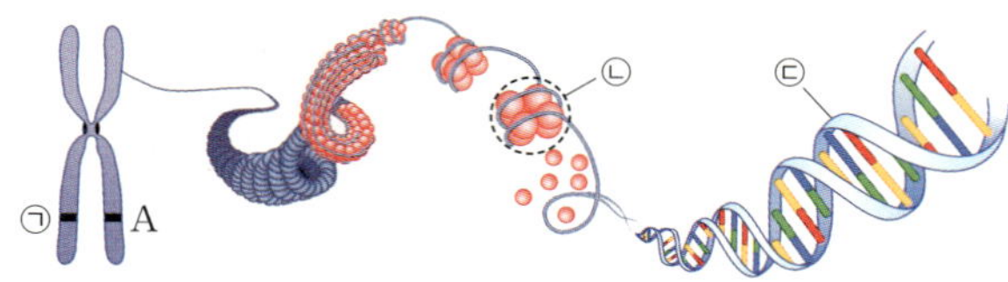

이에 대한 설명으로 옳은 것만을 〈보기〉에서 있는 대로 고른 것은?

┤보기├
ㄱ. ㉠은 a이다.
ㄴ. S기의 세포에서 ㉡이 관찰된다.
ㄷ. 세포 1개당 $\dfrac{G_2기의\ ㉢\ 상대량}{G_1기의\ ㉢\ 상대량}$ 은 1보다 작다.

① ㄱ ② ㄴ ③ ㄷ
④ ㄱ, ㄴ ⑤ ㄴ, ㄷ

02 ☐☐☐☐ 의 같은 위치에는 하나의 형질을 결정하는 대립유전자가 있다.

02 그림은 같은 종인 동물($2n=?$) Ⅰ과 Ⅱ의 세포 (가)~(라) 각각에 들어 있는 모든 염색체를 나타낸 것이다. (가)~(라) 중 2개는 Ⅰ의 세포이며, 나머지 2개는 Ⅱ의 세포이다. 이 동물의 성염색체는 암컷이 XX, 수컷이 XY이다. 이 동물 종의 특정 형질 ⓐ는 대립유전자 A와 a, B와 b에 의해 결정된다. Ⅰ의 ⓐ에 대한 유전자형은 AaBB이고, ㉠은 B와 b 중 하나이다.

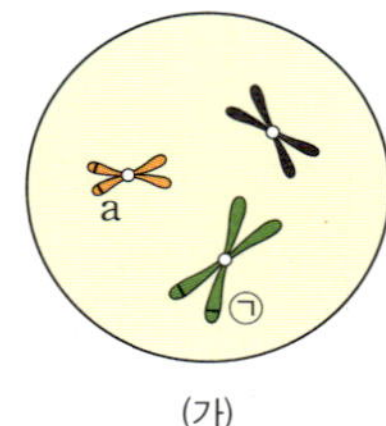

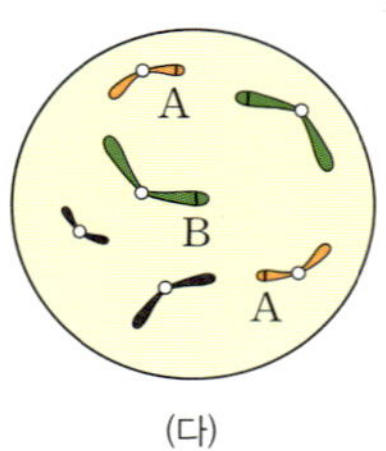

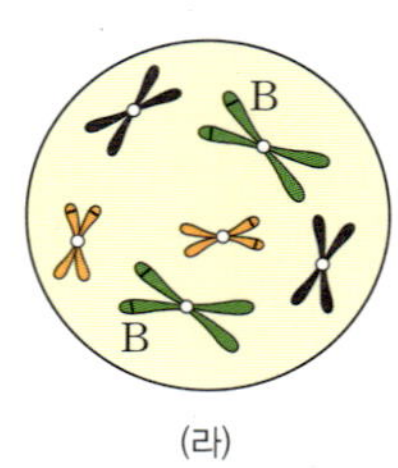

(가)　　(나)　　(다)　　(라)

이에 대한 설명으로 옳은 것만을 〈보기〉에서 있는 대로 고른 것은? (단, 돌연변이와 교차는 고려하지 않는다.)

┤보기├
ㄱ. ㉠은 B이다.
ㄴ. Ⅱ의 ⓐ에 대한 유전자형은 AABb이다.
ㄷ. 세포 1개당 $\dfrac{A의\ DNA량}{X\ 염색체\ 수}$ 은 (다)가 (라)의 2배이다.

① ㄱ ② ㄴ ③ ㄱ, ㄷ
④ ㄴ, ㄷ ⑤ ㄱ, ㄴ, ㄷ

03 그림 (가)는 사람에서 체세포의 세포 주기를, (나)는 사람의 체세포에 있는 염색체의 구조를 나타낸 것이다. ㉠~㉢은 각각 G_1기, G_2기, S기 중 하나이다.

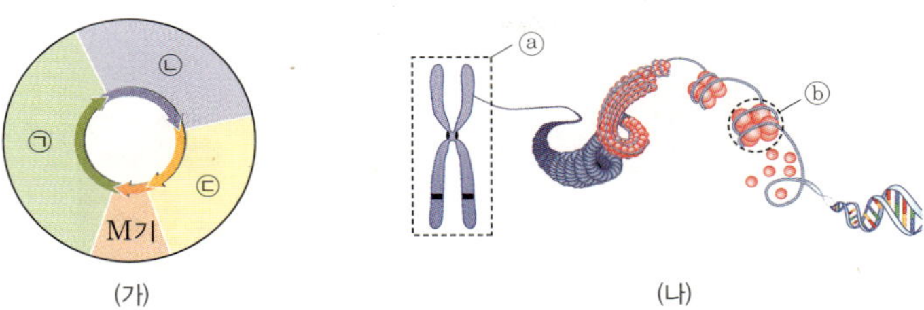

(가)   (나)

이에 대한 설명으로 옳은 것만을 〈보기〉에서 있는 대로 고른 것은?

| 보기 |
ㄱ. ⓐ는 2가 염색체이다.
ㄴ. ㉡ 시기의 세포에서 ⓑ가 관찰된다.
ㄷ. 세포 1개당 DNA양은 ㉠ 시기 세포와 ㉢ 시기 세포가 같다.

① ㄱ   ② ㄴ   ③ ㄱ, ㄴ
④ ㄱ, ㄷ   ⑤ ㄴ, ㄷ

04 그림 (가)는 어떤 식물($2n=16$)의 체세포 분열 과정 중에 있는 세포들을, (나)는 이 식물의 체세포를 배양한 후 세포당 DNA양에 따른 세포 수를 나타낸 것이다. 이 식물의 특정 형질에 대한 유전자형은 Tt이며, T는 t와 대립유전자이다.

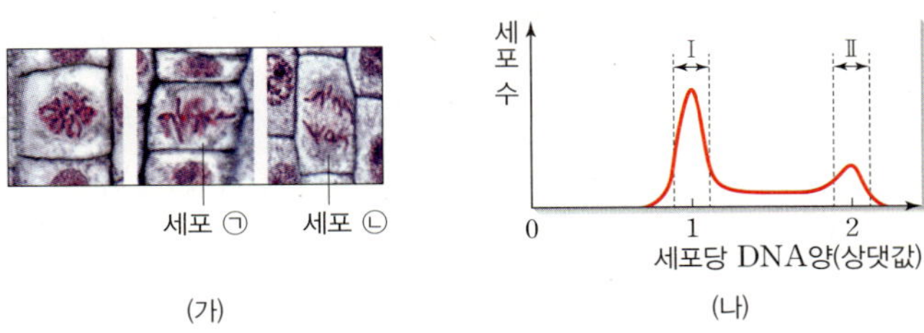

세포 ㉠   세포 ㉡

(가)   (나)

이에 대한 설명으로 옳은 것만을 〈보기〉에서 있는 대로 고른 것은? (단, 돌연변이와 교차는 고려하지 않는다.)

| 보기 |
ㄱ. ㉠에 2가 염색체가 존재한다.
ㄴ. 세포 1개당 T의 DNA양은 ㉡과 구간 Ⅰ의 세포가 같다.
ㄷ. 구간 Ⅱ에는 핵상이 $2n$인 세포가 있다.

① ㄱ   ② ㄷ   ③ ㄱ, ㄴ
④ ㄱ, ㄷ   ⑤ ㄴ, ㄷ

기본 개념 확인

05 체세포 분열 중 염색체가 세포 중앙에 배열되는 시기는 [　　　　]이고, 방추사가 짧아지면서 염색 분체가 분리되어 양극으로 이동하는 시기는 [　　　　]이다.

05 그림 (가)는 어떤 식물($2n=16$)의 체세포가 분열하는 동안 핵 1개당 DNA 상대량을, (나)는 이 식물의 체세포 분열 과정 중에 있는 세포들을 나타낸 것이다. 이 식물의 특정 형질에 대한 유전자형은 Tt이며, T는 t의 대립유전자이다.

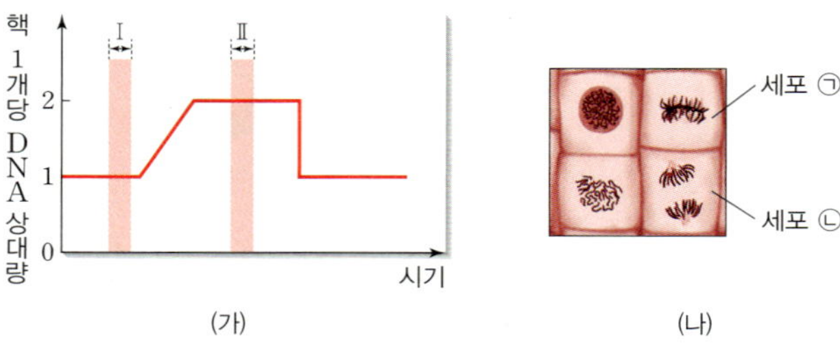

(가)　　　　　　(나)

이에 대한 설명으로 옳은 것만을 〈보기〉에서 있는 대로 고른 것은? (단, 돌연변이와 교차는 고려하지 않는다.)

보기
ㄱ. 구간 Ⅰ에는 핵막을 가진 세포가 있다.
ㄴ. ⓒ은 염색 분체가 분리되고 있는 상태의 세포이다.
ㄷ. 세포 1개당 T의 DNA 상대량은 구간 Ⅱ에 있는 세포와 ⑤이 같다.

① ㄱ　　　　② ㄷ　　　　③ ㄱ, ㄴ
④ ㄴ, ㄷ　　　　⑤ ㄱ, ㄴ, ㄷ

06 생식세포 분열에서는 DNA가 복제된 후 [　　　　]회의 핵분열이 일어난다.

06 그림 (가)는 어떤 동물($2n=6$)의 세포가 분열하는 동안 핵 1개당 DNA 상대량을, (나)는 이 세포 분열 과정의 어느 한 시기에서 관찰되는 세포를 나타낸 것이다. (나)는 구간 Ⅱ와 Ⅲ 중 어느 한 구간에서 관찰된다. 이 동물의 특정 형질에 대한 유전자형은 Tt이며, T는 t의 대립유전자이다.

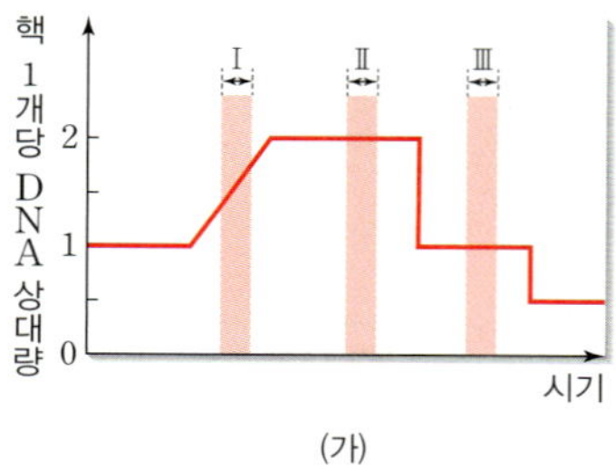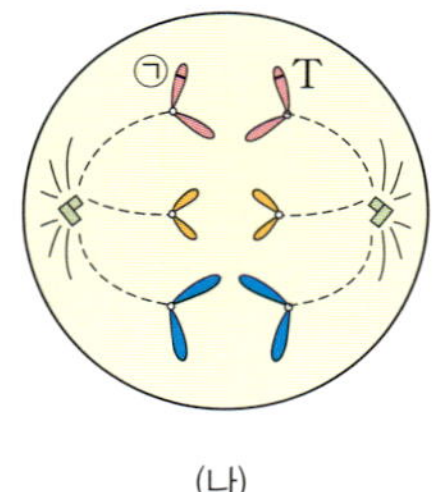

(가)　　　　　　(나)

이에 대한 설명으로 옳은 것만을 〈보기〉에서 있는 대로 고른 것은? (단, 돌연변이와 교차는 고려하지 않는다.)

보기
ㄱ. ⑤은 T이다.
ㄴ. 구간 Ⅰ에서 세포에 방추사가 나타난다.
ㄷ. (나)는 구간 Ⅲ에서 관찰된다.

① ㄱ　　　　② ㄴ　　　　③ ㄱ, ㄷ
④ ㄴ, ㄷ　　　　⑤ ㄱ, ㄴ, ㄷ

07 그림은 유전자형이 EeFFHh인 어떤 동물에서 G_1기의 세포 I로부터 정자가 형성되는 과정을, 표는 세포 ㉠~㉣의 세포 1개당 유전자 E, F, H의 DNA 상대량을 나타낸 것이다. Ⅱ와 Ⅲ은 모두 중기의 세포이다. ㉠~㉣은 Ⅰ~Ⅳ를 순서 없이 나타낸 것이고, $x+y+z=5$이다. E는 e의 대립유전자이며, H는 h의 대립유전자이다.

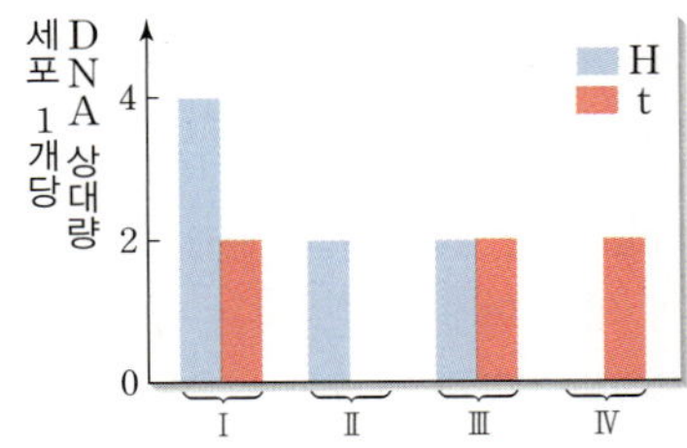

세포	DNA 상대량		
	E	F	H
㉠	?	ⓐ	x
㉡	y	1	0
㉢	ⓑ	z	1
㉣	?	2	?

이에 대한 설명으로 옳은 것만을 〈보기〉에서 있는 대로 고른 것은? (단, 돌연변이와 교차는 고려하지 않으며, E, e, F, H, h 각각의 1개당 DNA 상대량은 1이다.)

| 보기 |

ㄱ. ㉠은 Ⅱ이다.

ㄴ. ⓐ+ⓑ=5이다.

ㄷ. 세포 1개당 $\dfrac{\text{F의 DNA 상대량}}{\text{e의 DNA 상대량}+\text{H의 DNA 상대량}}$은 Ⅰ이 ㉣의 2배이다.

① ㄱ   ② ㄷ   ③ ㄱ, ㄴ

④ ㄴ, ㄷ   ⑤ ㄱ, ㄴ, ㄷ

07 감수 1분열에서는 [   ]가 분리되어 서로 다른 딸세포로 들어가고, 감수 2분열에서는 [   ]가 분리되므로 핵상의 변화가 없다.

08 사람의 유전 형질 ⓐ는 2쌍의 대립유전자 H와 h, T와 t에 의해 결정된다. 표는 사람 (가)의 세포 Ⅰ과 Ⅱ, 사람 (나)의 세포 Ⅲ과 Ⅳ에서 유전자 ㉠~㉢의 유무를, 그림은 Ⅰ~Ⅳ가 갖는 H와 t의 DNA 상대량을 나타낸 것이다. Ⅰ~Ⅳ는 중기의 세포이고, ㉠~㉢은 h, T, t를 순서 없이 나타낸 것이다.

유전자	(가)의 세포		(나)의 세포	
	Ⅰ	Ⅱ	Ⅲ	Ⅳ
㉠	×	?	×	×
㉡	○	×	?	○
㉢	○	○	○	×

(○: 있음, ×: 없음)

이에 대한 설명으로 옳은 것만을 〈보기〉에서 있는 대로 고른 것은? (단, 돌연변이와 교차는 고려하지 않는다.)

| 보기 |

ㄱ. (가)와 (나)의 성별은 같다.

ㄴ. Ⅰ과 Ⅲ은 모두 2가 염색체를 가지고 있다.

ㄷ. (가)의 ⓐ에 대한 유전자형은 HHTt이다.

① ㄱ   ② ㄴ   ③ ㄱ, ㄷ

④ ㄴ, ㄷ   ⑤ ㄱ, ㄴ, ㄷ

08 감수 1분열 전기에 상동 염색체가 접합하여 [   ]가 형성된다.

사람의 유전

A 상염색체 유전		B 성염색체 유전		C 다인자 유전	
사람의 유전 형질 연구 방법	★★☆	적록 색맹	★★★	다인자 유전과 단일 인자 유전 비교	★★★
상염색체 유전	★★★	혈우병	★★☆		
복대립 유전	★★★				

A 상염색체 유전

1. 사람의 유전 형질 연구 방법

(1) **가계도 조사** : 특정 유전 형질을 가지는 집안의 가계도를 조사하여 그 형질의 우열 관계와 유전자의 전달 경로 등을 알아내는 방법

(2) **쌍둥이 연구** : 1란성 쌍둥이와 2란성 쌍둥이를 대상으로 성장 환경과 형질 발현의 일치율을 조사하여 형질의 차이가 유전에 의한 것인지, 환경에 의한 것인지를 확인하는 방법

(3) **집단 조사** : 여러 가계를 포함한 집단에서 유전 형질이 나타나는 빈도를 조사하고, 그 자료를 통계 처리하여 유전 형질의 특징과 분포 등을 알아내는 방법

(4) **염색체 및 유전자 연구** : 핵형 분석을 통해 염색체 이상에 의한 유전병을 알아내거나, DNA에서 특정 유전자의 염기 서열을 분석하여 유전병의 여부와 유전 현상을 알아내는 방법

2. 사람 유전의 기본 원리

(1) 사람의 형질이 유전될 때 멘델의 유전 법칙(우열의 원리, 분리의 법칙, 독립의 법칙)이 적용된다.

(2) 부모의 유전자는 생식세포의 염색체를 통해 자손에게 전달되므로 자손의 대립유전자는 부모에게서 하나씩 물려받은 것이다.

3. 상염색체 유전

(1) **상염색체 유전** : 상염색체에 있는 유전자에 의해 나타난다.

(2) **형질 결정 대립유전자가 2가지인 경우**

① 일반적으로 우성과 열성이 뚜렷하게 구별된다.

② 우열의 원리와 분리의 법칙에 따라 유전된다.

③ 눈꺼풀, 보조개, 혀 말기, 귓불 모양, 이마선, PTC 미맹 등이 있다.

구분	눈꺼풀	보조개 유무	혀 말기	귓불 모양	이마선
우성	쌍꺼풀	있음	가능	분리형	V(M)자형
열성	외까풀	없음	불가능	부착형	일자형

(3) **형질 결정 대립유전자가 3가지 이상인 경우(복대립 유전)**

① **복대립 유전** : 하나의 형질을 결정하는 데 3개 이상의 대립유전자가 관여하며, 한 쌍의 대립유전자에 의해 형질이 결정되는 단일 인자 유전이다.

② ABO식 혈액형

• 대립유전자 : I^A, I^B, i 세 가지가 있다. ── 교학사, 동아, 미래엔 교과서에서는 대립유전자를 A, B, O 세 가지로 나타냈다.

• I^A와 I^B는 i에 대해 우성이고, I^A와 I^B 사이에는 우열이 구분되지 않는다.

③ ABO식 혈액형의 유전자형과 표현형

유전자형	$I^A I^A$, $I^A i$	$I^B I^B$, $I^B i$	$I^A I^B$	ii
표현형	A형	B형	AB형	O형

B 성염색체 유전

1. 성염색체 유전 성염색체에 있는 유전자에 의해 나타나며, 남녀에 따라 형질이 나타나는 빈도가 다르다.

사람의 유전 연구가 어려운 까닭

• 한 세대가 길다.
• 자손의 수가 적다.
• 임의 교배가 불가능하다.
• 형질이 복잡하고 유전자의 수가 많다.
• 형질 발현에 환경적 요인의 영향을 많이 받는다.

가계도

한 집안의 구성원과 그 혈연 관계에 있는 사람들의 유전적 특성을 쉽게 이해하기 위해 그린 그림

1란성 쌍둥이와 2란성 쌍둥이의 발생 과정

1란성 쌍둥이는 하나의 수정란이 발생 초기에 나뉘어 각각 독립적인 개체로 발생한 경우이고, 2란성 쌍둥이는 2개 이상의 난자가 배란되어 각각 다른 정자와 수정된 후 독립적인 개체로 발생한 경우이다.

PTC 미맹

페닐티오카바마이드(PTC)의 쓴맛을 느끼지 못하는 유전 형질로, 신체적으로는 아무런 결함이 없다.

2. **적록 색맹** 빨간색과 초록색을 잘 구분하지 못하는 유전 형질로, 유전자는 X 염색체에 있다.

(1) 정상 대립유전자(X^R)가 우성이고, 적록 색맹 대립유전자(X^r)가 열성이다.

(2) 성별에 따른 적록 색맹 유전자형과 표현형

성별	남자		여자		
유전자형	X^RY	X^rY	X^RX^R	X^RX^r	X^rX^r
표현형	정상	적록 색맹	정상	정상(보인자)	적록 색맹

(3) 적록 색맹은 여자보다 남자에게 더 많이 나타난다. ➡ 성염색체 구성이 XX인 여자는 X 염색체 2개에 모두 적록 색맹 대립유전자가 있어야 적록 색맹이 되지만, 성염색체 구성이 XY인 남자는 X 염색체 1개에 적록 색맹 대립유전자가 있으면 적록 색맹이 되기 때문이다.

3. **혈우병** 출혈 시 혈액이 잘 응고되지 않는 유전병으로, X 염색체 열성 유전 형질이다.

C 다인자 유전

1. **단일 인자 유전** 하나의 형질이 한 쌍의 대립유전자에 의해 결정된다.
2. **다인자 유전** 하나의 형질이 여러 쌍의 대립유전자에 의해 결정된다.

구분	단일 인자 유전	다인자 유전
예	눈꺼풀, 미맹, ABO식 혈액형 등	키, 몸무게, 피부색 등
형질 분포	대부분 대립 형질이 뚜렷하다. ➡ 불연속적인 변이	표현형이 다양하게 나타난다. ➡ 정상 분포 곡선

기출 자료 | 분석

다음은 어떤 집안의 유전 형질 (가)와 (나)에 대한 자료이다.

• (가)는 대립유전자 H와 H*에 의해, (나)는 대립유전자 T와 T*에 의해 결정된다. H는 H*에 대해, T는 T*에 대해 각각 완전 우성이다.
• (가)의 유전자와 (나)의 유전자는 모두 X 염색체에 있다.
• 가계도는 구성원 ⓐ와 ⓑ를 제외한 구성원 1~8에게서 (가)와 (나)의 발현 여부를 나타낸 것이다.

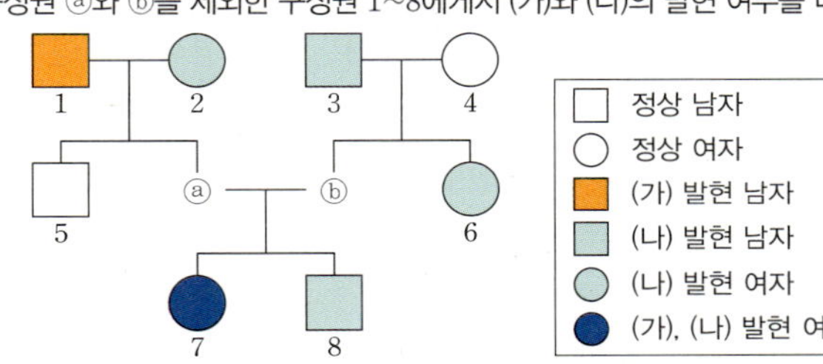

• 표는 구성원 1, 2, 6에서 체세포 1개당 H의 DNA 상대량과 구성원 3, 4, 5에서 체세포 1개당 T*의 DNA 상대량을 나타낸 것이다. ⊙~ⓒ은 0, 1, 2를 순서 없이 나타낸 것이다.

구성원	H의 DNA 상대량	구성원	T*의 DNA 상대량
1	⊙	3	⊙
2	ⓛ	4	ⓒ
6	ⓒ	5	ⓛ

---

step 1 **(나)에 대한 3, 4, 5의 유전자형 찾기**

어머니 2에게서 (나)가 발현되었지만 아들 5에게서 (나)가 발현되지 않았으므로 (나)는 정상에 대해 우성 형질이다. T가 T*에 대해 완전 우성인데, (나)가 정상에 대해 우성 형질이므로 T가 (나) 발현 대립유전자이고, T*가 (나) 미발현 대립유전자이다. 따라서 (나)에 대한 유전자형은 3이 X^TY, 4가 $X^{T^*}X^{T^*}$, 5가 $X^{T^*}Y$이며, ⊙은 0, ⓛ은 1, ⓒ은 2이다.

step 2 **(가)에 대한 1, 2, 6의 유전자형 찾기**

⊙이 0, ⓛ이 1, ⓒ이 2이므로 (가)에 대한 유전자형은 1이 $X^{H^*}Y$, 2가 $X^HX^{H^*}$, 6이 X^HX^H이며, 이합 접합성인 2가 정상이므로 H가 (가) 미발현 대립유전자, H*가 (가) 발현 대립유전자이다.

step 3 **ⓐ와 ⓑ의 성별과 유전자형 유추하기**

(가)와 (나)에 대한 유전자형은 1이 $X^{H^*T^*}Y$, 3이 $X^{HT}Y$, 5가 $X^{HT^*}Y$, 8이 $X^{HT}Y$이다. (가)와 (나)에 대한 유전자형은 5가 $X^{HT^*}Y$이므로 2가 $X^{HT^*}X^{H^*T}$이다. (가)와 (나)에 대한 유전자형은 8이 $X^{HT}Y$이므로 8의 X 염색체는 ⓑ로부터 물려받은 것이고, ⓑ는 여자이다. 따라서 (가)와 (나)에 대한 유전자형은 4가 $X^{HT^*}X^{H^*T^*}$, ⓐ가 $X^{H^*T}Y$, ⓑ가 $X^{HT}X^{H^*T^*}$, 6이 $X^{HT}X^{HT^*}$, 7이 $X^{H^*T}X^{H^*T^*}$이다.

수능 기출 변형

01 다음은 어떤 집안의 유전 형질 (가)와 (나)에 대한 자료이다.

- (가)는 대립유전자 A와 A*에 의해, (나)는 대립유전자 B와 B*에 의해 결정된다. A는 A*에 대해, B는 B*에 대해 각각 완전 우성이다.
- 가계도는 (가)와 (나)의 발현 여부를 나타낸 것이다.

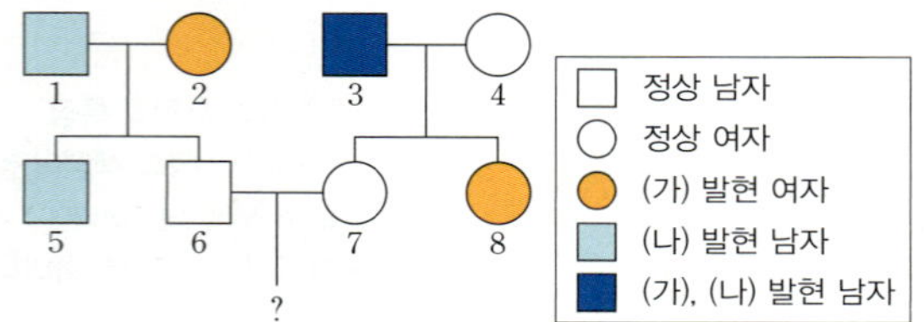

- 표는 구성원 ㉠~㉢에서 체세포 1개당 A와 A*의 DNA 상대량과 구성원 ㉣~㉻에서 체세포 1개당 B와 B*의 DNA 상대량을 나타낸 것이다. ㉠~㉢은 1, 2, 5를 순서 없이, ㉣~㉻은 3, 4, 8을 순서 없이 나타낸 것이다.

구성원	DNA 상대량		구성원	DNA 상대량	
	A	A*		B	B*
㉠	ⓐ	1	㉣	1	?
㉡	0	2	㉤	ⓑ	1
㉢	?	0	㉻	?	0

이에 대한 설명으로 옳은 것만을 〈보기〉에서 있는 대로 고른 것은? (단, 돌연변이와 교차는 고려하지 않으며, A, A*, B, B* 각각의 1개당 DNA 상대량은 1이다.)

| 보기 |
ㄱ. ⓐ+ⓑ=1이다.
ㄴ. (나)는 열성 형질이다.
ㄷ. 6과 7 사이에서 남자 아이가 태어날 때, 이 아이에게서 (가)와 (나) 중 (가)만 발현될 확률은 $\frac{1}{8}$이다.

① ㄱ   ② ㄷ   ③ ㄱ, ㄴ
④ ㄴ, ㄷ   ⑤ ㄱ, ㄴ, ㄷ

수능 기출 변형

02 다음은 사람의 유전 형질 (가)와 (나)에 대한 자료이다.

- (가)를 결정하는 데 관여하는 2개의 유전자는 상염색체에 있으며, 2개의 유전자는 각각 대립유전자 A와 a, B와 b를 갖는다.
- (가)의 표현형은 유전자형에서 대문자로 표시되는 대립유전자의 수에 의해서만 결정되며, 이 대립유전자의 수가 다르면 (가)의 표현형이 다르다.
- (나)는 1쌍의 대립유전자에 의해 결정되며, 대립유전자에는 E, F, G가 있다.
- (나)의 표현형은 4가지이며, (나)의 유전자형이 EG인 사람과 EE인 사람의 표현형은 같고, 유전자형이 FG인 사람과 FF인 사람의 표현형은 같다.
- (나)를 결정하는 유전자는 (가)를 결정하는 유전자와 서로 다른 상염색체에 존재한다.
- (가)와 (나)에 대한 유전자형이 ㉠AaBbEF인 어머니와 AaBbFG인 아버지 사이에서 자녀 ⓐ가 태어날 때, ⓐ에게서 나타날 수 있는 (가)와 (나)에 대한 표현형은 최대 9가지이다.

이에 대한 설명으로 옳은 것만을 〈보기〉에서 있는 대로 고른 것은? (단, 돌연변이와 교차는 고려하지 않는다.)

| 보기 |
ㄱ. (가)의 유전은 단일 인자 유전이다.
ㄴ. ㉠에서 A와 B는 같은 염색체에 있다.
ㄷ. ⓐ의 동생이 태어날 때, (가)와 (나)에 대한 표현형이 아버지와 같을 확률은 $\frac{1}{4}$이다.

① ㄱ   ② ㄴ   ③ ㄱ, ㄷ
④ ㄴ, ㄷ   ⑤ ㄱ, ㄴ, ㄷ

03 다음은 어떤 집안의 유전 형질 ㉠, ㉡과 ABO식 혈액형에 대한 자료이다.

- ㉠은 대립유전자 H와 H*에 의해, ㉡은 대립유전자 T와 T*에 의해 결정된다. H는 H*에 대해, T는 T*에 대해 각각 완전 우성이다.
- ㉠의 유전자와 ㉡의 유전자 중 하나만 ABO식 혈액형 유전자와 같은 염색체에 있다.
- 가계도는 구성원 1~8에게서 ㉠, ㉡의 발현 여부를 나타낸 것이다. 2의 ㉠에 대한 유전자형은 동형 접합성이다.

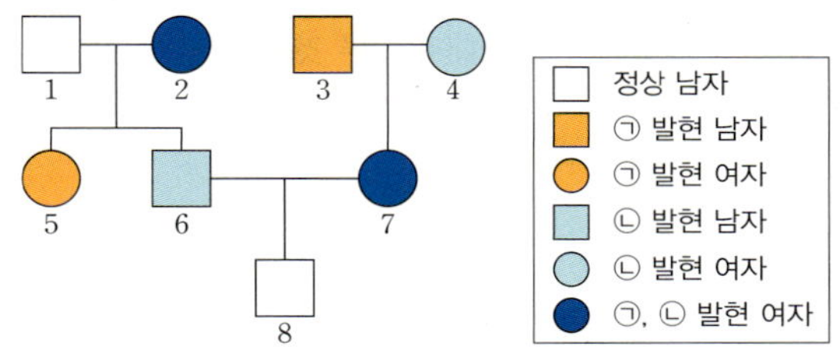

- 표는 1, 5, 6 사이에서의 ABO식 혈액형에 대한 응집 반응 결과이다.

구분	1의 적혈구	5의 적혈구	6의 적혈구
1의 혈청	−	?	+
5의 혈청	+	−	+
6의 혈청	+	?	−

(+: 응집됨, −: 응집 안 됨)

- 1과 3의 혈액은 항 B 혈청에 응집 반응을 나타내지 않는다. 7의 적혈구는 1과 6의 혈청 모두에 응집 반응을 나타낸다.

이에 대한 설명으로 옳은 것만을 〈보기〉에서 있는 대로 고른 것은? (단, 돌연변이와 교차는 고려하지 않으며, H, H*, T, T* 각각의 1개당 DNA 상대량은 같다.)

| 보기 |

ㄱ. 2의 적혈구는 8의 혈청에 응집 반응을 나타낸다.

ㄴ. 체세포 1개당 $\dfrac{\text{H*의 DNA 상대량}}{\text{T*의 DNA 상대량}}$ 은 7이 1의 4배이다.

ㄷ. 8의 동생이 태어날 때, 이 아이에게서 ㉠과 ㉡ 중 ㉠만 발현될 확률은 $\dfrac{1}{8}$ 이다.

① ㄱ   ② ㄷ   ③ ㄱ, ㄴ
④ ㄴ, ㄷ   ⑤ ㄱ, ㄴ, ㄷ

---

04 다음은 어떤 집안의 유전 형질 (가)와 (나)에 대한 자료이다.

- (가)는 대립유전자 H와 H*에 의해, (나)는 대립유전자 R와 R*에 의해 결정된다. H는 H*에 대해, R는 R*에 대해 각각 완전 우성이다.
- 가계도는 구성원 1~8에게서 (가)와 (나)의 발현 여부를 나타낸 것이다.

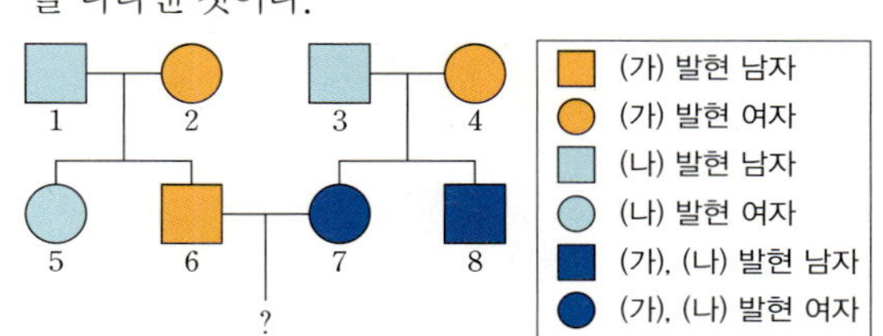

- 표는 구성원 ㉠~㉢에서 체세포 1개당 H와 H*의 DNA 상대량을 나타낸 것이다. ㉠~㉢은 1, 2, 6을 순서 없이 나타낸 것이다.

구성원		㉠	㉡	㉢
DNA 상대량	H	1	?	?
	H*	?	0	1

- $\dfrac{\text{7, 8 각각의 체세포 1개당 R의 DNA 상대량을 더한 값}}{\text{3, 4 각각의 체세포 1개당 R의 DNA 상대량을 더한 값}} = 2$ 이다.

이에 대한 설명으로 옳은 것만을 〈보기〉에서 있는 대로 고른 것은? (단, 돌연변이와 교차는 고려하지 않으며, H, H*, R, R* 각각의 1개당 DNA 상대량은 1이다.)

| 보기 |

ㄱ. ㉢은 2이다.

ㄴ. (나)는 우성 형질이다.

ㄷ. 6과 7 사이에서 아이가 태어날 때, 이 아이에게서 (가)와 (나) 중 (가)만 발현될 확률은 $\dfrac{1}{8}$ 이다.

① ㄱ   ② ㄴ   ③ ㄷ
④ ㄱ, ㄴ   ⑤ ㄱ, ㄷ

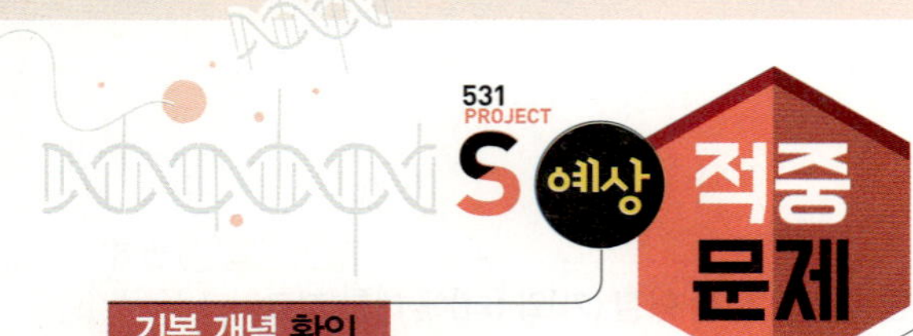

531 PROJECT

S 예상 적중문제

기본 개념 확인

01 사람의 유전 연구 방법 중 [   ] 조사는 특정 유전 형질을 가지는 집안의 가계도를 조사하는 방법이다.

01 그림은 대립유전자 A와 A*에 의해 결정되는 사람의 유전 형질 (가)의 발현 여부에 대한 가계도를, 표는 구성원 1, 3, 5에서 체세포 1개당 A*의 DNA 상대량을 나타낸 것이다. A는 A*에 대해 완전 우성이며, ㉠~㉢은 0, 1, 2를 순서 없이 나타낸 것이다.

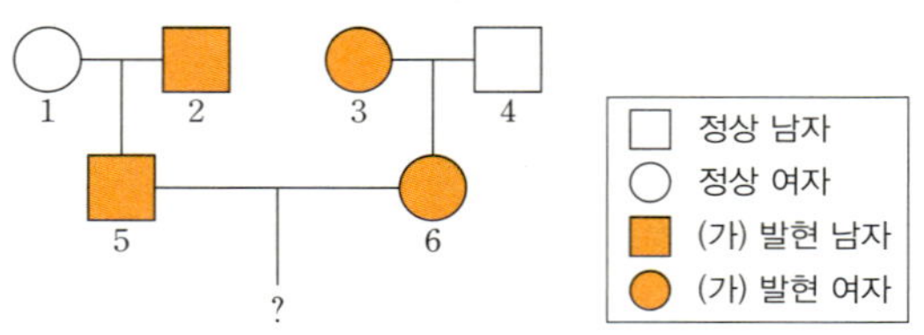

구성원	A*의 DNA 상대량
1	㉠
3	㉡
5	㉢

이에 대한 설명으로 옳은 것만을 〈보기〉에서 있는 대로 고른 것은? (단, 돌연변이는 고려하지 않으며, A, A* 각각의 1개당 DNA 상대량은 1이다.)

|보기|
ㄱ. ㉡은 0이다.
ㄴ. (가)는 우성 형질이다.
ㄷ. 5과 6 사이에서 아이가 태어날 때, 이 아이에게서 (가)가 발현될 확률은 $\frac{3}{4}$이다.

① ㄱ ② ㄷ ③ ㄱ, ㄴ ④ ㄴ, ㄷ ⑤ ㄱ, ㄴ, ㄷ

02 부모에게 없던 형질이 자손(F_1)에게 나타났을 때, 자손(F_1)에게 나타난 형질은 [   ] 형질이다.

02 다음은 어떤 집안의 유전 형질 (가)와 (나)에 대한 자료이다.

- (가)는 대립유전자 H와 H*에 의해, (나)는 대립유전자 R와 R*에 의해 결정된다. H는 H*에 대해, R는 R*에 대해 각각 완전 우성이다.
- (가)와 (나)의 유전자 중 하나는 상염색체에, 나머지 하나는 성염색체에 있다.
- 가계도는 구성원 1~8에게서 (가)와 (나)의 발현 여부를 나타낸 것이다.

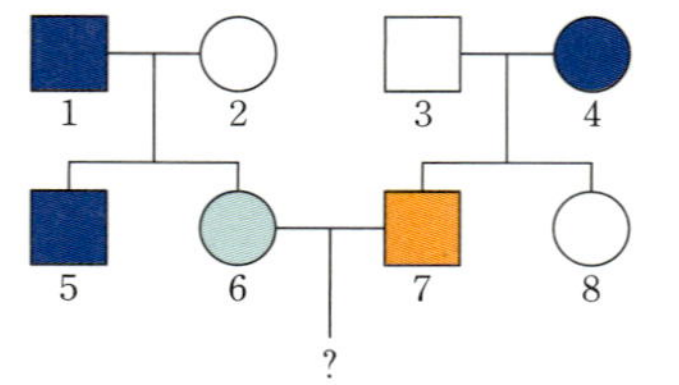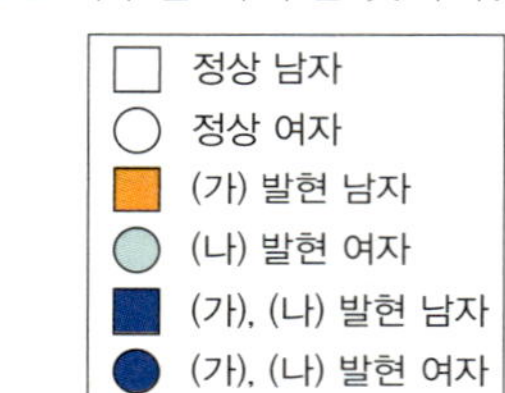

- 표는 구성원 1~4에서 체세포 1개당 H*와 R*의 DNA 상대량을 나타낸 것이다.

	구성원	1	2	3	4
DNA 상대량	H*	ⓐ	ⓑ	0	?
	R*	1	?	?	ⓒ

이에 대한 설명으로 옳은 것만을 〈보기〉에서 있는 대로 고른 것은? (단, 돌연변이와 교차는 고려하지 않으며, H, H*, R, R* 각각의 1개당 DNA 상대량은 1이다.)

|보기|
ㄱ. ⓐ+ⓑ+ⓒ=3이다.
ㄴ. 구성원 1~8 중 H*와 R를 모두 가진 사람은 4명이다.
ㄷ. 6과 7 사이에서 아이가 태어날 때, 이 아이에게서 (가)와 (나) 중 (가)만 발현될 확률은 $\frac{1}{8}$이다.

① ㄱ ② ㄷ ③ ㄱ, ㄴ ④ ㄴ, ㄷ ⑤ ㄱ, ㄴ, ㄷ

03 다음은 어떤 가족의 ABO식 혈액형과 유전 형질 (가)에 대한 자료이다.

> - 표는 가족 구성원의 성별, ABO식 혈액형과 (가)의 발현 여부를 나타낸 것이다. ㉠, ㉡, ㉢은 ABO식 혈액형 중 하나이며, ㉠, ㉡, ㉢은 각각 서로 다르다.
>
> | 구성원 | 성별 | 혈액형 | (가) |
> |---|---|---|---|
> | 아버지 | 남 | ㉠ | × |
> | 어머니 | 여 | ㉡ | ○ |
> | 자녀 1 | 여 | ㉢ | × |
> | 자녀 2 | 여 | ㉠ | × |
> | 자녀 3 | 남 | ㉠ | ○ |
>
> (○ : 발현됨, × : 발현 안 됨)
>
> - 아버지와 어머니 사이에서 O형인 아이가 태어날 수 있으며, 자녀 3의 혈액은 항 A 혈청에 응집 반응을 나타낸다.
> - (가)는 대립유전자 T와 T*에 의해 결정되며, T는 T*에 대해 완전 우성이다.
> - 아버지와 어머니 각각의 체세포 1개당 T*의 DNA 상대량을 더한 값과 자녀 1과 자녀 2 각각의 체세포 1개당 T*의 DNA 상대량을 더한 값은 같다.

이에 대한 설명으로 옳은 것만을 〈보기〉에서 있는 대로 고른 것은? (단, 돌연변이와 교차는 고려하지 않으며, T와 T* 각각의 1개당 DNA 상대량은 1이다.)

> **보기**
> ㄱ. ㉢은 B형이다.
> ㄴ. (가)는 열성 형질이다.
> ㄷ. 자녀 3의 동생이 태어날 때, 이 아이의 혈액형이 ㉠이면서 (가)가 발현될 확률은 $\frac{1}{8}$이다.

① ㄱ　　② ㄴ　　③ ㄱ, ㄴ　　④ ㄱ, ㄷ　　⑤ ㄴ, ㄷ

04 다음은 어떤 집안의 유전 형질 (가)와 (나)에 대한 자료이다.

> - (가)는 대립유전자 T와 T*에 의해 결정되며, T는 T*에 대해 완전 우성이다.
> - 표는 (나)의 유전자형에 따른 표현형을 나타낸 것이다. (나)는 1쌍의 대립유전자에 의해 결정되며, 대립유전자에는 E, F, G가 있다. ㉠, ㉡, ㉢, ㉣은 각각 서로 다르다. (가)의 유전자와 (나)의 유전자는 같은 상염색체에 있다.
>
> | 유전자형 | EE, EG | FF, FG | EF | GG |
> |---|---|---|---|---|
> | 표현형 | ㉠ | ㉡ | ㉢ | ㉣ |
>
> - 가계도는 구성원 1~7에게서 (가)의 발현 여부를, 표는 구성원 1~7에서 (나)의 표현형을 나타낸 것이다. 1의 (나)에 대한 유전자형은 동형 접합성이다.

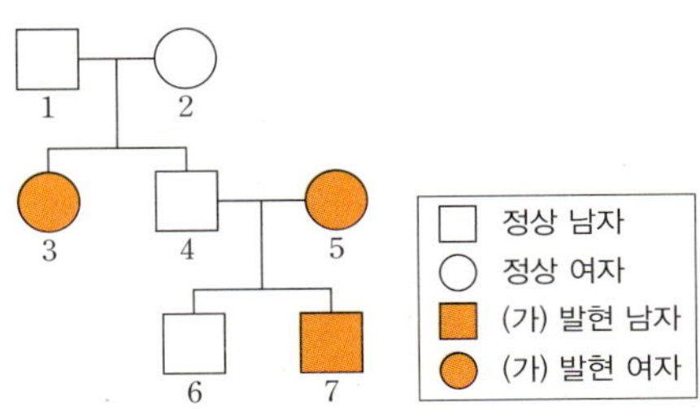

구성원	(나)의 표현형
1	㉠
2	㉡
3	㉠
4	?
5	㉠
6	㉡
7	?

이에 대한 설명으로 옳은 것만을 〈보기〉에서 있는 대로 고른 것은?

> **보기**
> ㄱ. (나)의 유전은 단일 인자 유전이다.
> ㄴ. 4에서 F와 T는 같은 염색체에 있다.
> ㄷ. 7의 동생이 태어날 때, 이 아이에게서 (가)가 발현되고 (나)의 표현형이 ㉠일 확률은 $\frac{1}{4}$이다.

① ㄱ　　② ㄴ　　③ ㄷ　　④ ㄱ, ㄴ　　⑤ ㄱ, ㄷ

03 ABO식 혈액형의 경우 [＿＿＿]의 대립유전자에 의해 형질이 결정되며, [＿＿＿＿＿]의 대립유전자가 관여한다.

04 한 가지 형질에 대해 한 쌍의 대립유전자가 영향을 미쳐 형질이 결정되는 유전 현상을 [＿＿＿＿＿] 유전이라고 한다.

기본 개념 확인

05 어떤 형질을 결정하는 유전자가 [   ]에 있는 유전을 상염색체 유전. 어떤 형질을 결정하는 유전자가 [   ]에 있는 유전을 성염색체 유전이라고 한다.

---

05 다음은 어떤 집안의 유전 형질 (가)와 (나)에 대한 자료이다.

- (가)는 대립유전자 H와 H*에 의해, (나)는 대립유전자 R와 R*에 의해 결정된다. H는 H*에 대해, R는 R*에 대해 각각 완전 우성이다.
- (가)와 (나)의 유전자는 서로 다른 상염색체에 있다.
- 가계도는 구성원 1~9에게서 (가)와 (나)의 발현 여부를 나타낸 것이다.

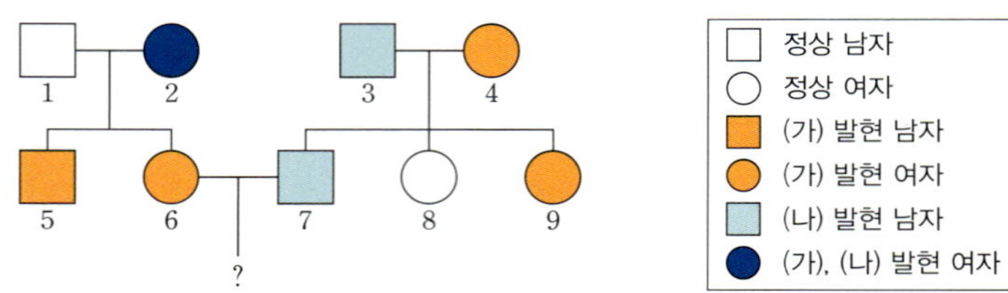

- 1, 5, 6 각각의 체세포 1개당 H*의 DNA 상대량을 더한 값은 5이고, 7, 8, 9 각각의 체세포 1개당 R*의 DNA 상대량을 더한 값은 4이다.

이에 대한 설명으로 옳은 것만을 〈보기〉에서 있는 대로 고른 것은? (단, 돌연변이와 교차는 고려하지 않으며, H, H*, R, R* 각각의 1개당 DNA 상대량은 1이다.)

┌─ 보기 ─
ㄱ. (가)와 (나)는 모두 열성 형질이다.
ㄴ. 1과 8의 (가)에 대한 유전자형은 같다.
ㄷ. 6과 7 사이에서 아이가 태어날 때, 이 아이에게서 (가)와 (나)가 모두 발현될 확률은 $\frac{1}{8}$이다.

① ㄱ　　② ㄷ　　③ ㄱ, ㄴ　　④ ㄱ, ㄷ　　⑤ ㄴ, ㄷ

---

06 어떤 유전 형질이 열성으로 유전될 경우 부모의 표현형이 같고 자녀의 표현형이 부모와 다르면 [   ]의 표현형이 우성. [   ]에게 나타난 표현형이 열성이다.

---

06 다음은 어떤 가족의 유전 형질 (가)와 (나)에 대한 자료이다.

- (가)는 대립유전자 A와 A*에 의해, (나)는 대립유전자 B와 B*에 의해 결정된다. A는 A*에 대해, B는 B*에 대해 각각 완전 우성이다.
- (가)와 (나)의 유전자 중 하나는 상염색체에, 나머지 하나는 성염색체에 있다.
- 표는 구성원의 성별, (가)와 (나)의 발현 여부, 체세포 1개당 A*와 B*의 DNA 상대량을 나타낸 것이다. $x+y=1$이다.

구성원	성별	유전 형질		DNA 상대량	
		(가)	(나)	A*	B*
아버지	남	○	×	x	y
어머니	여	×	○	?	?
자녀 1	남	×	○	ⓐ	?
자녀 2	여	○	×	?	ⓑ
자녀 3	남	○	○	ⓒ	ⓓ

(○: 발현됨, ×: 발현되지 않음)

이에 대한 설명으로 옳은 것만을 〈보기〉에서 있는 대로 고른 것은? (단, 돌연변이와 교차는 고려하지 않으며, A, A*, B, B* 각각의 1개당 DNA 상대량은 1이다.)

┌─ 보기 ─
ㄱ. (가)는 우성 형질이다.
ㄴ. ⓐ+ⓑ+ⓒ+ⓓ=4이다.
ㄷ. 자녀 3의 동생이 태어날 때, 이 아이에게서 (가)와 (나)가 모두 발현될 확률은 $\frac{1}{4}$이다.

① ㄱ　　② ㄴ　　③ ㄷ　　④ ㄱ, ㄷ　　⑤ ㄴ, ㄷ

07 다음은 어떤 가족의 유전 형질 (가)와 (나)에 대한 자료이다.

- (가)는 상염색체에 있는 1쌍의 대립유전자에 의해 결정되며, 대립유전자에는 E, F, G가 있다. (가)의 표현형은 4가지이며, (가)의 유전자형이 EG인 사람과 EE인 사람의 표현형은 같고, 유전자형이 FG인 사람과 FF인 사람의 표현형은 같다.
- (나)는 서로 다른 상염색체에 있는 3쌍의 대립유전자 H와 h, R와 r, T와 t에 의해 결정된다. (나)의 표현형은 유전자형에서 대문자로 표시되는 대립유전자의 수에 의해서만 결정되며, 이 대립유전자의 수가 다르면 표현형이 다르다.
- 가계도는 구성원 1∼4를 나타낸 것이다. 가계도에 (가)와 (나)에 대한 표현형은 나타내지 않았다. 1∼4의 (가)에 대한 표현형은 모두 다르며, (나)에 대한 유전자형은 모두 같다.
- 4의 동생이 태어날 때, 이 아이에게서 나타날 수 있는 (가)와 (나)의 표현형은 최대 28가지이다.

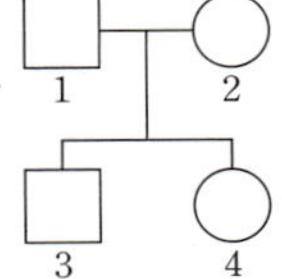

이에 대한 설명으로 옳은 것만을 〈보기〉에서 있는 대로 고른 것은? (단, 돌연변이와 교차는 고려하지 않는다.)

| 보기 |
ㄱ. (가)의 유전은 복대립 유전이다.
ㄴ. 2의 (나)에 대한 유전자형은 HhRrTt이다.
ㄷ. 4의 동생이 태어날 때, 이 아이의 (가)와 (나)에 대한 표현형이 1과 같을 확률은 $\dfrac{5}{64}$이다.

① ㄱ ② ㄴ ③ ㄱ, ㄷ ④ ㄴ, ㄷ ⑤ ㄱ, ㄴ, ㄷ

07 하나의 형질을 결정하는 데 관여하는 대립유전자가 여러 쌍인 유전 현상을 ☐☐☐ 유전이라고 한다.

08 다음은 어떤 집안의 ABO식 혈액형, 적록 색맹, 유전 형질 (가)에 대한 자료이다.

- (가)는 대립유전자 T와 T*에 의해 결정되며, T는 T*에 대해 완전 우성이다.
- (가)의 유전자는 ABO식 혈액형 유전자와 적록 색맹 유전자 중 하나와 같은 염색체에 있다.
- 가계도는 구성원 1∼9에게서 적록 색맹과 (가)의 발현 여부를, 표는 구성원 4, 5, 8, 9의 혈액 응집 반응 결과를 나타낸 것이다.

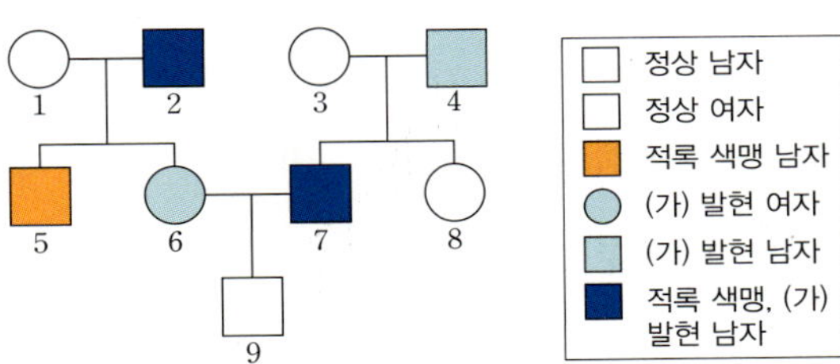

구분	항 A 혈청	항 B 혈청
4의 혈액	−	
5의 혈액	+	?
8의 혈액	−	−
9의 혈액	+	+

(+ : 응집함, − : 응집 안 함)

- 구성원 1, 2, 5, 6의 ABO식 혈액형은 모두 다르다.

이에 대한 설명으로 옳은 것만을 〈보기〉에서 있는 대로 고른 것은? (단, 돌연변이와 교차는 고려하지 않는다.)

| 보기 |
ㄱ. (가)의 유전자는 ABO식 혈액형 유전자와 같은 염색체에 있다.
ㄴ. 4와 6의 ABO식 혈액형에 대한 유전자형은 서로 같다.
ㄷ. 9의 동생이 태어날 때, 이 아이가 적록 색맹이면서 (가)가 발현될 확률은 $\dfrac{1}{8}$이다.

① ㄱ ② ㄴ ③ ㄱ, ㄷ ④ ㄴ, ㄷ ⑤ ㄱ, ㄴ, ㄷ

08 적록 색맹은 정상에 대해 ☐☐ 형질이다.

531 PROJECT
S 11강

사람의 유전병

A 염색체 이상		B 유전자 이상	
염색체 구조 이상의 종류	★★★	유전자 돌연변이	★★☆
염색체 비분리에 의한 염색체 수의 이상	★★★	유전자 이상에 의한 유전병의 예	★★★
염색체 수 이상에 의한 유전병의 예	★★☆		

A 염색체 이상

1. 염색체 구조 이상

염색체 구조 이상
염색체 구조에 이상이 생기면 유전자가 없어지거나 유전자 발현에 영향을 주어 표현형이 바뀔 수 있다.

(1) 염색체 구조 이상의 종류

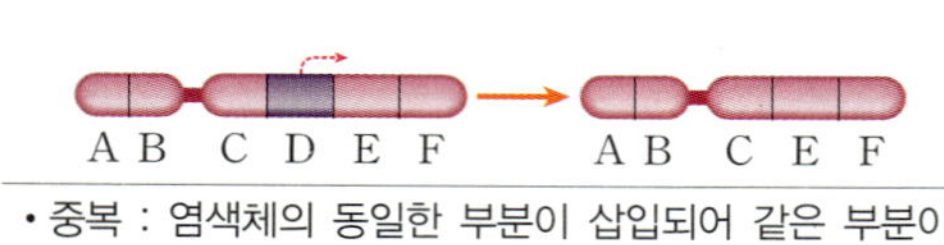

(2) 염색체 구조 이상에 의한 유전병

① 고양이 울음 증후군 : 5번 염색체의 일부가 결실되어 나타난다.

② 만성 골수성 백혈병 : 조혈 모세포에서 9번 염색체와 22번 염색체 사이에 전좌가 일어나 나타난다. 전좌가 일어난 조혈 모세포가 비정상적으로 과도하게 증식하여 백혈병이 나타난다.

2. 염색체 수 이상

염색체 비분리
세포 분열 과정에서 염색체가 제대로 분리되지 않는 현상이다.

(1) 염색체 수 이상 : 감수 분열 과정에서 일어나는 염색체 비분리에 의해 나타난다.

(2) 염색체 수 이상에는 정상인($2n$)보다 염색체 수가 한두 개 많거나 적은 이수성 돌연변이와 여분의 염색체 세트를 더 가진 배수성 돌연변이가 있다.

이수성 돌연변이와 배수성 돌연변이의 예
• 이수성 돌연변이 : 다운 증후군, 터너 증후군, 클라인펠터 증후군 등
• 배수성 돌연변이 : 씨 없는 수박($3n$), 감자($4n$) 등

남자에게서 성염색체 비분리가 일어났을 경우
• X 염색체와 Y 염색체를 모두 가진 정자가 형성되는 경우 ➡ 감수 1분열에서 염색체 비분리가 일어났다.
• X 염색체 2개 또는 Y 염색체 2개를 가진 정자가 형성되는 경우 ➡ 감수 2분열에서 염색체 비분리가 일어났다.

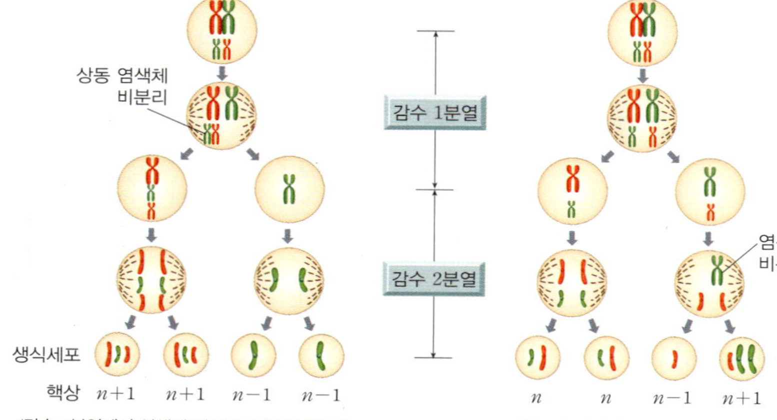

(3) 염색체 수 이상에 의한 유전병

① 다운 증후군 : 21번 염색체가 3개이다. 지적 장애, 심장 기형, 조기 노화 등이 나타난다.

② 에드워드 증후군 : 18번 염색체가 3개이다. 심한 지적 장애, 장기의 기형 등이 나타난다.

③ 터너 증후군 : 성염색체가 X이다. 외관상 여자이지만 난소의 발달이 불완전하다.

④ 클라인펠터 증후군 : 성염색체가 XXY이다. 외관상 남자이지만 정소의 발달이 불완전하다.

1. 유전자 돌연변이

(1) 유전자의 본체인 DNA의 염기 서열이 변해 나타나는 돌연변이이다.

(2) 염색체의 구조나 수에 영향을 주지 않기 때문에 핵형 분석으로 알아낼 수 없다.

(3) 유전자 분석법이나 선천적 대사 이상 검사와 같은 생화학적 분석법을 통해 알아낼 수 있다.

2. 유전자 이상에 의한 유전병

(1) **낫 모양 적혈구 빈혈증** : 헤모글로빈 유전자의 염기 1개가 바뀌어 아미노산 1개가 달라진 결과 구조가 변형된 돌연변이 헤모글로빈이 만들어지며, 돌연변이 헤모글로빈이 만들어지면 낮은 산소 농도에서 적혈구가 낫 모양이 된다.

(2) **페닐케톤뇨증** : 유전자 이상으로 특정 효소가 결핍되어 페닐알라닌이 타이로신으로 전환하지 못하기 때문에 체내에 페닐알라닌이 축적되어 중추 신경계를 손상시킨다.

(3) **알비노증(백색증)** : 유전자 이상으로 멜라닌 색소를 합성하는 데 관여하는 효소가 결핍되어 멜라닌 색소가 합성되지 않아 눈, 피부, 머리카락 등에 색소가 결핍된다.

(4) **헌팅턴 무도병** : 뇌 신경계 퇴행성 질환으로 대부분 35세~45세 이후에 증상이 나타나기 시작한다. 신경계가 점진적으로 파괴되면서 머리와 팔다리의 움직임이 통제되지 않고, 기억력과 판단력이 없어지는 등 지적 장애가 생긴다.

유전자 돌연변이
유전자 돌연변이는 DNA 복제 과정에서 자연적으로 생기기도 하지만, 방사선, 자외선, 화학 물질 등에 의해 생기기도 한다.

페닐케톤뇨증의 치료
페닐케톤뇨증은 초기에 발견하여 페닐알라닌이 포함된 단백질의 섭취를 제한하는 식이요법을 지속적으로 하면 병의 진행을 크게 늦출 수 있다.

기출 자료 | 분석

다음은 어떤 집안의 유전 형질 ㉠과 ㉡에 대한 자료이다.

- ㉠은 대립유전자 A와 A*에 의해, ㉡은 대립유전자 B와 B*에 의해 결정된다. A는 A*에 대해, B는 B*에 대해 각각 완전 우성이다.
- ㉠의 유전자와 ㉡의 유전자는 같은 염색체에 있다.
- 가계도는 구성원 1~8에게서 ㉠과 ㉡의 발현 여부를 나타낸 것이다.

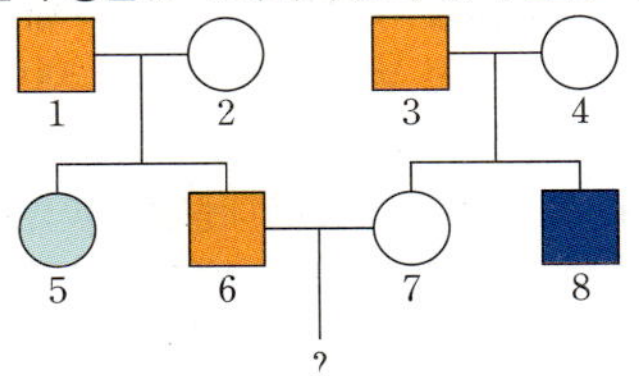

- 1~8의 핵형은 모두 정상이다.
- 5와 8 중 한 명은 정상 난자와 정상 정자가 수정되어 태어났다. 나머지 한 명은 염색체 수가 비정상적인 난자와 염색체 수가 비정상적인 정자가 수정되어 태어났으며, 이 난자와 정자의 형성 과정에서 각각 염색체 비분리가 1회씩 일어났다.
- $\dfrac{1, 2, 6\ 각각의\ 체세포\ 1개당\ A^*의\ DNA\ 상대량을\ 더한\ 값}{3, 4, 7\ 각각의\ 체세포\ 1개당\ A^*의\ DNA\ 상대량을\ 더한\ 값}=1$이다.

자료 체크 리스트
- [ ] ㉠과 ㉡의 유전 특징 파악하기
- [ ] 염색체 수가 비정상적인 생식세포의 수정으로 태어난 구성원 파악하기
- [ ] 부모의 생식세포 분열 과정 중 염색체 비분리가 일어난 시기 파악하기

---

step 1 · ㉠과 ㉡의 유전 특징 파악하기

㉠의 유전자가 상염색체에 있고 ㉠이 우성 형질이라면 ㉠에 대한 유전자형은 1이 AA*, 2가 A*A*, 6이 AA*, 3이 AA*, 4가 A*A*, 7이 A*A*이며, 이는 문제의 조건을 만족하지 않는다. ㉠의 유전자가 상염색체에 있고 ㉠이 열성 형질이라면 ㉠에 대한 유전자형은 1이 A*A*, 2가 AA*, 6이 A*A*, 3이 A*A*, 4가 AA*, 7이 AA*이며, 이는 문제의 조건을 만족하지 않는다. ㉠의 유전자가 X 염색체에 있고 ㉠이 우성 형질이라면 ㉠이 발현된 3으로부터 ㉠이 발현되지 않은 7이 태어날 수 없다. 따라서 ㉠의 유전자는 X 염색체에 있고, ㉠은 열성 형질이다. ㉡의 유전자도 X 염색체에 있는데, ㉡이 발현되지 않은 1과 2 사이에서 ㉡이 발현된 5가 태어났으므로 ㉡은 열성 형질이다.

step 2 · 염색체 수가 비정상적인 생식세포의 수정으로 태어난 구성원 파악하기

㉠과 ㉡에 대한 유전자형은 1이 $X^{A^*B}Y$이고, 2가 $X^{AB^*}X^{A^*B}$이다. 정상인 경우 1과 2 사이에서는 ㉡이 발현된 딸이 태어날 수 없다. 따라서 5는 염색체 수가 비정상적인 생식세포의 수정으로 태어났고, 8은 정상적인 생식세포의 수정으로 태어났다.

step 3 · 부모의 생식세포 분열 과정 중 염색체 비분리가 일어난 시기 파악하기

5는 1로부터 성염색체를 물려받지 않고 2로부터 A와 B*가 함께 있는 X 염색체 2개를 물려받았다. A와 B*가 함께 있는 X 염색체 2개를 갖는 난자가 형성되기 위해서는 감수 2분열에서 염색체 비분리가 일어나야 한다.

01
그림 (가)는 사람 A의 핵형 분석 결과를, (나)는 사람 B의 핵형 분석 결과를 나타낸 것이다.

이에 대한 설명으로 옳은 것만을 〈보기〉에서 있는 대로 고른 것은?

─ 보기 ├
ㄱ. (가)에서 페닐케톤뇨증의 여부를 알 수 있다.
ㄴ. B는 터너 증후군의 염색체 이상을 보인다.
ㄷ. $\dfrac{\text{(가)의 염색체 수}}{\text{(나)의 성염색체 수}} = \dfrac{47}{2}$ 이다.

① ㄴ　　② ㄷ　　③ ㄱ, ㄴ　　④ ㄱ, ㄷ　　⑤ ㄱ, ㄴ, ㄷ

02
다음은 클라인펠터 증후군이면서 적록 색맹인 철수에 대한 자료이다.

- 철수의 아버지와 어머니는 모두 정상이다.
- 그림 (가)는 철수 아버지의 정자 형성 과정을, (나)는 어머니의 난자 형성 과정을 나타낸 것이다. (가)와 (나)에서 비분리는 성염색체에서만 각각 1회씩 일어났으며, ⓒ은 중기의 세포이다.

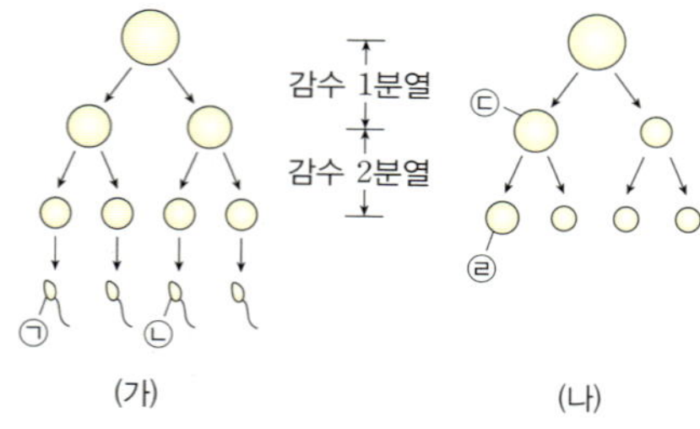

- 정자 ⓐ과 난자 ⓔ이 수정되어 철수가 태어났다.

이에 대한 설명으로 옳은 것만을 〈보기〉에서 있는 대로 고른 것은? (단, 제시된 비분리 이외의 다른 돌연변이는 고려하지 않는다.)

─ 보기 ├
ㄱ. (나)에서 염색체 비분리는 감수 2분열에서 일어났다.
ㄴ. ⓑ과 ⓒ의 염색체 수는 같다.
ㄷ. ⓑ의 세포 1개당 $\dfrac{\text{X 염색체 수}}{\text{상염색체 수}} = \dfrac{1}{22}$ 이다.

① ㄱ　　② ㄴ　　③ ㄷ　　④ ㄱ, ㄴ　　⑤ ㄱ, ㄷ

03
그림은 어떤 동물에서 정상 핵형을 가진 개체 Ⅰ의 세포 (가)와 염색체 구조 이상이 일어난 개체 Ⅱ의 세포 (나)와 (다) 각각에 들어 있는 상염색체와 성염색체를 한 쌍씩 나타낸 것이다. 이 동물의 성염색체는 암컷이 XX, 수컷이 XY이다. A는 a의 대립유전자이고, B는 b의 대립유전자이다. (나)와 (다)에서 염색체 구조 이상은 각각 1회만 일어났다.

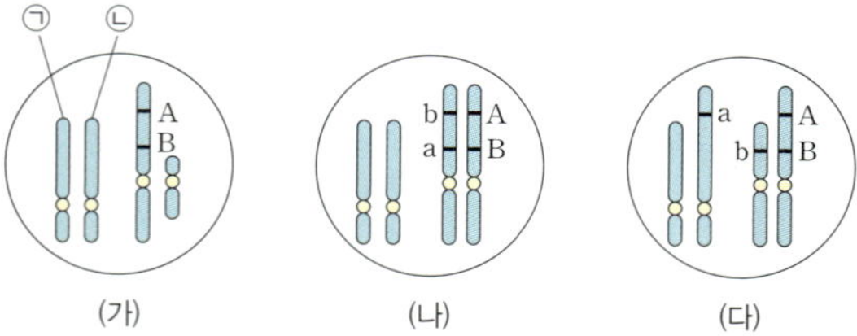

이에 대한 설명으로 옳은 것만을 〈보기〉에서 있는 대로 고른 것은? (단, 제시된 자료 이외의 염색체와 돌연변이는 고려하지 않는다.)

─ 보기 ├
ㄱ. ⓐ은 ⓑ의 상동 염색체이다.
ㄴ. (나)에는 중복이 일어난 염색체가 있다.
ㄷ. (다)에는 X 염색체에 있는 a가 상염색체로 전좌된 염색체가 있다.

① ㄱ　　② ㄷ　　③ ㄱ, ㄴ　　④ ㄱ, ㄷ　　⑤ ㄱ, ㄴ, ㄷ

04
사람의 유전 형질 ⓐ는 대립유전자 A와 a에 의해, ⓑ는 B와 b에 의해 결정된다. 그림은 어떤 남자에서 G_1기의 세포 Ⅰ로부터 정자가 형성되는 과정의 일부를, 표는 세포 ⓐ~ⓔ의 염색체 수와 대립유전자 A, a, B, b의 DNA 상대량을 나타낸 것이다. 정자가 형성되는 과정 중 감수 1분열에서 성염색체 비분리가 1회, 감수 2분열에서 1개의 상염색체 비분리가 1회 일어났다. ⓐ~ⓔ은 Ⅰ ~Ⅳ를 순서 없이 나타낸 것이고, Ⅱ와 Ⅲ은 중기의 세포이다.

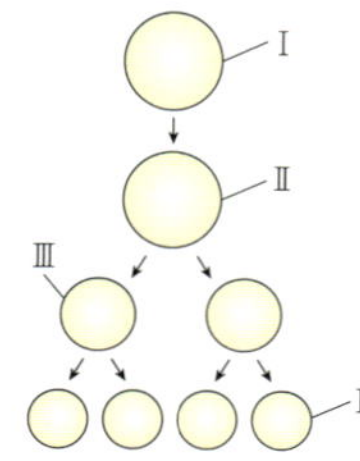

세포	염색체 수	DNA 상대량			
		A	a	B	b
ⓐ	?	1	0	1	?
ⓑ	23	1	0	0	0
ⓒ	?	0	?	2	0
ⓔ	46	?	?	2	2

이에 대한 설명으로 옳은 것만을 〈보기〉에서 있는 대로 고른 것은? (단, 교차와 제시된 비분리 이외의 돌연변이는 고려하지 않으며, A, a, B, b 각각의 1개당 DNA 상대량은 같다.)

─ 보기 ├
ㄱ. ⓒ은 Ⅲ이다.
ㄴ. ⓐ의 유전자는 성염색체에 있다.
ㄷ. ⓑ은 X 염색체와 Y 염색체를 모두 가지고 있다.

① ㄱ　　② ㄴ　　③ ㄱ, ㄷ　　④ ㄴ, ㄷ　　⑤ ㄱ, ㄴ, ㄷ

05 다음은 철수네 가족의 유전 형질 ㉠과 ㉡에 대한 자료이다.

> • ㉠은 대립유전자 A와 A*에 의해, ㉡은 대립유전자 B
> 와 B*에 의해 결정되며, 각 대립유전자 사이의 우열
> 관계는 분명하다.
> • 표는 철수네 가족 구성원에게서 ㉠과 ㉡의 발현 여부
> 와 체세포 1개당 A*와 B*의 DNA 상대량을 나타낸
> 것이다. 구성원 (가)~(다)는 아버지, 어머니, 누나를
> 순서 없이 나타낸 것이다.
>
> | 구성원 | 유전 형질 | | DNA 상대량 | |
> |---|---|---|---|---|
> | | ㉠ | ㉡ | A* | B* |
> | (가) | × | × | 0 | ? |
> | (나) | × | × | 1 | 1 |
> | (다) | ○ | ○ | 2 | 2 |
> | 형 | ○ | × | 1 | 1 |
> | 철수 | × | ○ | 1 | 2 |
>
> (○: 발현됨, ×: 발현 안 됨)
>
> • 생식세포 분열 시 염색체 비분리가 1회 일어나 ⓐ염
> 색체 수가 비정상적인 생식세포가 형성되었다. ⓐ와
> 정상 생식세포가 수정되어 철수가 태어났다. 철수의
> 체세포 1개당 염색체 수는 47이다.

이에 대한 설명으로 옳은 것만을 〈보기〉에서 있는 대로 고른 것은? (단, 제시된 염색체 비분리 이외의 돌연변이와 교차는 고려하지 않으며, A, A*, B, B* 각각의 1개당 DNA 상대량은 같다.)

> ┤보기├
> ㄱ. (가)는 아버지이다.
> ㄴ. ㉡의 유전자는 X 염색체에 있다.
> ㄷ. ⓐ가 형성될 때 염색체 비분리는 감수 2분열에서
> 　　일어났다.

① ㄱ　　　　② ㄷ　　　　③ ㄱ, ㄴ
④ ㄴ, ㄷ　　　⑤ ㄱ, ㄴ, ㄷ

06 다음은 어떤 가족의 유전 형질 (가)에 대한 자료이다.

> • (가)를 결정하는 3개의 유전자는 각각 대립유전자 A
> 와 a, B와 b, D와 d를 가진다.
> • (가)의 표현형은 유전자형에서 대문자로 표시되는 대
> 립유전자의 수에 의해서만 결정되며, 이 대립유전자
> 의 수가 다르면 표현형이 다르다.
> • 표는 이 가족 구성원 중 아버지, 어머니, 자녀 1, 자
> 녀 2의 (가)에 대한 유전자형에서 대문자로 표시되는
> 대립유전자의 수를 나타낸 것이다.
>
> | 구성원 | 대문자로 표시되는 대립유전자의 수 |
> |---|---|
> | 아버지 | 3 |
> | 어머니 | 3 |
> | 자녀 1 | 4 |
> | 자녀 2 | 7 |
>
> • 아버지와 어머니의 (가)에 대한 유전자형은 같다.
> • 자녀 2의 동생이 태어날 때, 이 아이에게서 나타날 수
> 있는 (가)의 표현형은 최대 5가지이다.
> • 생식세포 분열 시 염색체 비분리가 1회 일어나 ⓐ염
> 색체 수가 비정상적인 난자가 형성되었다. ⓐ와 정상
> 정자가 수정되어 아이가 태어났고, 이 아이는 자녀 1
> 과 자녀 2 중 한 명이다. 이 아이를 제외한 나머지 구
> 성원의 핵형은 모두 정상이다.

이에 대한 설명으로 옳은 것만을 〈보기〉에서 있는 대로 고른 것은? (단, 제시된 염색체 비분리 이외의 돌연변이와 교차는 고려하지 않는다.)

> ┤보기├
> ㄱ. (가)의 유전은 다인자 유전이다.
> ㄴ. 아버지에서 A, B, D를 모두 갖는 정자가 형성될
> 　　수 있다.
> ㄷ. ⓐ의 형성 과정에서 염색체 비분리는 감수 1분열에
> 　　서 일어났다.

① ㄱ　　　　② ㄷ　　　　③ ㄱ, ㄴ
④ ㄴ, ㄷ　　　⑤ ㄱ, ㄴ, ㄷ

기본 개념 확인

01 ☐☐☐☐☐ 증후군은 21번 염색체가 3개이며, ☐☐☐☐☐ 증후군은 성염색체가 XXY이다.

---

01 다음은 사람 A와 B의 핵형을 분석하는 실험이다.

[실험 과정 및 결과]

(가) A의 혈액에서 특정 세포 ⓐ만을, B의 혈액에서 특정 세포 ⓑ만을 분리하여 세포 분열을 유도한다. ⓐ와 ⓑ에 방추사의 형성을 억제하여 세포 분열을 중지시키는 물질을 처리한 후 염색한다.

(나) 염색된 세포를 분리하여 핵형을 분석한 결과는 그림과 같다.

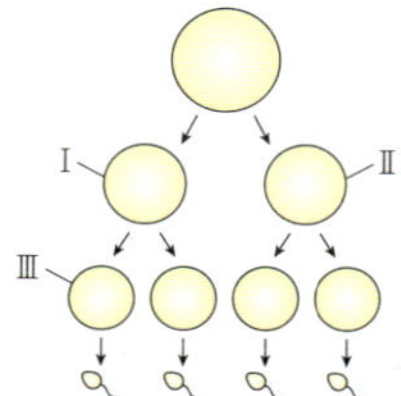

이에 대한 설명으로 옳은 것만을 〈보기〉에서 있는 대로 고른 것은? (단, 제시된 돌연변이 이외의 돌연변이는 고려하지 않는다.)

┤ 보기 ├
ㄱ. A의 핵형 분석 결과에서 페닐케톤뇨증 여부를 알 수 있다.
ㄴ. A는 클라인펠터 증후군의 염색체 이상을 보인다.
ㄷ. B는 다운 증후군의 염색체 이상을 보인다.

① ㄱ ② ㄴ ③ ㄱ, ㄴ ④ ㄱ, ㄷ ⑤ ㄴ, ㄷ

---

02 감수 1분열에서 염색체 비분리가 일어나면 핵상이 ☐☐☐, ☐☐☐인 생식세포만 형성된다.

---

02 사람의 유전 형질 ⓐ는 2쌍의 대립유전자 A와 a, B와 b에 의해 결정되며, ⓑ는 대립유전자 D와 d에 의해 결정된다. ⓐ의 유전자는 21번 염색체에, ⓑ의 유전자는 X 염색체에 있다. 그림은 남자 P에서 정자가 형성되는 과정의 일부를, 표는 세포 ㉠~㉢의 세포 1개당 A, B, D의 DNA 상대량을 더한 값을 나타낸 것이다. 정자가 형성되는 과정 중 감수 1분열에서 성염색체에서 비분리가 1회, 감수 2분열에서 1개의 상염색체 비분리가 1회 일어났다. ㉠~㉢은 각각 Ⅰ~Ⅲ 중 하나이고, Ⅰ과 Ⅱ는 감수 2분열 중기의 세포이다. P의 ⓐ에 대한 유전자형은 AABb이다.

세포	세포 1개당 A, B, D의 DNA 상대량을 더한 값
㉠	2
㉡	5
㉢	6

이에 대한 설명으로 옳은 것만을 〈보기〉에서 있는 대로 고른 것은? (단, 제시된 염색체 비분리 이외의 돌연변이와 교차는 고려하지 않으며, A, a, B, b, D, d 각각의 1개당 DNA 상대량은 1이다.)

┤ 보기 ├
ㄱ. ㉠은 Ⅱ이다.
ㄴ. ㉡은 X 염색체와 Y 염색체를 모두 가지고 있다.
ㄷ. 세포 1개당 21번 염색체의 수는 ㉡이 ㉠의 2배이다.

① ㄱ ② ㄴ ③ ㄱ, ㄷ ④ ㄴ, ㄷ ⑤ ㄱ, ㄴ, ㄷ

03 표는 사람의 유전병을 A와 B로 구분하여 나타낸 것이다. A와 B는 각각 염색체 돌연변이에 의한 유전병과 유전자 돌연변이에 의한 유전병 중 하나이다.

구분	유전병
A	고양이 울음 증후군, ㉠클라인펠터 증후군
B	㉡낫 모양 적혈구 빈혈증, 페닐케톤뇨증

이에 대한 설명으로 옳은 것만을 〈보기〉에서 있는 대로 고른 것은?

| 보기 |
ㄱ. A는 염색체 돌연변이에 의한 유전병이다.
ㄴ. 5번 염색체의 특정 부분이 결실된 사람에게서 ㉠이 나타난다.
ㄷ. ㉡은 남자와 여자에게서 모두 나타날 수 있다.

① ㄱ ② ㄴ ③ ㄱ, ㄷ
④ ㄴ, ㄷ ⑤ ㄱ, ㄴ, ㄷ

04 다음은 어떤 집안의 유전 형질 (가)와 (나)에 대한 자료이다.

- (가)는 대립유전자 A와 a에 의해, (나)는 대립유전자 B와 b에 의해 결정된다. A는 a에 대해, B는 b에 대해 각각 완전 우성이다.
- (가)와 (나)의 유전자 중 하나는 상염색체에 있고, 나머지 하나는 성염색체에 있다.
- 가계도는 1~9에게서 (가)와 (나)의 발현 여부를 나타낸 것이다.

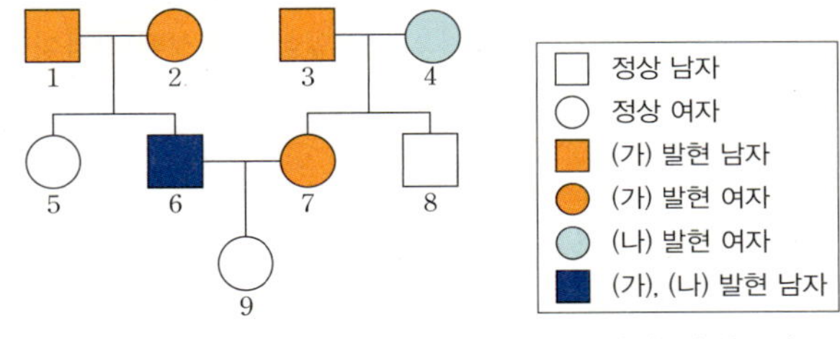

- 1과 9 각각의 체세포 1개당 A의 DNA 상대량을 더한 값과 3과 7 각각의 체세포 1개당 a의 DNA 상대량을 더한 값은 같다.
- 5는 생식세포 ⓐ와 정상 생식세포가, 8은 생식세포 ⓑ와 정상 생식세포가 수정되어 태어났다. ⓐ는 생식세포 분열 시 염색체에 결실이 1회 일어난 생식세포이며, 염색체 수는 정상이다. ⓑ는 생식세포 분열 시 염색체 비분리가 1회 일어나 염색체 수에 이상이 생긴 생식세포이다.

이에 대한 설명으로 옳은 것만을 〈보기〉에서 있는 대로 고른 것은? (단, 제시된 염색체 결실과 염색체 비분리 이외의 돌연변이와 교차는 고려하지 않는다.)

| 보기 |
ㄱ. ⓐ는 결실이 일어난 상염색체를 가지고 있다.
ㄴ. ⓑ는 감수 2분열에서 염색체 비분리가 일어나 형성된 정자이다.
ㄷ. 9의 동생이 태어날 때, 이 아이에게서 (가)와 (나)가 모두 발현될 확률은 $\frac{3}{16}$이다.

① ㄱ ② ㄷ ③ ㄱ, ㄴ
④ ㄴ, ㄷ ⑤ ㄱ, ㄴ, ㄷ

05 정상인 부모 사이에서 적록 색맹이고 터너 증후군인 아이가 태어났고, 부모 중 한 사람에게서만 생식세포 형성 과정에서 염색체 비분리가 일어났다면, 이 아이는 성염색체를 가지지 않은 [＿＿＿＿]와 정상 [＿＿＿＿]가 수정되어 태어났다.

05 다음은 어떤 가족의 유전 형질 (가)와 (나)에 대한 자료이다.

- (가)는 대립유전자 A와 A*에 의해, (나)는 대립유전자 B와 B*에 의해 결정된다. A는 A*에 대해, B는 B*에 대해 각각 완전 우성이다.
- (가)와 (나)의 유전자 중 하나는 21번 염색체에 있고, 나머지 하나는 성염색체에 있다.
- 표는 구성원의 성별, (가)와 (나)의 발현 여부, 체세포 1개당 A*와 B*의 DNA 상대량을 나타낸 것이다.

구성원	성별	유전 형질		DNA 상대량	
		(가)	(나)	A*	B*
아버지	남	×	○	0	1
어머니	여	○	×	ⓐ	?
자녀 1	남	○	×	?	?
자녀 2	여	×	○	?	ⓑ
자녀 3	남	○	×	?	?
자녀 4	남	×	×	ⓒ	?

(○: 발현됨, ×: 발현 안 됨)

- 생식세포 분열 시 부모 중 한 사람에게서만 염색체 비분리가 1회 일어나 ㉠염색체 수가 비정상적인 생식세포가 형성되었다. ㉠이 정상 생식세포와 수정되어 아이가 태어났다. 이 아이는 자녀 3과 자녀 4 중 하나이며, 체세포 1개당 염색체 수는 47이다. 이 아이를 제외한 나머지 구성원의 핵형은 모두 정상이다.

이에 대한 설명으로 옳은 것만을 〈보기〉에서 있는 대로 고른 것은? (단, 제시된 염색체 비분리 이외의 돌연변이와 교차는 고려하지 않으며, A, A*, B, B* 각각의 1개당 DNA 상대량은 1이다.)

| 보기 |
ㄱ. ⓐ+ⓑ+ⓒ=5이다.
ㄴ. 체세포 1개당 염색체 수가 47인 구성원은 자녀 4이다.
ㄷ. ㉠은 감수 1분열에서 염색체 비분리가 일어나 형성된 정자이다.

① ㄱ   ② ㄷ   ③ ㄱ, ㄴ
④ ㄱ, ㄷ   ⑤ ㄴ, ㄷ

S 대단원 예상 적중 자료 정리

① 세포 분열과 세포 주기   9강_ 79쪽 4번

그림 (가)는 어떤 식물($2n=16$)의 체세포 분열 과정 중에 있는 세포들을, (나)는 이 식물의 체세포를 배양한 후 세포당 DNA양에 따른 세포 수를 나타낸 것이다. 이 식물의 특정 형질에 대한 유전자형은 Tt이며, T는 t와 대립유전자이다.

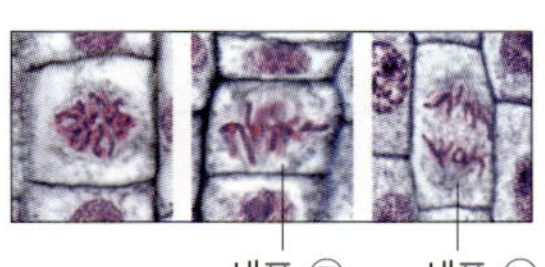

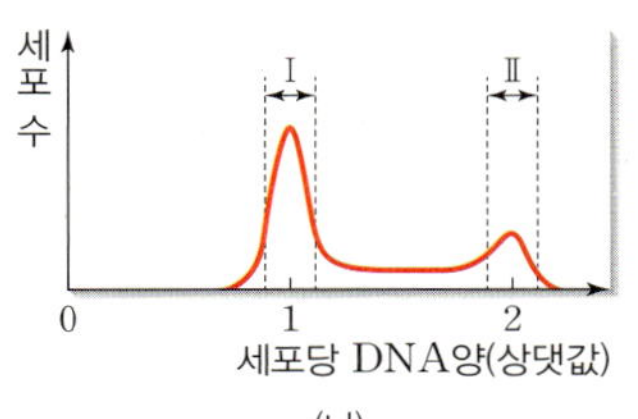

분석 포인트 ▶▶▶

세포의 염색체 모양을 바탕으로 체세포 분열 과정 중 어떤 시기인지 파악하고, 세포당 DNA 상대량으로 어떤 세포 주기에 해당하는 세포인지 파악한다.

자료 집중 분석

- ㉠은 체세포 분열 ① ☐☐☐☐ 의 세포이고, ㉡은 체세포 분열 ② ☐☐☐☐ 의 세포이다.
- 세포당 DNA양이 1인 세포는 ③ ☐☐☐☐ , 1과 2 사이의 세포는 S기, 2인 세포는 G_2기와 M기이다.
- 유전자형이 Tt인 식물에서 세포 1개당 T의 DNA양은 M기의 세포가 ④ ☐☐☐☐ , G_1기의 세포가 ⑤ ☐☐☐☐ 이다.
- 체세포 분열에서 핵상의 변화가 ⑥ ☐☐☐☐ .

② 생식세포 분열과 대립유전자   9강_ 81쪽 8번

사람의 유전 형질 ⓐ는 2쌍의 대립유전자 H와 h, T와 t에 의해 결정된다. 표는 사람 (가)의 세포 Ⅰ과 Ⅱ, 사람 (나)의 세포 Ⅲ과 Ⅳ에서 유전자 ㉠~㉢의 유무를, 그림은 Ⅰ~Ⅳ가 갖는 H와 t의 DNA 상대량을 나타낸 것이다. Ⅰ~Ⅳ는 중기의 세포이고, ㉠~㉢은 h, T, t를 순서 없이 나타낸 것이다.

유전자	(가)의 세포		(나)의 세포	
	Ⅰ	Ⅱ	Ⅲ	Ⅳ
㉠	×	?	×	×
㉡	○	×	?	○
㉢	○	○	○	×

(○: 있음, ×: 없음)

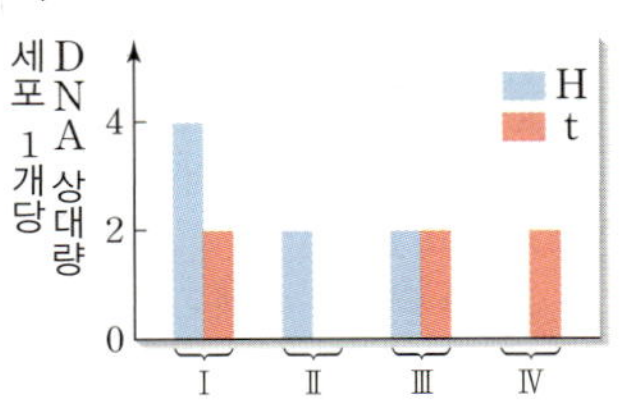

분석 포인트 ▶▶▶

세포가 가지고 있는 유전자의 종류를 바탕으로 세포의 핵상과 대립유전자를 파악한다.

자료 집중 분석

- Ⅰ은 ㉡, ㉢, H를 가지고 있으므로 핵상이 ⑦ ☐☐☐☐ 이다.
- Ⅰ에서 H의 DNA 상대량이 4이고, t의 DNA 상대량이 2이므로 Ⅰ은 감수 ⑧ ☐☐☐☐ 분열 중기의 세포이고, (가)의 세포에는 H와 h 중 H만 있다.
- Ⅰ에는 ㉠이 없으므로 ㉠은 ⑨ ☐☐☐☐ 이다. Ⅳ에는 t만 있으므로 ㉡은 t, ㉢은 T이다.
- Ⅳ에는 없는 H와 h는 ⑩ ☐☐☐☐ 에 있으며, (나)는 남자이다.
- Ⅲ에 H, ㉡(t), ㉢(T)이 있으므로 Ⅲ의 핵상은 $2n$이고, Ⅲ은 감수 ⑪ ☐☐☐☐ 분열 중기의 세포이다.

③ ABO식 혈액형과 성염색체 유전   10강_ 87쪽 3번

다음은 어떤 가족의 ABO식 혈액형과 유전 형질 (가)에 대한 자료이다.

- 표는 가족 구성원의 성별, ABO식 혈액형과 (가)의 발현 여부를 나타낸 것이다. ㉠, ㉡, ㉢은 ABO식 혈액형 중 하나이며, ㉠, ㉡, ㉢은 각각 서로 다르다.

구성원	성별	혈액형	(가)
아버지	남	㉠	×
어머니	여	㉡	○
자녀 1	여	㉢	×
자녀 2	여	㉠	×
자녀 3	남	㉠	○

(○: 발현됨, ×: 발현 안 됨)

- 아버지와 어머니 사이에서 O형인 아이가 태어날 수 있으며, 자녀 3의 혈액은 항 A 혈청에 응집 반응을 나타낸다.
- (가)는 대립유전자 T와 T*에 의해 결정되며, T는 T*에 대해 완전 우성이다.
- 아버지와 어머니 각각의 체세포 1개당 T*의 DNA 상대량을 더한 값과 자녀 1과 자녀 2 각각의 체세포 1개당 T*의 DNA 상대량을 더한 값은 같다.

분석 포인트 ▶▶▶

혈액의 응집 반응 결과로부터 구성원들의 ABO식 혈액형을, (가)의 발현 여부와 T*의 DNA 상대량으로부터 (가)의 유전 특성을 파악한다.

자료 집중 분석

- 아버지와 어머니 사이에서 O형인 아이가 태어날 수 있으므로 아버지와 어머니 모두 혈액형은 ⑫ ☐☐☐☐ 형이 아니다. 자녀 3의 혈액은 항 A 혈청에 응집 반응을 나타내므로 혈액형은 A형 또는 AB형이다. 따라서 ㉠은 A형이다.
- 어머니의 혈액형이 O형(㉡)이라면 혈액형이 ㉢(AB형 또는 B형)인 자녀가 태어날 수 없으므로 어머니의 혈액형은 ⑬ ☐☐☐☐ 형이다. 따라서 ㉢은 ⑭ ☐☐☐☐ 형 또는 O형이다.
- (가)의 유전자가 상염색체에 있고 (가)가 우성 형질이라면 (가)에 대한 유전자형은 아버지가 T*T*, 어머니가 TT*, 자녀 1이 T*T*, 자녀 2가 T*T*이다. 이는 문제의 조건을 만족하지 못한다. (가)의 유전자가 상염색체에 있고 (가)가 열성 형질이라면 (가)에 대한 유전자형은 아버지가 TT*, 어머니가 T*T*, 자녀 1이 TT*, 자녀 2가 TT*이다. 이는 문제의 조건을 만족하지 못한다. (가)의 유전자가 X 염색체에 있고 (가)가 우성 형질이라면 (가)에 대한 유전자형은 아버지가 T*Y, 어머니가 TT*, 자녀 1이 T*T*, 자녀 2가 T*T*이다. 이는 문제의 조건을 만족하지 못한다. 따라서 (가)의 유전자는 X 염색체에 있고 (가)는 ⑮ ☐☐☐☐ 형질이다.
- 각 구성원의 유전자형을 가계도에 표시하면 오른쪽 그림과 같다.

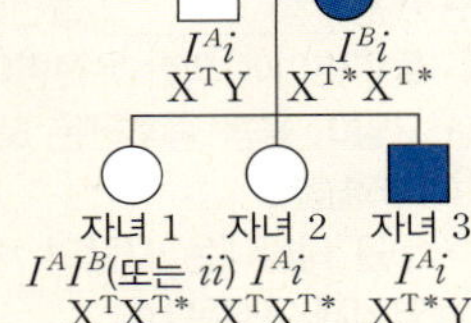

- ABO식 혈액형의 유전자형은 아버지가 $I^A i$, 어머니가 ⑯ ☐☐☐☐ 이므로 자녀 3의 동생이 태어날 때, 이 아이의 혈액형이 A형일 확률은 ⑰ ☐☐☐☐ 이다.
- (가)에 대한 유전자형은 아버지가 $X^T Y$, 어머니가 $X^{T*} X^{T*}$이므로 자녀 3의 동생이 태어날 때, 이 아이에게서 (가)가 발현될 확률은 ⑱ ☐☐☐☐ 이다.

④ 다인자 유전과 복대립 유전　　10강_ 89쪽 7번

다음은 어떤 가족의 유전 형질 (가)와 (나)에 대한 자료이다.

- (가)는 상염색체에 있는 1쌍의 대립유전자에 의해 결정되며, 대립유전자에는 E, F, G가 있다. (가)의 표현형은 4가지이며, (가)의 유전자형이 EG인 사람과 EE인 사람의 표현형은 같고, 유전자형이 FG인 사람과 FF인 사람의 표현형은 같다.
- (나)는 서로 다른 상염색체에 있는 3쌍의 대립유전자 H와 h, R와 r, T와 t에 의해 결정된다. (나)의 표현형은 유전자형에서 대문자로 표시되는 대립유전자의 수에 의해서만 결정되며, 이 대립유전자의 수가 다르면 표현형이 다르다.
- 가계도는 구성원 1~4를 나타낸 것이다. 가계도에 (가)와 (나)에 대한 표현형은 나타내지 않았다. 1~4의 (가)에 대한 표현형은 모두 다르며, (나)에 대한 유전자형은 모두 같다.
- 4의 동생이 태어날 때, 이 아이에게서 나타날 수 있는 (가)와 (나)의 표현형은 최대 28가지이다.

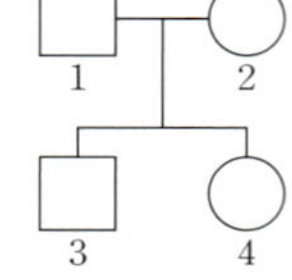

분석 포인트 ▶▶▶
다인자 유전과 복대립 유전의 특징을 파악한다.

자료 집중 분석

- (가)는 상염색체에 있는 1쌍의 대립유전자에 의해 결정되며, 대립유전자에는 E, F, G가 있으므로 (가)의 유전은 ⑲ ☐ 유전이다.
- (나)는 3쌍의 대립유전자에 의해 결정되므로 (나)의 유전은 ⑳ ☐ 유전이다.
- (가)의 유전자와 (나)의 대립유전자 1쌍이 같은 염색체에 있다면 4의 동생이 태어날 때, 이 아이에게서 나타날 수 있는 (가)와 (나)의 표현형은 최대 28가지가 될 수 없다. 따라서 (가)의 유전자와 (나)의 유전자는 서로 다른 ㉑ ☐ 에 있다.

⑤ 돌연변이에 의한 유전병　　11강_ 95쪽 3번

표는 사람의 유전병을 A와 B로 구분하여 나타낸 것이다. A와 B는 각각 염색체 돌연변이에 의한 유전병과 유전자 돌연변이에 의한 유전병 중 하나이다.

구분	유전병
A	고양이 울음 증후군, ㉠클라인펠터 증후군
B	㉡낫 모양 적혈구 빈혈증, 페닐케톤뇨증

분석 포인트 ▶▶▶
유전자 돌연변이에 의한 유전병과 염색체 돌연변이에 의한 유전병의 특징을 파악한다.

자료 집중 분석

- A는 ㉒ ☐ 돌연변이에 의한 유전병이고, B는 ㉓ ☐ 돌연변이에 의한 유전병이다.
- 고양이 울음 증후군은 5번 염색체의 특정 부분이 ㉔ ☐ 되어 나타난다.
- ㉠을 나타내는 사람의 체세포 1개에는 47개의 염색체가 있으며, 성염색체 구성은 ㉕ ☐ 이다.
- ㉡의 유전자는 ㉖ ☐ 에 있으므로 낫 모양 적혈구 빈혈증은 남자와 여자에게서 모두 나타날 수 있다.

⑥ 염색체 비분리　　11강_ 95쪽 4번

다음은 어떤 집안의 유전 형질 (가)와 (나)에 대한 자료이다.

- (가)는 대립유전자 A와 a에 의해, (나)는 대립유전자 B와 b에 의해 결정된다. A와 B는 a와 b에 대해 각각 완전 우성이다.
- (가)와 (나)의 유전자 중 하나는 상염색체에 있고, 나머지 하나는 성염색체에 있다.
- 가계도는 1~9에게서 (가)와 (나)의 발현 여부를 나타낸 것이다.

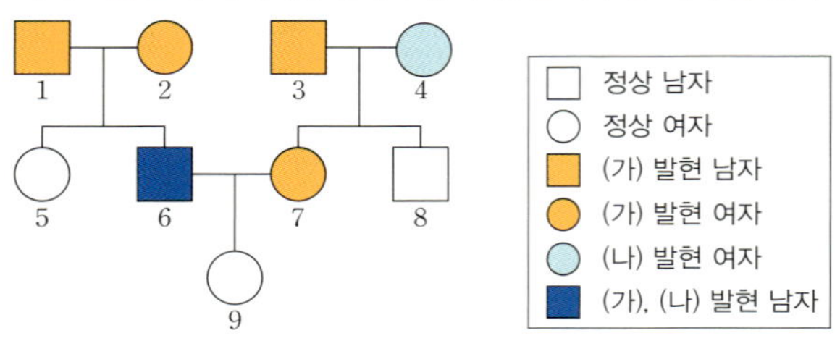

- 1과 9 각각의 체세포 1개당 A의 DNA 상대량을 더한 값과 3과 7 각각의 체세포 1개당 a의 DNA 상대량을 더한 값은 같다.
- 5는 생식세포 ⓐ와 정상 생식세포가, 8은 생식세포 ⓑ와 정상 생식세포가 수정되어 태어났다. ⓐ는 생식세포 분열 시 염색체에 결실이 1회 일어난 생식세포이며, 염색체 수는 정상이다. ⓑ는 생식세포 분열 시 염색체 비분리가 1회 일어나 염색체 수에 이상이 생긴 생식세포이다.

분석 포인트 ▶▶▶
(가)와 (나)의 유전 방식을 가계도와 단서를 통해 파악한 후 염색체 돌연변이에 의해 태어난 자손을 찾는다.

자료 집중 분석

- 6과 7에게서 (가)가 발현되었지만 9에게서는 (가)가 발현되지 않았으므로 (가)의 유전자는 ㉗ ☐ 에 있다.
- (나)의 유전자는 X 염색체에 있으며, 1과 2에게서 (나)가 발현되지 않았지만 6에게서 (나)가 발현되었으므로 (나)는 정상에 대해 ㉘ ☐ 형질이다.
- 4에게서 (나)가 발현되었지만 8에게서는 (나)가 발현되지 않았으므로 8은 3으로부터 X 염색체와 Y 염색체를 모두 물려받았다. 따라서 ⓑ의 형성 과정에서 염색체 비분리는 감수 ㉙ ☐ 분열에서 일어났다.
- 1과 9 각각의 체세포 1개당 A의 DNA 상대량을 더한 값과 3과 7 각각의 체세포 1개당 a의 DNA 상대량을 더한 값은 같고, 3은 Aa, 7은 Aa, 9는 aa이므로 1은 ㉚ ☐ 이다.
- 5는 (가)가 발현되어야 하는데 (가)가 발현되지 않았으므로 ⓐ의 형성 과정에서 ㉛ ☐ 의 결실이 일어났다.
- 가계도에 각 구성원의 유전자형을 표시하면 그림과 같다.
- 9의 동생이 태어날 때, 이 아이에게서 (가)가 발현될 확률은 ㉜ ☐ 이고, (나)가 발현될 확률은 ㉝ ☐ 이다. (가)와 (나)는 독립적으로 유전되므로 9의 동생이 태어날 때, 이 아이에게서 (가)와 (나)가 모두 발현될 확률은 $\frac{3}{8}$이다.

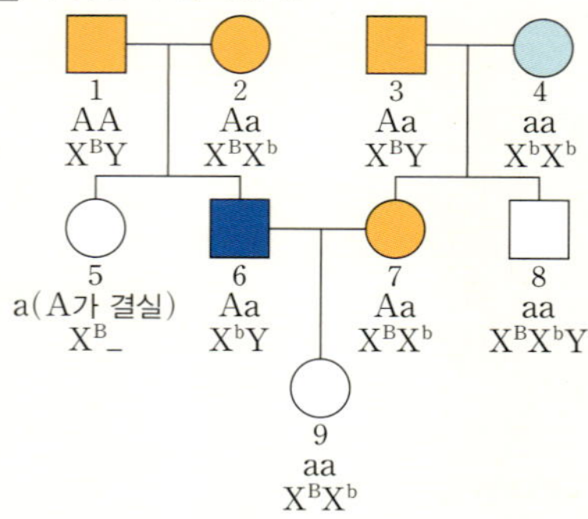

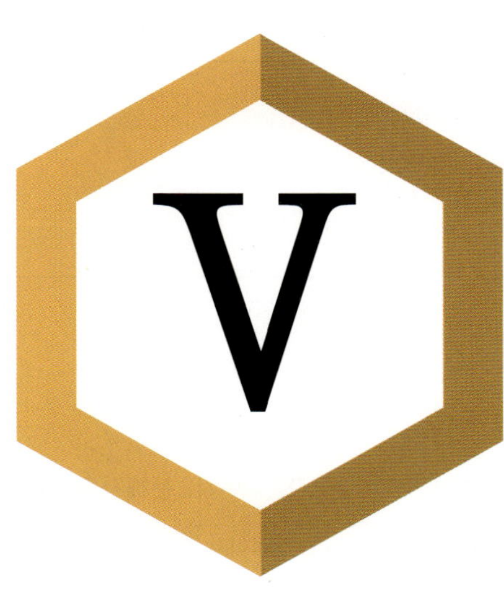

V

생태계와 상호 작용

531 PROJECT **S**

S 12강 생태계와 개체군

A 생태계		**B** 개체군의 특성	
생태계의 구성 요소	★★★	개체군의 밀도, 생장 곡선, 생존 곡선	★★★
생태계 구성 요소 사이의 상호 관계	★★★	개체군의 주기적 변동	★★☆
생물과 환경	★★☆	개체군 내의 상호 작용	★★★

A 생태계

1. 생태계의 구성 요소

(1) **생물적 요인** : 생태계의 모든 생물로 역할에 따라 생산자, 소비자, 분해자로 구분된다.

생산자	빛에너지를 이용해 무기물로부터 유기물을 합성하는 생물이다. 예 식물, 조류
소비자	다른 생물을 먹어 유기물을 얻는 생물이다. 예 초식 동물, 육식 동물
분해자	유기물을 무기물로 분해하여 에너지를 얻는 생물이다. 예 세균, 곰팡이, 버섯

조류
광합성을 하는 원생생물로, 주로 수중 생태계에서 생산자의 역할을 한다.

(2) **비생물적 요인** : 생물을 둘러싼 환경으로 생물의 생존에 영향을 미친다. 예 빛, 온도, 공기, 물, 토양, 중력 등과 같은 무기 환경

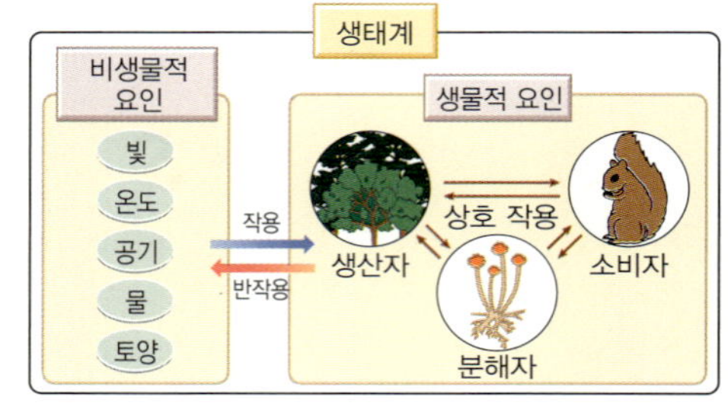

2. 생태계 구성 요소 사이의 상호 관계

(1) 비생물적 요인과 생물적 요인은 서로 영향을 주고받는다.

(2) 생물적 요인 사이에 서로 영향을 주고받는다.

3. 생물과 환경

빛과 생물	• 빛을 많이 받는 양엽은 빛을 적게 받는 음엽보다 울타리 조직이 발달해 잎의 두께가 두껍다. • 바다의 깊이에 따라 해조류의 분포가 다르다.
온도와 생물	• 온대 지방의 낙엽수는 기온이 내려가면 단풍이 들고 잎을 떨어뜨린다. • 포유류는 추운 지방에 사는 동물일수록 몸집이 커지고, 몸의 말단 부위가 작아지는 경향이 있다.
물과 생물	• 건조한 육상에 사는 곤충은 몸 표면이 키틴질로, 파충류는 비늘로 덮여 있다. • 사막에 사는 낙타와 캥거루쥐는 농도가 진한 오줌을 배설한다.
토양, 공기와 생물	• 공기가 많은 토양 표면에는 호기성 세균이, 공기가 적은 토양 깊은 곳에는 혐기성 세균이 서식한다. • 고산 지대에 사는 사람은 평지에 사는 사람보다 적혈구 수가 많다.

빛의 파장에 따른 해조류의 분포
파장이 긴 적색광은 바다 얕은 곳까지만 투과하고, 파장이 짧은 청색광은 바다 깊은 곳까지 투과한다. 따라서 바다 얕은 곳에는 광합성에 적색광을 주로 이용하는 녹조류가, 바다 깊은 곳에는 광합성에 청색광을 주로 이용하는 홍조류가 많이 분포한다.

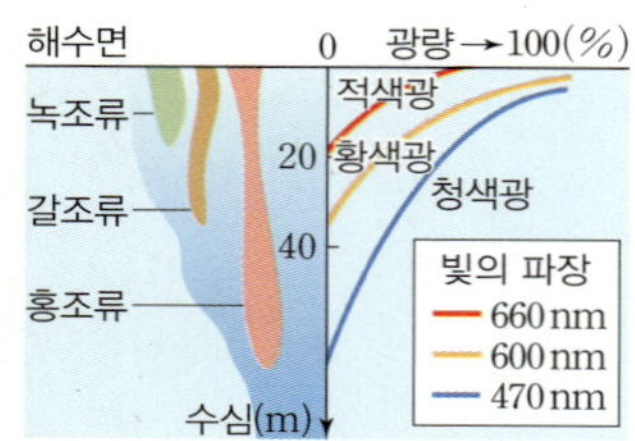

B 개체군의 특성

1. 개체군의 밀도

(1) **개체군의 밀도** : 일정한 공간에 서식하는 개체군의 개체 수이다.

$$\text{개체군의 밀도} = \frac{\text{개체군을 구성하는 개체 수}}{\text{개체군이 서식하는 공간의 면적}}$$

(2) **개체군의 밀도를 변화시키는 요인** : 출생과 이입, 사망과 이출

2. 개체군의 생장 곡선

(1) **개체군의 생장 곡선** : 개체군 내의 개체 수가 시간에 따라 증가하는 것을 그래프로 나타낸 것이며, 이론적 생장 곡선과 실제 생장 곡선의 차이는 환경 저항에 의한 것이다.

(2) 개체 수가 증가할수록 먹이 부족, 서식 공간의 부족, 노폐물의 증가와 같은 환경 저항에 의해 번식력이 낮아진다.

(3) **환경 수용력** : 한 서식지에서 증가할 수 있는 개체 수의 한계이다.

환경 저항
먹이의 부족, 생활 공간의 부족 등 개체군의 생장을 억제하는 요인이다. 일반적으로 개체 수가 증가할수록 환경 저항도 증가한다.

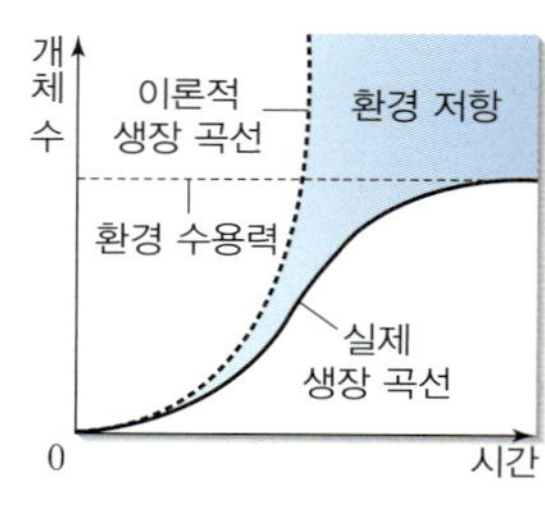

3. **개체군의 생존 곡선** 동시에 출생한 일정 수의 개체에 대해 살아남은 개체 수를 시간에 따라 그래프로 나타낸 것이다.

Ⅰ형	어릴 때 사망률이 낮음 예 인간, 코끼리 같은 대형 포유류
Ⅱ형	연령대별 사망률이 일정함 예 다람쥐와 같은 설치류, 히드라, 기러기
Ⅲ형	어릴 때 사망률이 매우 높음 예 대부분의 물고기, 굴

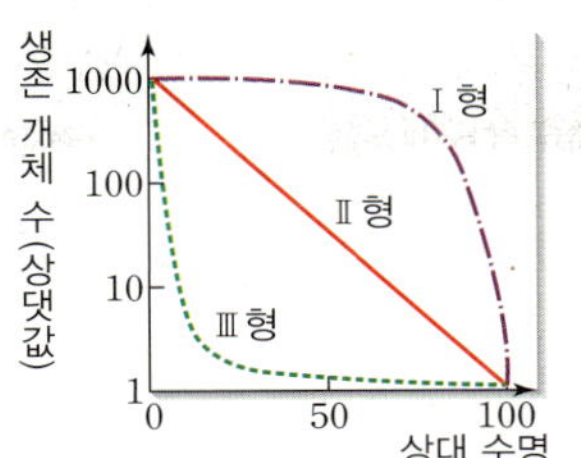

○── **개체군의 사망률 곡선**
생존 곡선 Ⅰ∼Ⅲ형의 연령대별 사망률을 그래프로 나타내면 다음과 같다.

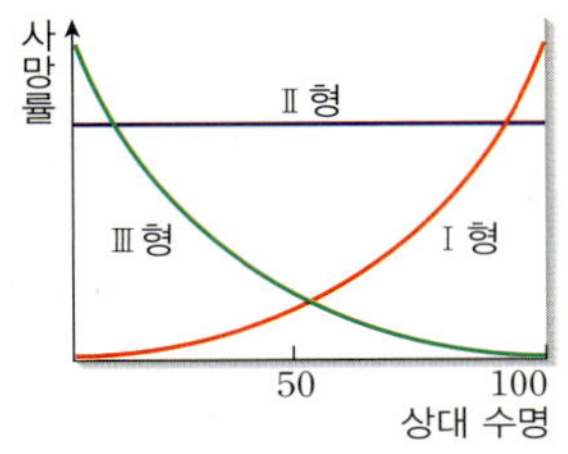

4. **개체군의 연령 피라미드** 개체군의 연령층에 따른 개체 수 비율을 차례로 쌓아올린 그림을 말하며, 발전형, 안정형, 쇠퇴형으로 나뉜다.

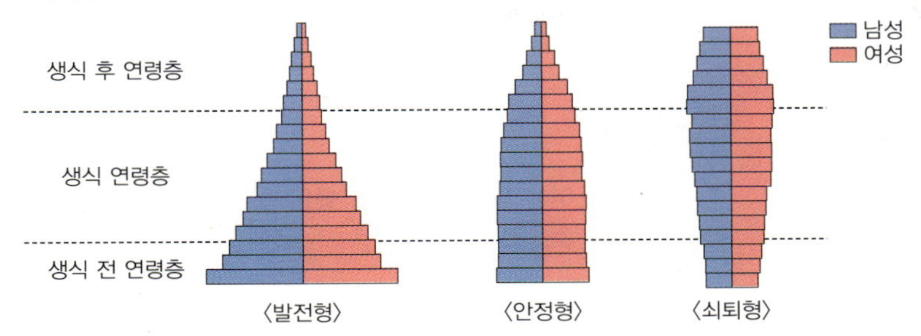

5. **개체군의 주기적 변동**
(1) **계절적 변동** : 환경 요인이 계절에 따라 주기적으로 변하면 개체군의 크기도 계절에 따라 주기적으로 변동한다. 예 돌말 개체군의 계절적 변동
(2) **포식과 피식에 따른 장기적 변동** : 포식과 피식에 의해 두 개체군의 크기가 주기적으로 변동한다. 예 눈신토끼와 스라소니의 개체 수 변동

6. **개체군 내의 상호 작용**
(1) **텃세** : 개체 또는 무리가 일정한 생활 공간을 먼저 차지하고 다른 개체의 접근을 막는 것 ➡ 개체를 분산시켜 불필요한 경쟁이나 싸움을 방지할 수 있다. 예 은어, 치타, 얼룩말, 까치, 백로 등
(2) **순위제** : 힘의 서열에 따라 일정한 순위를 정하는 행동이나 관계 ➡ 개체군 내의 질서가 유지되며 불필요한 경쟁을 줄일 수 있다. 예 닭, 큰뿔양, 일본원숭이 등
(3) **리더제** : 한 개체가 리더가 되어 개체군의 행동을 지휘하는 것 ➡ 개체군의 행동을 지휘하여 질서를 유지한다. 예 양, 기러기, 늑대 등
(4) **사회생활** : 각 개체들이 역할을 분담하고, 이들의 협력으로 전체 개체군이 유지되는 것 ➡ 독자적인 생활이 어렵다. 예 꿀벌, 개미 등
(5) **가족생활** : 혈연관계의 개체들이 무리지어 생활한다. 예 사자, 호랑이, 코끼리 등

○── **돌말**
규조류에 속하는 식물 플랑크톤으로, 엽록소가 있어 광합성을 한다.

○── **포식자와 피식자의 개체 수 변화**
일반적으로 포식자의 개체 수보다 피식자의 개체 수가 더 많고, 피식자의 개체 수 변화가 포식자의 개체 수 변화보다 먼저 일어난다.

○── **순위제와 리더제의 차이**
순위제는 모든 개체 사이에 서열이 정해져 있지만, 리더제는 리더를 제외한 나머지 개체 사이에는 서열이 없다.

기출 자료 | 분석

그림 (가)는 식물 개체군 A의, (나)는 식물 개체군 B의 시간에 따른 개체 수를 나타낸 것이다. A는 지역 ㉠에, B는 지역 ㉡에 서식하며, ㉡의 면적은 ㉠의 2배이다.

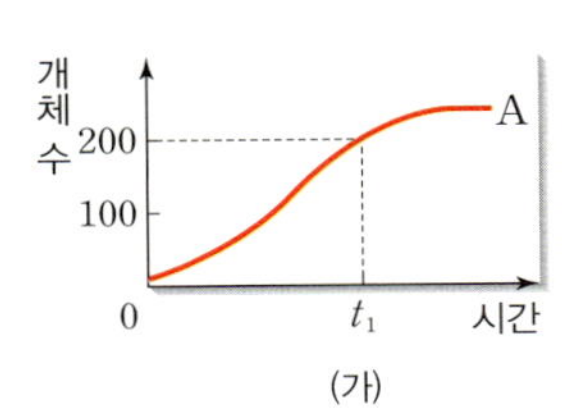

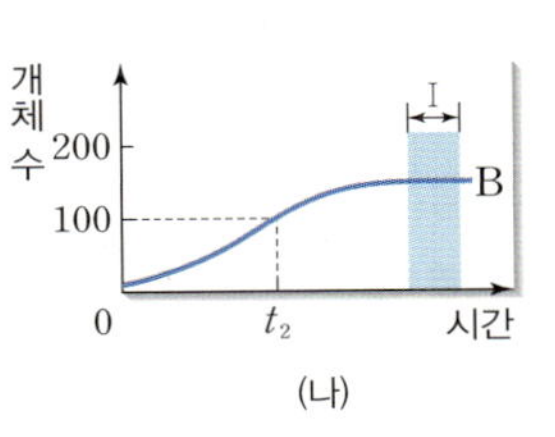

자료 체크 리스트
☐ 개체군의 생장 곡선
☐ 환경 저항
☐ 개체군의 밀도

step 1 **개체군의 정의와 생장 곡선 이해하기**
일정한 지역에서 같은 종의 개체들이 무리를 이루어 생활하는 집단을 개체군이라고 하며, 실제 생장 곡선은 S자형으로 나타난다.

step 2 **구간 Ⅰ에서의 환경 저항 파악하기**
실제 생장 곡선에서 개체 수가 많을수록 개체 간에 경쟁이 심해져 환경 저항이 증가하므로 구간 Ⅰ에서 환경 저항이 크게 작용한다.

step 3 **개체군의 밀도 구하기**
㉠의 면적을 x라고 하면 ㉡의 면적은 $2x$가 된다. t_1일 때 A의 개체군 밀도는 $\frac{200}{x}$, t_2일 때 B의 개체군 밀도는 $\frac{100}{2x}$이므로 t_1일 때 A의 개체군 밀도는 t_2일 때 B의 개체군 밀도의 4배이다.

01 그림은 생태계를 구성하는 요소 사이의 상호 관계를 나타낸 것이다. [수능 기출 변형]

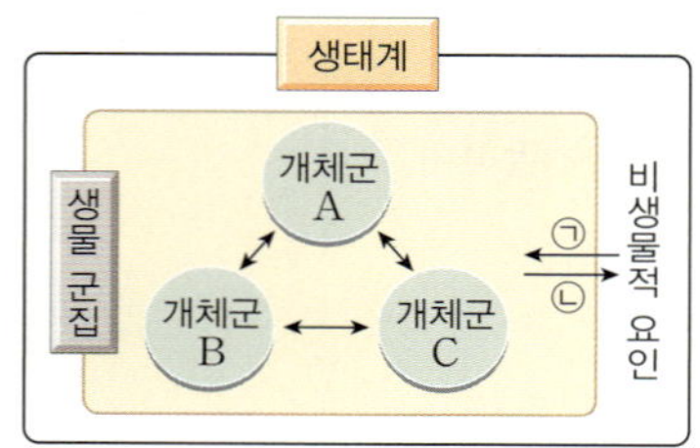

이에 대한 설명으로 옳은 것만을 〈보기〉에서 있는 대로 고른 것은?

> **보기**
> ㄱ. 미생물은 비생물적 요인에 해당한다.
> ㄴ. 개체군 A는 하나의 종으로만 구성된다.
> ㄷ. 낙엽이 떨어져 토양의 양분이 되는 것은 ㉠에 해당한다.

① ㄱ ② ㄴ ③ ㄷ
④ ㄱ, ㄴ ⑤ ㄱ, ㄷ

03 그림은 생태계를 구성하는 요소 사이의 상호 관계와 생물 군집 내 탄소의 이동을, 표는 A~C의 예를 나타낸 것이다. A~C는 생산자, 소비자, 분해자를 순서 없이 나타낸 것이다. [교육청 기출 변형]

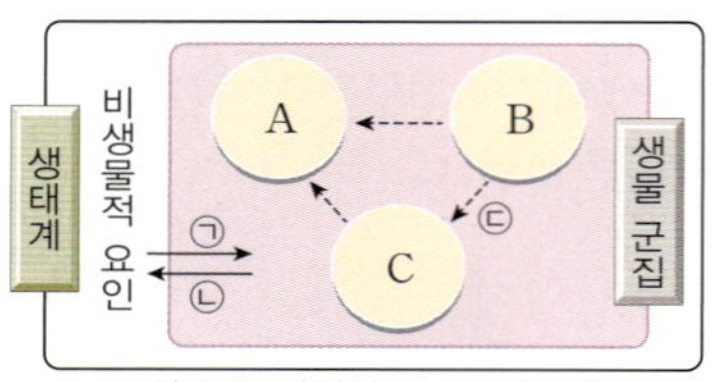

구분	예
A	버섯
B	?
C	?

이에 대한 설명으로 옳은 것만을 〈보기〉에서 있는 대로 고른 것은?

> **보기**
> ㄱ. 토끼풀은 B의 예에 해당한다.
> ㄴ. 고산 지대에 사는 사람이 평지에 사는 사람에 비해 적혈구 수가 많은 것은 ㉡에 해당한다.
> ㄷ. ㉢ 과정에서 에너지도 함께 이동한다.

① ㄱ ② ㄴ ③ ㄱ, ㄷ
④ ㄴ, ㄷ ⑤ ㄱ, ㄴ, ㄷ

02 그림은 생태계를 구성하는 요소 사이의 상호 관계를 나타낸 것이다. [평가원 기출 변형]

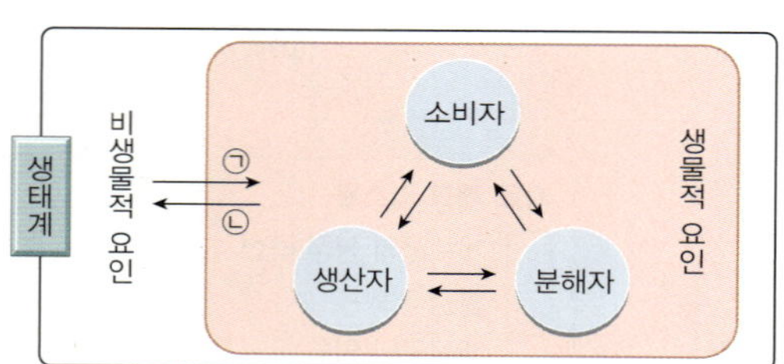

이에 대한 설명으로 옳은 것만을 〈보기〉에서 있는 대로 고른 것은?

> **보기**
> ㄱ. 초식 동물은 소비자이다.
> ㄴ. 추운 날씨에 상록수가 체내 삼투압을 높이는 것은 ㉠에 해당한다.
> ㄷ. 꾀꼬리가 봄에 산란하고 송어가 가을에 번식하는 것은 ㉡에 해당한다.

① ㄱ ② ㄷ ③ ㄱ, ㄴ
④ ㄴ, ㄷ ⑤ ㄱ, ㄴ, ㄷ

04 그림 (가)는 생태계를 구성하는 요소 사이의 상호 관계를, (나)는 3종의 휘파람새 A~C가 활동 영역을 달리하여 살아가는 모습을 나타낸 것이다. [교육청 기출 변형]

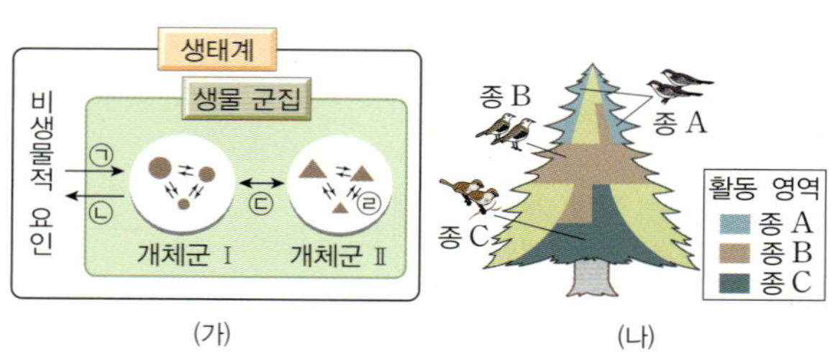

이에 대한 설명으로 옳은 것만을 〈보기〉에서 있는 대로 고른 것은?

> **보기**
> ㄱ. ㉠은 반작용이다.
> ㄴ. 사막여우가 북극여우보다 몸의 말단 부위가 큰 것은 ㉡에 해당한다.
> ㄷ. (나)에서 A~C 사이의 상호 작용은 ㉢에 해당한다.

① ㄱ ② ㄷ ③ ㄱ, ㄴ
④ ㄴ, ㄷ ⑤ ㄱ, ㄴ, ㄷ

05 그림은 어떤 개체군의 실제 생장 곡선과 이론적 생장 곡선을 나타낸 것이다. A와 B는 각각 실제 생장 곡선과 이론적 생장 곡선 중 하나이다.

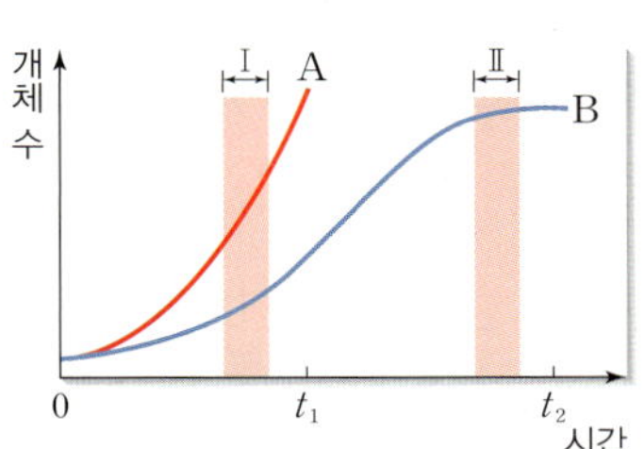

이에 대한 설명으로 옳은 것만을 〈보기〉에서 있는 대로 고른 것은? (단, 이 개체군에서 이입과 이출은 없다.)

┌ 보기 ┐
ㄱ. A는 환경 저항이 없을 때의 개체군 생장 곡선이다.
ㄴ. B에서 개체군 내 개체 사이의 경쟁은 t_1일 때가 t_2일 때보다 많이 일어난다.
ㄷ. B에서 단위 시간당 개체 수 증가율은 구간 Ⅱ에서가 구간 Ⅰ에서보다 크다.

① ㄱ ② ㄴ ③ ㄱ, ㄷ
④ ㄴ, ㄷ ⑤ ㄱ, ㄴ, ㄷ

06 그림은 먹이의 양이 서로 다른 두 조건 A와 B에서 종 ⓐ를 각각 단독 배양했을 때 시간에 따른 개체 수를 나타낸 것이다. 먹이의 양은 A가 B보다 많다.

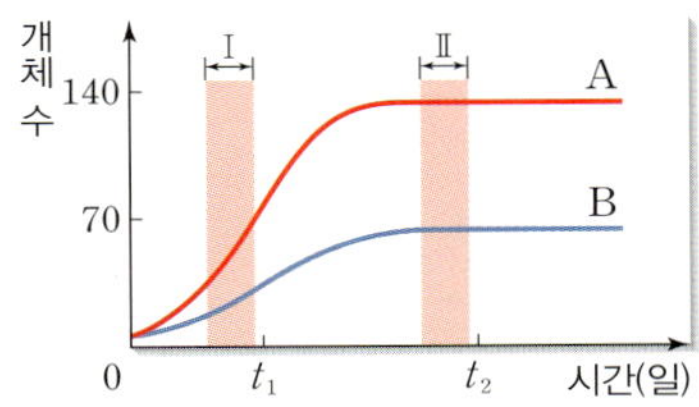

이에 대한 설명으로 옳은 것만을 〈보기〉에서 있는 대로 고른 것은? (단, 제시된 조건 이외의 다른 조건은 고려하지 않는다.)

┌ 보기 ┐
ㄱ. 환경 수용력은 A에서가 B에서보다 크다.
ㄴ. 구간 Ⅱ에서 출생률은 A와 B에서 모두 0이다.
ㄷ. A에서 환경 저항은 구간 Ⅱ에서가 구간 Ⅰ에서보다 크다.

① ㄱ ② ㄴ ③ ㄱ, ㄷ
④ ㄴ, ㄷ ⑤ ㄱ, ㄴ, ㄷ

07 그림 (가)는 종 A의 생장 곡선을, (나)는 어떤 생태계에서 시간에 따른 종 B와 종 C의 개체 수를 나타낸 것이다.

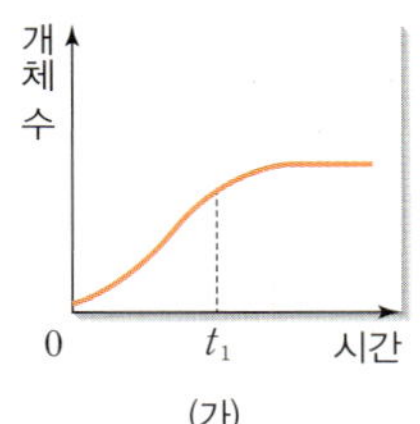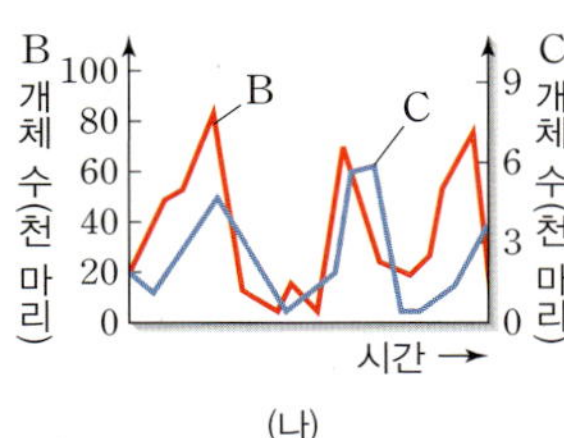

이에 대한 설명으로 옳은 것만을 〈보기〉에서 있는 대로 고른 것은?

┌ 보기 ┐
ㄱ. t_1일 때 $\dfrac{사망률}{출생률}$ 은 1보다 크다.
ㄴ. B는 C의 피식자이다.
ㄷ. (나)에서 B와 C의 개체 수 변동을 일으키는 주된 상호 작용은 종간 경쟁이다.

① ㄱ ② ㄴ ③ ㄱ, ㄷ
④ ㄴ, ㄷ ⑤ ㄱ, ㄴ, ㄷ

08 표는 생물 간의 상호 작용 A~C의 예를 나타낸 것이다. A~C는 각각 리더제, 순위제, 사회생활 중 하나이다.

구분	예
A	개체들 사이에서 가장 덩치가 크고 힘이 센 닭으로부터 시작해 모이를 쪼는 순서가 정해져 있다.
B	기러기는 한 개체가 리더가 되어 ㉠다른 개체들을 이끈다.
C	개미 개체군 사이에서 여왕개미는 생식, 병정개미는 방어, 일개미는 먹이 획득을 담당하고 있다.

이에 대한 설명으로 옳은 것만을 〈보기〉에서 있는 대로 고른 것은?

┌ 보기 ┐
ㄱ. A는 리더제이다.
ㄴ. ㉠ 사이에는 서열이 없다.
ㄷ. C는 개체들을 분산시켜 개체군의 밀도를 알맞게 조절해 주는 기능을 한다.

① ㄱ ② ㄴ ③ ㄱ, ㄷ
④ ㄴ, ㄷ ⑤ ㄱ, ㄴ, ㄷ

기본 개념 확인

01 하나의 종으로 구성된 집단을 개체군이라 하고, 여러 개체군이 모여 구성된 집단을 [   ]이라고 한다.

---

01 그림은 생태계 구성 요소 사이의 관계를 나타낸 것이고, 표는 숲에 관한 어떤 신문 기사의 일부를 발췌한 것이다. Ⅰ~Ⅲ은 생산자, 소비자, 분해자를 순서 없이 나타낸 것이다.

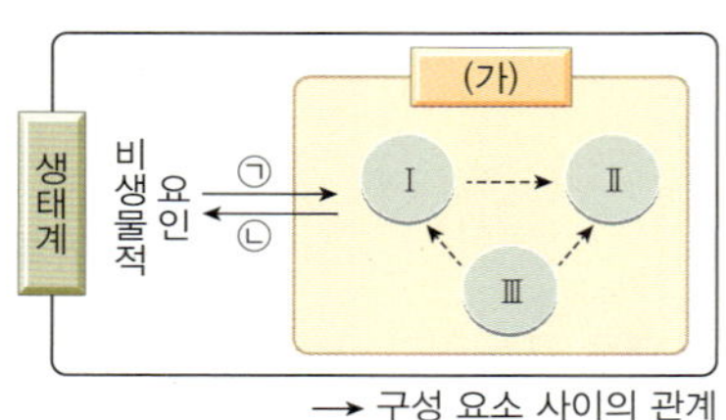

숲에서는 ⓐ 나무가 광합성을 하기 때문에 산소를 방출하여 맑은 공기를 마실 수 있다. ⓑ 숲의 나무뿌리와 크고 작은 풀 등은 흙이 흘러내리는 것을 막아주는 역할도 한다. 또한, ⓒ 숲이 우거지면 숲 바닥의 습도가 높아져서 습한 곳에서 자라는 생물의 성장을 도와줄 수 있다.

이에 대한 설명으로 옳은 것만을 〈보기〉에서 있는 대로 고른 것은?

| 보기 |
ㄱ. (가)는 두 종 이상의 개체군으로 구성된다.
ㄴ. Ⅰ을 구성하는 개체에서는 빛에너지를 화학 에너지로 전환하는 과정이 일어난다.
ㄷ. ⓐ~ⓒ는 모두 ㉡에 해당한다.

① ㄱ   ② ㄴ   ③ ㄱ, ㄷ
④ ㄴ, ㄷ   ⑤ ㄱ, ㄴ, ㄷ

---

02 생산자인 식물에서는 광합성과 세포 호흡이 모두 일어나고, 소비자에서는 [   ]만 일어난다.

---

02 그림 (가)는 물질대사 ㉠과 ㉡에서의 에너지와 물질의 이동을, (나)는 어떤 생태계의 생물적 요인에서 일어나는 물질의 이동을 나타낸 것이다. (가)의 ㉠과 ㉡은 각각 광합성과 세포 호흡 중 하나이고, (나)의 A~C는 각각 곰팡이, 메뚜기, 벼 중 하나이다.

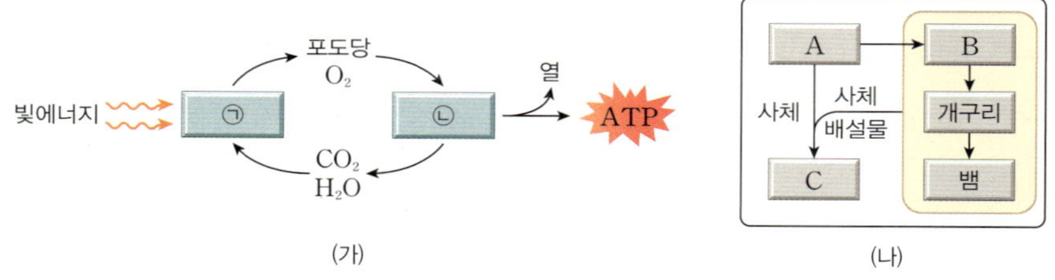

이에 대한 설명으로 옳은 것만을 〈보기〉에서 있는 대로 고른 것은?

| 보기 |
ㄱ. A와 B에서 모두 ㉡이 일어난다.
ㄴ. A는 ㉠을 통해 빛에너지를 화학 에너지로 전환한다.
ㄷ. C는 사체와 배설물에 포함된 유기물을 분해한다.

① ㄱ   ② ㄴ   ③ ㄷ
④ ㄴ, ㄷ   ⑤ ㄱ, ㄴ, ㄷ

03 그림은 3가지 유형의 개체군 생존 곡선을, 표는 동시에 출생한 어떤 생물 A와 B의 개체군에서 출생 직후부터 상대 수명에 따른 100마리당 생존 개체 수를 나타낸 것이다.

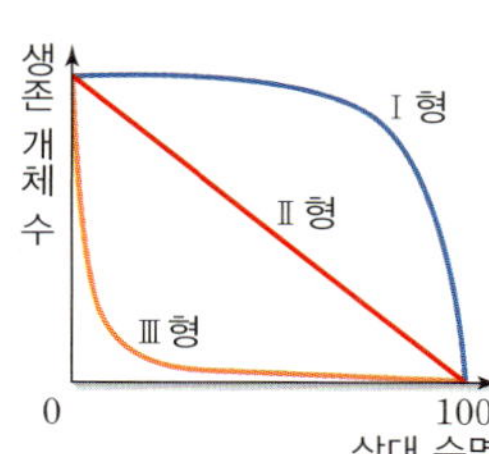

상대 수명	100마리당 생존 개체 수	
	A	B
0~20	99	15
21~40	98	13
41~60	97	7
61~80	92	1
81~100	0	0

이에 대한 설명으로 옳은 것만을 〈보기〉에서 있는 대로 고른 것은?

| 보기 |
ㄱ. 초기 사망률은 Ⅲ형이 Ⅰ형보다 높다.
ㄴ. A의 생존 곡선은 Ⅰ형과 가장 유사하다.
ㄷ. B는 각 연령층에서 사망률이 일정하다.

① ㄱ ② ㄷ ③ ㄱ, ㄴ
④ ㄴ, ㄷ ⑤ ㄱ, ㄴ, ㄷ

03 어릴 때 부모의 보호를 받으며 대부분의 개체가 생리적 수명을 다하고 죽는 개체군의 생존 곡선은 [　　　　]형이고, 어릴 때 부모의 보호를 거의 받지 못하고 사망률이 매우 높게 나타나는 개체군의 생존 곡선은 [　　　　]형이다.

---

04 그림은 시간에 따른 개체군 A와 B의 생장 곡선을, 표는 개체군 ㉠과 ㉡의 개체 수가 각각 1500, 500인 상태에서 환경 수용력, 단위 시간당 출생 개체 수, 단위 시간당 사망 개체 수를 나타낸 것이다. ㉠과 ㉡은 A와 B를 순서 없이 나타낸 것이다.

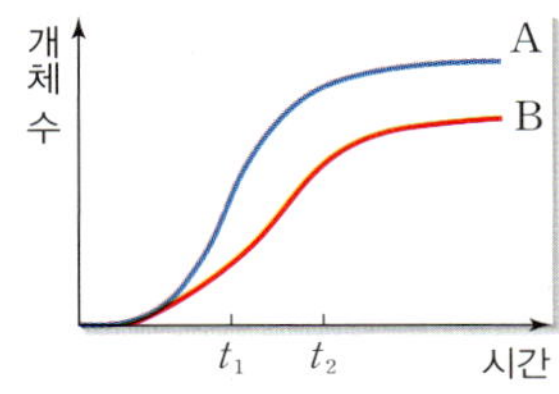

구분	개체군 ㉠	개체군 ㉡
개체 수	1500	500
환경 수용력	1500	2000
단위 시간당 출생 개체 수	100	100
단위 시간당 사망 개체 수	ⓐ	ⓑ

이에 대한 설명으로 옳은 것만을 〈보기〉에서 있는 대로 고른 것은?

| 보기 |
ㄱ. ㉠은 A이다.
ㄴ. $\dfrac{ⓑ}{ⓐ}$는 1보다 작다.
ㄷ. B에서 개체군의 밀도는 t_2일 때가 t_1일 때보다 크다.

① ㄱ ② ㄴ ③ ㄱ, ㄷ
④ ㄴ, ㄷ ⑤ ㄱ, ㄴ, ㄷ

04 한 서식지에서 증가할 수 있는 개체 수의 한계를 [　　　　]이라고 한다.

군집

A 군집의 특성		B 식물 군집의 천이	
군집의 구성과 구조	★★★	1차 천이	★★★
군집의 종류와 생태 분포	★★☆	2차 천이	★★★
군집 내 개체군 간의 상호 작용	★★★		

A 군집의 특성

1. 군집의 구성과 구조

(1) **군집의 구성** : 일정한 지역에서 생활하는 개체군들의 집합을 군집이라고 하며, 생산자, 소비자, 분해자로 구성된다.

① **먹이 사슬** : 생산자와 소비자 사이의 먹고 먹히는 관계를 사슬 모양으로 나타낸 것이다.

② **먹이 그물** : 군집에서 여러 개의 먹이 사슬이 복잡하게 얽혀 그물처럼 나타나는 것이다.

③ **생태적 지위** : 개체군이 차지하는 먹이 그물에서의 위치, 서식 공간, 생물적·비생물적 요인과의 관계 등 군집 내에서 개체군이 갖는 위치와 역할을 말하며, 개체군이 먹이 그물에서 차지하는 위치인 먹이 지위와 개체군이 차지하는 서식 공간인 공간 지위 등이 있다.

(2) **군집의 구조**

① **우점종** : 군집을 대표하는 개체군으로 중요도가 가장 높은 종이다.

② **핵심종** : 군집의 구조에 결정적인 영향을 미칠 수 있는 종이다. 예 조개 양식장의 최고 포식자인 불가사리, 습지 환경을 변화시키는 비버

③ **방형구법을 이용한 식물 군집 조사에서 중요도 구하는 방법**

$$\text{밀도} = \frac{\text{특정 종의 개체 수}}{\text{전체 방형구의 면적}(\text{m}^2)} \qquad \text{상대 밀도}(\%) = \frac{\text{특정 종의 밀도}}{\text{조사한 모든 종의 밀도의 합}} \times 100$$

$$\text{빈도} = \frac{\text{특정 종이 출현한 방형구 수}}{\text{전체 방형구 수}} \qquad \text{상대 빈도}(\%) = \frac{\text{특정 종의 빈도}}{\text{조사한 모든 종의 빈도의 합}} \times 100$$

$$\text{피도} = \frac{\text{특정 종의 점유 면적}(\text{m}^2)}{\text{전체 방형구의 면적}(\text{m}^2)} \qquad \text{상대 피도}(\%) = \frac{\text{특정 종의 피도}}{\text{조사한 모든 종의 피도의 합}} \times 100$$

$$\text{중요도(중요치)} = \text{상대 밀도} + \text{상대 빈도} + \text{상대 피도}$$

④ **층상 구조** : 삼림처럼 많은 개체군으로 이루어진 군집은 수직적인 몇 개의 층으로 구성된 층상 구조를 이루며, 교목층, 아교목층, 관목층, 초본층, 지표층, 지중층 등으로 구분한다.

2. 군집의 종류와 생태 분포

(1) **군집의 종류**

① **육상 군집** : 기온과 강수량의 차이로 삼림, 초원, 사막 등으로 구분한다.

삼림	많은 종류의 목본 식물과 초본 식물로 이루어진 군집으로 강수량이 많은 지역에 형성된다. 예 열대 우림, 온대림, 침엽수림 등
초원	주로 초본 식물로 이루어진 군집으로 삼림보다 강수량이 적은 지역에 형성된다.
사막	강수량이 매우 적고 건조하여 식물이 자라기 어려운 지역에 형성된다. 예 툰드라 등

② **수생 군집(수계)** : 하천, 호수, 강에 형성되는 담수 군집과 바다에 형성되는 해수 군집이 있다.

(2) **군집의 생태 분포**

① **수평 분포** : 위도에 따른 분포로, 강수량과 기온의 차이에 의해 나타난다. 저위도에서 고위도로 가면서 열대 우림 → 낙엽수림 → 침엽수림 → 툰드라 순으로 분포한다.

② **수직 분포** : 고도에 따른 분포로, 주로 기온의 차이에 의해 나타난다. 고도가 낮은 곳에서 높은 곳으로 가면서 상록 활엽수림 → 낙엽 활엽수림 → 침엽수림 → 관목대 순으로 분포한다.

지표종과 희소종

· **지표종** : 특정 지역이나 환경에서만 자라기 때문에 특정 군집에서만 볼 수 있는 종이다. 예 맹꽁이(기후 변화 지표종), 지의류(대기 중 이산화황 농도 증가에 대한 지표종)

· **희소종** : 군집에서 개체 수가 가장 적은 종이다.

방형구법

조사하고자 하는 지역에 여러 개의 방형구를 설치하고, 방형구에 나타난 생물종과 각 종의 밀도, 빈도, 피도를 조사하여 우점종을 알아내는 방법이다.

층상 구조

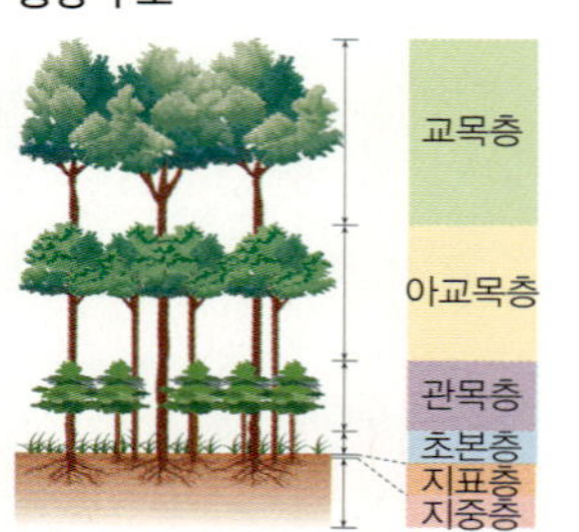

3. 군집 내 개체군 간의 상호 작용

(1) **종간 경쟁** : 생태적 지위가 유사한 개체군들이 같은 공간에서 서식할 경우 먹이와 생활 공간을 차지하기 위해 일어나는 상호 작용이다. ㉮ 짚신벌레와 애기짚신벌레

(2) **분서(생태 지위 분화)** : 생태적 지위가 유사한 개체군들이 같은 공간에서 서식할 때, 경쟁을 피하기 위해 서식 공간을 달리하여 살거나, 서로 다른 먹이를 먹는 것이다. ㉮ 한 나무에 사는 솔새의 분서, 피라미와 은어의 분서, 피라미와 갈겨니의 분서 등

(3) **포식과 피식** : 두 종류의 개체군이 서로 먹고 먹히는 관계에 있는 것이다. ㉮ 스라소니와 눈신토끼

(4) **공생** : 두 종류의 개체군이 서로 밀접한 관계를 맺고 함께 살아가는 것이다.
 ① **상리 공생** : 두 개체군이 서로 이익을 얻는 경우 ㉮ 말미잘 – 흰동가리, 콩과식물 – 뿌리혹박테리아
 ② **편리공생** : 한 개체군은 이익을 얻지만, 다른 개체군은 이익도 손해도 없는 경우 ㉮ 빨판상어 – 거북, 해삼 – 숨이고기

(5) **기생** : 두 종류의 개체군이 함께 살아갈 때 한 개체군은 이익을 얻지만, 다른 개체군은 손해를 보는 경우이다. ㉮ 회충과 요충 등의 기생충 – 사람, 벼룩 – 개

Ⓑ 식물 군집의 천이

1. 군집의 천이 군집의 종 구성과 특성이 시간이 지남에 따라 변하는 과정이다.

(1) **1차 천이** : 토양이 없는 불모지에서 시작하여 안정된 군집이 될 때까지의 과정으로, 건성 천이와 습성 천이로 구분되며, 대부분은 음수림이 극상을 이룬다.

건성 천이	용암 대지처럼 건조한 지역에서 시작하는 천이 ➡ 개척자는 지의류
습성 천이	호수나 늪지와 같이 물이 있는 곳에서 시작하는 천이 ➡ 개척자는 습생 식물

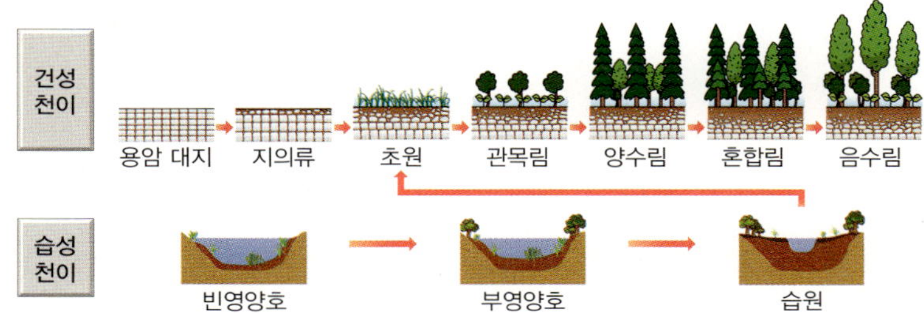

(2) **2차 천이** : 산불, 산사태 등이 일어난 후 다시 안정된 군집이 형성되는 천이로, 토양이 형성되어 있어 초원에서부터 시작되며, 1차 천이에 비해 진행 속도가 빠르다. ➡ 개척자는 초본

경쟁 · 배타 원리
생태적 지위가 비슷할수록 종간 경쟁이 심하며, 종간 경쟁에서 이긴 개체군만 살아남고, 경쟁에서 진 다른 개체군은 도태되어 사라진다.

솔새의 분서(생태 지위 분화)
북아메리카의 솔새는 한 나무에 여러 종이 서식하지만, 경쟁을 피하기 위해 다른 위치에 서식하여 공간 지위와 먹이 지위를 달리한다.

극상
천이에서 마지막의 안정된 군집 상태로 음수림이 우점종이다.

개척자
천이를 시작하는 생물

기출 자료 | 분석

표는 ㉠과 ㉡에서 두 종 사이의 상호 작용을 나타낸 것으로, ㉠과 ㉡은 각각 기생과 상리 공생 중 하나이다. 그림 (가)는 종 A와 B를 각각 단독 배양했을 때, (나)는 A와 B를 혼합 배양했을 때 시간에 따른 개체 수를 나타낸 것이다.

자료 체크 리스트
- [ ] 기생에서 두 종 사이의 상호 작용
- [ ] 상리 공생에서 두 종 사이의 상호 작용
- [ ] (가)와 (나)에서 종 A와 B의 생장 곡선 분석

구분	종 1	종 2
㉠	손해	ⓐ
㉡	이익	이익

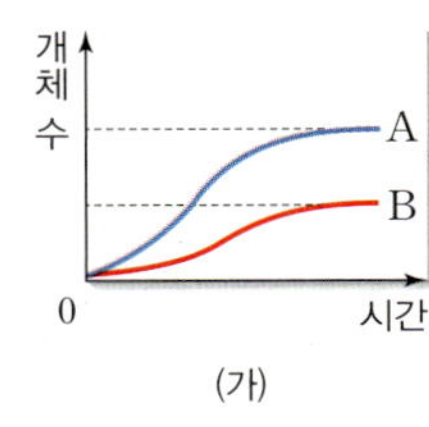
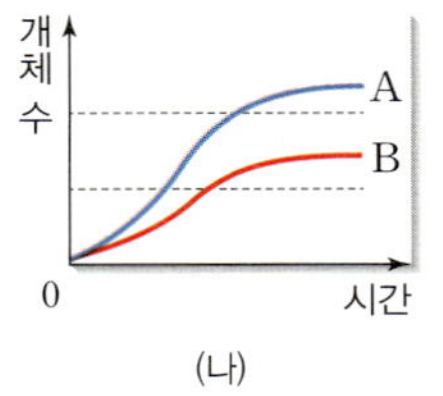

---

step 1 기생에서 두 종 사이의 상호 작용 이해하기
기생에서 이익을 얻는 생물이 기생 생물, 손해를 입는 생물이 숙주이므로 ㉠은 기생이고, ⓐ는 이익이다.

step 2 상리 공생에서 두 종 사이의 상호 작용 이해하기
두 개체군이 서로 이익을 얻는 경우가 상리 공생이므로 ㉡이 상리 공생이다.

step 3 (가)와 (나)에서 종 A와 B의 생장 곡선 분석하기
두 개체군을 단독 배양했을 때(가)보다 혼합 배양했을 때(나) 개체 수가 더 많이 증가했으므로 A와 B는 서로 이익을 주는 상리 공생(㉡) 관계이다.

교육청 기출 변형

01 그림은 어떤 지역에서 생태계 구성 요소의 일부를 나타낸 것이다. (가)~(다)는 개체, 군집, 개체군을 순서 없이 나타낸 것이다.

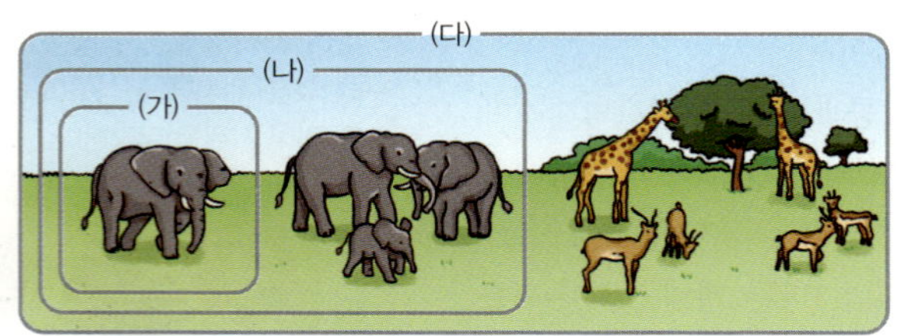

이에 대한 설명으로 옳은 것만을 〈보기〉에서 있는 대로 고른 것은?

┤보기├
ㄱ. (가)는 적응과 진화를 한다.
ㄴ. (나)는 둘 이상의 종으로 구성된다.
ㄷ. (다)는 생물적 요인과 비생물적 요인을 모두 포함한다.

① ㄱ   ② ㄷ   ③ ㄱ, ㄴ
④ ㄴ, ㄷ   ⑤ ㄱ, ㄴ, ㄷ

수능 기출 변형

03 그림은 어떤 해안가에 서식하는 두 종의 따개비 A와 B의 분포를, 표는 A와 B의 특성을 나타낸 것이다.

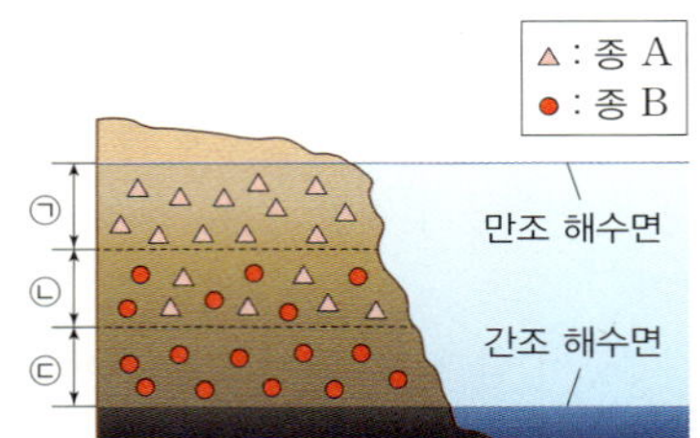

이에 대한 설명으로 옳은 것만을 〈보기〉에서 있는 대로 고른 것은?

┤보기├
ㄱ. 건조에 대한 내성은 B가 ㉠에 서식하지 못하는 환경적 요인에 해당한다.
ㄴ. ㉡에서 B는 환경 저항을 받는다.
ㄷ. ㉢에서 경쟁 · 배타의 원리가 적용되었다.

① ㄱ   ② ㄴ   ③ ㄱ, ㄷ
④ ㄴ, ㄷ   ⑤ ㄱ, ㄴ, ㄷ

평가원 기출 변형

02 표는 종 사이의 상호 작용 A~D에서 두 종 Ⅰ과 Ⅱ 사이의 상호 작용을, 그림은 D에서 시간에 따른 두 종 Ⅰ과 Ⅱ의 개체 수 변화를 나타낸 것이다. A~C는 기생, 상리 공생, 종간 경쟁을 순서 없이 나타낸 것이다.

상호 작용	종 Ⅰ	종 Ⅱ
A	손해	이익
B	㉠	손해
C	?	이익
D	㉡	이익

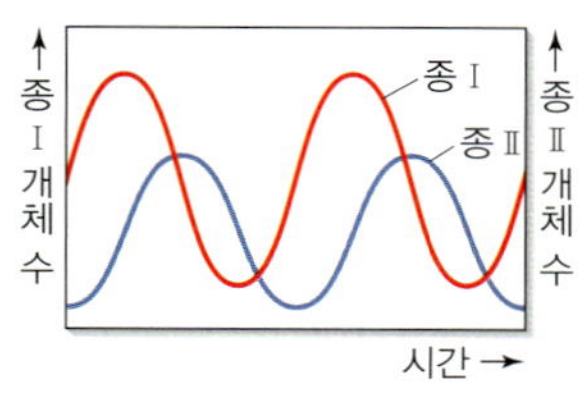

이에 대한 설명으로 옳은 것만을 〈보기〉에서 있는 대로 고른 것은?

┤보기├
ㄱ. ㉠과 ㉡은 모두 '손해'이다.
ㄴ. A에서 Ⅰ은 숙주 생물에 해당한다.
ㄷ. C는 상리 공생이다.

① ㄱ   ② ㄷ   ③ ㄱ, ㄷ
④ ㄴ, ㄷ   ⑤ ㄱ, ㄴ, ㄷ

교육청 기출 변형

04 그림 (가)는 종 A와 종 B를 단독으로 배양했을 때, (나)는 A와 B를 혼합 배양했을 때 시간에 따른 개체 수를 나타낸 것이다.

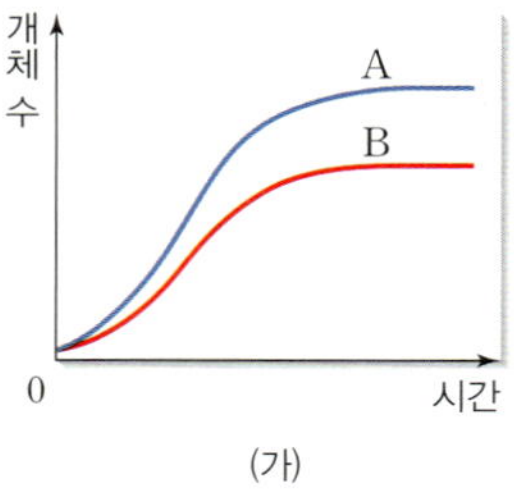

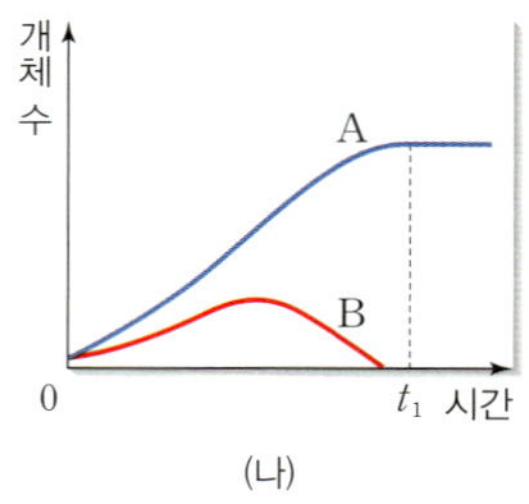

이에 대한 설명으로 옳은 것만을 〈보기〉에서 있는 대로 고른 것은? (단, (가)와 (나)에서 초기 개체 수와 배양 조건은 동일하다.)

┤보기├
ㄱ. (가)에서 A의 생장 곡선은 S자형이다.
ㄴ. (나)에서 t_1일 때 A에 환경 저항이 작용하지 않는다.
ㄷ. 숙주 생물과 이에 기생하는 회충 사이의 상호 작용은 (나)에서 A와 B 사이의 상호 작용과 동일하다.

① ㄱ   ② ㄴ   ③ ㄱ, ㄷ
④ ㄴ, ㄷ   ⑤ ㄱ, ㄴ, ㄷ

05 그림은 어떤 지역에서 식물 군집의 천이 과정을 나타낸 것이다. A~C는 각각 양수림, 음수림, 관목림 중 하나이다.

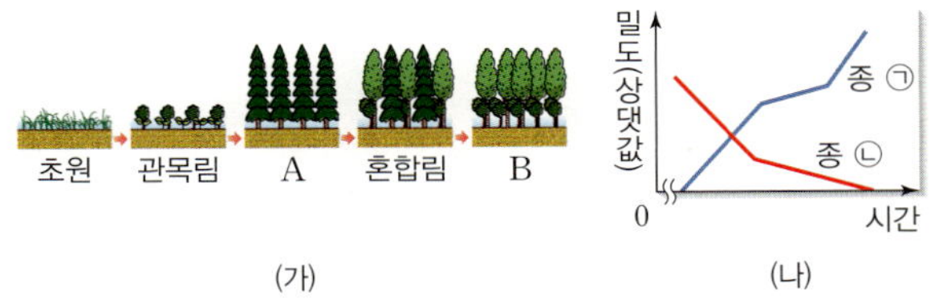

이에 대한 설명으로 옳은 것만을 〈보기〉에서 있는 대로 고른 것은?

| 보기 |
ㄱ. ㉠ 시기 동안 천이가 진행될수록 토양 속 수분과 무기 양분의 양은 감소한다.
ㄴ. 혼합림에서 음수의 어린 나무는 양수의 어린 나무보다 잘 자란다.
ㄷ. C에서 산불이 날 경우 이후 A의 우점종이 개척자가 된다.

① ㄱ　　　　② ㄴ　　　　③ ㄱ, ㄷ
④ ㄴ, ㄷ　　　⑤ ㄱ, ㄴ, ㄷ

06 그림 (가)는 초원에서 시작하는 어떤 식물 군집의 천이 과정을, (나)는 이 식물 군집에서 시간에 따른 종 ㉠과 ㉡의 어린 나무의 밀도를 나타낸 것이다. ㉠과 ㉡은 A에서의 우점종과 B에서의 우점종을 순서 없이 나타낸 것이며, ㉠과 ㉡ 중 하나는 음수인 신갈나무이다.

이 식물 군집에 대한 설명으로 옳은 것만을 〈보기〉에서 있는 대로 고른 것은?

| 보기 |
ㄱ. 2차 천이를 나타낸 것이다.
ㄴ. ㉠은 신갈나무이다.
ㄷ. 잎의 평균 두께는 B에서가 A에서보다 두껍다.

① ㄱ　　　　② ㄷ　　　　③ ㄱ, ㄴ
④ ㄴ, ㄷ　　　⑤ ㄱ, ㄴ, ㄷ

07 표는 여러 종류의 상호 작용을 (가)와 (나)로 분류하여 나타낸 것이다. (가)와 (나)는 각각 개체군 내의 상호 작용과 개체군 간의 상호 작용 중 하나이고, ㉠과 ㉡은 각각 텃세와 분서 중 하나이다.

(가)	(나)
기생, 공생, ㉠	순위제, 리더제, ㉡

이에 대한 설명으로 옳은 것만을 〈보기〉에서 있는 대로 고른 것은?

| 보기 |
ㄱ. ㉠은 텃세이다.
ㄴ. 포식과 피식은 (가)에 해당한다.
ㄷ. 한 그루의 가문비나무에서 3종의 휘파람새가 활동 영역을 달리하여 살아가는 것은 ㉡에 해당한다.

① ㄱ　　　　② ㄴ　　　　③ ㄱ, ㄴ
④ ㄱ, ㄷ　　　⑤ ㄴ, ㄷ

08 그림은 어느 지역의 식물 군집에서 각각 면적이 동일한 25개의 방형구 안에 있는 각 식물 종의 분포 상태를, 표는 이 식물 군집에서 A~C의 피도를 나타낸 것이다.

식물 종	피도(계급)
A	1
B	2
C	1

이에 대한 설명으로 옳은 것만을 〈보기〉에서 있는 대로 고른 것은? (단, 방형구에 나타낸 도형 1개는 식물 1개체를 의미하며, 제시된 종 이외의 종은 고려하지 않는다.)

| 보기 |
ㄱ. 상대 밀도는 B가 C보다 높다.
ㄴ. 빈도는 C가 A보다 높다.
ㄷ. 이 군집의 우점종은 B이다.

① ㄱ　　　　② ㄷ　　　　③ ㄱ, ㄴ
④ ㄴ, ㄷ　　　⑤ ㄱ, ㄴ, ㄷ

기본 개념 확인

01 생태적 지위가 유사한 개체군들이 같은 공간에서 서식할 때, 경쟁을 피하기 위해 서식 공간을 달리하여 살거나, 서로 다른 먹이를 먹는 상호 작용을 ☐ 라고 한다.

01 그림 (가)는 서로 다른 종 A와 B를 각각 단독 배양했을 때, (나)는 A와 B를 함께 배양했을 때 시간에 따른 개체 수를 나타낸 것이다.

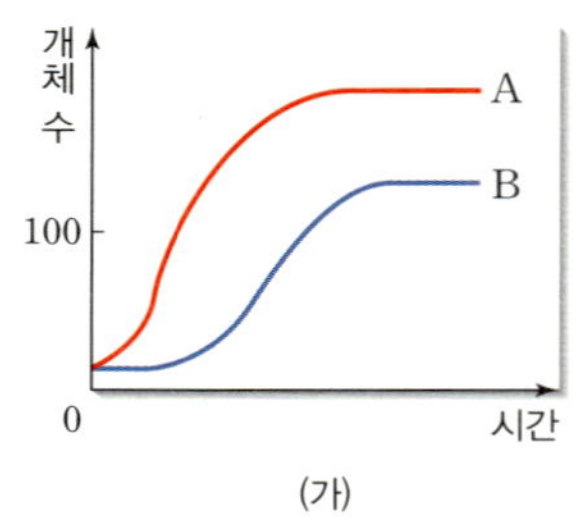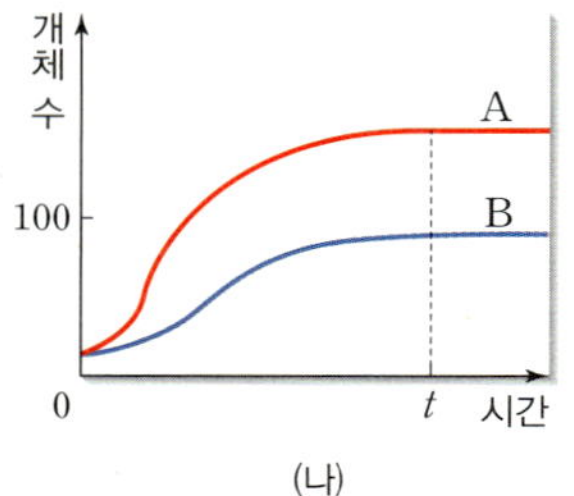

이에 대한 설명으로 옳은 것만을 〈보기〉에서 있는 대로 고른 것은? (단, (가)와 (나)에서 배양하는 개체군을 제외한 나머지 조건은 모두 동일하다.)

┤보기├
ㄱ. A의 환경 수용력은 단독 배양했을 때보다 B와 함께 배양했을 때가 작다.
ㄴ. (나)에서 A는 t 이후 환경 저항을 받지 않는다.
ㄷ. (나)에서 A와 B 사이의 상호 작용은 상리 공생이다.

① ㄱ ② ㄴ ③ ㄱ, ㄷ
④ ㄴ, ㄷ ⑤ ㄱ, ㄴ, ㄷ

02 벌의 사회생활은 개체군 ☐ 의 상호 작용이고, 공생은 개체군과 개체군 ☐ 의 상호 작용이다.

02 그림은 생태계를 구성하는 요소인 온도와 생물 군집 사이의 상호 관계를, 표는 생물 사이의 상호 작용 (가)와 (나)의 예를 나타낸 것이다.

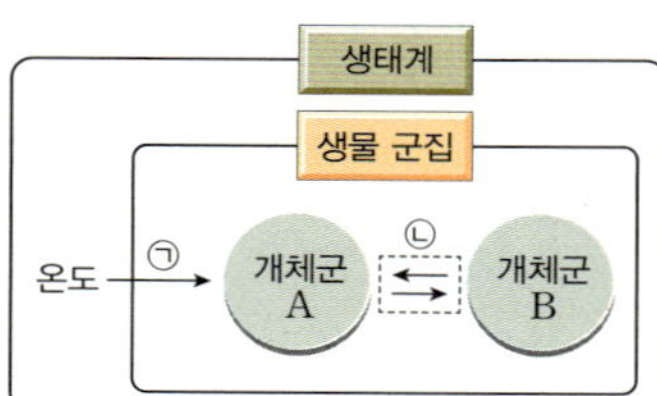

상호 작용	예
(가)	ⓐ일벌이 ⓑ여왕벌에게 먹이를 제공한다.
(나)	말미잘이 흰동가리에게 은신처를 제공한다.

이에 대한 설명으로 옳은 것만을 〈보기〉에서 있는 대로 고른 것은?

┤보기├
ㄱ. 은행나무가 가을에 단풍이 드는 것은 ㉠에 해당한다.
ㄴ. ⓐ와 ⓑ는 서로 다른 개체군을 구성한다.
ㄷ. (가)와 (나) 중 ㉡에 해당하는 상호 작용은 (나)이다.

① ㄱ ② ㄴ ③ ㄱ, ㄷ
④ ㄴ, ㄷ ⑤ ㄱ, ㄴ, ㄷ

03 그림은 각각 면적이 동일한 25개의 방형구를 이용해 어떤 생태계에 서식하는 식물 종 A~C의 분포 상태를 조사한 결과를 나타낸 것이다.

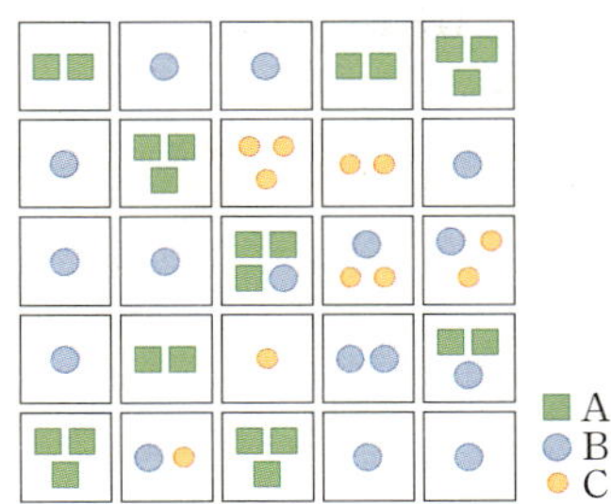

이에 대한 설명으로 옳은 것만을 〈보기〉에서 있는 대로 고른 것은? (단, 방형구에 나타낸 도형 1개는 식물 1개를 의미하고 각 개체당 방형구를 덮고 있는 면적은 모두 동일하며, 제시된 종 이외의 종은 고려하지 않는다.)

보기
ㄱ. 밀도가 가장 높은 종은 A이다.
ㄴ. 이 생태계의 우점종은 B이다.
ㄷ. C의 상대 빈도는 24 %이다

① ㄱ   ② ㄷ   ③ ㄱ, ㄴ

④ ㄴ, ㄷ   ⑤ ㄱ, ㄴ, ㄷ

03 우점종을 결정하는 중요도는 ☐ + ☐ + ☐ 이다.

---

04 그림 (가)는 어떤 천이 과정의 일부를, (나)는 건성 천이 과정을 나타낸 것이다.

(가) 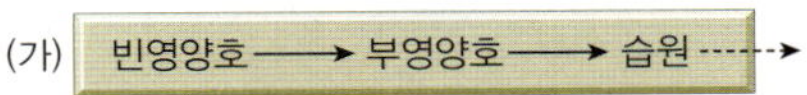

(나) 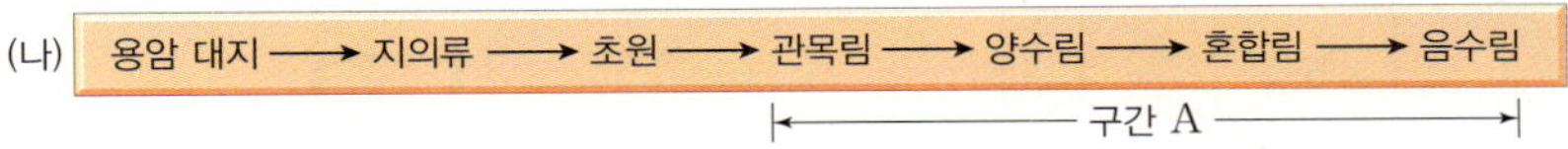

이에 대한 설명으로 옳은 것만을 〈보기〉에서 있는 대로 고른 것은?

보기
ㄱ. (가)는 2차 천이이다.
ㄴ. (가)에서 습원 이후 관목림 단계로 천이가 이어진다.
ㄷ. 구간 A에서 군집의 천이를 일으키는 주된 환경 요인은 지표에 도달하는 빛의 세기이다.

① ㄱ   ② ㄷ   ③ ㄱ, ㄴ

④ ㄱ, ㄷ   ⑤ ㄴ, ㄷ

04 1차 천이에는 건성 천이와 습성 천이가 있다. 습성 천이에서는 습원 이후 ☐ 단계가 이어진다.

물질 순환과 에너지 흐름, 생물 다양성

A 물질 순환		**B** 에너지 흐름		**C** 생물 다양성	
물질의 생산과 소비	★★★	생태계에서의 에너지 흐름	★★★	유전적 다양성	★★★
탄소 순환	★★☆	생태계 평형	★★☆	종 다양성	★★★
질소 순환	★★★			생태계 다양성	★★★

A 물질 순환

1. 물질의 생산과 소비

(1) **총생산량** : 생산자가 일정 기간 동안 광합성을 통해 합성한 유기물의 총량

$$총생산량＝호흡량＋순생산량(피식량＋고사 · 낙엽량＋생장량)$$

(2) **순생산량** : 총생산량에서 생산자의 호흡량을 제외한 유기물의 양

(3) **생장량** : 생물의 생장에 이용된 유기물의 총량

(4) 식물(생산자)의 피식량은 초식 동물(1차 소비자)의 섭식량과 같으며, 초식 동물의 동화량은 섭식량에서 배출량을 제외한 유기물의 양이다.

2. 탄소 순환

(1) **광합성** : 대기 중의 이산화 탄소(CO_2)는 생산자인 식물의 광합성을 통해, 물속의 탄산 수소 이온(HCO_3^-)은 생산자인 조류의 광합성을 통해 유기물로 합성된다.

(2) **유기물 전달** : 생산자의 유기물은 먹이 사슬을 따라 소비자인 동물에게 전달된다.

(3) **세포 호흡** : 생산자와 소비자의 호흡에 의해 유기물이 분해되어 CO_2로 방출되고, 동식물의 사체나 배설물 속의 유기물은 분해자의 호흡에 의해 분해되어 CO_2로 방출된다.

(4) **연소** : 일부 동식물의 사체는 탄화 작용에 의해 화석 연료로 되었다가 인간의 활동 등으로 연소될 때 CO_2로 분해되어 대기나 물속으로 돌아간다.

3. 질소 순환

① **질소 고정** : 대기 중의 질소 기체(N_2)는 뿌리혹박테리아, 아조토박터 등의 질소 고정 세균에 의해 암모늄 이온(NH_4^+)으로 고정되거나, 공중 방전에 의해 질산 이온(NO_3^-)으로 고정되어 생물에 이용된다.

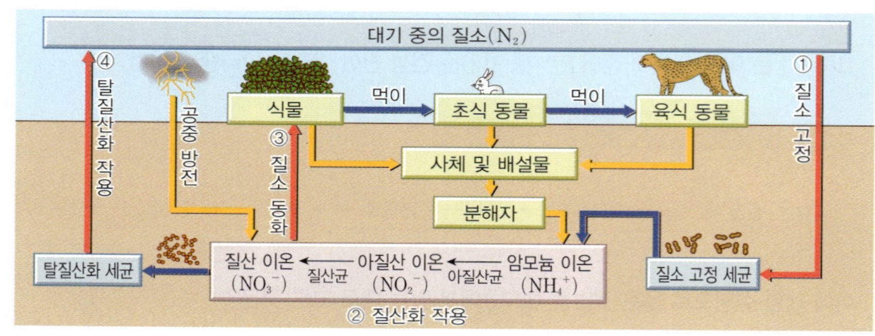

② **질산화 작용** : 토양 속의 암모늄 이온(NH_4^+)은 질산화 세균의 질산화 작용에 의해 질산 이온(NO_3^-)으로 전환된다.

③ **질소 동화 작용** : 토양 속의 암모늄 이온(NH_4^+)과 질산 이온(NO_3^-)은 생산자인 식물의 뿌리로 흡수되어 단백질, 핵산과 같은 질소 화합물로 합성된다. 이 질소 화합물은 먹이 사슬을 따라 소비자인 동물에게 전달된다.

④ **탈질산화 작용** : 토양 속 질산 이온(NO_3^-)의 일부는 탈질산화 세균에 의해 질소 기체(N_2)로 되어 대기 중으로 방출된다.

식물과 초식 동물의 물질 생산과 소비

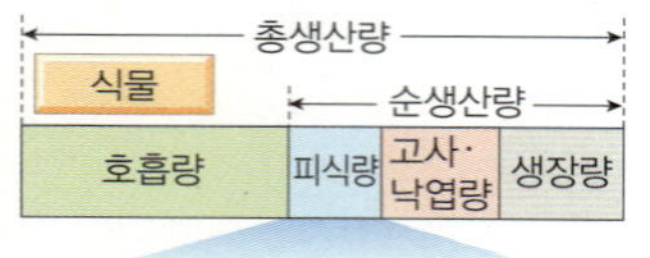

탄소(C)

탄소는 생물체를 구성하는 원소의 약 20 %를 차지하며, 생물체를 구성하는 유기물의 기본 골격을 이룬다. 대기에는 주로 이산화 탄소(CO_2) 형태로, 물속에서는 주로 탄산 수소 이온(HCO_3^-)으로 존재한다.

질소(N)

• 질소는 생물의 구성 성분인 단백질과 핵산의 주요 구성 원소이다.

• 전체 대기의 약 78 %를 차지하고 있지만 식물은 질소를 직접 이용할 수 없고, 암모늄 이온(NH_4^+)이나 질산 이온(NO_3^-)의 형태로 뿌리를 통해 흡수하여 이용한다.

질소 고정 세균

뿌리혹박테리아는 콩과식물의 뿌리에 있는 혹에 서식하며, 질소 고정으로 합성한 암모늄 이온(NH_4^+)을 콩과식물에 전달하고, 콩과식물로부터 유기물을 제공받는다.

질산화 세균

아질산균이나 질산균을 질산화 세균이라고 한다.

1. 생태계에서의 에너지 흐름

(1) 빛에너지 → 화학 에너지 → 열에너지 형태로 전환된다.

(2) 에너지는 먹이 사슬을 따라 이동하지만 순환하지 않는다.

(3) 상위 영양 단계로 갈수록 이동하는 에너지양은 감소하지만, 일반적으로 에너지 효율은 증가한다.

$$\text{에너지 효율(\%)} = \frac{\text{현 영양 단계의 에너지 총량}}{\text{전 영양 단계의 에너지 총량}} \times 100$$

2. 생태 피라미드와 생태계 평형

(1) **생태 피라미드** : 먹이 사슬에서 각 영양 단계에 속하는 생물의 개체 수, 생물량(생체량), 에너지양 등을 하위 영양 단계부터 차례대로 쌓아 올린 것을 생태 피라미드라고 한다.

(2) **생태계 평형**

① 생태계 평형의 조건 : 생물종이 많고, 먹이 그물이 복잡하며, 급격한 환경 변화가 없을 때 평형이 잘 유지된다.

② 생태계 평형 유지의 원리 : 안정된 상태계에서는 일시적으로 평형이 깨지더라도 먹이 사슬을 통해 다시 평형을 회복한다.

③ 생태계 평형의 파괴 요인 : 자연 재해, 외래 생물, 생물의 서식지 파괴, 환경 오염 등

생태계 평형
생태계 평형은 일반적으로 그 생태계를 구성하는 생물 군집의 종 구성이나 개체 수, 물질의 양, 에너지 흐름이 안정된 상태로 유지되는 것을 말한다.

외래 생물
원래의 서식지로부터 다른 곳으로 이주한 동식물로 우리나라의 외래 생물에는 뉴트리아, 블루길, 가시박, 붉은귀거북, 큰입배스, 돼지풀, 꽃매미 등이 있다.

생물 다양성이 감소되는 원인
서식지 파괴와 단편화, 불법 포획과 남획, 환경 오염과 기후 변화, 외래종의 도입 등

C 생물 다양성

유전적 다양성	• 같은 종 내에서 유전자가 다양한 정도를 의미한다. • 유전적 다양성이 높은 종은 환경 변화에 적응하여 생존율이 높다. • 유전적 다양성이 낮은 종은 환경 변화에 적응하지 못하고 멸종될 가능성이 높다.
종 다양성	• 생태계를 구성하는 종의 수가 다양한 정도를 의미한다. • 종 다양성이 높을수록 생태계가 안정적으로 유지된다. • 종의 수가 많을수록, 각 종의 분포 비율이 고를수록 종 다양성이 높다.
생태계 다양성	• 지구상에 존재하는 다양한 생태계를 의미한다. • 각 생태계마다 환경이 달라서 서식하는 생물종이 다르다. • 생태계의 종류로는 사막, 삼림, 습지, 갯벌, 산호초, 초원 등이 있다.

기출 자료 | 분석

그림 (가)는 어떤 식물 군집에서 총생산량, 순생산량, 생장량의 관계를, (나)는 이 식물 군집의 시간에 따른 생물량(생체량), ㉠, ㉡을 나타낸 것이다. ㉠과 ㉡은 각각 총생산량과 호흡량 중 하나이다.

자료 체크 리스트
- [ ] 총생산량, 순생산량, 생장량의 관계
- [ ] (나)의 자료 분석
- [ ] 구간 Ⅰ과 Ⅱ에서 유기물량 비교

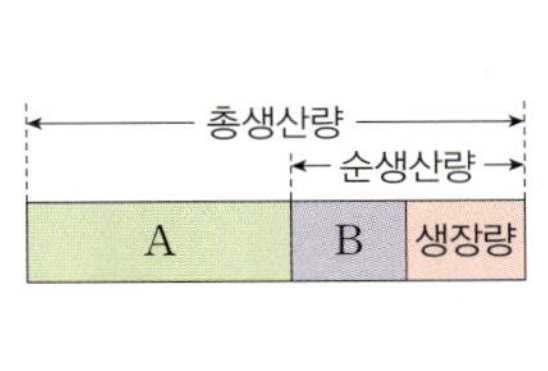

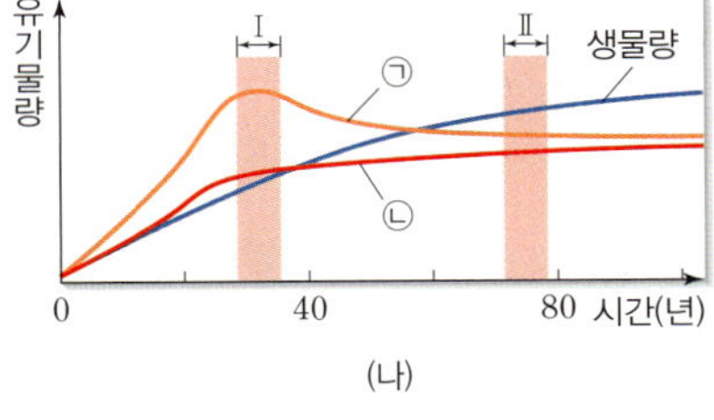

---

step 1 총생산량, 순생산량, 생장량의 관계 이해하기
총생산량은 생산자가 일정 기간 동안 광합성을 통해 합성한 유기물의 총량으로, 총생산량=호흡량+순생산량(피식량+고사·낙엽량+생장량)이다. 따라서 A는 호흡량, B는 피식량+고사·낙엽량이다.

step 2 (나)의 그림(그래프) 자료 분석
호흡량이 총생산량보다 많을 수 없으므로 ㉠이 총생산량, ㉡이 호흡량이다.

step 3 구간 Ⅰ과 Ⅱ에서 순생산량과 생물량 비교하기
순생산량=총생산량-호흡량(㉠-㉡)이므로 순생산량은 구간 Ⅰ에서가 구간 Ⅱ에서보다 많다. 생물량은 한 식물 군집이 가지고 있는 유기물의 총량이며, 구간 Ⅱ에서가 구간 Ⅰ에서보다 많다. 따라서 $\frac{\text{순생산량}}{\text{생물량}}$은 구간 Ⅰ에서가 구간 Ⅱ에서보다 크다.

01

그림은 생태계에서 일어나는 질소 순환 과정의 일부를 나타낸 것이다. A와 B는 각각 질산 이온(NO_3^-)과 암모늄 이온(NH_4^+) 중 하나이다.

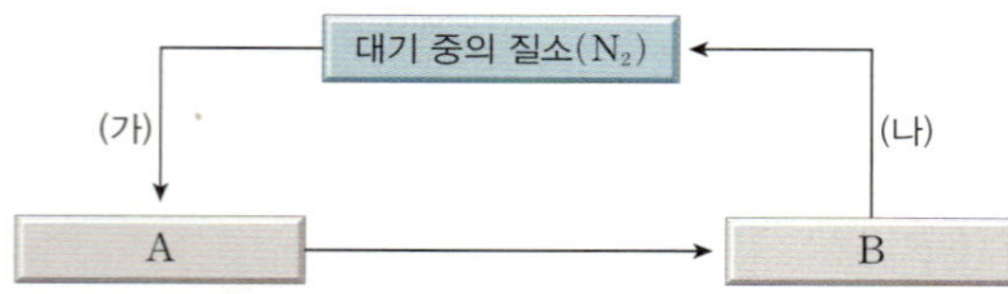

이에 대한 설명으로 옳은 것만을 〈보기〉에서 있는 대로 고른 것은?

보기
ㄱ. 식물은 A와 B를 모두 뿌리를 통해 흡수하여 단백질 합성에 이용한다.
ㄴ. 탈질산화 세균은 과정 (가)에 관여한다.
ㄷ. 과정 (나)는 식물체에서 일어난다.

① ㄱ   ② ㄷ   ③ ㄱ, ㄴ
④ ㄴ, ㄷ   ⑤ ㄱ, ㄴ, ㄷ

03

그림은 어떤 생태계에서 A~D의 에너지양을 상댓값으로 나타낸 생태 피라미드이다. A~D는 각각 생산자, 1차 소비자, 2차 소비자, 3차 소비자 중 하나이며, 에너지 효율은 A가 C의 2배이다.

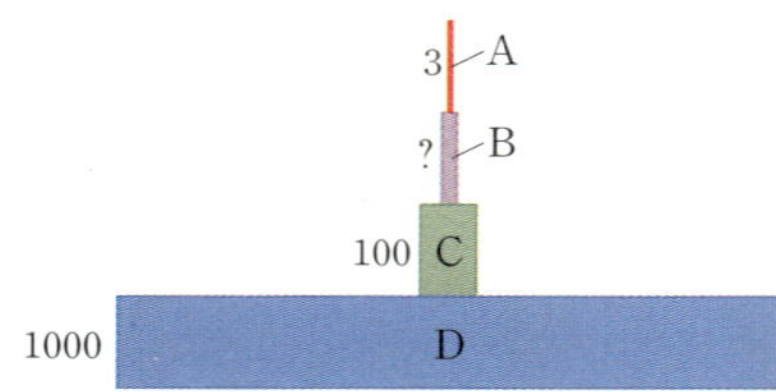

이에 대한 설명으로 옳은 것만을 〈보기〉에서 있는 대로 고른 것은?

보기
ㄱ. 초식 동물은 C에 해당한다.
ㄴ. B의 에너지양은 15이다.
ㄷ. 상위 영양 단계로 갈수록 에너지양은 감소한다.

① ㄱ   ② ㄴ   ③ ㄱ, ㄷ
④ ㄴ, ㄷ   ⑤ ㄱ, ㄴ, ㄷ

02

그림은 생태계에서 탄소 순환 과정의 일부를 나타낸 것이다. A~C는 분해자, 생산자, 소비자를 순서 없이 나타낸 것이다. (가)~(다)는 각각 광합성과 세포 호흡 중 하나이다.

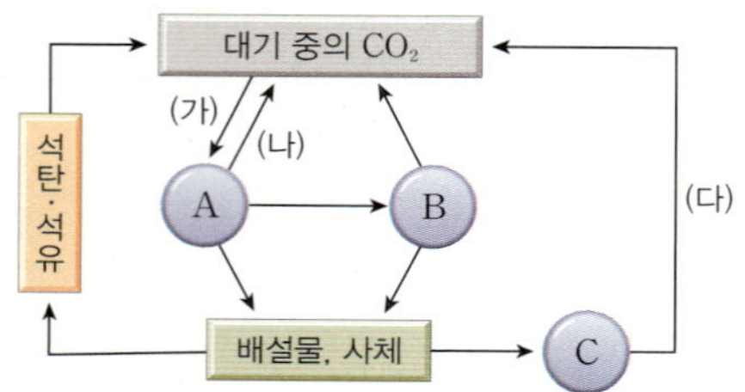

이에 대한 설명으로 옳은 것만을 〈보기〉에서 있는 대로 고른 것은?

보기
ㄱ. (가)를 통해 무기물이 유기물로 합성된다.
ㄴ. (나)와 (다)는 모두 이화 작용에 해당한다.
ㄷ. 버섯은 B에 속한다.

① ㄱ   ② ㄷ   ③ ㄱ, ㄴ
④ ㄴ, ㄷ   ⑤ ㄱ, ㄴ, ㄷ

04

그림 (가)는 어떤 식물 군집에서 총생산량, 순생산량, 생장량의 관계를, (나)는 이 식물 군집에서 시간에 따른 총생산량과 순생산량을 나타낸 것이다.

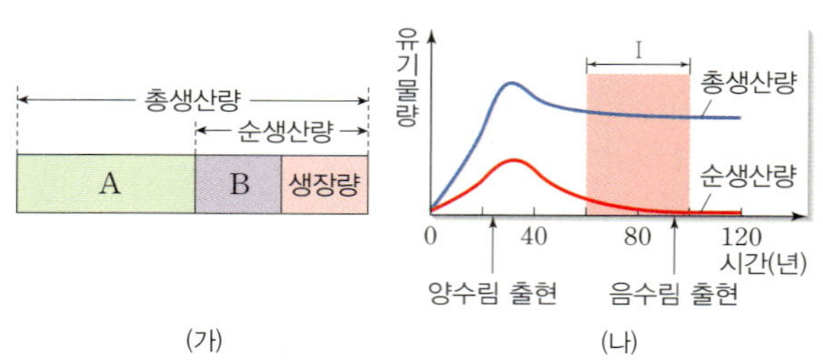

이에 대한 설명으로 옳은 것만을 〈보기〉에서 있는 대로 고른 것은?

보기
ㄱ. A는 호흡량이다.
ㄴ. 낙엽의 유기물량은 B에 포함된다.
ㄷ. 천이가 진행됨에 따라 구간 I 에서 $\dfrac{총생산량}{A}$ 은 증가한다.

① ㄱ   ② ㄷ   ③ ㄱ, ㄴ
④ ㄴ, ㄷ   ⑤ ㄱ, ㄴ, ㄷ

05 그림은 평형 상태의 안정된 어떤 생태계에서 물질과 에너지의 이동을 나타낸 것이다. A~D는 이동하는 에너지양이다.

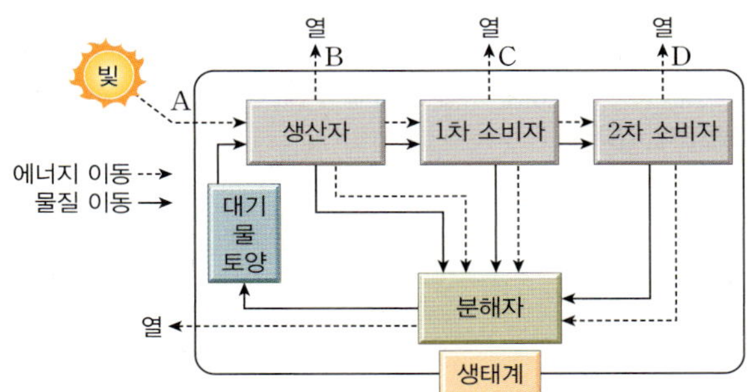

이에 대한 설명으로 옳은 것만을 〈보기〉에서 있는 대로 고른 것은?

| 보기 |
ㄱ. 이 생태계 내에서 물질과 에너지는 모두 순환한다.
ㄴ. 육식 동물은 1차 소비자에 해당한다.
ㄷ. A>B+C+D의 관계가 성립한다.

① ㄱ   ② ㄷ   ③ ㄱ, ㄴ
④ ㄴ, ㄷ   ⑤ ㄱ, ㄴ, ㄷ

---

06 그림은 물질 순환 과정의 일부를 나타낸 것이다. 대기 중에 존재하는 기체 A와 B는 각각 질소와 탄소 중 하나이며, ㉠과 ㉡은 각각 생산자와 소비자 중 하나이다.

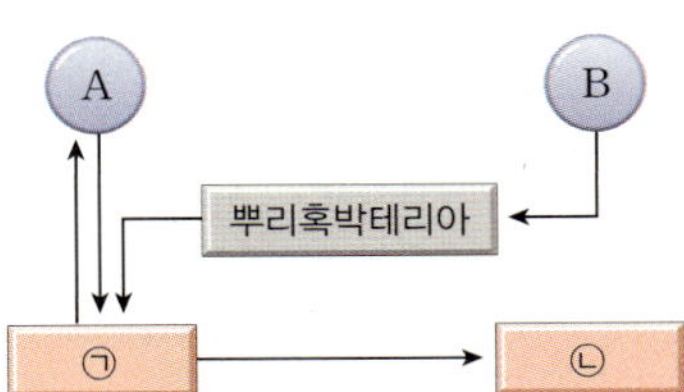

이에 대한 설명으로 옳은 것만을 〈보기〉에서 있는 대로 고른 것은?

| 보기 |
ㄱ. A는 바다에서 주로 HCO_3^- 형태로 존재한다.
ㄴ. 뿌리혹박테리아는 ㉠에게 NH_4^+을 공급해준다.
ㄷ. 단백질은 ㉠에서 ㉡으로 이동하는 질소 화합물의 형태 중 하나이다.

① ㄱ   ② ㄴ   ③ ㄱ, ㄷ
④ ㄴ, ㄷ   ⑤ ㄱ, ㄴ, ㄷ

---

07 표는 생물 다양성의 3가지 의미를 설명한 것이다. A~C는 각각 유전적 다양성, 종 다양성, 생태계 다양성 중 하나이다.

구분	의미
A	사막, 초원, 삼림, 강, 습지 등 생태계가 다양하게 형성되는 것을 의미한다.
B	어떤 생태계에 존재하는 생물종의 다양한 정도를 의미한다.
C	동일한 생물종이라도 형질이 각 개체 간에 다르게 나타나는 것을 의미한다.

이에 대한 설명으로 옳은 것만을 〈보기〉에서 있는 대로 고른 것은?

| 보기 |
ㄱ. A는 생물 군집과 무기 환경 사이의 상호 작용의 다양함을 포함하지 않는다.
ㄴ. 감수 분열 시 상동 염색체의 무작위 분리는 B를 높이는 직접적인 원인이 된다.
ㄷ. C가 높은 생물종일수록 급격한 환경 변화에 살아남을 확률이 높아진다.

① ㄱ   ② ㄷ   ③ ㄱ, ㄴ
④ ㄴ, ㄷ   ⑤ ㄱ, ㄴ, ㄷ

---

08 그림은 어떤 지역에 서식하는 어떤 동물의 개체군 크기에 따른 유전자 변이 수를, 표는 면적이 같은 서로 다른 지역 (가)와 (나)에 서식하고 있는 모든 식물 종 ㉠~㉤의 개체 수를 나타낸 것이다.

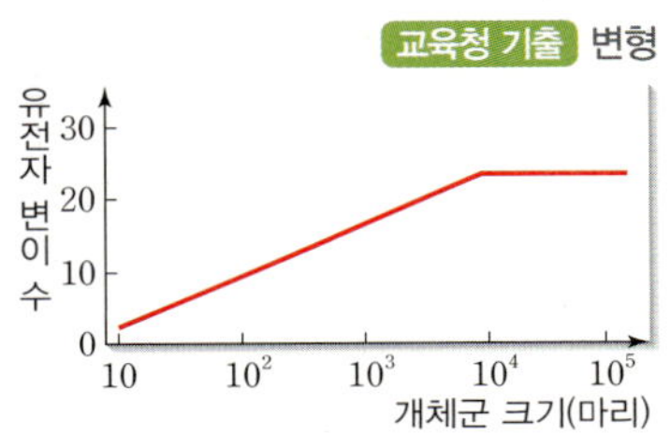

식물 종 지역	㉠	㉡	㉢	㉣	㉤
(가)	17	24	18	21	20
(나)	0	24	11	8	47

이에 대한 설명으로 옳은 것만을 〈보기〉에서 있는 대로 고른 것은?

| 보기 |
ㄱ. 그림은 유전적 다양성과 관련이 있다.
ㄴ. 식물의 종 다양성은 (가)에서가 (나)에서보다 높다.
ㄷ. ㉡의 상대 밀도는 (가)와 (나)에서 같다.

① ㄱ   ② ㄷ   ③ ㄱ, ㄴ
④ ㄴ, ㄷ   ⑤ ㄱ, ㄴ, ㄷ

기본 개념 확인

01 식물은 질소 고정에 의해 생성된 [   ]과 [   ]을 흡수하여 질소 동화 작용에 이용한다.

01 그림은 어떤 생태계에서 물질 이동 과정의 일부를, 표는 이 생태계의 생물 군집에서 일어나는 물질의 변화 과정을 나타낸 것이다. A~D는 각각 생태계의 생물적 요인 중 하나이며, 생산자, 소비자, 분해자가 모두 포함되어 있다.

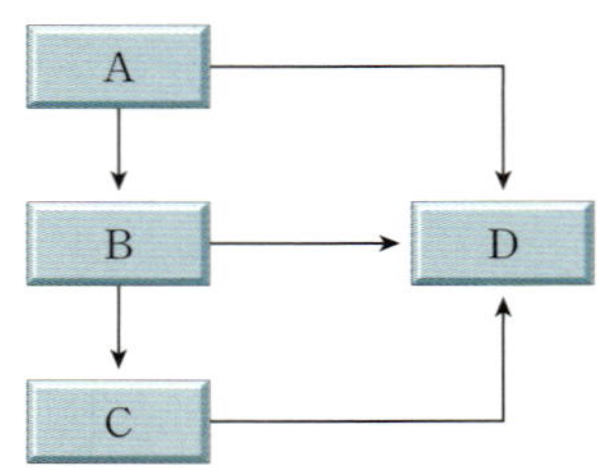

과정	물질의 변화
(가)	$CO_2 \rightarrow$ 유기물
(나)	$N_2 \rightarrow NH_4^+$
(다)	유기물 $\rightarrow CO_2$
(라)	$NH_4^+ \rightarrow$ 아미노산

이에 대한 설명으로 옳은 것만을 〈보기〉에서 있는 대로 고른 것은?

| 보기 |
ㄱ. A에서 과정 (가)~(라)가 모두 일어난다.
ㄴ. A~D에서 모두 과정 (다)가 일어난다.
ㄷ. 질소(N)와 탄소(C)는 모두 유기물의 형태로 A에서 B로 전달된다.

① ㄱ   ② ㄴ   ③ ㄱ, ㄷ
④ ㄴ, ㄷ   ⑤ ㄱ, ㄴ, ㄷ

02 식물 군집의 총생산량은 식물의 호흡량 + [   ]이며, 1차 소비자의 호흡량은 순생산량에 포함된다.

02 그림 (가)는 어떤 안정된 생태계에서의 에너지 흐름을, (나)는 이 생태계의 식물 군집에서 시간에 따른 유기물량을 나타낸 것이다. ㉠~㉣은 생산자, 1차 소비자, 2차 소비자, 3차 소비자를 순서 없이 나타낸 것이고, A와 B는 각각 호흡량과 총생산량 중 하나이다.

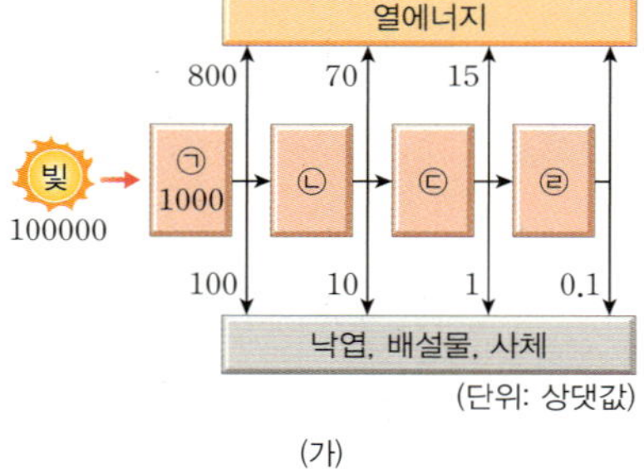

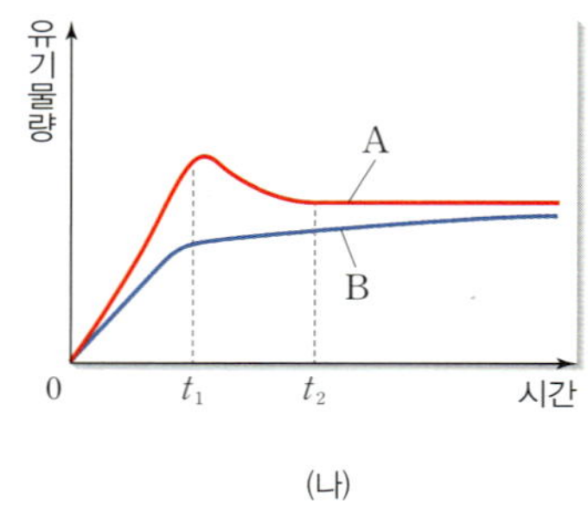

이에 대한 설명으로 옳은 것만을 〈보기〉에서 있는 대로 고른 것은?

| 보기 |
ㄱ. ㉡의 호흡량은 B에 포함된다.
ㄴ. (가)에서 에너지 효율은 2차 소비자와 3차 소비자가 같다.
ㄷ. (나)에서 $\dfrac{\text{호흡량}}{\text{순생산량}}$은 t_1일 때가 t_2일 때보다 작다.

① ㄱ   ② ㄷ   ③ ㄱ, ㄴ
④ ㄴ, ㄷ   ⑤ ㄱ, ㄴ, ㄷ

03 그림은 어떤 생태계에서 일어나는 물질의 이동 중 일부를 나타낸 것이다. ⓐ~ⓒ는 초식 동물, 콩과식물, 뿌리혹박테리아를 순서 없이 나타낸 것이고, ㉠과 ㉡은 각각 N_2와 CO_2 중 하나이다.

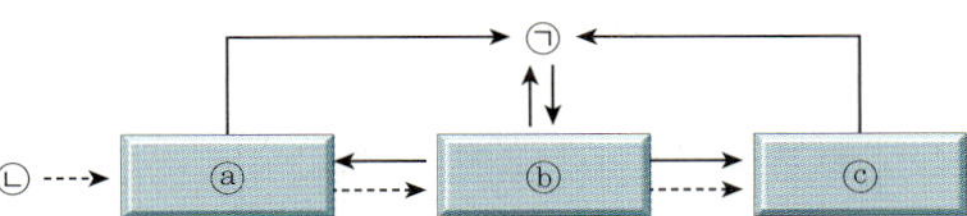

이에 대한 설명으로 옳은 것만을 〈보기〉에서 있는 대로 고른 것은?

| 보기 |
ㄱ. ㉠은 CO_2이다.
ㄴ. ⓐ에서 빛에너지가 화학 에너지로 전환된다.
ㄷ. ⓑ에서 질소 동화 작용이 일어난다.

① ㄱ   ② ㄴ   ③ ㄱ, ㄷ
④ ㄴ, ㄷ   ⑤ ㄱ, ㄴ, ㄷ

---

04 그림은 어떤 식물 군집에서 시간에 따른 유기물량 ㉠과 ㉡을, 표는 그림에서 시점 t_1일 때와 t_2일 때 이 군집을 구성하는 식물 종 A~C의 개체 수를 나타낸 것이다. ㉠과 ㉡은 각각 총생산량과 순생산량 중 하나이다.

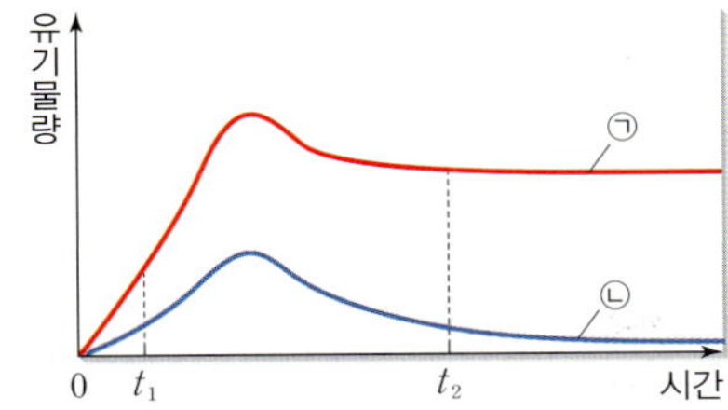

구분	t_1	t_2
A	22	37
B	19	7
C	20	10

이에 대한 설명으로 옳은 것만을 〈보기〉에서 있는 대로 고른 것은? (단, 제시된 종만 고려한다.)

| 보기 |
ㄱ. $\dfrac{순생산량}{호흡량}$은 t_2일 때가 t_1일 때보다 작다.
ㄴ. 1차 소비자로 이동한 에너지양은 ㉡에 포함된다.
ㄷ. 식물의 종 다양성은 t_2일 때가 t_1일 때보다 높다.

① ㄱ   ② ㄷ   ③ ㄱ, ㄴ
④ ㄴ, ㄷ   ⑤ ㄱ, ㄴ, ㄷ

기본 개념 확인

05 식물 군집을 조사할 때 전체 개체 수에서 특정 종의 개체 수가 차지하는 비율을 ☐☐☐☐☐라고 한다.

06 생명 공학 기술에 의해 특정 종의 형질이 달라지면 ☐☐☐ 다양성은 높아진다.

---

05 그림은 식물 종 A만 살던 서로 다른 세 지역 (가)~(다)에 식물 종 B, C, D가 각각 유입되어 일정 시간이 지난 후 평형에 도달한 결과를 나타낸 것이다.

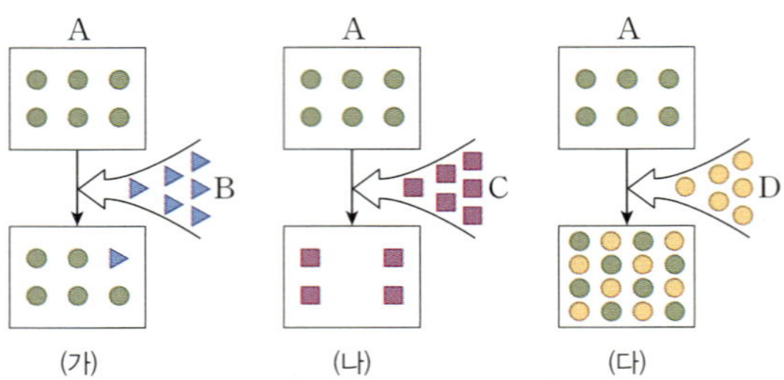

이에 대한 설명으로 옳은 것만을 〈보기〉에서 있는 대로 고른 것은? (단, 종간 상호 작용 이외의 다른 요인은 고려하지 않으며, ●, ▶, ■, ●의 개수는 개체 수에 비례한다.)

> | 보기 |
> ㄱ. A와 C는 생태적 지위가 같다.
> ㄴ. 평형에 도달한 이후 종 다양성은 (다)에서가 (가)에서보다 낮다.
> ㄷ. 평형에 도달한 이후 A의 상대 밀도는 (가)에서가 (다)에서보다 낮다.

① ㄱ   ② ㄴ   ③ ㄱ, ㄷ
④ ㄴ, ㄷ   ⑤ ㄱ, ㄴ, ㄷ

06 그림은 생물 다양성에 대한 학생 (가)~(다)의 발표 내용을 나타낸 것이다.

발표 내용이 옳은 학생만을 있는 대로 고른 것은?

① (가)   ② (다)   ③ (가), (나)
④ (나), (다)   ⑤ (가), (나), (다)

S 대단원 예상 적중 자료 정리

1 생태계 구성 요소 사이의 상호 관계 12강_ 104쪽 1번

그림은 생태계 구성 요소 사이의 관계를 나타낸 것이다. I ~ Ⅲ은 생산자, 소비자, 분해자를 순서 없이 나타낸 것이다.

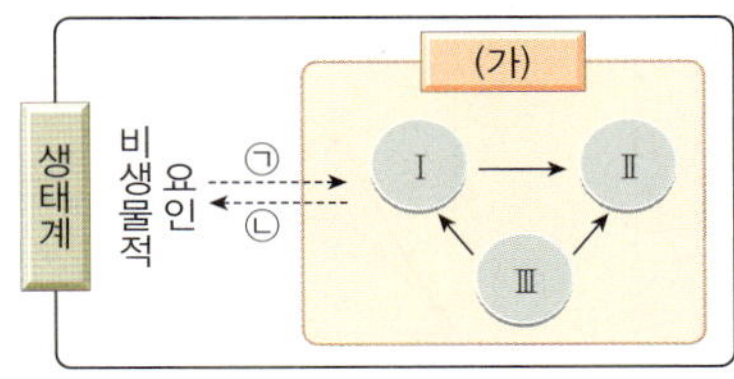

분석 포인트 ▶▶▶

비생물적 요인과 생물 군집(가)은 서로 영향을 주고받으며, 생물 군집 내에서 유기물은 생산자(Ⅲ) → 분해자(Ⅱ), 생산자(Ⅲ) → 소비자(I) → 분해자(Ⅱ)로 이동한다.

자료 집중 분석

- 비생물적 요인에는 ① ⬚ , 온도, 물, 토양, 공기 등이 있고, 생물적 요인인 생물 군집(가)을 구성하는 요소에는 ② ⬚ , 소비자, 분해자가 있다.
- 생물 군집은 특정 지역에서 여러 ③ ⬚ 들이 모여 이루어진 집단을 말한다.
- 비생물적 요인이 생물적 요인인 생물 군집에 영향을 주는 것을 ④ ⬚ 이라고 한다.
- 버섯, 곰팡이, 세균 등은 생산자, 소비자, 분해자 중 ⑤ ⬚ 에 속한다.

2 개체군의 생장 곡선 12강_ 105쪽 4번

그림은 시간에 따른 개체군 A와 B의 생장 곡선을, 표는 개체군 ⊙과 ⓒ의 개체 수가 각각 1500, 500인 상태에서 환경 수용력, 단위 시간당 출생 개체 수, 단위 시간당 사망 개체 수를 나타낸 것이다. ⊙과 ⓒ은 A와 B를 순서 없이 나타낸 것이다.

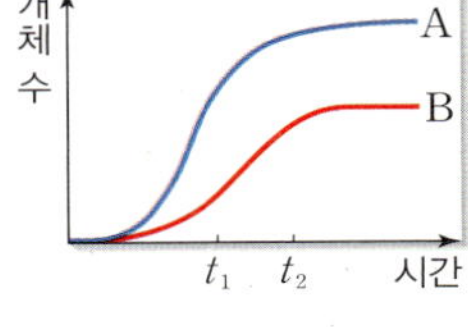

구분	개체군 ⊙	개체군 ⓒ
개체 수	1500	500
환경 수용력	1500	2000
단위 시간당 출생 개체 수	100	100
단위 시간당 사망 개체 수	ⓐ	ⓑ

분석 포인트 ▶▶▶

환경 수용력이 클수록 생존 가능한 최대 개체 수가 증가하며, 실제 생장 곡선은 환경 저항에 의해 S자형을 나타낸다.

자료 집중 분석

- 한 서식지에서 증가할 수 있는 개체 수의 한계를 ⑥ ⬚ 이라고 하며, 그림에서 ⑥ ⬚ 은 A가 B보다 크다.
- 생장 곡선에서 개체 수가 증가하고 있을 때 단위 시간당 출생 개체 수는 단위 시간당 사망 개체 수보다 ⑦ ⬚ .
- 생장 곡선에서 개체 수가 더 이상 증가하지 않을 때 단위 시간당 출생 개체 수는 단위 시간당 사망 개체 수와 ⑧ ⬚ .

3 개체군 간의 상호 작용 13강_ 110쪽 1번

그림 (가)는 서로 다른 종 A와 B를 각각 모두 배양했을 때, (나)는 A와 B를 함께 배양했을 때 시간에 따른 개체 수를 나타낸 것이다.

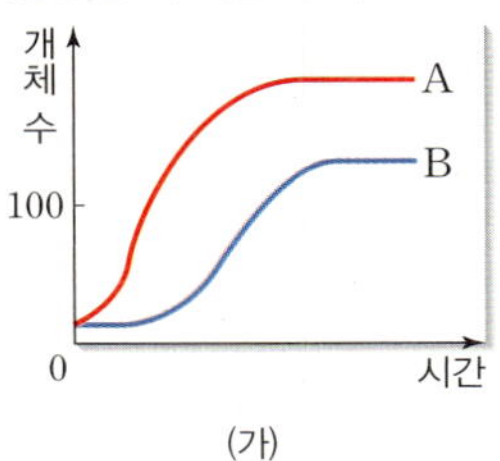

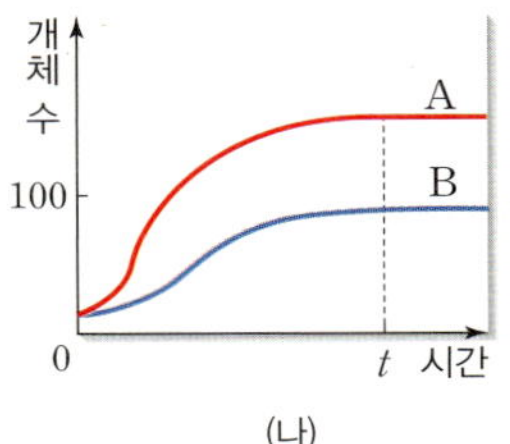

분석 포인트 ▶▶▶

생태적 지위가 비슷한 개체군들이 서식지, 먹이, 활동 시기 등을 달리하여 경쟁을 피하는 상호 작용을 분서(생태 지위 분화)라고 한다.

자료 집중 분석

- 개체군의 실제 생장 곡선은 ⑨ ⬚ 자형을 나타낸다.
- A의 경우 단독 배양할 때보다 B와 함께 배양할 때가 환경 수용력이 ⑩ ⬚ .
- B의 경우 t일 때 단위 시간당 출생하는 개체 수와 사망하는 개체 수는 ⑪ ⬚ .
- A와 B를 혼합 배양했을 때 개체 수 변화로 보아 A와 B는 모두 '이익'과 '손해' 중 ⑫ ⬚ 이다.

4 방형구를 이용한 식물 군집 조사 13강_ 111쪽 3번

그림은 각각 면적이 동일한 25개의 방형구를 이용해 어떤 생태계에 서식하는 식물 종 A~C의 분포 상태를 조사한 결과를 나타낸 것이다. 각 개체당 방형구를 덮고 있는 면적은 모두 동일하다.

분석 포인트 ▶▶▶

우점종은 중요도(상대 밀도＋상대 빈도＋상대 피도)가 가장 큰 종이다.

자료 집중 분석

- 밀도＝$\dfrac{개체 수}{면적}$이다. 방형구의 면적이 서로 같으므로 A~C 중 밀도가 가장 높은 종은 개체 수가 가장 많은 ⑬ ⬚ 이다.
- 상대 밀도(%)＝$\dfrac{특정 종의 밀도}{조사한 모든 종의 밀도의 합}×100$이다. A의 상대 밀도는 ⑭ ⬚ 이다.
- 상대 빈도(%)＝$\dfrac{특정 종의 빈도}{조사한 모든 종의 빈도의 합}×100$이다. A~C 중 상대 빈도가 가장 높은 종은 ⑮ ⬚ 이다.
- 각 종의 상대 피도는 상대 밀도와 같으므로 중요도는 ⑯ ⬚ 가 가장 크다.

⑤ 식물 군집의 천이　　　13강_ 111쪽 4번

그림 (가)는 어떤 천이 과정의 일부를, (나)는 건성 천이 과정을 나타낸 것이다.

(가)　빈영양호 → 부영양호 → 습원 ⋯ →

(나)　용암 대지 → 지의류 → 초원 → 관목림 → 양수림 → 혼합림 → 음수림

　　　　　　　　　　　　┣━━━━━━ 구간 A ━━━━━━┫

분석 포인트 ▶▶▶

1차 천이에는 건성 천이와 습성 천이가 있고, 2차 천이는 산불, 산사태 등이 일어난 후 토양이 있는 곳에서 시작하는 천이이다.

자료 집중 분석

- (가)에서 습원 이후 ⑰□□□□□ 이 형성되며, 이후 건성 천이와 같은 과정을 거친다.
- 기존의 식물 군집이 있던 곳에서 산불, 산사태, 벌목 등이 일어난 후 시작되는 천이는 ⑱□□□□□ 천이이며, 이때 개척자는 주로 ⑲□□□□□ 이다.
- (나)에서 개척자는 ⑳□□□□□ 이다.
- 구간 A에서 천이 과정에 영향을 미치는 주된 환경 요인은 ㉑□□□□□ 이다.
- 양수림이 형성되면 숲의 상층에서 많은 빛이 흡수되어 하층에 도달하는 빛의 세기가 약해져 양수 묘목은 잘 자라지 못하고 음수 묘목이 잘 자라기 때문에 혼합림을 거쳐 점차 ㉒□□□□□ 으로 변하게 된다.

⑥ 생태계에서의 물질 순환　　　14강_ 116쪽 1번

그림은 어떤 생태계에서 물질 이동 과정의 일부를, 표는 이 생태계의 생물 군집에서 일어나는 물질의 변화 과정을 나타낸 것이다. A~D는 각각 생태계의 생물적 요인 중 하나이며, 생산자, 소비자, 분해자가 모두 포함되어 있다.

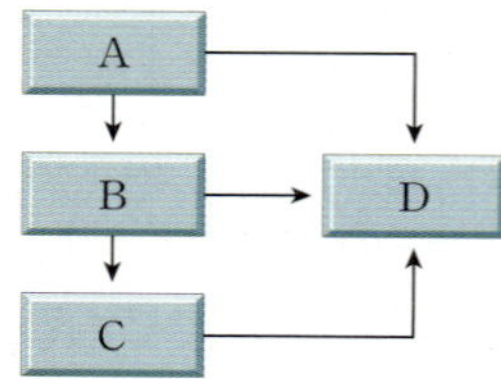

과정	물질의 변화
(가)	CO_2 → 유기물
(나)	N_2 → NH_4^+
(다)	유기물 → CO_2
(라)	NH_4^+ → 아미노산

분석 포인트 ▶▶▶

생산자에서는 질소 동화 작용, 광합성, 세포 호흡이 모두 일어나고, 소비자에서는 세포 호흡만 일어난다.

자료 집중 분석

- A는 생산자, B와 C는 소비자, ㉓□□□□□ 는 분해자이다.
- (가)는 광합성, (나)는 질소 고정, (다)는 세포 호흡, (라)는 ㉔□□□□□ 작용이다.
- 생산자에서는 (가)~(라) 중 ㉕□□□□□ 는 일어나지 않는다.
- (가)~(라) 중 ㉖□□□□□ 는 A~D에서 모두 일어난다.
- (나)는 생물 중 ㉗□□□□□ 에서 일어난다.

⑦ 에너지 흐름, 물질의 생산과 소비　　　14강_ 116쪽 2번

그림 (가)는 어떤 안정된 생태계에서의 에너지 흐름을, (나)는 이 생태계의 식물 군집에서 시간에 따른 유기물량을 나타낸 것이다. ㉠~㉣은 생산자, 1차 소비자, 2차 소비자, 3차 소비자를 순서 없이 나타낸 것이고, A와 B는 각각 호흡량과 총생산량 중 하나이다.

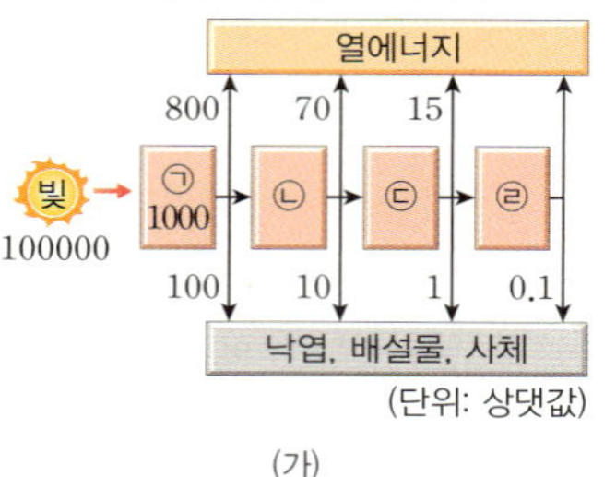
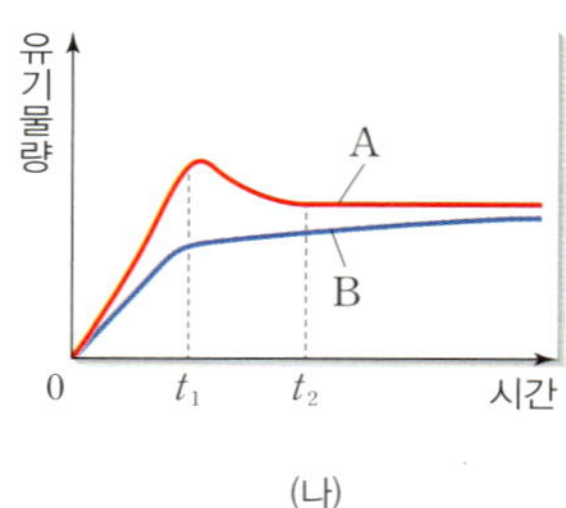

분석 포인트 ▶▶▶

에너지 효율(%)= $\dfrac{\text{현 영양 단계가 보유한 에너지양}}{\text{전 영양 단계가 보유한 에너지양}} \times 100$ 이고, 총생산량= 호흡량+순생산량(피식량+고사 · 낙엽량+생장량)이다.

자료 집중 분석

- ㉠=1000, ㉡=100, ㉢=㉘□□□□□, ㉣=4이다.
- 에너지 효율은 1차 소비자가 10 %, 2차 소비자와 3차 소비자가 모두 ㉙□□□□□ %이다.
- A는 총생산량, B는 호흡량이며, ㉚□□□□□ 은 생산자가 자신의 생활에 필요한 에너지를 얻기 위해 세포 호흡을 통해 소비한 유기물의 양이다.
- ㉛□□□□□ =A−B로, 총생산량에서 호흡량을 제외한 유기물의 양이다.
- 식물의 피식량은 초식 동물의 섭식량과 같다. 따라서 초식 동물의 호흡량은 식물 군집의 ㉜□□□□□ 에 포함된다.

⑧ 생물 다양성　　　14강_ 118쪽 6번

그림은 생물 다양성에 대한 학생 (가)~(다)의 발표 내용을 나타낸 것이다.

분석 포인트 ▶▶▶

생물 다양성의 의미에는 유전적 다양성, 종 다양성, 생태계 다양성이 있다.

자료 집중 분석

- ㉝□□□□□ 이 낮은 종은 급격한 환경 변화나 전염병의 유행으로 멸종될 수 있다.
- 생물 다양성 중 한 지역 내 종의 다양한 정도를 ㉞□□□□□ 이라고 하며, 종의 수가 많고 각 종의 분포 비율이 고를수록 ㉞□□□□□ 이 높다.
- 어떤 지역에 삼림, 습지, 초원 등의 다양한 생태계가 존재하는 것을 ㉟□□□□□ 이라고 한다.

효과 빠른 약점 처방전

과탐 생명과학 I S

이투스북

효과 빠른 약점 처방전

정답 및 해설

I. 생명 과학의 이해

01강 생명 과학의 이해

기출 변형 문제
9~10쪽

01 ⑤ 02 ⑤ 03 ① 04 ⑤ 05 ③ 06 ② 07 ④
08 ③ 09 ⑤

01 먹이의 종류나 서식지에 따라 새의 발 모양이 다른 것은 적응과 진화에 해당한다.
⑤ '선인장은 잎이 가시로 변해 건조한 환경에서 살기에 적합하다.'는 적응과 진화에 해당한다.
오답풀이 ① '짚신벌레는 분열법으로 번식한다.'는 생식에 해당한다.
② '소나무는 빛에너지를 흡수하여 양분을 합성한다.'는 물질대사에 해당한다.
③ '지렁이에게 빛을 비추면 어두운 곳으로 이동한다.'는 자극에 대한 반응에 해당한다.
④ '적록 색맹인 어머니로부터 적록 색맹인 아들이 태어난다.'는 유전에 해당한다.

02 ㄱ. 결핵균(㉠)은 유전 물질인 DNA를 갖고 있다.
ㄴ. 파리지옥(㉡)은 세포 분열을 한다.
ㄷ. 파리지옥의 잎에 곤충이 앉으면 잎이 갑자기 접히는 것(ⓐ)은 자극에 대한 반응에 해당한다.

03 ㄱ. 독감 바이러스는 스스로 물질대사를 하지 못하고, 짚신벌레는 스스로 물질대사를 한다. 따라서 A는 독감 바이러스, B는 짚신벌레이다.
오답풀이 ㄴ. 독감 바이러스(A)와 짚신벌레(B)는 모두 핵산을 갖고 있다. 따라서 '핵산을 갖고 있다.'는 ㉡에 해당한다.
ㄷ. 독감 바이러스(A)는 세포로 이루어져 있지 않고, 짚신벌레(B)는 세포로 이루어져 있다. 따라서 '세포로 이루어져 있다.'는 ㉢에 해당한다.

04 ㄱ. A는 박테리오파지, B는 대장균이다.
ㄴ. 대장균(B)은 자극에 대해 반응한다.
ㄷ. 박테리오파지(A)와 대장균(B)은 모두 유전 물질인 핵산을 갖고 있다.

05 ㄱ. 담배 모자이크 바이러스 (가)는 유전 물질인 핵산을 갖고 있다.
ㄴ. 대장균 (나)는 자극에 대해 반응한다.
오답풀이 ㄷ. 담배 모자이크 바이러스 (가)는 스스로 물질대사를 하지 못하지만, 대장균 (나)는 스스로 물질대사를 한다.

06 ㄴ. 박테리오파지와 토끼는 모두 유전 물질인 핵산을 갖는다.
오답풀이 ㄱ. 박테리오파지는 세포 분열을 하지 못하지만, 토끼는 세포 분열을 한다.
ㄷ. 박테리오파지는 스스로 물질대사를 하지 못하지만, 토끼는 스스로 물질대사를 한다.

07 ㄱ. 뿌리혹박테리아(㉠)는 스스로 물질대사를 한다.
ㄴ. 뿌리혹박테리아(㉠)와 콩(㉡)은 모두 세포로 이루어져 있다.
오답풀이 ㄷ. '뿌리혹박테리아는 질소 고정 효소를 이용하여 공기 중의 질소(N_2)를 질소 화합물로 합성한다.'는 물질대사에 해당한다.

08 ㄱ. 여과액을 발라 준 담배 A에서 담배 모자이크병이 나타났으므로 여과액에는 담배 모자이크병을 일으키는 바이러스 X가 있다.
ㄴ. 담배 모자이크병을 일으키는 X와 담배(㉠)는 모두 유전 물질인 핵산을 갖고 있다.
오답풀이 ㄷ. 이 실험에서 담배에 발라 주는 용액의 종류는 조작 변인, 담배 모자이크병의 발병 여부는 종속변인이다.

09 밥의 표면적은 조작 변인, 녹말 양의 50 %가 엿당으로 분해되는 데 걸리는 시간은 종속변인이다. 따라서 ㉠은 37 ℃, ㉡은 잘게 으깬 밥 1 g + 증류수가 적절하다.

예상 적중 문제
11~13쪽

기본 개념 확인
01 반응, 유전 02 적응 03 생물적, 비생물적 04 생명 05 가설
06 실험군

01 ③ 02 ⑤ 03 ① 04 ⑤ 05 ⑤ 06 ②

01 ㄱ. '개구리 알은 올챙이를 거쳐 개구리가 된다.'는 발생 (가)에 해당하고, '적록 색맹인 어머니로부터 적록 색맹인 아들이 태어난다.'는 유전 (나)에 해당하며, '식충 식물인 파리지옥의 잎에 파리가 앉으면 잎이 접힌다.'는 자극에 대한 반응 (다)에 해당한다.
ㄷ. 개구리(㉠)와 파리지옥(㉡)은 모두 세포로 이루어져 있다.
오답풀이 ㄴ. 단세포 생물도 자극에 대해 반응한다.

02 ㄱ. 갈라파고스 군도 각 섬의 생태적인 환경에 따라 섬에 서식하고 있는 핀치의 부리 모양이나 크기가 다른 것은 적응과 진화에 해당한다.
ㄴ. 선인장(ⓐ)은 세포 분열을 한다.
ㄷ. 선인장(ⓐ)과 선인장땅핀치(ⓑ)는 모두 생식과 유전을 한다.

03 ㄱ. 대장균, 독감 바이러스, 소나무는 모두 핵산을 갖는다. 대장균과 소나무는 스스로 물질대사를 한다. 소나무는 다세포 생물이다. 따라서 A는 소나무, B는 독감 바이러스, C는 대장균이고, ㉠은 '다세포 생물이다.', ㉡은 '핵산을 갖는다.', ㉢은 '스스로 물질대사를 한다.'이다.
오답풀이 ㄴ. 독감 바이러스(B)는 세포로 이루어져 있지 않지만, 대장균(C)은 세포로 이루어져 있다.
ㄷ. ㉢은 '스스로 물질대사를 한다.'이다.

04 A. 생명 과학은 생명의 본질을 밝히고, 그 성과를 인류의 복지에 응용하는 종합 학문이다.

B. 생명 과학은 물리학, 화학, 정보학 등 다른 학문 분야와 많은 영향을 주고받으며 발달하고 있다.

C. 생명 과학은 지구에 살고 있는 생물의 특성과 생명 현상을 연구하는 학문이다.

05 무즙의 유무는 조작 변인, 녹말이 엿당으로 분해되는지의 여부는 종속변인이다.

ㄱ. A는 대조군, B는 실험군이다.

ㄴ. 무즙의 유무는 조작 변인이므로 ㉠에는 무즙이 포함되어 있다.

ㄷ. 무즙에 들어 있는 효소에 의해 고분자 물질인 녹말이 저분자 물질인 엿당으로 분해되므로 이 탐구와 관련된 생물의 특성은 물질대사이다.

06 ㄷ. (가)는 가설 설정, (나)는 결과 분석, (다)는 탐구 설계 및 수행 단계이다. 따라서 탐구는 (가) → (다) → (나)의 순서로 이루어졌다.

오답풀이 ㄱ. 백미를 모이로 준 집단 A는 대조군, 현미를 모이로 준 집단 B는 실험군이다.

ㄴ. 닭 모이의 종류가 조작 변인, 각기병의 발병 여부가 종속변인이다.

대단원 예상 적중 자료 정리
14쪽

① 발생 ② 유전 ③ 자극 ④ 반응 ⑤ 세포 ⑥ 단세포 ⑦ 다세포
⑧ 핵산 ⑨ 돌연변이 ⑩ 생물(체) ⑪ 인류 ⑫ 조작 ⑬ 실험군 ⑭ 대조군

02강 생명 활동과 에너지

기출 변형 문제
18~19쪽

01 ③ **02** ② **03** ③ **04** ④ **05** ② **06** ② **07** ⑤
08 ⑤

01 ㄱ. Ⅰ은 저분자 물질인 아미노산이 고분자 물질인 단백질로 합성되는 과정이므로 동화 작용이다.

ㄷ. Ⅰ과 Ⅱ는 모두 사람의 체내에서 일어나는 물질대사이므로 효소가 관여한다.

오답풀이 ㄴ. 뉴클레오타이드가 결합해 DNA로 합성되는 과정은 동화 작용이므로 Ⅱ에서는 에너지가 흡수된다.

02 생물체에서 일어나는 화학 반응을 물질대사라고 하며, 동화 작용과 이화 작용이 있다.

ㄷ. 녹말은 포도당 여러 분자가 결합하여 합성되는 다당류이다. 따라서 과정 (가)는 저분자 물질이 고분자 물질로 합성되는 동화 작용이다. 과정 (나)는 포도당이 이산화 탄소와 물로 분해되는 이화 작용이다. (가)와 (나)는 모두 생물체 내에서 일어나는 물질대사이며, 물질대사에는 효소가 필요하다.

오답풀이 ㄱ. 과정 (가)는 동화 작용이므로 에너지가 흡수된다.

ㄴ. 과정 (나)는 포도당이 분해되는 반응이므로 이화 작용이다.

03 ㄱ. 세포 호흡에 포도당과 산소가 이용되므로 ㉠은 산소(O_2)이다. 산소는 미토콘드리아로 들어가 이용된다.

ㄴ. ㉡은 물(H_2O)이며, 물(H_2O)의 일부는 폐를 통해 몸 밖으로 배출되고, 일부는 콩팥을 통해 몸 밖으로 배출된다.

오답풀이 ㄷ. 포도당이 세포 호흡에 의해 분해되는 것은 이화 작용이다.

04 광합성은 동화 작용이므로 에너지가 흡수되고, 세포 호흡은 이화 작용이므로 에너지가 방출된다. 따라서 A는 세포 호흡이고, B는 광합성이다.

ㄴ. 세포 호흡(A) 과정에서 에너지가 방출되며, 이 에너지의 일부는 $ADP + P_i$(무기 인산) $\longrightarrow$ ATP로 전환되는 과정에 이용된다.

ㄷ. B는 광합성이며, 광합성은 빛에너지를 이용하여 포도당을 합성하는 과정이므로 이 과정에서 빛에너지가 화학 에너지로 전환된다.

오답풀이 ㄱ. 세포 호흡(A) 과정에서 포도당은 산소(O_2)에 의해 산화되어 이산화 탄소(CO_2)와 물로 최종 분해되고, 이 과정에서 에너지가 방출된다. 따라서 ⓐ는 산소(O_2)이다.

05 ㄷ. ㉠은 산소(O_2), ㉡은 물(H_2O)이며, 물(H_2O)은 호흡계(폐)와 배설계(콩팥)를 통해 몸 밖으로 배출된다.

오답풀이 ㄱ. 과정 ⓐ는 이화 작용, 과정 ⓑ는 동화 작용이다.

ㄴ. 아미노산이 세포 호흡에 의해 분해되면 아미노산이 가진 에너지의 일부는 ATP에 저장되고, 일부는 열에너지로 방출된다.

06 B. 세포 호흡 과정에서 포도당은 산소와 반응하여 물과 이산화 탄소로 완전히 분해되고, 그 과정에서 에너지가 방출된다. 이때 방출된 에너지의 일부는 ATP에 화학 에너지의 형태로 저장되고, 나머지는 열에너지로 방출된다.

오답 풀이 A. ATP는 아데닌과 리보스에 3개의 인산이 결합한 화합물로, 인산과 인산은 고에너지 인산 결합을 하고 있다. 따라서 ATP는 고에너지 인산 결합 수가 2이다. ADP는 아데닌과 리보스에 2개의 인산이 결합한 화합물로, 고에너지 인산 결합 수는 1이다.

C. 세포는 ATP가 ADP로 분해되는 과정에서 방출되는 에너지를 이용하여 정신 활동, 발성, 체온 유지, 근육 운동, 생장 등과 같은 생명 활동을 한다.

07 ㄱ. 세포 호흡에는 폐에서 공급되는 산소와 소장에서 흡수되는 유기 양분이 이용되므로 ㉠은 산소(O_2)이다.

ㄴ. 세포 호흡은 에너지가 방출되는 이화 작용이므로 반응물(㉠, 유기 양분)이 가지는 에너지양의 합은 생성물(㉡, 물)이 가지는 에너지양의 합보다 많다.

ㄷ. 인산과 인산 사이의 결합이 고에너지 인산 결합이므로 ADP(ⓐ)의 고에너지 인산 결합 수는 1, ATP(ⓑ)의 고에너지 인산 결합 수는 2이다.

08 ㄱ. (가)는 고분자 물질인 포도당이 저분자 물질인 이산화 탄소와 물로 분해되는 세포 호흡이며, 이 과정은 이화 작용이다.

ㄴ. 포도당이 글리코젠으로 합성되는 반응은 생물체에서 일어나는 물질대사이므로 효소가 작용한다.

ㄷ. (가)에서 포도당의 분해로 방출된 에너지의 일부가 ATP로 전환된다. (나)에서 포도당 여러 분자가 결합하여 글리코젠으로 합성되는 과정에서는 ATP에 저장된 에너지가 사용된다.

20~21쪽

기본 개념 확인

01 흡수, 방출　**02** ATP　**03** 이산화 탄소　**04** 동화, 이화

01 ④　**02** ③　**03** ③　**04** ⑤

01 ㉠은 다당류인 글리코젠이고, ㉡은 단당류인 포도당이다.

ㄴ. 고분자 물질인 글리코젠(㉠)이 저분자 물질인 포도당(㉡)으로 분해되는 과정에서 에너지가 방출되므로 ㉠이 가지는 에너지양은 ㉠이 분해되어 생긴 ㉡ 전체가 가지는 에너지양보다 많다.

ㄷ. 과정 Ⅰ과 Ⅱ는 생물체에서 일어나는 물질대사이므로 모두 효소가 작용한다.

오답 풀이 ㄱ. 과정 Ⅰ은 고분자 물질인 글리코젠(㉠)이 저분자 물질인 포도당(㉡)으로 분해되는 반응이므로 이화 작용이다.

02 ㄱ. 고분자 물질인 녹말이 소화 효소에 의해 저분자 물질인 포도당으로 분해되므로 과정 Ⅰ은 이화 작용이다.

ㄴ. ATP를 사용하는 반응은 동화 작용이므로 ⓐ가 고분자 물질이고 ⓑ는 저분자 물질이다. 따라서 ⓐ는 단백질, ⓑ는 아미노산이다.

오답 풀이 ㄷ. 과정 Ⅰ과 Ⅱ는 모두 고분자 물질이 저분자 물질로 분해되는 반응이므로 이화 작용이다. 이화 작용에서는 반응물이 생성물보다 에너지가 많으므로 (나)의 ㉡과 같은 에너지 변화를 나타낸다. 과정 Ⅲ은 저분자 물질이 고분자 물질로 합성되는 동화 작용이다. 동화 작용에서는 생성물이 반응물보다 에너지가 많으므로 (나)의 ㉠과 같은 에너지 변화를 나타낸다.

03 ㄱ. 효모는 포도당을 이용하여 물질대사를 통해 기체(이산화 탄소)를 생성하였으므로 이 반응은 분해 반응이며 이화 작용이다.

ㄴ. A가 B보다 맹관부에 모인 기체의 부피가 많으므로 포도당 용액의 농도는 X가 Y보다 높다.

오답 풀이 ㄷ. B에서는 t_1일 때 포도당이 세포 호흡으로 모두 분해되어 용액 속에 포도당이 없고, C에는 증류수를 첨가하였으므로 용액 속에 포도당이 없다. 따라서 t_1 이후 B와 C의 용액을 섞더라도 용액 속에 포도당이 없으므로 기체(이산화 탄소)가 발생하지 않는다.

04 ㄱ. 효소의 주성분은 단백질이며, 단백질의 구성 단위는 아미노산이므로 ㉠은 아미노산이다.

ㄴ. A는 저분자 물질인 아미노산(㉠)이 고분자 물질인 효소(단백질)로 합성되는 반응으로 동화 작용이며, 이때 에너지가 흡수된다. 따라서 반응물보다 생성물의 에너지가 많은 (나)와 같은 에너지 변화가 나타난다.

ㄷ. 포도당이 에탄올과 이산화 탄소로 분해되는 반응에서 포도당이 가지는 에너지의 일부가 ATP에 저장된다. 포도당이 에탄올과 이산화 탄소로 분해되는 반응은 무산소 호흡으로 알코올 발효이다.

기출 변형 문제

24~25쪽

| **01** ④ | **02** ① | **03** ⑤ | **04** ⑤ | **05** ⑤ | **06** ② | **07** ④ |
| **08** ⑤ |

01 ㄴ. B는 위이며, 위에서는 소화 작용이 일어난다. 소화 작용은 고분자 물질을 저분자 물질로 분해하는 과정이므로 이화 작용이다.
ㄷ. C는 소장이며, 탄수화물, 지방, 단백질의 소화가 일어나고 소화된 영양소가 융털을 통해 흡수된다.
오답풀이 ㄱ. A는 간이며, 암모니아가 요소로 전환된다.

02 ㄱ. A는 간이며, 간은 소화계에 속한다.
오답풀이 ㄴ. B는 콩팥이며, 콩팥에서는 요소가 몸 밖으로 배출된다. 암모니아가 요소로 전환되는 기관은 간이다.
ㄷ. 폐에서 기체 교환이 일어나는데, 이산화 탄소는 모세 혈관에서 폐포로 이동하고 산소는 폐포에서 모세 혈관으로 이동한다. 폐동맥(㉠)에는 정맥혈을 통해 운반된 이산화 탄소가 많이 들어 있고 폐정맥(㉡)에는 폐에서 이산화 탄소가 배출된 혈액이 들어 있으므로 혈액의 단위 부피당 이산화 탄소(CO_2)의 양은 ㉠에서가 ㉡에서보다 많다.

03 ㄱ, ㄴ. 아미노산이 분해될 때 물, 암모니아, 이산화 탄소가 모두 생성되므로 ㉡은 '아미노산이 분해될 때 생성된다.'이고, ㉠은 '폐를 통해 배출된다.', ㉢은 '간에서 요소로 전환된다.'이다. 간에서 요소로 전환되는 것은 암모니아이므로 B는 암모니아이다. 따라서 A와 C는 각각 물과 이산화 탄소 중 하나이다.
ㄷ. 지방이 분해될 때는 물과 이산화 탄소(A와 C)가 생성된다.

04 ㄱ. ㉠은 산소이며, 적혈구의 헤모글로빈에 의해 조직 세포로 운반된다.
ㄴ. ㉡은 포도당이며, 포도당이 세포 호흡에 의해 분해될 때 방출된 에너지는 체온 유지에 이용된다.
ㄷ. ㉢은 이산화 탄소이며, 심한 운동을 하면 세포 호흡이 더 활발해지므로 단위 시간당 호흡계를 통해 배출되는 이산화 탄소(㉢)의 양이 운동을 하기 전보다 증가한다.

05 ㄱ. 요소가 생성되는 기관은 간이며, 간은 소화계에 속한다. 따라서 A는 소화계이며, 대장은 소화계(A)에 속하는 기관이다.
ㄴ. 호흡계(B)에 속하는 폐에서 이산화 탄소가 몸 밖으로 배출된다.
ㄷ. B가 호흡계이므로 C는 배설계이다. 건강한 사람은 배설계의 콩팥에서 여과된 포도당이 모두 재흡수된다.

06 ㄴ. B는 배설계이며, 배설계에 속하는 콩팥에서는 요소가 배설되며 혈액의 단위 부피당 요소의 양은 콩팥 동맥에서가 콩팥 정맥에서보다 많다.
오답풀이 ㄱ. 폐동맥은 혈관이므로 순환계에 속한다.
ㄷ. C는 소화계이며, 소화계를 이루는 기관의 세포에서는 세포 호흡이 일어난다.

07 ㄱ. 단백질이 아미노산으로 분해되는 작용은 소화이므로 (가) 과정은 소화계에서 일어난다.
ㄷ. 세포 호흡 결과 생성된 물(㉠)의 일부는 폐(호흡계)와 콩팥(배설계)을 통해 몸 밖으로 배출된다.
오답풀이 ㄴ. 암모니아보다 요소가 복잡한 물질이며 암모니아가 요소로 합성되므로 (나) 과정은 동화 작용이다.

08 ㄱ, ㄴ. A는 고혈압, B는 당뇨병, C는 고지혈증이다. 모두 대사성 질환이며, 효소나 호르몬의 이상으로 물질대사에 이상이 생겨 발생하는 질환이다.
ㄷ. 탄수화물을 과다하게 지속적으로 섭취하면 여분의 탄수화물이 지방으로 전환되므로 고지혈증(C)이 나타날 수 있다.

예상 적중 문제

26~27쪽

기본 개념 확인

| **01** 간 | **02** 이화 작용, 배출 | **03** 콩팥, 콩팥 | **04** 대사성 질환 | **05** 비만 |

| **01** ③ | **02** ⑤ | **03** ① | **04** ④ | **05** ① |

01 ㄱ. 소장(ⓐ)에서는 이자에서 분비된 라이페이스에 의해 지방이 지방산과 모노글리세리드로 분해된다.
ㄷ. ㉠은 이산화 탄소이며, 대정맥을 통해 심장으로 이동한 다음 폐동맥을 통해 폐로 운반되어 몸 밖으로 배출되므로 이산화 탄소(㉠)의 양은 폐동맥(A)의 혈액에서가 대동맥(B)의 혈액에서보다 많다.
오답풀이 ㄴ. ⓑ는 콩팥이며, 콩팥을 구성하는 세포에서는 포도당, 지방, 아미노산을 이용한 세포 호흡이 모두 일어나지만, 암모니아가 요소로 합성되는 반응은 간에서만 일어난다. 따라서 콩팥(ⓑ)에서 (나)의 과정이 모두 일어나는 것은 아니다.

02 ㄱ. 녹말이 포도당으로 분해되는 과정(Ⅰ)은 소화계(A)에서 일어난다.
ㄴ. 정맥은 순환계(B)를 구성하는 기관이다.
ㄷ. ㉠은 물이며, 물은 배설계(C)에 속하는 콩팥을 통해 몸 밖으로 배출된다.

03 ㄱ. 조직 세포에서 생성된 물(H_2O)이 몸 밖으로 배출되는 과정에는 호흡계, 순환계, 배설계가 관여한다. 이 과정에는 소화계가 관여하지 않으므로 C는 소화계이다. ㉠~㉣에 순환계가 모두 관여하므로 B는 순환계이고, 따라서 A는 호흡계이다.
오답풀이 ㄴ. 혈액에 포함된 요소가 몸 밖으로 배출되는 과정은 콩팥에서 일어난다.
ㄷ. 조직 세포에서 생성된 물(H_2O)은 혈액을 통해 운반되어 폐와 콩팥에서 몸 밖으로 배출된다. 따라서 ㉣에 호흡계(A), 순환계(B), 배설계(C)가 모두 관여한다.

04 B, C. 물질대사에 관여하는 효소나 호르몬에 이상이 있을 경우 당뇨병, 고지혈증, 고혈압과 같은 대사성 질환이 나타날 수 있으며, 장기적으로 에너지 섭취량이 에너지 소비량보다 많을 경우 남은 에너지가 지방으로 축적되어 비만이 될 수 있다.

오답 풀이 A. 움직이지 않고 가만히 있더라도 생명 유지를 위해 에너지가 소모되며, 이를 기초 대사량이라고 한다.

05 ㄱ. A가 B보다 1일 에너지 소비량이 많으므로 1일 대사량은 A가 B보다 많다.

오답 풀이 ㄴ. B의 에너지 섭취량은 $(400 \times 4) + (50 \times 9) = 2050$(kcal)이고, 1일 에너지 소비량은 2500 kcal이므로 에너지 섭취량보다 에너지 소비량이 많다. 따라서 이와 같은 상태가 지속되면 B는 체중이 감소할 수 있다.

ㄷ. A가 탄수화물을 통해 섭취한 에너지양은 $400 \times 4 = 1600$(kcal)이고, 지방을 통해 섭취한 에너지양은 $200 \times 9 = 1800$(kcal)이므로 A는 탄수화물을 통해 섭취한 에너지양이 지방을 통해 섭취한 에너지양보다 적다.

대단원 예상 적중 자료 정리
28쪽

① 글리코젠 ② 포도당 ③ 이화 작용 ④ 효소 ⑤ 소화 효소 ⑥ 세포 호흡 ⑦ ATP ⑧ 동화 작용 ⑨ 정맥 ⑩ 동맥 ⑪ 호흡 ⑫ 소화계 ⑬ 순환계 ⑭ 배설계

04강 자극의 전달

기출 변형 문제
33~35쪽

01 ②   **02** ①   **03** ④   **04** ②   **05** ④   **06** ⑤   **07** ⑤   **08** ③

01 휴지 전위를 유지하고 있는 분극 상태의 뉴런에 역치 이상의 자극이 주어지면 세포막의 Na^+ 통로가 열리면서 Na^+이 Na^+ 통로를 통해 세포 안으로 확산되어 탈분극이 일어난다. 이후 열렸던 Na^+ 통로가 닫히고, K^+ 통로가 열리면서 K^+이 세포 밖으로 확산되며 재분극이 일어난다. 따라서 ⓐ가 Na^+, ⓑ가 K^+이다.

ㄴ. 탈분극이 일어나고 있는 구간 Ⅱ에서 Na^+(ⓐ)은 Na^+ 통로를 통해 세포 안으로 확산되며, 그 결과 막전위가 상승한다.

오답 풀이 ㄱ. 휴지 전위를 유지하고 있는 분극 상태에서는 Na^+-K^+ 펌프를 통해 Na^+(ⓐ)은 세포 밖으로, K^+(ⓑ)은 세포 안으로 능동 수송된다.

ㄷ. 활동 전위가 생성되는 과정에서 Na^+(ⓐ)의 농도는 항상 세포 밖이 세포 안보다 높고, K^+(ⓑ)의 농도는 항상 세포 안이 세포 밖보다 높다. 따라서 구간 Ⅲ에서 $\dfrac{\text{세포 밖의 농도}}{\text{세포 안의 농도}}$는 Na^+(ⓐ)이 K^+(ⓑ)보다 크다.

02 휴지 전위를 유지하고 있는 분극 상태의 뉴런에 역치 이상의 자극이 주어지면 세포막의 Na^+ 통로가 열리면서 Na^+이 Na^+ 통로를 통해 세포 밖(ⓛ)에서 세포 안(ⓘ)으로 확산되어 탈분극이 일어나며, 그 결과 막전위가 상승한다.

ㄱ. Na^+의 막 투과도는 탈분극이 일어나는 t_1일 때가 재분극이 일어나는 t_2일 때보다 크다.

오답 풀이 ㄴ. 뉴런에서 Na^+의 농도는 항상 세포 밖이 세포 안보다 높고, K^+의 농도는 항상 세포 안이 세포 밖보다 높다. 따라서 t_2일 때 이온의 $\dfrac{\text{ⓘ(세포 안)에서의 농도}}{\text{ⓛ(세포 밖)에서의 농도}}$는 Na^+이 K^+보다 작다.

ㄷ. 휴지 전위를 유지하고 있는 분극 상태에서도 Na^+-K^+ 펌프를 통해 Na^+은 세포 안에서 세포 밖으로 능동 수송된다. 따라서 구간 Ⅰ에서 세포막을 통한 Na^+의 이동이 일어난다.

03 역치 이상의 자극을 준 지점 X가 P이면, t_1일 때 P로부터 가장 멀리 떨어져 있는 B의 d_4에서 측정한 막전위가 -80 mV이므로 B의 $d_1{\sim}d_3$에서 측정한 막전위는 모두 -70 mV~-80 mV이어야 한다. 하지만 t_1일 때 B의 d_2에서 측정한 막전위가 -45 mV이므로 X는 Q이다. 만일 A의 흥분 전도 속도가 2 cm/ms이면, A의 d_3에 흥분이 도달하는 데 2 ms가 걸리고 t_1일 때 A의 d_3에서 측정한 막전위가 -80 mV이므로 t_1은 5 ms이다. 이 경우 t_1일 때 B의 d_4에서 측정한 막전위가 -80 mV이므로 B의 흥분 전도 속도는 1 cm/ms이고, t_1일 때 B의 d_2에서 측정한 막전위는 -70 mV이어야 한다. 하지만 그렇지 않으므로 B에서의 흥분 전도 속도가 2 cm/ms이고, t_1일 때 A의 d_3, B의 d_4에서 측정한 막전위가 모두 -80 mV이므로 t_1은 4 ms, A의 흥

분 전도 속도는 4 cm/ms이다.

ㄴ. t_1은 4 ms이다.

ㄷ. A의 흥분 전도 속도는 4 cm/ms, t_1은 4 ms이므로 t_1일 때 A의 d_2에서는 흥분이 도달한 지 2.5 ms가 경과하였을 때의 막전위가 측정된다. 따라서 t_1일 때 A의 d_2에서는 재분극이 일어나고 있으므로 K^+이 K^+ 통로를 통해 세포 밖으로 유출된다.

오답 풀이 ㄱ. 자극을 준 지점 X는 Q이다.

04 말이집 신경인 (가)에서 A와 B는 말이집으로 싸여 있지 않은 랑비에 결절, C는 말이집으로 싸여 있는 부분이다. 말이집은 절연체 역할을 하므로 C에서는 활동 전위가 발생하지 않는다.

ㄴ. X를 처리하면 역치 이상의 자극이 주어졌을 때 탈분극이 정상적으로 일어나지 않아 막전위가 제대로 상승하지 못하였음을 알 수 있다. 따라서 X는 세포막에 있는 Na^+의 이동을 억제하는 물질이다.

오답 풀이 ㄱ. (나)에서 X를 처리하지 않았을 때 활동 전위가 발생하였으므로 (나)는 B에서의 막전위 변화를 나타낸 것이다. 따라서 ⓐ는 B이다.

ㄷ. t_1에서는 탈분극, t_2에서는 재분극이 일어나고 있으므로 Na^+의 막 투과도는 t_1일 때가 t_2일 때보다 크고, K^+의 막 투과도는 t_1일 때가 t_2일 때보다 작다. 따라서 $\dfrac{K^+의\ 막\ 투과도}{Na^+의\ 막\ 투과도}$ 는 t_1일 때가 t_2일 때보다 작다.

05 P_3에 역치 이상의 자극을 1회 주고 경과된 시간이 3 ms일 때 A의 P_1과 B의 P_2에서 측정한 막전위는 모두 +30 mV이므로 A의 흥분 전도 속도를 V_A라고 하면 $3\,ms - \dfrac{4\,cm}{V_A} = 2\,ms$이고, B의 흥분 전도 속도를 V_B라고 하면 $3\,ms - \dfrac{2\,cm}{V_B} = 2\,ms$이다. 따라서 V_A는 4 cm/ms, V_B는 2 cm/ms이다.

ㄴ. A의 흥분 전도 속도는 4 cm/ms이므로 ⊙이 2 ms일 때 A의 P_2는 흥분이 도달한 후 1.5 ms가 경과하였을 때에 해당한다. 따라서 ⊙이 2 ms일 때 A의 P_2에서 탈분극이 일어나고 있다.

ㄷ. 민말이집 신경의 세포막을 경계로 K^+의 농도는 항상 세포 안이 세포 밖보다 높다. 따라서 ⊙이 5 ms일 때 B의 P_1에서 K^+의 농도는 세포 안이 세포 밖보다 높다.

오답 풀이 ㄱ. 흥분 전도 속도는 A가 4 cm/ms, B가 2 cm/ms이므로 A에서가 B에서의 2배이다.

06 Ⅲ일 때 d_2에서 측정한 막전위는 A에서 −80 mV, B에서 −60 mV이므로 흥분 전도 속도는 A에서가 B에서보다 빠르다. 따라서 흥분 전도 속도는 A가 3 cm/ms, B가 2 cm/ms이고, Ⅲ은 4 ms이며, Ⅱ일 때 d_2에서 측정한 막전위는 A에서 +10 mV, B에서 +20 mV이므로 Ⅱ는 3 ms, Ⅰ은 5 ms이다.

ㄱ. Ⅰ은 5 ms이다.

ㄴ. A의 흥분 전도 속도는 3 cm/ms이다.

ㄷ. Ⅱ(3 ms)일 때 B의 d_2에서 측정한 막전위는 흥분이 도달한 후 1.5 ms가 경과하였을 때의 막전위이다. 따라서 Ⅱ(3 ms)일 때 B의 d_2에서 탈분극이 일어나고 있다.

07 ⊙이 5 ms일 때 D의 d_4에서 측정한 막전위가 −80 mV이므로 흥분 전도 속도는 D에서 3 cm/ms, B에서 2 cm/ms이다. ⊙이 5 ms일 때 B의 d_3에서 측정한 막전위가 +30 mV이므로 A의 d_2에서 B의 d_3에 흥분이 전달되는 데 걸리는 시간은 3 ms이다.

ㄱ. A와 D의 흥분 전도 속도는 같으므로 흥분 전도 속도는 A가 3 cm/ms, B가 2 cm/ms이다.

ㄴ. A의 흥분 전도 속도는 3 cm/ms이므로 ⊙이 4 ms일 때 A의 d_1에서 측정한 막전위는 흥분이 도달한 지 2 ms가 경과하였을 때의 막전위인 +30 mV이다.

ㄷ. 흥분은 시냅스 이전 뉴런에서 시냅스 이후 뉴런으로만 전달된다. 따라서 ⊙이 8 ms일 때 C의 d_1에서 측정한 막전위는 −70 mV이다. ⊙이 8 ms일 때 B의 d_4에서 측정한 막전위는 흥분이 도달한 지 3.5 ms가 경과하였을 때의 막전위이므로 −70 mV~−80 mV이다. 따라서 ⊙이 8 ms일 때 $\dfrac{C의\ d_1에서\ 측정한\ 막전위}{B의\ d_4에서\ 측정한\ 막전위}$ 는 1보다 작다.

08 A의 특정 지점에 흥분이 도달한 후 3 ms가 경과하였을 때 측정한 막전위는 −70 mV~−80 mV이고, B와 C의 특정 지점에 흥분이 도달한 후 3 ms가 경과하였을 때 측정한 막전위는 −80 mV이므로 자극을 준 지점은 Ⅱ(d_3)이다. ⊙이 3 ms일 때 B와 C의 Ⅲ에서 측정한 막전위가 각각 +30 mV, −60 mV이므로 Ⅲ은 d_1이고, 흥분 전도 속도는 B가 3 cm/ms, C가 2 cm/ms이다. Ⅰ과 Ⅲ(d_1) 사이의 거리는 2 cm이므로 Ⅰ은 d_2, Ⅳ는 d_4이며, ⊙이 3 ms일 때 A의 Ⅳ(d_4)에서 측정한 막전위가 −80 mV이므로 A의 흥분 전도 속도는 2 cm/ms이다.

ㄱ. Ⅰ은 d_2이다.

ㄷ. C에서 흥분 전도 속도는 2 cm/ms이므로 ⊙이 4 ms일 때 C의 Ⅲ(d_1)은 흥분이 도달한 후 2 ms가 경과하였을 때이므로 재분극이 일어나고 있다.

오답 풀이 ㄴ. ⊙이 3 ms일 때 A의 Ⅰ(d_2)에서 측정한 막전위 값 ⓐ는 −80이고, B의 Ⅳ(d_4)에서 측정한 막전위 값 ⓑ는 −80보다는 크므로 $\dfrac{ⓐ}{ⓑ}$는 1보다 크다.

기본 개념 확인

01 Na^+ **02** 재분극 **03** $Na^+ - K^+$ 펌프 **04** 도약전도 **05** 축삭 돌기, 가지 돌기(신경 세포체), 신경 세포체(가지 돌기) **06** 축삭 돌기, 양 방향 **07** 신경 전달 물질

01 ③ **02** ④ **03** ③ **04** ④ **05** ② **06** ⑤ **07** ①

01 뉴런에서 세포막을 경계로 Na^+의 농도는 항상 세포 밖이 세포 안보다 높고, K^+의 농도는 세포 안이 세포 밖보다 높다. 따라서 뉴런에 역치 이상의 자극이 주어지면 Na^+ 통로를 통해 Na^+이 세포 안으로 확산

되어 막전위가 상승하는 탈분극이 일어난다. 이후 열렸던 Na^+ 통로가 닫히고, K^+ 통로가 열려 K^+이 세포 밖으로 확산되면서 막전위가 하강하는 재분극이 일어난다.

ㄱ. Na^+(㉠)의 막 투과도는 t_1일 때가 t_2일 때보다 크고, K^+(㉡)의 막 투과도는 t_1일 때가 t_2일 때보다 작다. 따라서 $\dfrac{K^+의\ 막\ 투과도}{Na^+의\ 막\ 투과도}$ 는 t_1일 때가 t_2일 때보다 작다.

ㄷ. 재분극이 일어나는 t_3일 때 K^+(㉡)은 세포막의 이온 통로를 통해 세포 밖으로 확산된다.

오답 풀이 ㄴ. (나)에서 막전위는 Ⅰ에서가 Ⅱ에서보다 빠르게 상승하므로 탈분극이 일어날 때 Na^+의 유입량은 Ⅰ에서가 Ⅱ에서보다 더 많다. 세포 안팎의 Na^+의 농도차가 클수록 단위 시간당 Na^+의 유입량이 많으므로 X의 세포 밖 Na^+(㉠)의 농도는 Ⅰ에서가 Ⅱ에서보다 높다.

02 뉴런에 X를 처리하고 역치 이상의 자극을 주면 탈분극이 일어나 막전위가 최고점에 이른 후 재분극 과정이 정상적으로 일어나지 못하고 억제됨을 알 수 있다.

ㄴ. X는 세포막에 있는 K^+ 통로를 통해 K^+이 세포 밖으로 확산되지 못하도록 하여 재분극을 억제한다.

ㄷ. 뉴런에서 세포막을 경계로 K^+의 농도는 항상 세포 안이 세포 밖보다 높다. 따라서 K^+의 $\dfrac{세포\ 밖에서의\ 농도}{세포\ 안에서의\ 농도}$ 는 t_2와 t_3일 때 모두 1보다 작다.

오답 풀이 ㄱ. 휴지 전위를 유지하고 있는 분극 상태의 뉴런에서는 Na^+-K^+ 펌프를 통해 Na^+은 세포 밖으로, K^+은 세포 안으로 능동 수송된다. 따라서 t_1일 때 세포막을 통한 Na^+의 이동은 일어난다.

03 흥분이 도달한 지 3 ms가 경과하였을 때 A와 B에서는 모두 -80 mV의 막전위를 나타내고, C에서는 -70 mV~-80 mV의 막전위를 나타낸다. 따라서 ㉠이 3 ms일 때 A와 B에서 자극을 준 지점 X에서 측정한 막전위는 모두 -80 mV이다. 만일 X가 d_3이면 Ⅰ은 A와 B 중 하나이며, ㉠이 3 ms일 때 d_1에서 측정한 막전위는 흥분 전도 속도가 2 cm/ms일 때 약 -60 mV, 3 cm/ms일 때 $+30$ mV이어야 한다. 하지만 ㉠이 3 ms일 때 d_1에서 측정한 막전위가 -70 mV이므로 X는 d_4이고, Ⅰ은 C, Ⅱ와 Ⅲ은 각각 A와 B 중 하나이다. 그런데 ㉠이 3 ms일 때 Ⅰ의 d_3에서 측정한 막전위가 -80 mV이므로 C의 흥분 전도 속도는 2 cm/ms이다. A와 C의 흥분 전도 속도가 서로 다르고, ㉠이 3 ms일 때 Ⅱ의 d_2에서 측정한 막전위가 $+30$ mV, Ⅲ의 d_1에서 측정한 막전위가 -70 mV이므로 Ⅱ는 A, Ⅲ은 B이고, 흥분 전도 속도는 A가 3 cm/ms, B는 2 cm/ms이다.

ㄱ. A의 흥분 전도 속도는 3 cm/ms, C의 흥분 전도 속도는 2 cm/ms이므로 흥분 전도 속도는 A에서가 C에서보다 빠르다.

ㄷ. ㉠이 5 ms일 때 Ⅱ(A)의 d_1에서 측정한 막전위는 흥분이 도달한 지 3 ms가 경과하였을 때의 막전위인 -80 mV이다.

오답 풀이 ㄴ. ㉠이 3 ms일 때 Ⅰ(C)의 d_2와 Ⅲ(B)의 d_2에서 측정한 막전위는 모두 흥분이 도달한 지 1 ms가 경과하였을 때의 막전위를 나타낸다. 따라서 ㉠이 3 ms일 때 Ⅰ(C)의 d_2에서는 재분극, Ⅲ(B)의 d_2에서는 탈분극이 일어난다.

04 Ⅰ에서는 흥분이 긴 거리를 이동하는 데 짧은 시간이 걸리지만, Ⅱ에서는 흥분이 짧은 거리를 이동하는 데 긴 시간이 걸리므로 Ⅰ은 말이집으로 싸여 있는 부분, Ⅱ는 말이집으로 싸여 있지 않은 부분이다.

ㄱ. Ⅰ은 말이집으로 싸여 있는 부분이다.

ㄴ. 말이집 신경에서 활동 전위는 Ⅱ와 같이 말이집으로 싸여 있지 않은 랑비에 결절에서만 생성되고, Ⅰ과 같이 절연체 역할을 하는 말이집으로 싸여 있는 부분에서는 활동 전위가 생성되지 않는다. 따라서 흥분이 도달하였을 때 Na^+에 대한 막 투과도는 Ⅰ에서가 Ⅱ에서보다 작다.

오답 풀이 ㄷ. X에서 활동 전위가 생성될 때 막전위는 $+30$ mV까지 상승한다고 하였고, ㉠이 t_1일 때 d_2에서 측정한 막전위가 $+30$ mV이므로 ㉠이 t_1일 때 d_1에서는 재분극이 일어나고 있다.

05 신경 전달 물질이 들어 있는 시냅스 소포는 축삭 돌기 말단에 있기 때문에 시냅스를 통한 흥분의 전달은 시냅스 이전 뉴런의 축삭 돌기 말단에서 시냅스 이후 뉴런의 가지 돌기 또는 신경 세포체 쪽으로만 일어난다. 또한 시냅스 틈에서 신경 전달 물질의 확산에 의해 흥분이 전달되므로 시냅스에서의 흥분 전달 속도는 뉴런에서의 흥분 전도 속도보다 느리다. 따라서 Q에서 활동 전위가 가장 먼저 생성되는 ㉠이 B, ㉠보다 느리게 생성되는 ㉡이 C, 활동 전위의 생성이 일어나지 않고 휴지 전위를 유지하고 있는 ㉢이 A이다.

ㄴ. t_1일 때 B(㉠)의 Q에서는 재분극이 일어나고 있다. 따라서 t_1일 때 B(㉠)의 Q에서 K^+은 K^+ 통로를 통해 세포 밖으로 확산된다.

오답 풀이 ㄱ. ㉢은 A이다.

ㄷ. 신경을 이루는 뉴런에서 세포막을 경계로 Na^+의 농도는 항상 세포 밖이 세포 안보다 높다. 따라서 t_1일 때 ㉡의 Q에서 Na^+의 농도는 세포 안이 세포 밖보다 낮다.

06 흥분 전도 속도가 2 cm/ms이면 d_1~d_3 중 한 지점에 역치 이상의 자극을 주고 경과한 시간이 3 ms, 4 ms, 6 ms일 때 d_4에서 -80 mV의 막전위가 측정되지 않는다. 따라서 ⓐ가 Ⅱ일 때 A의 d_4에서 측정한 막전위가 -70 mV, B의 d_4에서 측정한 막전위가 -80 mV이므로 흥분 전도 속도는 A가 2 cm/ms, B가 1 cm/ms이고, X는 d_2이며, Ⅱ는 6 ms이다. 만일 Ⅰ이 3 ms이면, ⓐ가 Ⅰ일 때 A의 d_4에서 측정한 막전위는 0 mV보다 크고, B의 d_4에서 측정한 막전위는 -70 mV이어야 한다. 그런데 $\dfrac{㉡}{㉠}$은 1보다 크다고 하였으므로 Ⅰ은 4 ms, Ⅲ은 3 ms이다.

ㄱ. X는 d_2이다.

ㄴ. Ⅰ은 4 ms이다.

ㄷ. ⓐ가 2 ms일 때 A의 d_1에서 측정한 막전위는 흥분이 도달한 후 1 ms가 경과하였을 때의 막전위와 같으며, 이 막전위는 ⓐ가 Ⅰ(4 ms)일 때 B의 d_4에서 측정한 막전위인 ㉡과 같다.

07 X가 d_1 또는 d_4이면, ㉠이 4 ms일 때 (가)와 (나)의 d_1 또는 d_4에서 측정한 막전위는 서로 같아야 하지만 그렇지 않으므로 X는 d_2 또는 d_3이다. 만일 X가 d_2이면, (가)와 (나)를 구성하는 뉴런의 흥분 전도 속도는 서로 같고 (가)와 (나)에서 흥분 전달 속도는 서로 같으며, ㉠이 4 ms일 때 d_4에서 측정한 막전위가 (가)와 (나)에서 다르므로 (가)에서

시냅스는 d_1과 d_2 사이에 있으며, (가)의 d_4에서 측정한 막전위가 $-80\,\text{mV}$이므로 (가)와 (나)를 구성하는 뉴런에서 흥분 전도 속도는 $4\,\text{cm/ms}$이다. 따라서 (나)의 d_1에서 측정한 막전위는 $-70\,\text{mV}\sim$ $-80\,\text{mV}$이어야 하지만 그렇지 않으므로 X는 d_3이다. 흥분은 시냅스 이전 뉴런에서 시냅스 이후 뉴런으로만 전달되므로 만일 (가)에서 시냅스가 d_2와 d_3 사이에 있다면 ㉠이 $4\,\text{ms}$일 때 ⓐ와 ⓑ는 모두 $-70\,\text{mV}$이어야 한다. 하지만 $\dfrac{ⓑ}{ⓐ}$는 1보다 작으므로 (가)에서 시냅스는 d_1과 d_2 사이에 있다.

ㄱ. X는 d_3이고, (가)에서 시냅스는 d_1과 d_2 사이에 있으며, ㉠이 $4\,\text{ms}$일 때 (가)의 d_4에서 측정한 막전위가 $-80\,\text{mV}$이므로 (가)와 (나)를 구성하는 뉴런의 흥분 전도 속도는 $2\,\text{cm/ms}$이다. 따라서 ⓐ는 (가)의 d_2에 흥분이 도달한 지 $3\,\text{ms}$가 경과하였을 때의 막전위 값인 -80이고, ⓑ는 (나)의 d_3에 자극이 주어진 지 $4\,\text{ms}$가 경과하였을 때의 막전위 값인 -70이다.

오답 풀이 ㄴ. (가)에서 시냅스는 d_1과 d_2 사이에 있다.

ㄷ. ㉠이 $4\,\text{ms}$일 때 (나)의 d_4에서는 재분극이 일어나고 있으며 막전위가 $+10\,\text{mV}$이므로 (나)의 d_3에서 d_4로 흥분이 전달되는 데 $2\,\text{ms}$가 걸린다. 따라서 ㉠이 $5\,\text{ms}$일 때 (가)의 d_2에서 측정한 막전위는 (가)의 d_2에 흥분이 도달한 지 $4\,\text{ms}$가 경과하였을 때의 막전위인 $-70\,\text{mV}$이고, (나)의 d_4에서 측정한 막전위는 (나)의 d_4에 흥분이 도달한 지 $3\,\text{ms}$가 경과하였을 때의 막전위인 $-80\,\text{mV}$이다.

기출 변형 문제 42~43쪽

01 ④	02 ①	03 ①	04 ①	05 ②	06 ④	07 ⑤
08 ②						

01 골격근이 수축하여 근육 원섬유 마디 X의 길이가 d만큼 짧아지면 ㉢$\left(\dfrac{\text{I대}}{2}\right)$의 길이는 $\dfrac{d}{2}$만큼 짧아지고, ㉡$\left(\dfrac{\text{겹치는 부분}}{2}\right)$의 길이는 $\dfrac{d}{2}$만큼 길어지며, H대의 길이는 d만큼 짧아진다. H대의 길이는 t_1일 때가 t_2일 때보다 길다고 하였으므로 X의 길이는 t_1일 때가 t_2일 때보다 길며, ㉠(A대)의 길이는 마이오신 필라멘트의 길이와 같으므로 길이가 변하지 않는다. 따라서 ㉠의 길이는 t_1일 때와 t_2일 때가 같고, ㉠의 길이에서 ⓐ의 길이를 뺀 값은 t_1일 때가 t_2일 때보다 $0.2\,\mu\text{m}$ 짧으므로 ⓐ의 길이는 t_1일 때가 t_2일 때보다 $0.2\,\mu\text{m}$ 길며, ⓐ는 ㉢, ⓑ는 ㉡에 해당한다.

ㄴ. ⓐ(㉢)의 길이는 t_1일 때가 t_2일 때보다 $0.2\,\mu\text{m}$ 길므로 X의 길이는 t_1일 때가 t_2일 때보다 $0.4\,\mu\text{m}$ 길다. 따라서 t_2일 때 X의 길이는 $2.4\,\mu\text{m}$이다.

ㄷ. X의 길이는 ㉠의 길이$+2$ⓐ(㉢)의 길이이므로 t_1일 때 X의 길이에서 ㉠의 길이$-$ⓐ(㉢)의 길이를 뺀 값은 ⓐ(㉢)의 길이의 3배와 같다. 이를 계산하면 t_1일 때 ⓐ(㉢)의 길이는 $\dfrac{2.8\,\mu\text{m}-1.0\,\mu\text{m}}{3}=0.6\,\mu\text{m}$이고, ㉠(A대)의 길이는 $1.6\,\mu\text{m}$이다. ㉠(A대)의 길이는 2ⓑ(㉡)의 길이$+$H대의 길이이므로 H대의 길이는 t_1일 때가 $0.6\,\mu\text{m}$, t_2일 때가 $0.2\,\mu\text{m}$이다.

시점	X의 길이	㉠(A대)의 길이	㉡(ⓑ)의 길이	㉢(ⓐ)의 길이	H대의 길이
t_1	$2.8\,\mu\text{m}$	$1.6\,\mu\text{m}$	$0.5\,\mu\text{m}$	$0.6\,\mu\text{m}$	$0.6\,\mu\text{m}$
t_2	$2.4\,\mu\text{m}$	$1.6\,\mu\text{m}$	$0.7\,\mu\text{m}$	$0.4\,\mu\text{m}$	$0.2\,\mu\text{m}$

따라서 $\dfrac{t_2\text{일 때 H대의 길이}}{t_1\text{일 때 A대의 길이}}=\dfrac{0.2\,\mu\text{m}}{1.6\,\mu\text{m}}=\dfrac{1}{8}$이다.

오답 풀이 ㄱ. ⓐ는 ㉢이다.

02 ㉮에는 굵은 마이오신 필라멘트(㉠)만 있으므로 H대의 단면에 해당하고, ㉰에는 가는 액틴 필라멘트(㉡)만 있으므로 I대의 단면에 해당한다. ㉯에는 굵은 마이오신 필라멘트(㉠)와 가는 액틴 필라멘트(㉡)가 모두 있으므로 A대 중 굵은 마이오신 필라멘트(㉠)와 가는 액틴 필라멘트(㉡)가 겹치는 부분의 단면에 해당한다.

ㄱ. ㉠은 굵은 마이오신 필라멘트, ㉡은 가는 액틴 필라멘트이다.

오답 풀이 ㄴ. X에서 A대는 굵은 마이오신 필라멘트(㉠)가 있는 부분으로, 굵은 마이오신 필라멘트(㉠)와 가는 액틴 필라멘트(㉡)가 겹치는 부분과 굵은 마이오신 필라멘트(㉠)만 있는 H대가 포함된다. 따라서 A대에는 단면이 ㉮와 같은 부분과 ㉯와 같은 부분이 모두 있다.

ㄷ. X가 수축하여 X의 길이가 짧아지면 단면이 ㉮와 같은 부분(H대)과 ㉰와 같은 부분(I대)의 길이는 짧아지고, ㉯와 같은 부분(마이오신 필라멘트와 액틴 필라멘트가 겹치는 부분)의 길이는 길어진다. 따라서 X의 길이가 짧아지면 짧아지기 전보다

$$\frac{\text{단면이 ⑭와 같은 부분의 길이}}{\text{단면이 ⑭와 같은 부분의 길이}}$$ 의 값은 작아진다.

03 골격근이 수축하여 근육 원섬유 마디 X의 길이가 d만큼 짧아지면 ㉠$\left(\dfrac{\text{I대}}{2}\right)$의 길이는 $\dfrac{d}{2}$만큼 짧아지고, ㉡$\left(\dfrac{\text{겹치는 부분}}{2}\right)$의 길이는 $\dfrac{d}{2}$만큼 길어지며, ㉢(H대)의 길이는 d만큼 짧아진다. 제시된 표에서 ㉠의 길이는 t_1일 때가 t_2일 때보다 0.3 µm 짧으므로 ㉡의 길이와 ㉢의 길이를 더한 값(㉡+㉢)도 t_1일 때가 t_2일 때보다 0.3 µm 짧다. 따라서 t_1일 때 ㉡의 길이와 ㉢의 길이를 더한 값(㉡+㉢)은 0.9 µm이다. t_1일 때 X의 길이는 $2\times$(㉠의 길이+㉡의 길이)+㉢의 길이=1.0 µm+㉡의 길이 +0.9 µm=2.6 µm이다. 이를 토대로 t_1과 t_2일 때 X와 각 구간별 길이를 구하면 표와 같다.

시점	X의 길이	㉠의 길이	㉡의 길이	㉢(H대)의 길이
t_1	2.6 µm	0.5 µm	0.7 µm	0.2 µm
t_2	3.2 µm	0.8 µm	0.4 µm	0.8 µm

ㄱ. X의 수축 과정에서는 ATP가 사용된다.

오답 **풀이** ㄴ. A대의 길이는 2㉡의 길이+㉢의 길이이므로 t_2일 때 A 대의 길이=0.8 µm+0.8 µm=1.6 µm이다.

ㄷ. t_1일 때 ㉡의 길이는 0.7 µm, t_2일 때 H대(㉢)의 길이는 0.8 µm이 다. 따라서 $\dfrac{t_1\text{일 때 ㉡의 길이}}{t_2\text{일 때 H대의 길이}}$ 는 1보다 작다.

04 팔을 구부렸을 때 ㉠은 수축하고, 팔을 폈을 때 ㉠은 이완한다. ㉠을 구성하는 근육 원섬유에서 ⓐ는 A대, ⓑ는 I대에 해당한다.

ㄱ. ⓐ(A대)에는 액틴 필라멘트와 마이오신 필라멘트가 모두 있는 부위 가 포함된다.

오답 **풀이** ㄴ. (나)에서 근육 원섬유 마디 하나의 길이는 'ⓐ(A대)의 길 이+ⓑ(I대)의 길이'와 같다.

ㄷ. 팔을 구부렸을 때 ㉠은 수축하고, 팔을 폈을 때 ㉠은 이완한다. ㉠을 구성하는 근육 원섬유에서 ⓐ(A대)의 길이는 팔을 구부렸을 때와 폈을 때가 같지만, ⓑ(I대)의 길이는 팔을 구부렸을 때가 폈을 때보다 짧다.

따라서 ㉠을 구성하는 근육 원섬유에서 $\dfrac{\text{ⓐ의 길이}}{\text{ⓑ의 길이}}$ 는 팔을 구부렸을 때 가 폈을 때보다 크다.

05 골격근이 수축하여 근육 원섬유 마디 X의 길이가 d만큼 짧아지 면 ㉠$\left(\dfrac{\text{겹치는 부분}}{2}\right)$의 길이는 $\dfrac{d}{2}$만큼 길어지고, ㉡$\left(\dfrac{\text{I대}}{2}\right)$의 길이는 $\dfrac{d}{2}$만큼 짧아지며, ㉢(H대)의 길이는 d만큼 짧아진다.

ㄴ. X의 길이는 ⓐ일 때가 ⓑ일 때보다 0.4 µm 짧으므로 ㉠의 길이는 ⓐ일 때가 ⓑ일 때보다 0.2 µm 길고, ㉡의 길이는 ⓐ일 때가 ⓑ일 때보 다 0.2 µm 짧다. 따라서 ㉠의 길이에서 ㉡의 길이를 뺀 값은 ⓐ일 때가 ⓑ일 때보다 0.4 µm 길다.

오답 **풀이** ㄱ. 전자 현미경으로 관찰했을 때 ㉠은 ㉡보다 어둡게 보인다.

ㄷ. ㉠의 길이+㉡의 길이는 액틴 필라멘트의 길이로 골격근의 수축

과정 동안 변화 없이 일정하다. ㉢(H대)의 길이는 ⓑ일 때 0.8 µm이므 로 ⓐ일 때 0.4 µm이다. 따라서 $\dfrac{\text{㉢의 길이}}{\text{㉠의 길이+㉡의 길이}}$ 는 ⓐ일 때가 ⓑ 일 때의 $\dfrac{1}{2}$이다.

06 고무망치로 무릎을 치면 X는 수축하고, Y는 이완한다. 골격근 이 수축하는 동안 A대의 길이는 변하지 않으므로 Ⅰ은 H대, Ⅱ는 A대 이다.

ㄴ. Ⅰ(H대)의 길이는 고무망치로 치기 전이 고무망치로 친 후보다 짧으 므로 고무망치로 무릎을 치면 ⓐ는 이완됨을 알 수 있다. 따라서 ⓐ는 Y 를 구성하는 근육 원섬유이다.

ㄷ. 골격근이 수축하는 동안 Ⅱ(A대)의 길이는 변하지 않으므로 ㉠은 1.4 µm이다.

오답 **풀이** ㄱ. Ⅱ(A대)에는 액틴 필라멘트와 마이오신 필라멘트가 겹치 는 부분이 포함된다.

07 골격근이 수축하여 근육 원섬유 마디 X의 길이가 d만큼 짧아지 면 ⓐ$\left(\dfrac{\text{I대}}{2}\right)$의 길이는 $\dfrac{d}{2}$만큼 짧아지고, ⓑ$\left(\dfrac{\text{겹치는 부분}}{2}\right)$의 길이는 $\dfrac{d}{2}$만큼 길어지며, ⓒ(H대)의 길이는 d만큼 짧아진다. 제시된 표에서 X 의 길이는 t_1일 때가 t_2일 때보다 0.6 µm 길고, ㉠의 길이와 ㉡의 길이를 더한 값(㉠+㉡)은 t_1일 때가 t_2일 때보다 0.3 µm 길다. 따라서 ㉠과 ㉡ 은 각각 ⓑ와 ⓒ(H대) 중 하나이고, ㉢은 ⓐ이다. 그런데 ㉠에는 액틴 필 라멘트가 있다고 하였으므로 ㉠은 ⓑ, ㉡은 ⓒ(H대)이다. t_2일 때 X의 길이는 $2\times$(㉠의 길이+㉢의 길이)+㉡의 길이=0.8 µm+㉠의 길이 +1.0 µm=2.6 µm이다. 따라서 t_2일 때 ㉠의 길이는 0.8 µm이고, 이 를 토대로 t_1과 t_2일 때 X와 각 구간별 길이를 구하면 표와 같다.

시점	X의 길이	ⓐ(㉢)의 길이	ⓑ(㉠)의 길이	ⓒ(㉡)의 길이
t_1	3.2 µm	0.7 µm	0.5 µm	0.8 µm
t_2	2.6 µm	0.4 µm	0.8 µm	0.2 µm

ㄱ. ㉠은 ⓑ, ㉡은 ⓒ(H대), ㉢은 ⓐ이다.

ㄴ. ㉠(ⓑ)의 길이와 ㉢(ⓐ)의 길이를 더한 값은 액틴 필라멘트의 길이이 므로 t_1일 때와 t_2일 때가 같다.

ㄷ. A대의 길이는 2ⓑ(㉠)의 길이+ⓒ(㉡)의 길이이므로

$$\frac{t_1\text{일 때 ⓐ의 길이}}{t_2\text{일 때 A대의 길이}-t_1\text{일 때 H대의 길이}}=\frac{0.7\,\text{µm}}{1.8\,\text{µm}-0.8\,\text{µm}}=\frac{7}{10}$$

이다.

08 골격근에서 근육 원섬유 마디 X가 수축하는 동안 I대와 H대의 길 이는 짧아지지만, A대의 길이는 변하지 않는다.

ㄴ. A대에는 액틴 필라멘트와 마이오신 필라멘트가 겹치는 부분과 마이 오신 필라멘트만 있는 H대가 모두 포함된다. 따라서 그림의 단면은 ㉠ (A대)에서 관찰된다.

오답 **풀이** ㄱ. X가 수축하는 동안 ㉠의 길이는 변하지 않으므로 ㉠은 A대이다.

ㄷ. X가 수축하는 동안 액틴 필라멘트와 마이오신 필라멘트의 길이는

변하지 않는다. 따라서 $\dfrac{\text{액틴 필라멘트의 길이}}{\text{마이오신 필라멘트의 길이}}$ 는 t_1일 때와 t_2일 때가 같다.

01 (나)에서 t_1일 때 액틴 필라멘트와 마이오신 필라멘트가 모두 있는 단면이 관찰되었다가 시간이 경과하여 t_2일 때 마이오신 필라멘트만 있는 단면이 관찰되었으므로 t_1에서 t_2로 시간이 경과함에 따라 X는 이완하고 있음을 알 수 있다.

ㄴ. X의 길이는 t_1일 때가 t_2일 때보다 짧으므로 I대의 길이는 t_1일 때가 t_2일 때보다 짧다.

오답 풀이 ㄱ. P_2는 M선으로부터 마이오신 필라멘트 길이의 절반보다 더 멀리 떨어진 지점에 해당하므로 P_2에서는 마이오신 필라멘트가 관찰되지 않는다. 따라서 (나)의 변화가 관찰되는 지점은 P_1이다.

ㄷ. 골격근이 수축하여 근육 원섬유 마디 X의 길이가 d만큼 짧아지면 ⓐ(H대)의 길이도 d만큼 짧아진다. 따라서 X의 길이에서 ⓐ의 길이를 뺀 값은 t_1일 때와 t_2일 때가 같다.

02 팔을 구부리는 과정에서 ㉠은 수축하며, ㉠이 수축하여 근육 원섬유 마디 X의 길이가 d만큼 짧아지면 액틴 필라멘트만 있는 두 구간 중 한 구간 $\left(\dfrac{\text{I대}}{2}\right)$의 길이는 $\dfrac{d}{2}$만큼 짧아지고, 액틴 필라멘트와 마이오신 필라멘트가 겹치는 두 구간 중 한 구간 $\left(\dfrac{\text{겹치는 부분}}{2}\right)$의 길이는 $\dfrac{d}{2}$만큼 길어진다. 따라서 $t_1{\sim}t_3$으로 시간이 경과하는 동안 길이가 짧아지는 ⓐ가 액틴 필라멘트만 있는 두 구간 중 한 구간 $\left(\dfrac{\text{I대}}{2}\right)$이고, ⓑ는 액틴 필라멘트와 마이오신 필라멘트가 겹치는 두 구간 중 한 구간 $\left(\dfrac{\text{겹치는 부분}}{2}\right)$이다.

ㄱ. ㉠을 구성하는 근육 세포인 근육 섬유는 여러 개의 핵을 가진 다핵 세포이다.

ㄷ. X의 길이는 A대의 길이＋I대의 길이이므로 t_1일 때 X의 길이는 $1.6\,\mu m + 1.6\,\mu m = 3.2\,\mu m$이다. H대의 길이는 A대의 길이－액틴 필라멘트와 마이오신 필라멘트가 겹치는 구간의 길이이므로 t_2일 때 H대의 길이는 $1.6\,\mu m - 0.8\,\mu m = 0.8\,\mu m$이다. 따라서 $\dfrac{t_2 \text{일 때 H대의 길이}}{t_1 \text{일 때 X의 길이}} = \dfrac{0.8\,\mu m}{3.2\,\mu m} = \dfrac{1}{4}$이다.

오답 풀이 ㄴ. 전자 현미경으로 관찰했을 때 ⓐ는 ⓑ보다 밝게 보인다.

03 t_1일 때 X, ⓐ, ⓑ, ⓒ의 길이를 X_1, ⓐ$_1$, ⓑ$_1$, ⓒ$_1$이라고 하고, t_2일 때 X, ⓐ, ⓑ, ⓒ의 길이를 X_2, ⓐ$_2$, ⓑ$_2$, ⓒ$_2$라고 하면, $X_1 = 2$ⓐ$_1 + 2$ⓑ$_1 + $ⓒ$_1 = 2.8\,\mu m$이고, ⓐ＋ⓑ는 액틴 필라멘트의 길이이므로 ⓐ$_2 +$ⓑ$_2 = $ⓐ$_1 +$ⓑ$_1$이다. 따라서 $X_1 = 2$ⓐ$_1 + 2$ⓑ$_1 + $ⓒ$_1 = 2$ⓐ$_2 + 2$ⓑ$_2 + $ⓒ$_1 = 2.8\,\mu m$이고, ⓐ$_2 = $ⓑ$_2$, ⓒ$_1 = $ⓒ$_2 + 0.3\,\mu m$이므로 $X_1 = 4$ⓐ$_2 + $ⓒ$_2 + 0.3\,\mu m = 2.8\,\mu m$이다. 이를 계산하면 ⓐ$_2 = 0.5\,\mu m$, ⓑ$_2 = 0.5\,\mu m$, ⓒ$_1 = 0.8\,\mu m$이다. 만일 t_2일 때 X의 길이가 t_1일 때보다 d만큼 짧아진다면 ⓑ$_2 = $ⓑ$_1 + \dfrac{d}{2}$, ⓒ$_2 = $ⓒ$_1 - d$이다. ⓑ$_1 = $ⓒ$_1 - 0.1\,\mu m$이므로 ⓑ$_2 - \dfrac{d}{2} = $ⓒ$_1 - d - 0.1\,\mu m$이므로 이를 계산하면 d는 $0.4\,\mu m$이다. 이를 토대로 t_1과 t_2일 때 X와 각 구간별 길이를 구하면 표와 같다.

시점	X의 길이	ⓐ의 길이	ⓑ의 길이	ⓒ의 길이
t_1	$2.8\,\mu m$	$0.7\,\mu m$	$0.3\,\mu m$	$0.8\,\mu m$
t_2	$2.4\,\mu m$	$0.5\,\mu m$	$0.5\,\mu m$	$0.4\,\mu m$

ㄱ. t_1에서 t_2로 될 때 X가 수축하며, 이 과정에서 ATP가 사용된다.

ㄴ. t_2일 때 A대의 길이＝2ⓑ$_2 + $ⓒ$_2 = 1.4\,\mu m$이다.

ㄷ. t_1일 때 ⓐ의 길이는 $0.7\,\mu m$, t_2일 때 H대의 길이는 $0.4\,\mu m$이다. 따라서 t_1일 때 ⓐ의 길이는 t_2일 때 H대의 길이보다 $0.3\,\mu m$ 길다.

04 골격근이 수축하여 근육 원섬유 마디 X의 길이가 d만큼 짧아지면 ㉮$\left(\dfrac{\text{I대}}{2}\right)$의 길이는 $\dfrac{d}{2}$만큼 짧아지고, ㉯$\left(\dfrac{\text{겹치는 부분}}{2}\right)$의 길이는 $\dfrac{d}{2}$만큼 길어지며, ㉰(H대)의 길이는 d만큼 짧아진다. 제시된 표에서 X의 길이와 ㉠의 길이를 더한 값은 t_1일 때가 t_2일 때보다 $0.2\,\mu m$ 길고, ㉡의 길이와 ㉢의 길이를 더한 값(㉡＋㉢)은 t_1일 때가 t_2일 때보다 $0.6\,\mu m$ 길다. 따라서 ㉠은 ㉯이고, ㉡과 ㉢은 각각 ㉮와 ㉰(H대) 중 하나인데 ㉡에는 마이오신 필라멘트가 있으므로 ㉡은 ㉰(H대), ㉢은 ㉮이다.

ㄴ. X의 길이는 t_1일 때가 t_2일 때보다 $0.4\,\mu m$ 길고, ㉢(㉮)의 길이는 t_1일 때가 t_2일 때보다 $0.2\,\mu m$ 길다. 따라서 X의 길이에서 ㉢의 길이를 뺀 값은 t_1일 때가 t_2일 때보다 $0.2\,\mu m$ 길다.

ㄷ. ㉠(㉯)의 길이는 t_1일 때가 t_2일 때보다 짧고, ㉡(㉰(H대))의 길이는 t_1일 때가 t_2일 때보다 길다. 따라서 $\dfrac{㉠의 길이}{㉡의 길이}$ 는 t_1일 때가 t_2일 때보다 작다.

오답 풀이 ㄱ. ㉠은 ㉯이므로 ㉠에는 액틴 필라멘트와 마이오신 필라멘트가 모두 있고, ㉢은 ㉮이므로 ㉢에는 액틴 필라멘트만 있다. 따라서 ⓐ와 ⓑ는 모두 '○'이다.

48~49쪽

01 ③　**02** ②　**03** ①　**04** ①　**05** ③　**06** ④　**07** ⑤
08 ③

01　A. 뇌와 척수에는 모두 구심성 뉴런(감각 뉴런)과 원심성 뉴런(운동 뉴런)을 연결하는 연합 뉴런이 있다.
C. 소뇌는 평형 감각 기관으로부터 오는 정보를 토대로 몸의 자세와 균형을 유지하는 몸의 평형 유지 중추이다.
오답풀이 B. 뇌 신경과 척수 신경은 모두 말초 신경계에 속한다.

02　A는 대뇌, B는 간뇌, C는 중간뇌, D는 소뇌이다.
ㄴ. 간뇌(B)는 시상과 시상 하부로 구분된다.
오답풀이 ㄱ. 대뇌(A)의 겉질은 회색질, 속질은 백색질이다.
ㄷ. 중간뇌(C)는 뇌줄기를 구성하지만, 소뇌(D)는 뇌줄기를 구성하지 않는다.

03　연수, 중간뇌, 척수에서 모두 부교감 신경이 나오고, 연수와 중간뇌는 뇌줄기를 구성하며, 연수는 호흡 운동의 조절 중추이다. 따라서 A는 중간뇌, B는 연수, C는 척수이다. ㉠은 '부교감 신경이 나온다.', ㉡은 '뇌줄기를 구성한다.', ㉢은 '호흡 운동의 조절 중추이다.'이다.
ㄱ. 연수(B)는 뇌줄기를 구성하고, 척수(C)에서는 부교감 신경이 나오므로 ⓐ와 ⓑ는 모두 '○'이다.
오답풀이 ㄴ. 배뇨 반사의 중추는 척수(C)이다.
ㄷ. B는 연수이다.

04　무릎 반사의 조절 중추는 척수이며, ㉠은 구심성 신경의 뉴런, ㉡은 원심성 신경의 뉴런이다.
ㄱ. 구심성 신경의 뉴런 ㉠은 등 쪽에 위치한 후근을 통해 나온다.
오답풀이 ㄴ. 원심성 신경의 뉴런 ㉡의 신경 세포체는 척수의 속질인 회색질에 있다.
ㄷ. 원심성 신경의 뉴런 ㉡은 중추 신경계인 척수와 반응 기관 사이를 하나의 뉴런으로 연결하며, 신경절이 없으므로 체성 신경에 해당한다.

05　위에 연결된 ㉠은 부교감 신경의 신경절 이전 뉴런, ㉡은 부교감 신경의 신경절 이후 뉴런, ㉢은 교감 신경의 신경절 이전 뉴런, ㉣은 교감 신경의 신경절 이후 뉴런이다. 골격근에 연결된 ㉤은 체성 신경이다.
ㄱ. 부교감 신경의 신경절 이후 뉴런(㉡)이 흥분하여 위에 작용하면 위에서 소화액 분비가 촉진된다.
ㄷ. 부교감 신경의 신경절 이전 뉴런(㉠)과 체성 신경(㉤)의 말단에서는 모두 아세틸콜린이 분비된다.
오답풀이 ㄴ. 교감 신경의 신경절 이전 뉴런(㉢)의 신경 세포체는 척수에 있다.

06　A는 신경절 이전 뉴런이 신경절 이후 뉴런보다 길므로 부교감

신경, B는 신경절 이전 뉴런이 신경절 이후 뉴런보다 짧으므로 교감 신경이다.
ㄱ. (나)에서 A와 B 중 하나를 자극했을 때 심장 세포의 활동 전위 발생 빈도가 감소하였으므로 (나)는 심장 박동을 억제하는 부교감 신경(A)을 자극했을 때의 변화를 나타낸 것이다.
ㄷ. 교감 신경(B)의 신경절 이후 뉴런 말단에서 분비되는 신경 전달 물질은 노르에피네프린이다.
오답풀이 ㄴ. 심장에 연결된 부교감 신경(A)의 신경절 이전 뉴런의 신경 세포체는 연수에 있다.

07　방광에 연결된 교감 신경과 부교감 신경은 모두 척수로부터 나오므로 B는 척수이다. 척수로부터 나와 소장에 연결된 자율 신경은 교감 신경이다. 따라서 A는 중간뇌, B는 척수, ㉠은 부교감 신경, ㉡은 교감 신경이다.
ㄱ. A는 중간뇌이다.
ㄴ. 척수(B)의 속질은 신경 세포체가 모여 있는 회색질이다.
ㄷ. 부교감 신경(㉠)은 신경절 이전 뉴런의 길이가 신경절 이후 뉴런의 길이보다 길고, 교감 신경(㉡)은 신경절 이전 뉴런의 길이가 신경절 이후 뉴런의 길이보다 짧다. 따라서 $\frac{\text{신경절 이후 뉴런의 길이}}{\text{신경절 이전 뉴런의 길이}}$ 는 ㉠에서가 ㉡에서보다 작다.

08　㉠을 자극했을 때 동공의 크기가 작아지므로 ㉠은 부교감 신경의 신경절 이전 뉴런, ㉡은 부교감 신경의 신경절 이후 뉴런, ㉢은 교감 신경의 신경절 이전 뉴런, ㉣은 교감 신경의 신경절 이후 뉴런이다.
ㄱ. 동공 반사의 조절 중추는 중간뇌이고, 부교감 신경의 신경절 이전 뉴런(㉠)의 신경 세포체는 중간뇌에 있다.
ㄴ. 교감 신경의 신경절 이전 뉴런(㉢)과 교감 신경의 신경절 이후 뉴런(㉣)은 모두 원심성 뉴런으로 척수의 전근을 구성한다.
오답풀이 ㄷ. 부교감 신경의 신경절 이전 뉴런(㉠)의 말단에서는 아세틸콜린이, 교감 신경의 신경절 이후 뉴런(㉣)의 말단에서는 노르에피네프린이 분비된다.

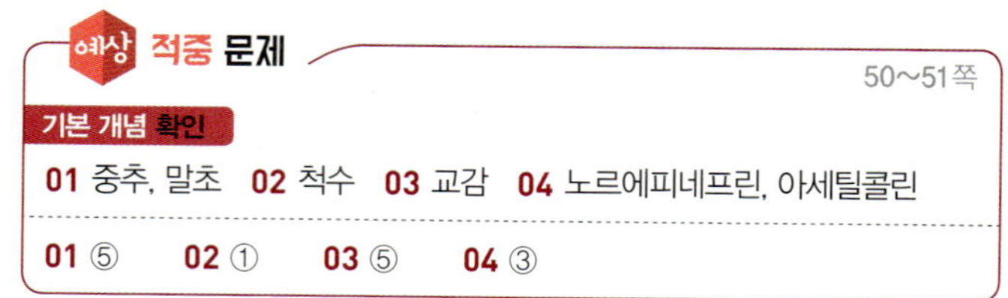

50~51쪽

기본 개념 확인

01 중추, 말초　**02** 척수　**03** 교감　**04** 노르에피네프린, 아세틸콜린

01 ⑤　　**02** ①　　**03** ⑤　　**04** ③

01　동공 반사의 중추는 중간뇌이고, 대뇌의 겉질은 회색질, 척수의 겉질은 백색질이므로 A는 중간뇌, B는 대뇌, C는 척수이다.
ㄱ. 중간뇌(A)는 뇌교, 연수와 함께 뇌줄기를 구성한다.
ㄴ. 알츠하이머병은 대뇌(B)의 기능이 저하되어 기억력과 인지 기능이 약화되는 질환이다.

ㄷ. 척수(C)에서는 교감 신경과 부교감 신경이 모두 나오므로 C에는 부교감 신경의 신경절 이전 뉴런의 신경 세포체가 있다.

02 A는 구심성 신경을 이루는 뉴런이며, 감각 기관에서 받아들인 자극을 척수에 전달한다. B와 C는 모두 원심성 신경을 이루는 뉴런으로 척수에서 내린 반응 명령을 반응 기관인 팔의 골격근에 전달한다.

ㄱ. 구심성 신경을 이루는 뉴런 A는 척수의 후근을 이룬다.

 ㄴ. B와 C는 모두 원심성 신경을 이루는 뉴런으로 척수와 팔의 골격근 사이를 연결하며, 신경절이 없으므로 체성 신경에 속한다.

ㄷ. B와 C의 신경 세포체는 모두 척수의 속질(회색질)에 있다.

03 A는 신경절 이전 뉴런이 신경절 이후 뉴런보다 짧으므로 교감 신경, B는 신경절 이전 뉴런이 신경절 이후 뉴런보다 길므로 부교감 신경이다.

ㄱ. (나)에서 A와 B 중 하나를 자극했을 때 소장 근육의 수축력이 감소하였으므로 소장의 소화 운동이 억제되었음을 알 수 있다. 따라서 (나)는 교감 신경(A)을 자극했을 때의 변화를 나타낸 것이다.

ㄴ. 소장에 연결된 부교감 신경(B)의 신경절 이전 뉴런의 신경 세포체는 연수에 있다.

ㄷ. 교감 신경(A)의 신경절 이전 뉴런 말단에서 분비되는 신경 전달 물질은 아세틸콜린이고, 부교감 신경(B)의 신경절 이후 뉴런 말단에서 분비되는 신경 전달 물질은 아세틸콜린이다.

04 ㉠과 ㉡의 말단에서 분비되는 신경 전달 물질은 서로 다르므로 ㉠은 아세틸콜린이 분비되는 교감 신경의 신경절 이전 뉴런, ㉡은 노르에피네프린이 분비되는 교감 신경의 신경절 이후 뉴런이다. ㉢과 ㉤의 말단에서 분비되는 신경 전달 물질은 서로 같다고 하였으므로 ㉢은 체성 신경을 이루는 원심성 뉴런이고, ㉣은 부교감 신경의 신경절 이전 뉴런, ㉤은 부교감 신경의 신경절 이후 뉴런이며, ㉢~㉤의 말단에서는 모두 아세틸콜린이 분비된다.

ㄱ. 교감 신경의 신경절 이전 뉴런(㉠)의 길이는 교감 신경의 신경절 이후 뉴런(㉡)의 길이보다 짧다.

ㄷ. 부교감 신경의 신경절 이후 뉴런(㉤)에서 활동 전위 발생 빈도가 증가하면 방광은 수축한다.

 ㄴ. 체성 신경(㉢)을 이루는 원심성 뉴런은 척수의 전근을 통해 나온다.

　　　　　　　54~55쪽

01 ⑤　**02** ②　**03** ③　**04** ①　**05** ⑤　**06** ③　**07** ③
08 ①

01 인슐린, 글루카곤, 에피네프린은 모두 내분비샘에서 분비되어 혈액을 통해 표적 기관에 운반되는 호르몬이다. 인슐린과 글루카곤은 이자에서 분비되고, 인슐린은 간에서 글리코젠 합성을 촉진하여 혈당량을 낮춘다. 따라서 A는 에피네프린, B는 글루카곤, C는 인슐린이다.

ㄴ. 글루카곤(B)과 인슐린(C)은 간에서 길항 작용을 통해 혈당량을 조절한다.

ㄷ. C는 인슐린이다.

 ㄱ. 에피네프린(A)은 부신 속질에서 분비된다.

02 A는 혈중 인슐린 농도가 정상인에 비해 매우 낮아 혈당량이 조절되지 못하므로 인슐린 생성에 이상이 있는 제1형 당뇨병 환자임을 알 수 있다.

ㄷ. A는 제1형 당뇨병 환자이므로 A에게 인슐린을 투여하면 A의 혈당량을 낮출 수 있다.

 ㄱ. 혈당량의 변화는 간뇌의 시상 하부와 이자에서 감지하며, 자율 신경과 호르몬을 통해 조절한다.

ㄴ. A는 이자의 β세포에 이상이 생겨 인슐린을 정상적으로 생성하지 못하는 제1형 당뇨병 환자이다.

03 A. 짠 음식을 많이 먹으면 혈장 삼투압이 정상보다 높아지며, 이를 간뇌의 시상 하부가 감지하여 뇌하수체 후엽에서 항이뇨 호르몬(ADH)의 분비를 증가시킨다. 항이뇨 호르몬(ADH)은 콩팥에서 물의 재흡수를 촉진하여 혈장 삼투압을 감소시킨다.

C. 말단 비대증은 뼈의 성장판이 닫힌 이후에도 생장 호르몬이 과다하게 분비되어 얼굴, 손 등의 말단부가 커지는 질환이다.

 B. 체온이 정상보다 올라가면 피부 근처 혈관이 확장되고 땀 분비가 촉진되어 열 발산량이 증가한다. 체온이 정상보다 낮아졌을 때 교감 신경의 작용이 강화되어 피부 근처 혈관이 수축된다.

04 티록신의 분비는 음성 피드백으로 조절되며, ⓐ는 TRH(갑상샘 자극 호르몬 방출 호르몬), ⓑ는 TSH(갑상샘 자극 호르몬), ㉠은 뇌하수체 전엽, ㉡은 갑상샘이다. A는 갑상샘 기능 항진증 환자이므로 정상인보다 혈중 티록신의 농도가 높다. 그럼에도 불구하고 ⓑ의 혈중 농도는 A에서가 정상인에서보다 높으므로 A는 ㉠에 이상이 생겨 ⓐ의 혈중 농도가 낮음에도 ⓑ를 과다하게 분비함을 알 수 있다.

ㄱ. ⓐ는 TRH(갑상샘 자극 호르몬 방출 호르몬)이다.

 ㄴ. A는 뇌하수체 전엽(㉠)에 이상이 생겼다.

ㄷ. A는 갑상샘 기능 항진증 환자이므로 정상인에 비해 심장 박동 수와 대사량이 높다.

05 이자의 α세포에서 분비되는 ㉠은 글루카곤, 이자의 β세포에서

분비되는 ⓒ은 인슐린이다.

ㄱ. (나)에서 혈중 포도당 농도가 증가함에 따라 X의 혈중 농도는 감소하므로 X는 혈당량을 증가시키는 글루카곤(㉠)이다.

ㄴ. 인슐린(ⓒ)은 혈액에서 조직 세포로의 포도당 흡수를 촉진하여 혈당량을 낮추는 역할을 한다.

ㄷ. 글루카곤(㉠)은 이자에 연결된 교감 신경의 흥분 발생 빈도가 증가하면 분비가 촉진되고, 인슐린(ⓒ)은 이자에 연결된 부교감 신경의 흥분 발생 빈도가 증가하면 분비가 촉진된다.

06 체온 변화 감지와 조절의 중추는 간뇌의 시상 하부이다. 저온 자극이 주어지면 간뇌의 시상 하부는 교감 신경(A)을 통해 피부 근처 혈관을 수축시켜 피부 근처 혈관을 흐르는 혈액의 양을 감소시킴으로써 체표면을 통한 열 발산량을 감소시킨다. 또한 골격근이 빠르게 수축·이완하여 몸이 떨리고 열 발생량이 증가한다.

ㄱ. 교감 신경(A)의 신경절 이후 뉴런 말단에서 분비되는 신경 전달 물질은 노르에피네프린이다.

ㄴ. 시상 하부 온도가 올라갈수록 ㉠은 감소하다 일정해지므로 ㉠은 근육에서의 열 발생량이다.

오답 풀이 ㄷ. 체온이 올라가면 단위 시간당 피부 근처 모세 혈관을 흐르는 혈액의 양이 증가하여 체표면을 통한 열 발산량이 증가한다. 따라서 단위 시간당 피부 근처 모세 혈관을 흐르는 혈액의 양은 T_1일 때가 T_2일 때보다 적다.

07 뇌하수체 후엽에서 분비되는 호르몬 X는 항이뇨 호르몬(ADH)으로 콩팥에서 수분의 재흡수를 촉진하여 혈장 삼투압을 낮추는 역할을 한다.

ㄱ. 혈중 항이뇨 호르몬(X) 농도가 증가할수록 혈장 삼투압은 감소하고 오줌 삼투압은 증가하므로 ㉠은 혈장 삼투압, ⓒ은 오줌 삼투압이다.

ㄷ. 단위 시간당 오줌 생성량은 구간 Ⅱ에서가 Ⅲ에서보다 많으므로 혈중 항이뇨 호르몬(X) 농도는 구간 Ⅱ에서가 Ⅲ에서보다 낮다. 따라서 $\dfrac{\text{혈중 X 농도}}{\text{단위 시간당 오줌 생성량}}$ 는 구간 Ⅱ에서가 Ⅲ에서보다 낮다.

오답 풀이 ㄴ. 단위 시간당 오줌 생성량은 구간 Ⅰ에서가 구간 Ⅱ에서보다 적으므로 콩팥에서 단위 시간당 수분 재흡수량은 구간 Ⅰ에서가 구간 Ⅱ에서보다 많다. 따라서 혈장 삼투압(㉠)은 구간 Ⅰ에서가 구간 Ⅱ에서보다 높다.

08 뇌하수체 후엽에서 분비되며 콩팥이 표적 기관인 호르몬 X는 항이뇨 호르몬(ADH)이다.

ㄱ. 혈장 삼투압 변화를 감지하여 항이뇨 호르몬(ADH)의 분비를 조절하는 중추는 간뇌의 시상 하부이다.

오답 풀이 ㄴ. ㉠은 혈장 삼투압에 따른 혈중 항이뇨 호르몬(X)의 농도 증가 폭이 정상 상태보다 낮으므로 ㉠은 전체 혈액량이 정상 상태일 때보다 증가한 상태이다.

ㄷ. 전체 혈액량이 정상 상태일 때 혈중 항이뇨 호르몬(X) 농도는 P_1일 때가 P_2일 때보다 낮으므로 콩팥에서 단위 시간당 수분의 재흡수량은 P_1일 때가 P_2일 때보다 적다. 따라서 전체 혈액량이 정상 상태일 때 단위 시간당 오줌 생성량은 P_1일 때가 P_2일 때보다 많다.

기본 개념 확인

01 호르몬	02 글루카곤, 인슐린	03 시상 하부	04 감소, 증가
01 ④	02 ②	03 ③	04 ⑤

01 항이뇨 호르몬은 뇌하수체 후엽에서 분비되고, 티록신은 갑상샘에서 분비되며, 티록신의 분비는 뇌하수체 전엽에서 분비되는 TSH(갑상샘 자극 호르몬)에 의해 조절된다. 에피네프린은 부신에서 분비된다. 따라서 A는 뇌하수체, B는 갑상샘, C는 부신이고, ㉠은 항이뇨 호르몬, ⓒ은 티록신, ⓒ은 에피네프린이다.

ㄴ. 티록신(ⓒ)의 분비는 음성 피드백에 의해 조절되며, 시상 하부에서 분비되는 TRH(갑상샘 자극 호르몬 방출 호르몬), 뇌하수체 전엽에서 분비되는 TSH(갑상샘 자극 호르몬)가 티록신 분비 조절에 관여한다.

ㄷ. 에피네프린(ⓒ)은 부신 속질에서 분비되며, 혈당량을 증가시킨다.

오답 풀이 ㄱ. 항이뇨 호르몬(㉠)의 분비량이 정상보다 너무 적으면 요붕증이 발병할 수 있다. 갑상샘 기능 저하증은 티록신(ⓒ)의 분비가 정상보다 너무 적을 때 발병할 수 있다.

02 이자의 β세포에서 분비되는 ㉠은 인슐린, α세포에서 분비되는 ⓒ은 글루카곤이다. (나)에서 포도당을 투여하면 혈당량이 증가하게 되며, 그에 따라 혈중 농도가 증가하는 X는 혈당량을 낮추는 역할을 하는 인슐린(㉠)이다.

ㄴ. 글루카곤(ⓒ)은 간에서 글리코젠을 포도당으로 분해하는 과정을 촉진하여 혈당량을 높이는 역할을 한다.

오답 풀이 ㄱ. 이자에 연결된 교감 신경의 흥분 발생 빈도가 증가하면 글루카곤(ⓒ)의 분비가 촉진된다. 인슐린(X)의 분비는 이자에 연결된 부교감 신경의 흥분 발생 빈도가 증가하면 촉진된다.

ㄷ. 혈당량이 높을수록 인슐린(X)의 분비량이 많아지므로 혈당량은 t_1일 때가 t_2일 때보다 높다.

03 시상 하부 온도가 약 37 ℃보다 낮아지면 골격근의 떨림에 의한 열 발생량이 증가하고, 시상 하부 온도가 37 ℃보다 높아지면 피부 근처 혈관에서의 열 발산량이 증가한다.

ㄱ. ㉠은 골격근의 떨림에 의한 열 발생량, ⓒ은 피부 근처 혈관에서의 열 발산량이다.

ㄷ. 피부 근처 혈관에서의 열 발산량은 T_1일 때가 T_2일 때보다 적으므로 단위 시간당 피부 근처 혈관을 흐르는 혈액량은 T_1일 때가 T_2일 때보다 적다. 반면에 골격근의 떨림에 의한 열 발생량은 T_1일 때가 T_2일 때보다 많으므로 단위 시간당 골격근에서의 물질대사율은 T_1일 때가 T_2일 때보다 높다. 따라서 단위 시간당 $\dfrac{\text{피부 근처 혈관을 흐르는 혈액량}}{\text{골격근에서의 물질대사율}}$ 은 T_1일 때가 T_2일 때보다 작다.

오답 풀이 ㄴ. 피부 근처 혈관에 연결된 교감 신경의 활동 전위 발생 빈도가 증가하면 피부 근처 혈관이 수축하며, 이에 따라 피부 근처 혈관에서의 열 발산량이 감소한다. 피부 근처 혈관에서의 열 발산량은 T_1일 때가 T_2일 때보다 적으므로 피부 근처 혈관에 연결된 교감 신경의 활동 전위 발생 빈도는 T_1일 때가 T_2일 때보다 많다.

04 X는 뇌하수체 후엽에서 분비되는 항이뇨 호르몬(ADH)이며, 혈압이 높아질수록 혈중 항이뇨 호르몬(ADH) 농도는 감소하다가 일정해지고, 혈장 삼투압이 증가할수록 혈중 항이뇨 호르몬(ADH) 농도가 증가하여 콩팥에서 수분의 재흡수가 촉진된다.

ㄱ. ㉠이 증가할수록 혈중 항이뇨 호르몬(X) 농도는 감소하다가 일정해지고, ㉡이 증가할수록 혈중 항이뇨 호르몬(X) 농도가 증가하므로 ㉠은 혈압, ㉡은 혈장 삼투압이다.

ㄴ. 혈중 항이뇨 호르몬(X) 농도는 P_1일 때가 P_2일 때보다 낮으므로 콩팥에서 단위 시간당 수분 재흡수량은 P_1일 때가 P_2일 때보다 적다.

ㄷ. (나)에서는 물을 섭취한 후 혈장 삼투압이 감소하여 혈중 항이뇨 호르몬(X) 농도가 낮아지고 그에 따라 단위 시간당 오줌 생성량이 증가하였다. 그리고 소금물을 섭취한 후 혈장 삼투압이 증가하여 혈중 항이뇨 호르몬(X) 농도가 높아지고 그에 따라 단위 시간당 오줌 생성량이 감소하였다. 따라서 혈장 삼투압(㉡)은 t_1일 때가 t_2일 때보다 낮다.

08강 방어 작용

기출 변형 문제   61~63쪽

01 ①   **02** ③   **03** ②   **04** ①   **05** ③   **06** ④   **07** ②
08 ⑤   **09** ⑤   **10** ③   **11** ④   **12** ①

01 (가)는 감염성 질병, (나)는 비감염성 질병이고, 결핵(㉠)의 병원체는 세균, 홍역(㉡)의 병원체는 바이러스이다.

ㄱ. 결핵(㉠)의 병원체와 홍역(㉡)의 병원체는 모두 단백질을 가진다.

오답 풀이 ㄴ. 홍역(㉡)의 병원체는 스스로 물질대사를 하지 못하여 숙주 세포 내에서만 증식이 가능하다.

ㄷ. 말라리아는 감염성 질병이며, 말라리아를 일으키는 병원체는 원생생물이다. 따라서 말라리아는 (나)의 예에 해당하지 않는다.

02 A의 병원체는 세균, B의 병원체는 바이러스, C의 병원체는 원생생물이다.

ㄱ. A와 같이 병원체가 세균인 질병의 치료에는 항생제를 사용한다.

ㄴ. A의 병원체와 B의 병원체는 모두 유전 물질인 핵산을 가진다.

오답 풀이 ㄷ. B의 병원체는 세포로 되어 있지 않고, 핵산과 단백질 껍질로만 이루어져 있다.

03 결핵을 일으키는 병원체 A는 세균, 무좀을 일으키는 병원체 B는 곰팡이, 후천성 면역 결핍증(AIDS)을 일으키는 병원체 C는 바이러스이다.

ㄴ. B는 진핵생물에 해당하므로 핵막이 있지만, A와 C는 모두 핵막이 없다. 따라서 '핵막이 있다.'는 ㉡에 해당한다.

오답 풀이 ㄱ. A는 세포로 되어 있으며 세포 분열에 의해 스스로 증식하지만, C는 세포로 되어 있지 않으며 세포 분열에 의해 스스로 증식하지 못한다. 따라서 '세포 분열에 의해 스스로 증식한다.'는 ㉠에 해당하지 않는다.

ㄷ. A~C는 모두 유전 물질을 가지므로 '유전 물질을 가진다.'는 B와 C의 공통점인 ㉢이 아니라 A~C 모두의 공통점에 해당한다.

04 ㉠은 B 림프구의 분화를 돕는 보조 T 림프구이고, ㉡은 B 림프구로부터 분화되어 항체를 생성하는 형질 세포, ㉢은 B 림프구로부터 분화된 기억 세포이다.

ㄴ. 구간 Ⅰ에서 X에 대한 항체가 생성되었으므로 X에 대한 체액성 면역 반응이 일어났다.

오답 풀이 ㄱ. 골수에서 생성되고 성숙되는 세포는 B 림프구이다. T 림프구는 골수에서 생성되어 가슴샘에서 성숙된다.

ㄷ. (나)에서 X가 2차 침입했을 때 1차 침입했을 때보다 X에 대한 항체가 신속하게 다량으로 생성되었으므로 2차 면역 반응이 일어났음을 알 수 있다. X에 대한 2차 면역 반응이 일어나는 구간 Ⅱ에서는 X에 대한 기억 세포(㉢)가 형질 세포(㉡)로 분화되어 형질 세포에서 항체가 생성된다.

05 X가 P에 처음 침입하면 P의 체내에서는 염증 반응(ⓐ)이 일어나며, 대식세포가 식세포 작용(ⓑ)으로 X를 분해하고 X에 대한 정보를 보조

T 림프구에 전달하여 보조 T 림프구가 활성화된다. 활성화된 보조 T 림프구의 도움으로 B 림프구가 형질 세포와 기억 세포로 분화되며, 형질 세포에서 항체가 생성된다.

ㄱ. 염증 반응(ⓐ)과 대식세포의 식세포 작용(ⓑ)은 모두 비특이적 방어 작용에 해당한다.

ㄴ. ㉠은 대식세포, ㉡은 보조 T 림프구이다. 구간 Ⅰ에서 보조 T 림프구(㉡)는 대식세포(㉠)로부터 X에 대한 정보를 전달받아 활성화된다.

오답 풀이 ㄷ. P는 이전에 X에 감염된 적이 없으므로 X에 대해 1차 면역 반응이 일어난다. 따라서 구간 Ⅱ에서는 X에 대한 기억 세포가 형질 세포로 분화하는 2차 면역 반응이 일어나지 않는다.

06 (다)에서 ㉠과 ㉡을 각각 주사한 Ⅱ와 Ⅲ으로부터 얻은 ⓐ와 ⓑ를 X와 섞었을 때 모두 항원 항체 반응이 일어나므로 (다)의 Ⅱ와 Ⅲ에서는 모두 X에 대한 체액성 면역 반응이 일어났다. 그런데 (마)에서 Ⅴ만 살고 생쥐의 체내에 살아 있는 X의 수는 Ⅳ에서가 Ⅴ에서보다 훨씬 많은 것으로 보아 Ⅱ에서는 Ⅲ에서보다 X에 대한 항체가 충분히 생성되지 못하였음을 알 수 있다.

ㄴ. (다)의 Ⅲ에서는 X에 대한 항체가 생성되었으므로 X에 대한 특이적 방어 작용이 일어났다.

ㄷ. 혈청에는 세포 성분이 들어 있지 않으므로 ⓐ와 ⓑ에는 모두 X에 대한 형질 세포가 들어 있지 않다.

오답 풀이 ㄱ. 백신은 질병을 일으키지 않을 정도로 약화시킨 인공 항원으로, 항원에 대한 기억 세포가 형성되도록 하여 동일한 항원이 다시 침입하였을 때 2차 면역 반응이 일어나도록 한다. 하지만 ⓐ와 ⓑ는 모두 혈청으로 항원이 아닌 항체가 포함되어 있기 때문에 X에 대한 백신으로 사용할 수 없다.

07 Ⅲ에서 X에 대한 1차 면역 반응이 일어났고, Ⅳ에서 Y에 대한 2차 면역 반응이 일어났으므로 Ⅲ에게 주사한 ㉠은 혈청이고, Ⅳ에게 주사한 ㉡은 Y에 대한 기억 세포이다.

ㄴ. 체액성 면역 반응에서 B 림프구가 형질 세포와 기억 세포로 분화되며, 형질 세포에서 항체가 생성된다.

오답 풀이 ㄱ. 혈청인 ㉠에는 세포 성분이 들어 있지 않으므로 X에 대한 형질 세포가 들어 있지 않다. ㉠에는 X에 대한 항체가 들어 있다.

ㄷ. (나)의 Ⅳ는 X에 대한 기억 세포는 가지고 있지 않으므로 X를 주사하면 X에 대한 1차 면역 반응이 일어난다.

08 A와 B를 2회에 걸쳐 주사하였을 때 A에 대해서는 2차 면역 반응이 일어났지만, B에 대해서는 2차 면역 반응이 일어나지 않았다. 따라서 ㉠에서는 A에 대한 기억 세포만 형성되었음을 알 수 있다.

ㄴ. 구간 Ⅰ에서 B에 대한 항체가 생성되었으므로 B에 대한 체액성 면역 반응이 일어났다.

ㄷ. 구간 Ⅱ에서는 A와 B에 대해 모두 비특이적 면역 반응이 일어나고, A에 대한 2차 면역 반응이 일어나 A에 대한 항체가 1차 면역 반응 때보다 신속하게 다량으로 생성되었음을 알 수 있다.

오답 풀이 ㄱ. 혈청인 ⓐ에는 세포 성분이 들어 있지 않으므로 A에 대한 기억 세포가 들어 있지 않다. ⓐ에는 A에 대한 항체와 B에 대한 항체가 들어 있다.

09 철수네 가족의 ABO식 혈액형은 모두 다르다고 하였으므로 철수 부모님의 ABO식 혈액형은 각각 A형(AO)과 B형(BO)이거나, AB형(AB)과 O형(OO)이다. 그런데 아버지는 응집원 A와 응집소 β 중 하나를 가지므로 AB형(AB) 또는 O형(OO)이며, 철수와 여동생은 각각 A형(AO) 또는 B형(BO)이다. 아버지의 적혈구를 여동생의 혈장과 섞으면 응집 반응이 일어나지 않는다고 하였으므로 아버지는 O형(OO)이고, ㉠은 응집소 β, ㉡은 응집원 A이다. 따라서 어머니는 AB형, 철수는 A형(AO), 여동생은 B형(BO)이다.

ㄱ. ㉠은 응집소 β, ㉡은 응집원 A이다.

ㄴ. 철수의 ABO식 혈액형은 A형(AO)이므로 적혈구에 응집원 A를 가진다. 따라서 철수의 혈액을 응집소 α가 있는 항 A 혈청과 섞으면 응집 반응이 일어난다.

ㄷ. 어머니의 ABO식 혈액형은 AB형(AB)이므로 어머니의 혈장에는 응집소 α와 응집소 β가 모두 없다. 여동생의 ABO식 혈액형은 B형(BO)이므로 여동생의 적혈구에는 응집원 B가 있다. 따라서 어머니의 혈장과 여동생의 적혈구를 섞으면 응집 반응이 일어나지 않는다.

10 응집원 ㉡과 응집소 ㉣을 모두 가진 학생이 있으므로 응집원 ㉡을 응집원 A, 응집소 ㉣을 응집소 β, 응집원 ㉠을 응집원 B, 응집소 ㉢을 응집소 α라고 하면, A형인 학생(응집원 ㉡과 응집소 ㉣을 모두 가지는 학생)의 수는 22, B형인 학생 수＋AB형인 학생 수(응집원 ㉠을 가진 학생 수)는 62, B형인 학생 수＋O형인 학생 수(응집소 ㉢을 가진 학생 수)는 50이다. 그런데 이 집단의 총 학생 수(A형인 학생 수＋B형인 학생 수＋O형인 학생 수＋AB형인 학생 수)는 100이므로 B형인 학생 수＝(62＋50＋22)－100＝34이고, AB형인 학생 수는 28, O형인 학생 수는 16이다. 하지만 이는 $\dfrac{\text{A형인 학생 수}}{\text{AB형인 학생 수}}$가 1보다 크다는 조건에 부합하지 않으므로 응집원 ㉡은 응집원 B, 응집소 ㉣은 응집소 α, 응집원 ㉠은 응집원 A, 응집소 ㉢은 응집소 β이며, A형인 학생 수는 34, B형인 학생 수는 22, O형인 학생 수는 16, AB형인 학생 수는 28이다.

ㄱ. 이 집단에서 O형인 학생 수가 가장 적다.

ㄴ. 응집소 ㉢은 응집소 β이다.

오답 풀이 ㄷ. 항 A 혈청에 응집되는 혈액을 가진 학생 수(A형인 학생 수＋AB형인 학생 수)는 62, 항 B 혈청에 응집되는 혈액을 가진 학생 수(B형인 학생 수＋AB형인 학생 수)는 50이다. 따라서 항 A 혈청에 응집되는 혈액을 가진 학생 수는 항 B 혈청에 응집되는 혈액을 가진 학생 수보다 많다.

11 (가)의 혈액과 (나)의 혈장을 섞은 결과에서 응집소 α와 응집소 β가 있고, 적혈구의 응집원과 응집소 β가 결합하였으므로 (가)의 적혈구에는 응집원 B가 있다. 따라서 (가)는 B형이고, (나)는 A형 또는 O형이다. 만일 (나)가 A형이면 (가)의 적혈구는 (다)의 혈장과 응집 반응을 나타내지 않으므로 (다)는 AB형, (라)는 O형이어야 하며, (나)의 적혈구는 (라)의 혈장과 응집 반응을 나타내야 한다. 하지만 (나)의 적혈구는 (라)의 혈장과 응집 반응을 나타내지 않으므로 (나)는 O형, (다)는 AB형, (라)는 A형이다.

ㄴ. (다)의 ABO식 혈액형은 AB형이다.

ㄷ. A형인 (라)의 적혈구에는 응집원 A가 있고, O형인 (나)의 혈장에는

응집소 α와 응집소 β가 모두 있다. 따라서 (라)의 적혈구와 (나)의 혈장을 섞으면 응집 반응이 일어난다.

오답풀이 ㄱ. O형인 (나)의 적혈구에는 응집원 A와 응집원 B가 모두 없으므로 ⑤은 '×'이다.

12 붉은털원숭이의 적혈구(⑤)에는 Rh 응집원이 있기 때문에 ⑤을 토끼에게 주사하면 토끼의 혈액 속에 Rh 응집소가 생성된다. 따라서 토끼에서 분리한 혈청(ⓒ)에는 Rh 응집소가 있어 Rh 응집원을 가진 Rh^+형의 혈액과 섞으면 응집 반응이 일어나고, Rh 응집원을 가지고 있지 않은 Rh^-형의 혈액과 섞으면 응집 반응이 일어나지 않는다.
ㄱ. ⑤에는 Rh 응집원이 있다.
오답풀이 ㄴ. ⓒ에는 Rh 응집소가 있지만, Ⅱ는 Rh^+형이므로 Ⅱ의 혈장에는 Rh 응집소가 없다.
ㄷ. Ⅰ의 적혈구에는 Rh 응집원이 없고, Ⅱ의 혈장에는 Rh 응집소가 없으므로 Ⅰ의 적혈구와 Ⅱ의 혈액을 섞으면 응집 반응이 일어나지 않는다.

적중 문제

64~66쪽

기본 개념 확인

01 병원체 **02** 기억, 형질 **03** 비특이적, 선천성, 특이적, 후천성
04 백신 **05** 응집원(항원), 응집소(항체) **06** α, β

01 ① **02** ② **03** ③ **04** ⑤ **05** ④ **06** ②

01 파상풍과 후천성 면역 결핍증(AIDS)은 모두 타인에게 전염되는 감염성 질병이고, 혈우병은 타인에게 전염되지 않는 비감염성 질병이다. 파상풍의 병원체는 세균이고, 후천성 면역 결핍증(AIDS)의 병원체는 바이러스이며, 파상풍의 병원체와 후천성 면역 결핍증(AIDS)의 병원체는 모두 단백질을 가지고 있다. 따라서 A는 후천성 면역 결핍증(AIDS), B는 혈우병, C는 파상풍이며, ⑤은 '타인에게 전염되지 않는다.', ⓒ은 '바이러스에 의해 유발된다.', ⓒ은 '병원체가 단백질을 가지고 있다.'이다.
ㄱ. 혈우병(B)은 타인에게 전염되지 않으므로 ⓐ는 '○'이고, 파상풍(C)의 병원체는 세균이므로 ⓑ는 '×'이다.
오답풀이 ㄴ. 후천성 면역 결핍증(AIDS)(A)의 병원체는 세포 구조로 되어 있지 않고 핵산과 단백질 껍질로 이루어져 있는 반면에, 파상풍(C)의 병원체는 세포 구조로 되어 있다.
ㄷ. 혈우병(B)은 감염성 질병이 아닌 유전병이므로 백신을 이용하여 예방할 수 없다.

02 ⓑ에서는 ⑤을 주사한 후 X에 대한 혈중 항체 농도가 0이었으나 X를 주사한 후 2차 면역 반응이 일어났고, ⓒ에서는 ⓒ을 주사한 후 X에 대한 혈중 항체 농도가 0보다 컸다가 0으로 감소하고 X를 주사한 후

1차 면역 반응이 일어났으므로 ⑤은 X에 대한 기억 세포, ⓒ은 혈청이다.
ㄴ. 구간 Ⅰ과 Ⅲ에서는 모두 특이적 면역 반응에 해당하는 체액성 면역 반응을 통해 X에 대한 항체가 생성되었다.
오답풀이 ㄱ. ⑤은 X에 대한 기억 세포이다.
ㄷ. 혈청(ⓒ)에는 X에 대한 형질 세포는 들어 있지 않고, X에 대한 항체가 존재하므로 X에 대한 형질 세포의 수는 구간 Ⅱ에서가 구간 Ⅲ에서보다 적다.

03 B 림프구가 분화되어 형성된 ⓒ은 항체를 생성하는 형질 세포이고, ⑤은 기억 세포이며, ⓒ은 식세포 작용을 하는 대식세포이다. X에 감염된 적이 없던 사람에게 X가 2차례에 걸쳐 침입하였으므로 구간 Ⅰ에서 1차 면역 반응이 일어나고, 구간 Ⅱ에서 2차 면역 반응이 일어난다.
ㄷ. 1차 면역 반응에서 B 림프구는 보조 T 림프구의 도움을 받아 형질 세포(ⓒ)와 기억 세포로 분화되며, 형질 세포(ⓒ)에서 항체가 생성된다.
오답풀이 ㄱ. 기억 세포(⑤)가 형질 세포(ⓒ)로 분화되어 항체를 생성하는 (가)의 반응은 2차 면역 반응에서 일어난다. 따라서 (가)의 반응은 구간 Ⅱ에서만 일어난다.
ㄴ. (나)의 반응은 대식세포(ⓒ)의 식세포 작용으로 비특이적 방어 작용에 해당한다. (다)의 반응은 체액성 면역 반응에서 일어나므로 특이적 방어 작용에 해당한다.

04 ⓐ가 B라면 생쥐 1과 생쥐 2에게 각각 X를 주사하면 생쥐 1과 생쥐 2에서 ⓒ에 대한 기억 세포와 ⓒ에 대한 기억 세포가 모두 생성될 것이므로 생쥐 1에게 C를, 생쥐 2에게 B를 주사했을 때 모두 2차 면역 반응이 일어나야 한다. 하지만 생쥐 1에게 C를 주사했을 때 1차 면역 반응이 일어났으므로 ⓐ는 A이다.
ㄱ. ⓐ는 ⑤과 ⓒ이 있는 A를 약화시켜 만든 백신이다.
ㄴ. 구간 Ⅰ과 Ⅱ에서는 각각 C와 B에 있는 항원에 대한 항체가 생성되었으므로 구간 Ⅰ과 Ⅱ에서 모두 체액성 면역 반응이 일어났다.
ㄷ. X에는 ⑤과 ⓒ이 있으므로 X를 주사한 생쥐 2에서는 ⑤에 대한 기억 세포와 ⓒ에 대한 기억 세포가 형성되며, ⓒ과 ⓒ이 있는 B를 주사하였으므로 구간 Ⅱ에서는 ⓒ에 대한 기억 세포가 형질 세포와 기억 세포로 분화하여 다량의 항체를 생성하는 2차 면역 반응이 일어난다.

05 아버지의 혈액과 영희의 혈액은 모두 항 A 혈청과 섞었을 때 응집 반응을 나타내므로 아버지와 영희는 각각 A형과 AB형 중 하나이다. 그런데 어머니의 적혈구를 영희의 혈장과 섞으면 응집 반응이 일어난다고 하였으므로 어머니는 B형이고, 영희는 A형, 아버지는 AB형이다. 따라서 아버지와 어머니가 공통적으로 가지고 있는 (다)는 응집원 B이고, (나)는 응집원 A이며, 영희가 가지는 (라)는 응집소 β, (가)는 응집소 α이다.
ㄴ. (라)는 응집소 β이다.
ㄷ. 어머니(B형)의 적혈구에는 응집원 B가 있지만, 아버지(AB형)의 혈장에는 응집소 α와 응집소 β가 모두 없으므로 아버지의 혈장과 어머니의 적혈구를 섞으면 응집 반응이 일어나지 않는다.
오답풀이 ㄱ. 어머니(B형)는 응집원 B와 응집소 α를 가지고, 영희(A형)는 응집원 A와 응집소 β를 가지므로 ⓐ와 ⓑ는 모두 '○'이다.

06 (가)의 혈액과 (나)의 혈액을 섞은 결과에서 응집소 α와 응집소 β가 있고, 적혈구 ㉠은 응집소 α와 결합하였으므로 적혈구 ㉠에는 응집원 A가 있다. 또한 응집원 A와 응집원 B가 모두 없는 적혈구가 함께 있으므로 (가)와 (나)의 ABO식 혈액형은 각각 A형과 O형 중 하나이다. 그런데 (나)의 적혈구와 (다)의 혈장을 섞으면 응집 반응이 일어나므로 (나)의 적혈구에는 응집원이 있음을 알 수 있다. 따라서 (가)는 O형, (나)는 A형, (다)는 B형, (라)는 AB형이다.

ㄴ. (가)(O형)의 적혈구에는 응집원 A와 응집원 B가 모두 없고, (라)(AB형)의 혈장에는 응집소 α와 응집소 β가 모두 없으므로 ⓐ와 ⓑ는 모두 '×'이다.

오답풀이 ㄱ. 적혈구 ㉠에는 응집원 A가 있으므로 적혈구 ㉠은 (나)(A형)의 적혈구이다.

ㄷ. (나)(A형)의 혈장에는 응집소 β가 있고, (라)(AB형)의 적혈구에는 응집원 A와 응집원 B가 모두 있으므로 (나)의 혈장과 (라)의 적혈구를 섞으면 응집 반응이 일어난다.

◆ 대단원 예상 적중 자료 정리

67~70쪽

① Na^+ ② K^+ ③ 세포 밖 ④ 세포 안 ⑤ 재분극 ⑥ d_3 ⑦ 2 cm/ms ⑧ 2 ms ⑨ 액틴 ⑩ 마이오신 ⑪ I대 ⑫ $\frac{d}{2}$ ⑬ d ⑭ 구심성 ⑮ 후근 ⑯ 체성 ⑰ 전근 ⑱ 노르에피네프린 ⑲ 아세틸콜린 ⑳ 인슐린 ㉑ 글루카곤 ㉒ 시상 하부 ㉓ 기억 세포 ㉔ 혈청 ㉕ 1차 면역 반응 ㉖ 2차 면역 반응 ㉗ β ㉘ α

09강 염색체와 세포 분열

기출 변형 문제

75~77쪽

01 ⑤	**02** ④	**03** ①	**04** ②	**05** ③	**06** ③	**07** ②
08 ①	**09** ②	**10** ④	**11** ①	**12** ①		

01 ㄴ. ㉡은 뉴클레오솜으로 단백질과 DNA로 구성된다.

ㄷ. ㉢은 DNA이다. DNA에는 유전 정보가 저장되어 있다.

오답풀이 ㄱ. 1개의 염색체를 이루고 있는 2개의 염색 분체는 동일한 유전 정보를 가지고 있으므로 ㉠은 A이다.

02 (다)에는 모양과 크기가 같은 3쌍의 염색체가 있으므로 (다)는 암컷인 Ⅱ의 세포이다. (가)와 (라)는 Y 염색체(검은색 염색체)를 가지고 있으므로 수컷인 Ⅰ의 세포이다.

ㄱ. Ⅰ은 수컷, Ⅱ는 암컷이다.

ㄴ. (나)와 (라)의 핵상은 모두 n이다.

오답풀이 ㄷ. (가)와 (라)는 수컷인 Ⅰ의 세포이고, (나)와 (다)는 암컷인 Ⅱ의 세포이다.

03 (다)에는 모양과 크기가 같은 2쌍의 염색체가 있고 모양과 크기가 다른 염색체 1쌍이 있으므로 (다)는 수컷의 세포이다. (라)에는 모양과 크기가 같은 3쌍의 염색체가 있으므로 (라)는 암컷의 세포이다.

ㄱ. (가)는 b를, (다)는 a를 가지고 있으므로 (가)는 Ⅱ, (다)는 Ⅰ의 세포이다. 따라서 (나)는 Ⅰ, (라)는 Ⅱ의 세포이다.

오답풀이 ㄴ. (나)는 Ⅰ의 세포이므로 ㉠은 B이고, (라)는 Ⅱ의 세포이므로 ㉡은 b이다.

ㄷ. 세포 1개당 A의 DNA양은 (가)가 (다)의 2배이고, 염색체 수는 (가)가 3, (다)가 6이다. 따라서 세포 1개당 $\dfrac{A의\ DNA양}{염색체\ 수}$은 (가)가 (다)의 4배이다.

04 ㉠은 M기, ㉡은 G_1기, ㉢은 S기이다.

ㄷ. G_1기(㉡)에서 세포 1개당 r의 DNA 상대량은 1이고, S기에서 DNA양이 2배로 증가하므로 G_2기에서 세포 1개당 R의 DNA 상대량은 2이다. 따라서 세포 1개당 $\dfrac{㉡에서\ r의\ DNA\ 상대량}{G_2기에서\ R의\ DNA\ 상대량}$은 1보다 작다.

오답풀이 ㄱ. 체세포 분열에서는 2가 염색체가 관찰되지 않는다.

ㄴ. 핵막은 분열기(M기)의 전기에 소실되었다가 말기에 다시 형성된다.

05 ㄱ. 구간 Ⅰ에는 G_1기, 구간 Ⅱ에는 G_2기와 M기의 세포가 있다.

ㄴ. 구간 Ⅱ에는 M기의 세포가 있으므로 염색 분체의 분리가 일어나는 시기의 세포가 있다.

오답풀이 ㄷ. 세포당 DNA양이 1인 세포가 2인 세포보다 세포 수가 많으므로 G_1기 세포 수가 G_2기 세포 수보다 많다. 따라서 $\dfrac{G_1기\ 세포\ 수}{G_2기\ 세포\ 수}$는 1보다 크다.

06 ㉠은 G_2기, ㉡은 M기, ㉢은 G_1기이다.

ㄱ. 1개의 염색체를 이루고 있는 2개의 염색 분체는 동일한 유전 정보를 가지고 있으므로 ㉠은 R이다.

ㄴ. ⓑ는 뉴클레오솜이다. 뉴클레오솜은 세포 주기의 모든 시기에 관찰된다.

오답 풀이 ㄷ. S기에 DNA가 복제되어 DNA양이 2배로 증가하므로 세포 1개당 $\dfrac{©(G_1) \text{ 시기의 DNA양}}{㉠(G_2) \text{ 시기의 DNA양}}$ 은 1보다 작다.

07 구간 Ⅰ에는 S기, 구간 Ⅱ에는 G_2기와 M기의 세포가 있다.

ㄴ. (나)는 체세포 분열 후기의 세포이므로 M기가 속해 있는 구간 Ⅱ에서 관찰된다.

오답 풀이 ㄱ. 구간 Ⅰ에는 S기의 세포가 있다. G_1기의 세포 1개당 DNA양(상댓값)은 1이다.

ㄷ. ㉠과 ㉡은 1개의 염색체를 이루고 있던 2개의 염색 분체이므로 부모 중 한 명에게서 물려받은 것이다.

08 ㄱ. 구간 Ⅰ에는 G_1기의 세포가 있으므로 핵막을 가진 세포가 있다.

오답 풀이 ㄴ. G_2와 M기의 세포는 세포당 DNA양이 2이다. 집단 A의 세포 주기에서 G_1기의 세포가 M기의 세포보다 많으므로 집단 A의 세포 주기에서 M기가 G_1기보다 짧다.

ㄷ. 집단 B에는 세포당 DNA양이 1인 세포만 있으므로 ㉠은 G_1기에서 S기로의 전환을 억제한다.

09 G_1기의 세포인 Ⅰ의 유전자형은 EeFFHh이므로 감수 1분열 중기 세포인 Ⅱ의 유전자형은 EEeeFFFFHHhh가 된다. ㉢은 F의 DNA 상대량이 2이고, H의 DNA 상대량이 0이므로 ㉢이 Ⅲ이다. ㉠은 E의 DNA 상대량이 0이므로 Ⅳ이고, ㉡은 F의 DNA 상대량이 2이므로 Ⅰ이다. 따라서 ㉣은 Ⅱ이다.

ㄴ. ㉣은 감수 1분열 중기의 세포이므로 2가 염색체를 가지고 있다.

오답 풀이 ㄱ. ㉡은 Ⅰ이다.

ㄷ. Ⅰ(㉡)에서 DNA 상대량이 e가 1, F가 2, h가 1이고, ㉠(Ⅳ)에서 DNA 상대량이 e가 1, F가 1, h가 0이다. 따라서 세포 1개당

$$\dfrac{\text{F의 DNA 상대량}}{\text{e의 DNA 상대량+h의 DNA 상대량}}$$ 은 Ⅰ과 ㉠이 같다.

10 (가)와 (나)의 체세포는 모두 ㉠, ㉢, ㉣을 가지고 있고, ㉡을 가지고 있지 않다.

ㄱ. Ⅰ, Ⅱ, Ⅲ은 모두 핵상이 n인 세포이다. Ⅱ에는 ㉠과 ㉢이 있으므로 ㉠은 ㉢의 대립유전자가 아니고, Ⅲ에는 ㉢과 ㉣이 있으므로 ㉢은 ㉣의 대립유전자가 아니다. 따라서 ㉠은 ㉣의 대립유전자이고, ㉡은 ㉢의 대립유전자이다.

ㄴ. Ⅰ은 ㉠만을 가지고 있으므로 ㉡과 ㉢은 X 염색체에 있으며, Ⅰ에는 X 염색체가 없다. 따라서 (가)는 남자이다.

오답 풀이 ㄷ. Ⅱ는 X 염색체 수가 1, 상염색체 수가 22이고, Ⅳ는 X 염색체 수가 2, 상염색체 수가 44이다. 따라서 세포 1개당 $\dfrac{\text{X 염색체 수}}{\text{상염색체 수}}$ 는 Ⅱ와 Ⅳ가 같다.

11 (나)는 감수 2분열 후기의 세포이다.

ㄱ. 감수 2분열에서 염색 분체가 분리되므로 ⓐ에는 R이 있다.

오답 풀이 ㄴ. 2가 염색체는 감수 1분열 전기 때 형성된다. 구간 Ⅰ은 간기의 S기이므로 2가 염색체가 관찰되지 않는다.

ㄷ. 구간 Ⅱ는 감수 1분열에 해당하고, Ⅲ은 감수 2분열에 해당하므로 감수 2분열 후기의 세포인 (나)는 구간 Ⅲ에서 관찰된다.

12 (가)와 (라)에는 ㉠~㉣ 중 3개가 있으므로 (가)와 (라)의 핵상은 $2n$이고, (나), (다), (마), (바)의 핵상은 n이다.

ㄱ. (나)에는 ㉠과 ㉡이 있으므로 ㉠은 ㉡의 대립유전자가 아니고, (다)에는 ㉠과 ㉢이 있으므로 ㉠은 ㉢의 대립유전자가 아니다. 따라서 ㉠은 ㉣의 대립유전자이고, ㉡은 ㉢의 대립유전자이다.

오답 풀이 ㄴ. (마)에는 ㉠만 있으므로 ㉠과 ㉣은 상염색체인 9번 염색체에 있다. 따라서 ㉡과 ㉢은 X 염색체에 있다. 즉, Ⅰ의 ⓐ에 대한 유전자형은 EEFf 또는 eeFf 중 하나이다.

ㄷ. (나)는 상염색체 수가 22, X 염색체 수가 1이고, (라)는 상염색체 수가 44, X 염색체 수가 1이다. 따라서 세포 1개당 $\dfrac{\text{상염색체 수}}{\text{X 염색체 수}}$ 는 (라)가 (나)의 2배이다.

예상 적중 문제

78~81쪽

기본 개념 확인

01 DNA, S기　**02** 상동 염색체　**03** 염색 분체, 염색 분체　**04** 2

05 중기, 후기　**06** 2　**07** 상동 염색체, 염색 분체　**08** 2가 염색체

01 ②　**02** ⑤　**03** ②　**04** ②　**05** ⑤　**06** ③　**07** ⑤

08 ④

01 ㄴ. ㉡은 DNA가 히스톤 단백질을 감고 있는 구조인 뉴클레오솜이다. 뉴클레오솜은 세포 주기의 모든 시기에 관찰된다.

오답 풀이 ㄱ. 1개의 염색체를 이루고 있는 2개의 염색 분체는 동일한 유전 정보를 가지고 있으므로 ㉠은 A이다.

ㄷ. ㉢은 DNA이다. S기에 DNA가 복제되어 DNA양이 2배로 증가하므로 세포 1개당 $\dfrac{G_2 \text{기의 DNA 상대량}}{G_1 \text{기의 DNA 상대량}}$ 은 2이다.

02 (다)에는 모양과 크기가 같은 2쌍의 염색체가 있고 모양과 크기가 다른 염색체 1쌍이 있으므로 (다)는 수컷의 세포이다. (라)에는 모양과 크기가 같은 3쌍의 염색체가 있으므로 (라)는 암컷의 세포이다.

ㄱ, ㄴ. (다)에는 AA가 있으므로 (다)는 Ⅱ의 세포이다. 따라서 (라)는 Ⅰ의 세포이다. Ⅰ의 ⓐ에 대한 유전자형은 AaBB인데, (나)에는 b가 있으므로 (나)는 Ⅱ의 세포이다. 따라서 (가)는 Ⅰ의 세포이고, ㉠은 B이다. Ⅱ의 ⓐ에 대한 유전자형은 AABb이다.

ㄷ. A의 DNA양은 (다)와 (라)가 같고, X 염색체 수는 (라)가 (다)의 2배이다. 따라서 세포 1개당 $\dfrac{\text{A의 DNA양}}{\text{X 염색체 수}}$ 은 (다)가 (라)의 2배이다.

03 ㉠은 G_1기, ㉡은 S기, ㉢은 G_2기이다.

ㄴ. ⓑ는 뉴클레오솜이다. 뉴클레오솜은 세포 주기의 모든 시기에 관찰된다.

오답풀이 ㄱ. 모양과 크기가 같은 상동 염색체 2개가 서로 접합하여 만들어진 염색체를 2가 염색체라고 하며, 2가 염색체는 감수 1분열 전기나 중기 때 관찰된다. ⓐ는 1개의 염색체를 이루는 2개의 염색 분체이다.

ㄷ. S기에 DNA가 복제된다. 따라서 세포 1개당 DNA양은 G_2기(㉢) 세포가 G_1기(㉠) 세포의 2배이다.

04 ㉠은 체세포 분열 중기, ㉡은 체세포 분열 후기의 세포이다. 구간 Ⅰ에는 G_1기, Ⅱ에는 G_2기와 M기의 세포가 있다.

ㄷ. 체세포 분열에서는 핵상의 변화가 없으므로 구간 Ⅱ에는 핵상이 $2n$인 세포가 있다.

오답풀이 ㄱ. 2가 염색체는 감수 1분열 전기 때 형성된다. 따라서 ㉠에는 2가 염색체가 없다.

ㄴ. 세포 1개당 T의 DNA양은 체세포 분열 후기(㉡)의 세포가 G_1기(구간 Ⅰ) 세포의 2배이다.

05 ㉠은 체세포 분열 중기, ㉡은 체세포 분열 후기의 세포이다.

ㄱ. 핵막은 체세포 분열 전기 때 소실되고 말기 때 다시 형성된다. 따라서 구간 Ⅰ에는 G_1기의 세포만 있으므로 핵막을 가진 세포가 있다.

ㄴ. ㉡은 염색 분체가 분리되고 있는 상태이므로 체세포 분열 후기의 세포이다.

ㄷ. 구간 Ⅱ에 있는 세포는 DNA가 복제된 이후이다. 따라서 세포 1개당 T의 DNA 상대량은 구간 Ⅱ에 있는 세포와 체세포 분열 중기의 세포(㉠)가 서로 같다.

06 (나)는 감수 2분열 후기의 세포이다.

ㄱ. 감수 2분열에서는 염색 분체가 분리되므로 ㉠은 T이다.

ㄷ. (나)는 감수 2분열 후기의 세포이므로 구간 Ⅲ에서 관찰된다.

오답풀이 ㄴ. 구간 Ⅰ은 S기 중 한 시점이다. 방추사는 분열기(M기)의 전기에 염색체를 분리하기 위해 세포 양극에서 나타난다.

07 ㄱ. ㉡에서 F의 DNA 상대량이 1이고 H의 DNA 상대량이 0이므로 ㉡은 Ⅳ이다. 따라서 y는 0 또는 1이다. ㉢에서 H의 DNA 상대량이 1이므로 z는 2이다. y가 0이라면 x는 3이 되므로 모순이 생긴다. 따라서 y는 1, x는 2이고, ㉠은 Ⅱ, ㉢은 Ⅰ, ㉣은 Ⅲ이다.

ㄴ. ⓐ는 4, ⓑ는 1이므로 ⓐ+ⓑ=5이다.

ㄷ. Ⅰ에서 e의 DNA 상대량은 1, F의 DNA 상대량은 2, H의 DNA 상대량은 1이고, ㉣에서 e의 DNA 상대량은 2, F의 DNA 상대량은 2, H의 DNA 상대량은 2이다. 따라서 세포 1개당

$$\frac{\text{F의 DNA 상대량}}{\text{e의 DNA 상대량}+\text{H의 DNA 상대량}}$$

은 Ⅰ이 ㉣의 2배이다.

08 Ⅰ에는 ㉡, ㉢, H가 있으므로 Ⅰ의 핵상은 $2n$이다. Ⅰ에서 H의 DNA 상대량이 4이고, t의 DNA 상대량이 2이므로 Ⅰ은 감수 1분열 중기의 세포이고, (가)의 세포에는 H와 h 중 H만 있다. 따라서 Ⅰ에 없는 ㉠은 h이다. Ⅳ에는 t만 있으므로 ㉡은 t, ㉢은 T이다.

ㄴ. Ⅰ의 핵상은 $2n$이므로 Ⅰ은 감수 1분열 중기 세포로, 2가 염색체를 가지고 있다. Ⅲ에는 H, ㉡(t), ㉢(T)이 있으므로 Ⅲ의 핵상은 $2n$이며, 감수 1분열 중기 세포이다. 따라서 Ⅲ도 2가 염색체를 가지고 있다.

ㄷ. Ⅰ에는 H, ㉡(t), ㉢(T)이 있으므로 (가)의 ⓐ에 대한 유전자형은 HHTt이다.

오답풀이 ㄱ. Ⅳ의 세포에는 H와 h가 모두 없으므로 H와 h는 X 염색체에 있으며, (나)는 남자이다. Ⅰ에는 X 염색체가 2개 있으므로 (가)는 여자이다.

01 (가)의 유전자가 X 염색체에 있다면 ㉡이 2이고, ㉠과 ㉢은 각각 1과 5 중 하나인데, (가)에 대한 유전자형이 다르다. 하지만 1과 5에게서 모두 (가)가 발현되지 않았으므로 모순이다. 따라서 (가)의 유전자는 상염색체에 있다. ㉠은 5이며 (가)에 대한 유전자형이 AA*, ㉡은 2이며 (가)에 대한 유전자형이 A*A*, ㉢은 1이며 (가)에 대한 유전자형이 AA이다. 정상인 5의 (가)에 대한 유전자형이 AA*이므로 (가)는 열성 형질이며, A가 (가) 미발현 대립유전자, A*가 (가) 발현 대립유전자이다. (나)의 유전자가 상염색체에 있다면 ㉣, ㉤, ㉥ 모두 B를 가지며, 이 경우 3, 4, 8 모두 (나)의 표현형이 같아야 한다. 하지만 3에게서 (나)가 발현되었고, 4와 8에게서 (나)가 발현되지 않았으므로 모순이다. 따라서 (나)의 유전자는 X 염색체에 있다. ㉣은 8이며 (나)에 대한 유전자형이 $X^{B}X^{B*}$, ㉤은 3이며 (나)에 대한 유전자형이 $X^{B*}Y$, ㉥은 4이며 (나)에 대한 유전자형이 $X^{B}X^{B}$이다. 정상인 8의 (나)에 대한 유전자형이 BB*이므로 (나)는 열성 형질이며, B가 (나) 미발현 대립유전자이고, B*가 (나) 발현 대립유전자이다. (가)와 (나)에 대한 각 구성원의 유전자형을 표시하면 그림과 같다.

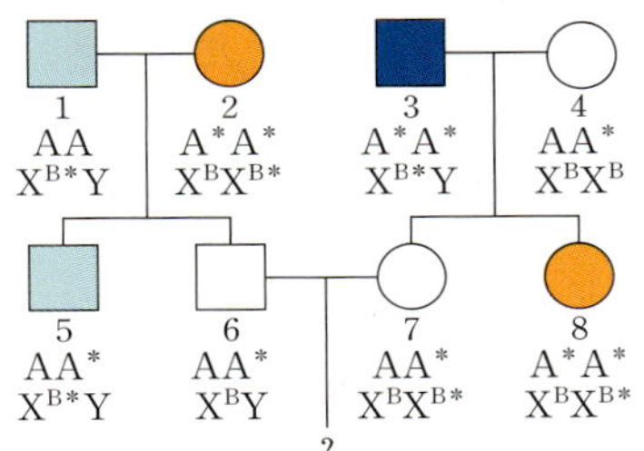

ㄱ. ⓐ는 1, ⓑ는 0이므로 ⓐ+ⓑ=1이다.

ㄴ. (나)가 발현되지 않은 8의 유전자형이 $X^{B}X^{B*}$이므로 (나)는 열성 형질이다.

ㄷ. (가)와 (나)에 대한 유전자형은 6이 $AA^{*}X^{B}Y$, 7이 $AA^{*}X^{B}X^{B*}$이다. 6과 7 사이에서 남자 아이가 태어날 때, 이 아이에게서 (가)가 발현될 확률은 $\frac{1}{4}$이고, (나)가 발현되지 않을 확률은 $\frac{1}{2}$이다. (가)와 (나)는 독립적으로 유전되므로 6과 7 사이에서 남자 아이가 태어날 때, 이 아이에게서 (가)와 (나) 중 (가)만 발현될 확률은 $\frac{1}{8}\left(=\frac{1}{2}\times\frac{1}{4}\right)$이다.

02 ㄴ. (나)에 대한 유전자형이 어머니가 EF, 아버지가 FG이므로 ⓐ에게서 나타날 수 있는 (나)의 표현형은 최대 3가지이다. 따라서 ⓐ에게서 나타날 수 있는 (가)의 표현형도 최대 3가지이어야 한다. 어머니와 아버지 모두에서 A와 B가 서로 다른 염색체에 있다면 ⓐ에게서 나타날 수 있는 (가)의 표현형은 최대 5가지이다. 어머니에서 A와 b가 같은 염색체에 있고, 아버지에서 A와 B가 같은 염색체에 있다면 ⓐ에게서 나타날 수 있는 (가)의 표현형은 최대 2가지이다. 어머니와 아버지 모두에서 A와 B가 같은 염색체에 있다면 ⓐ에게서 나타날 수 있는 (가)의 표

현형은 최대 3가지이다. 따라서 어머니와 아버지 모두에서 A와 B는 같은 염색체에 있다.

ㄷ. 어머니와 아버지 모두에서 A와 B는 같은 염색체에 있으므로 ⓐ의 동생이 태어날 때, (가)의 표현형이 아버지와 같을 확률은 $\frac{1}{2}$이다. (나)에 대한 유전자형이 어머니가 EF, 아버지가 FG이므로 ⓐ의 동생이 태어날 때, (나)의 표현형이 아버지와 같을 확률은 $\frac{1}{2}$이다. (가)와 (나)는 독립적으로 유전되므로 구하고자 하는 확률은 $\frac{1}{4}\left(=\frac{1}{2}\times\frac{1}{2}\right)$이다.

오답풀이 ㄱ. (가)는 2쌍의 대립유전자에 의해 결정되므로 (가)의 유전은 다인자 유전이다.

03 1의 혈액은 항 B 혈청에 응집 반응을 나타내지 않으므로 1은 A형 또는 O형이며, 1의 적혈구는 5와 6의 혈청에 응집 반응을 나타내므로 응집원을 가지고 있다. 따라서 1은 A형이다. 1의 적혈구는 5와 6의 혈청에 응집 반응을 나타내므로 5와 6의 혈청에는 모두 응집소 α가 있으며, 6의 적혈구는 1의 혈청에 응집 반응을 나타내므로 6은 B형이다. 1과 6의 적혈구는 모두 5의 혈청에 응집 반응을 나타내므로 5는 O형이다. 7의 적혈구는 1과 6의 혈청 모두에 응집 반응을 나타내므로 7은 AB형이다.

㉠에 대한 2의 유전자형은 동형 접합성인데, 5에게서 ㉠이 발현되었고 6에게서 ㉠이 발현되지 않았으므로 ㉠은 열성 형질, ㉠의 유전자는 상염색체에 있다. 따라서 H가 ㉠ 미발현 대립유전자, H*가 ㉠ 발현 대립유전자이다. ㉠에 대한 유전자형이 1은 HH*, 2는 H*H*, 5는 H*H*, 6은 HH*이다. 만약 ㉠의 유전자와 ABO식 혈액형 유전자가 같은 상염색체에 있다면 6은 1에게서 i와 H*를, 2에게서 I^{B}와 H*를 물려받아 6에게서 ㉠이 발현되어야 한다. 하지만 6에게서 ㉠이 발현되지 않았으므로 ABO식 혈액형 유전자와 같은 상염색체에 있는 것은 ㉡의 유전자이다. 6과 7에게서 ㉡이 발현되었지만 8에게서 ㉡이 발현되지 않았으므로 ㉡은 우성 형질이다. 따라서 T가 ㉡ 발현 대립유전자, T*가 ㉡ 미발현 대립유전자이다. 가계도 각 구성원의 유전자형을 표시하면 그림과 같다.

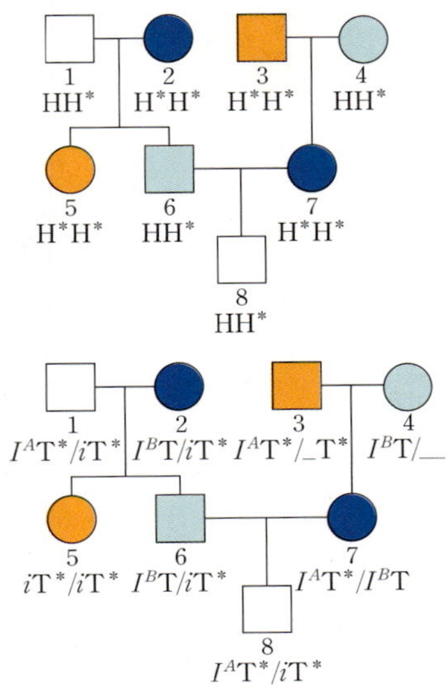

ㄱ. B형인 2의 적혈구에는 응집원 B가 있고, A형인 8의 혈청에는 응집소 β가 있으므로 2의 적혈구는 8의 혈청에 응집 반응을 나타낸다.

ㄴ. 1에서 체세포 1개당 H*의 DNA 상대량은 1, T*의 DNA 상대량은 2이고, 7에서 체세포 1개당 H*의 DNA 상대량은 2, T*의 DNA 상대량은 1이다. 따라서 체세포 1개당 $\dfrac{\text{H*의 DNA 상대량}}{\text{T*의 DNA 상대량}}$은 7이 1의 4배이다.

ㄷ. ㉠과 ㉡에 대한 유전자형이 6은 HH*TT*이고, 7은 H*H*TT*이다. 8의 동생이 태어날 때, 이 아이에게서 ㉠이 발현될 확률은 $\dfrac{1}{2}$이고, ㉡이 발현되지 않을 확률은 $\dfrac{1}{4}$이다. ㉠과 ㉡은 독립적으로 유전되므로 8의 동생이 태어날 때, 이 아이에게서 ㉠과 ㉡ 중 ㉠만 발현될 확률은 $\dfrac{1}{8}\left(=\dfrac{1}{2}\times\dfrac{1}{4}\right)$이다.

04 (가)의 유전자가 상염색체에 있다면 ㉠과 ㉢의 유전자형은 모두 HH*, ㉡의 유전자형은 HH가 되며 H>H*이므로 ㉠~㉢의 (가)에 대한 표현형이 모두 같아야 한다. 하지만 1에게서 (가)가 발현되지 않았고, 2와 6에게서 (가)가 발현되었으므로 (가)의 유전자는 X 염색체에 있다. (가)는 정상에 대해 우성 형질이고, H는 (가) 발현 대립유전자, H*는 (가) 미발현 대립유전자이다. ㉠은 2($X^H X^{H*}$), ㉡은 6($X^H Y$), ㉢은 1($X^{H*}Y$)이다.

7, 8 각각의 체세포 1개당 R의 DNA 상대량을 더한 값이 4이고 3, 4 각각의 체세포 1개당 R의 DNA 상대량을 더한 값이 2라고 하면, 7과 8의 (나)에 대한 유전자형은 RR가 된다. 이 경우 7과 8은 3과 4에게서 R를 물려받아야 하므로 3과 4는 (나)의 표현형이 같아야 한다. 하지만 3에게서만 (나)가 발현되고 4에게서는 (나)가 발현되지 않았으므로 모순이다. 따라서 7, 8 각각의 체세포 1개당 R의 DNA 상대량을 더한 값이 2이고 3, 4 각각의 체세포 1개당 R의 DNA 상대량을 더한 값이 1이어야 한다. (나)의 유전자가 X 염색체에 있다면 (나)에 대한 유전자형은 7이 $X^R X^{R*}$, 8이 $X^R Y$이다. 이 경우 4에게서 (나)가 발현되어야 하는데 발현되지 않았으므로 모순이다. 따라서 (나)의 유전자는 상염색체에 있으며, R가 (나) 발현 대립유전자, R*가 (나) 미발현 대립유전자이다. (나)에 대한 유전자형은 3이 RR*, 4가 R*R*, 7이 RR*, 8이 RR*이다. 가계도 각 구성원의 유전자형을 표시하면 그림과 같다.

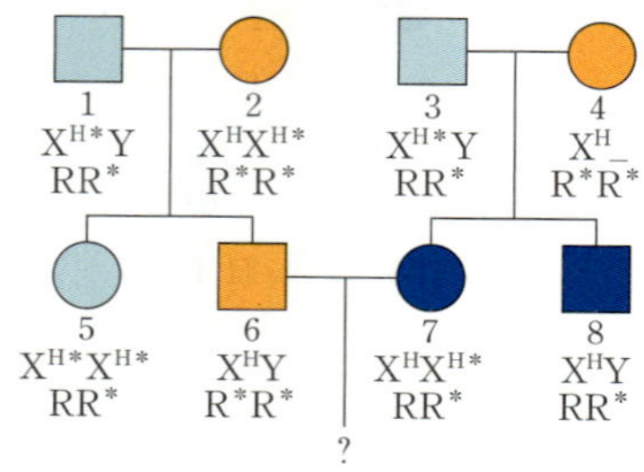

ㄱ. ㉠은 2이다.

ㄴ. (나)가 발현된 3의 유전자형이 RR*이므로 (나)는 우성 형질이다.

오답 풀이 ㄷ. (가)와 (나)에 대한 유전자형은 6이 $X^H YR^*R^*$, 7이 $X^H X^{H*}RR^*$이다. 6과 7 사이에서 아이가 태어날 때, 이 아이에게서 (가)가 발현될 확률은 $\dfrac{3}{4}$이고, (나)가 발현되지 않을 확률은 $\dfrac{1}{2}$이다. (가)와 (나)는 독립적으로 유전되므로 6과 7 사이에서 아이가 태어날 때, 이 아이에게서 (가)와 (나) 중 (가)만 발현될 확률은 $\dfrac{3}{8}\left(=\dfrac{3}{4}\times\dfrac{1}{2}\right)$이다.

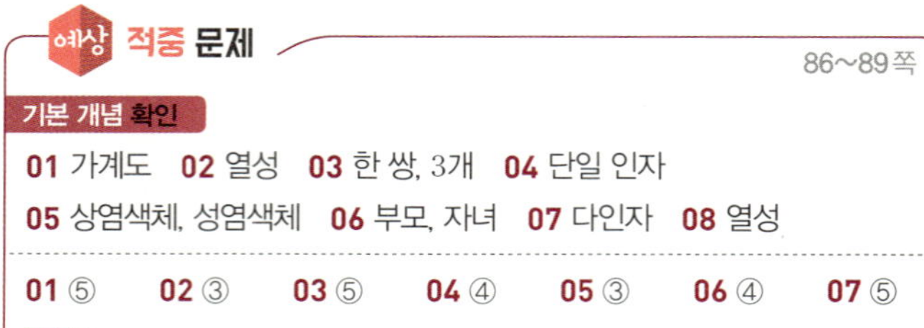

예상 적중 문제

86~89쪽

기본 개념 확인

01 가계도 02 열성 03 한 쌍, 3개 04 단일 인자
05 상염색체, 성염색체 06 부모, 자녀 07 다인자 08 열성

01 ⑤ 02 ③ 03 ⑤ 04 ④ 05 ③ 06 ④ 07 ⑤
08 ①

01 ㄱ. ㉠이 0이라면 (가)에 대한 유전자형이 1은 AA이며 1의 자손 5에게서 (가)가 발현되지 않아야 한다. 하지만 5에게서 (가)가 발현되었으므로 모순이다. ㉠이 1, ㉡이 0, ㉢이 2라고 하면 (가)에 대한 유전자형이 1은 AA*, 3은 AA, 5는 A*A*이다. 이 경우 1과 3에서 (가)의 표현형이 같아야 하지만 표현형이 다르므로 모순이다. ㉠이 1, ㉡이 2, ㉢이 0이라면 (가)에 대한 유전자형이 1은 AA*, 3은 A*A*, 5는 AA 또는 AY이다. 이 경우 1과 5에서 (가)의 표현형이 같아야 하지만 표현형이 다르므로 모순이다. ㉠이 2, ㉡이 1, ㉢이 0라면 (가)에 대한 유전자형이 1은 A*A*, 3은 AA*, 5는 AA 또는 AY이다. 이 경우 5는 1로부터 A*를 물려받아야 하는데, 5에게는 A*가 없으므로 모순이다. 따라서 ㉠이 2, ㉡이 0, ㉢이 1이다.

ㄴ. (가)의 유전자가 X 염색체에 있다면 1에게서 (가)가 발현되지 않았으므로 5에게서도 (가)가 발현되지 않아야 한다. 하지만 5에게서 (가)가 발현되었으므로 (가)의 유전자는 상염색체에 있다. (가)에 대한 유전자형이 5는 AA*인데 5에게서 (가)가 발현되었으므로 (가)는 우성 형질이다. 또한 A가 (가) 발현 대립유전자, A*가 (가) 미발현 대립유전자이다. 가계도 각 구성원의 유전자형을 표시하면 그림과 같다.

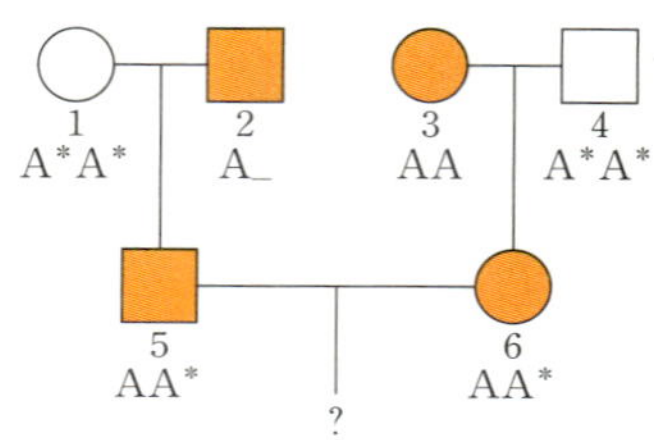

ㄷ. (가)에 대한 유전자형은 5와 6 모두 AA*이다. 따라서 5와 6 사이에서 아이가 태어날 때, 이 아이에게서 (가)가 발현될 확률은 $\dfrac{3}{4}$이다.

02 (가)의 유전자가 상염색체에 있다면 3의 (가)에 대한 유전자형은 HH이며, H는 (가) 미발현 대립유전자, H*는 (가) 발현 대립유전자이다. 이때 4에게서 (가)가 발현되었으므로 4의 (가)에 대한 유전자형은 H*H*이다. 이 경우 자녀 7과 8은 모두 (가)에 대한 유전자형이 HH*가 되어 (가)가 발현되지 않아야 한다. 하지만 7에게서 (가)가 발현되었으므로 (가)의 유전자는 X 염색체에 있다.

(나)의 유전자는 상염색체에 있으므로 1의 (나)에 대한 유전자형은 RR*이다. 1에게서 (나)가 발현되었으므로 (나)는 우성 형질이고, R는 (나) 발현 대립유전자, R*는 (나) 미발현 대립유전자이다. 가계도 각 구성원의 유전자형을 표시하면 그림과 같다.

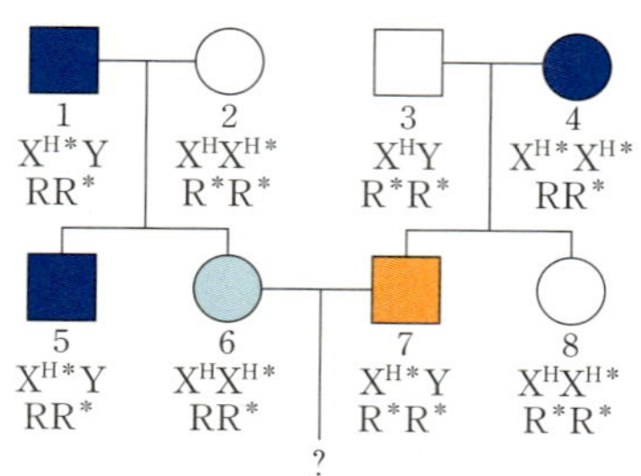

ㄱ. ⓐ는 1, ⓑ는 1, ⓒ는 1이다. 따라서 ⓐ+ⓑ+ⓒ=3이다.

ㄴ. 구성원 1~8 중 H*와 R를 모두 가진 사람은 1, 4, 5, 6으로 총 4명이다.

오답풀이 ㄷ. (가)와 (나)에 대한 유전자형은 6이 $X^HX^{H*}RR^*$, 7이 $X^{H*}YR^*R^*$이다. 6과 7 사이에서 아이가 태어날 때, 이 아이에게서 (가)가 발현될 확률은 $\frac{1}{2}$이고, (나)가 발현되지 않을 확률은 $\frac{1}{2}$이다. (가)와 (나)는 독립적으로 유전되므로 6과 7 사이에서 아이가 태어날 때, 이 아이에게서 (가)와 (나) 중 (가)만 발현될 확률은 $\frac{1}{4}\left(=\frac{1}{2}\times\frac{1}{2}\right)$이다.

03 아버지와 어머니 사이에서 O형인 아이가 태어날 수 있으므로 ㉠과 ㉡은 모두 AB형이 아니다. 자녀 3의 혈액은 항 A 혈청에 응집 반응을 나타내므로 ㉡은 A형 또는 AB형이다. 따라서 ㉠은 A형, ㉡은 B형, ㉢은 AB형 또는 O형이다.

ㄴ. (가)의 유전자가 상염색체에 있고 (가)가 우성 형질이라면 (가)에 대한 유전자형은 아버지가 T^*T^*, 어머니가 TT^*, 자녀 1이 T^*T^*, 자녀 2가 T^*T^*이며, 이는 문제의 조건을 만족하지 못한다. (가)의 유전자가 상염색체에 있고 (가)가 열성 형질이라면 (가)에 대한 유전자형은 아버지가 TT^*, 어머니가 T^*T^*, 자녀 1이 TT^*, 자녀 2가 TT^*이며, 이는 문제의 조건을 만족하지 못한다. (가)의 유전자가 X 염색체에 있고 (가)가 우성 형질이라면 (가)에 대한 유전자형은 아버지가 T^*Y, 어머니가 TT^*, 자녀 1이 T^*T^*, 자녀 2가 T^*T^*이며, 이는 문제의 조건을 만족하지 못한다. 따라서 (가)의 유전자는 X 염색체에 있고 (가)는 열성 형질이다. T가 (가) 미발현 대립유전자, T^*가 (가) 발현 대립유전자이다. 가족 각 구성원의 유전자형을 가계도에 표시하면 그림과 같다.

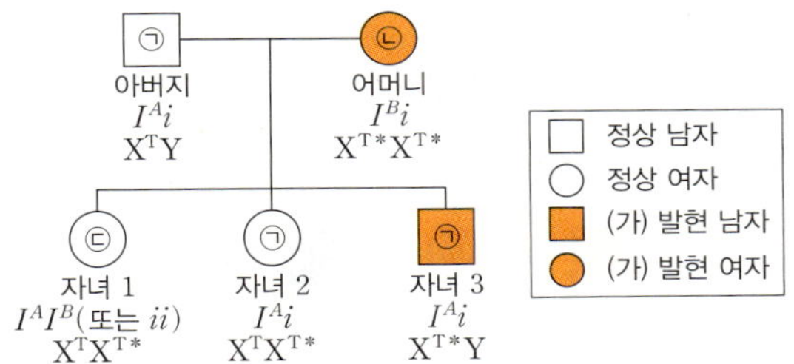

ㄷ. ABO식 혈액형에 대한 유전자형이 아버지는 I^Ai, 어머니는 I^Bi이므로 자녀 3의 동생이 태어날 때, 이 아이의 혈액형이 A형일 확률은 $\frac{1}{4}$이다. (가)에 대한 유전자형이 아버지는 X^TY, 어머니는 $X^{T^*}X^{T^*}$이므로 자녀 3의 동생이 태어날 때, 이 아이에게서 (가)가 발현될 확률은 $\frac{1}{2}$이다.

ㄷ. ABO식 혈액형과 (가)는 독립적으로 유전되므로 자녀 3의 동생이 태어날 때, 이 아이의 혈액형이 ㉠이면서 (가)가 발현될 확률은 $\frac{1}{8}\left(=\frac{1}{4}\times\frac{1}{2}\right)$이다.

오답풀이 ㄱ. ㉢은 AB형 또는 O형이다.

04 ㄱ. (나)는 1쌍의 대립유전자에 의해 결정되므로 (나)의 유전은 단일 인자 유전이다.

ㄴ. 1과 2에게서 (가)가 발현되지 않았지만 3에게서 (가)가 발현되었으므로 (가)는 열성 형질이고, T가 (가) 미발현 대립유전자, T^*가 (가) 발

현 대립유전자이다. 1의 (나)에 대한 유전자형은 동형 접합성이므로 1의 (나)에 대한 유전자형은 EE이다. (나)의 표현형은 5가 ㉠, 6이 ㉡이므로 2와 4는 대립유전자 F를 가지고 있다. (나)의 표현형은 3이 ㉠이므로 (나)에 대한 유전자형이 2는 FG, 3은 EG, 4는 EF이다. (나)의 표현형은 5가 ㉠, 6이 ㉡이므로 (나)에 대한 유전자형은 5는 EG, 6은 FG이다. 가계도 각 구성원의 유전자형을 표시하면 그림과 같다.

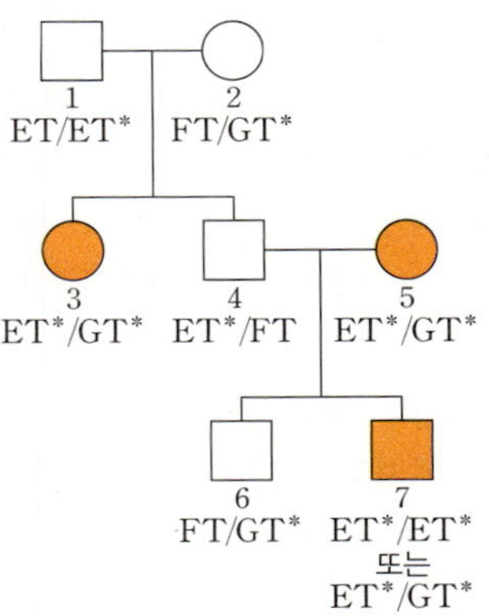

오답풀이 ㄷ. (가)와 (나)에 대한 유전자형은 4가 ET*/FT, 5가 ET*/GT*이다. 따라서 6의 동생이 태어날 때, 이 아이에게서 (가)가 발현되고 (나)의 표현형이 ㉠일 확률은 $\frac{1}{2}$이다.

05 ㄱ. (가)가 우성 형질이라면 (가)에 대한 유전자형은 1이 H^*H^*, 5가 HH^*, 6이 HH^*가 되며, 1, 5, 6 각각의 체세포 1개당 H^*의 DNA 상대량을 더한 값이 5라는 문제의 조건을 만족하지 못한다. 따라서 (가)는 열성 형질이며 (가)에 대한 유전자형은 1이 HH^*, 5가 H^*H^*, 6이 H^*H^*이다. (나)가 우성 형질이라면 (나)에 대한 유전자형은 7이 RR, 8과 9가 모두 R^*R^*가 되며, 그들의 부모는 모두 RR^*가 되어 표현형이 같아야 하지만 3과 4의 표현형이 다르다. 따라서 (나)는 열성 형질이며 (나)에 대한 유전자형은 7이 R^*R^*, 8이 RR*, 9가 RR*이다. 가계도 각 구성원의 유전자형을 표시하면 그림과 같다.

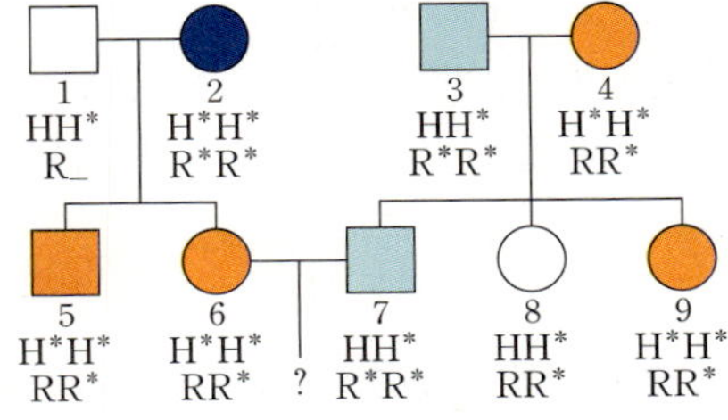

ㄴ. 1과 8의 (가)에 대한 유전자형은 HH*로 같다.

오답풀이 ㄷ. (가)와 (나)에 대한 유전자형은 6이 H*H*RR*, 7이 HH*R*R*이다. 6과 7 사이에서 아이가 태어날 때, 이 아이에게서 (가)가 발현될 확률은 $\frac{1}{2}$이고, (나)가 발현될 확률은 $\frac{1}{2}$이다. (가)와 (나)는 독립적으로 유전되므로 6과 7 사이에서 아이가 태어날 때, 이 아이에게서 (가)와 (나)가 모두 발현될 확률은 $\frac{1}{4}\left(=\frac{1}{2}\times\frac{1}{2}\right)$이다.

06 x가 0, y가 1인 경우, (가)의 유전자가 상염색체에 있다면 아버지의 (가)에 대한 유전자형은 AA이고, A는 (가) 발현 대립유전자, A*는

(가) 미발현 대립유전자이다. 이 경우 자녀 1, 2, 3 모두에게서 (가)가 발현되어야 하지만 자녀 1에게서 (가)가 발현되지 않았으므로 모순이다. (가)의 유전자가 성염색체에 있다면 아버지의 (가)에 대한 유전자형은 AY이고, A는 (가) 발현 대립유전자, A*는 (가) 미발현 대립유전자이다. 어머니에게서 (가)가 발현되지 않았으므로 어머니의 (가)에 대한 유전자형은 A*A*이다. 하지만 자녀 1에게서 (가)가 발현되지 않았으므로 모순이다. 따라서 x가 1, y가 0이다.

x가 1, y가 0인 경우, (나)의 유전자가 상염색체에 있다면 아버지의 (나)에 대한 유전자형은 BB이고, B는 (나) 발현 대립유전자, B*는 (나) 미발현 대립유전자이다. 이 경우 자녀 1, 2, 3 모두에게서 (나)가 발현되지 않아야 하지만 자녀 1, 3에게서 (나)가 발현되었으므로 (나)의 유전자는 X 염색체에 있다. 따라서 (가)의 유전자는 상염색체에 있으며, (나)는 열성 형질이고, B는 (나) 미발현 대립유전자, B*는 (나) 발현 대립유전자이다. 아버지의 (가)에 대한 유전자형이 AA*인데, 아버지에서 (가)가 발현되었으므로 (가)는 우성 형질이고, A는 (가) 발현 대립유전자, A*는 (가) 미발현 대립유전자이다. 가족 각 구성원의 표현형과 유전자형을 표시하면 그림과 같다.

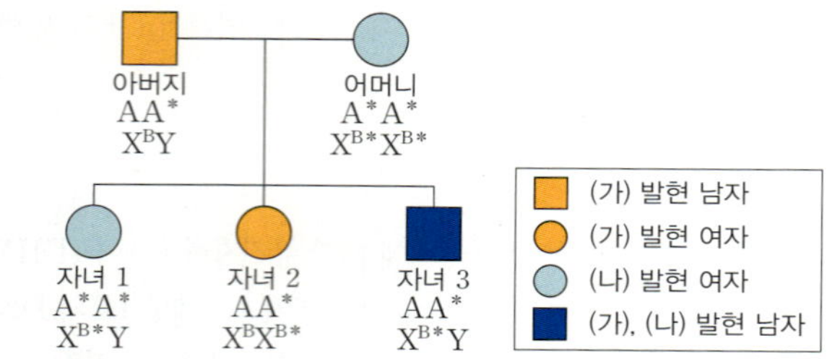

ㄱ. (가)는 우성 형질이다.

ㄷ. (가)와 (나)에 대한 유전자형은 아버지가 AA^*X^BY, 어머니가 $A^*A^*X^{B*}X^{B*}$이다. 자녀 3의 동생이 태어날 때, 이 아이에게서 (가)가 발현될 확률은 $\frac{1}{2}$이고, (나)가 발현될 확률은 $\frac{1}{2}$이다. (가)와 (나)는 독립적으로 유전되므로 자녀 3의 동생이 태어날 때, 이 아이에게서 (가)와 (나)가 모두 발현될 확률은 $\frac{1}{4}\left(=\frac{1}{2}\times\frac{1}{2}\right)$이다.

오답 풀이 ㄴ. (가)에 대한 유전자형은 자녀 1이 A^*A^*, 자녀 3이 AA^*이다. (나)에 대한 유전자형은 자녀 2가 X^BX^{B*}, 자녀 3이 $X^{B*}Y$이다. 따라서 ⓐ+ⓑ+ⓒ+ⓓ=5이다.

07 ㄱ. (가)는 상염색체에 있는 1쌍의 대립유전자에 의해 결정되며, 대립유전자에는 E, F, G가 있으므로 (가)의 유전은 복대립 유전이다.

ㄴ. (나)의 유전자가 (가)를 결정하는 유전자 중 1쌍의 대립유전자와 같은 염색체에 있다면 4의 동생이 태어날 때, 이 아이에게서 나타날 수 있는 (가)와 (나)의 표현형은 최대 28가지가 될 수 없다. 따라서 (가)의 유전자와 (나)의 유전자는 서로 다른 상염색체에 있다. 4의 동생이 태어날 때, 이 아이에게서 나타날 수 있는 (가)와 (나)의 표현형은 최대 28가지이므로 (가)의 표현형은 최대 4가지, (나)의 표현형은 최대 7가지이어야 한다. 4의 동생이 태어날 때 이 아이에게서 나타날 수 있는 (나)에 대한 표현형은 최대 7가지이므로 1과 2의 (나)에 대한 유전자형은 HhRrTt이다.

ㄷ. 1~4의 (가)에 대한 표현형은 모두 다르고, 4의 동생이 태어날 때 이

아이에게서 나타날 수 있는 (가)의 표현형은 최대 4가지이므로 (가)에 대한 유전자형이 1과 2 중 한 명은 EG, 나머지 한 명은 FG이다. 4의 동생이 태어날 때, 이 아이의 (가)에 대한 표현형이 1과 같을 확률은 $\frac{1}{4}$이고, (나)에 대한 표현형이 1과 같을 확률은 $\frac{20}{64}$이다. (가)와 (나)는 독립적으로 유전되므로 4의 동생이 태어날 때, 이 아이의 (가)와 (나)에 대한 표현형이 1과 같을 확률은 $\frac{5}{64}\left(=\frac{1}{4}\times\frac{20}{64}\right)$이다.

08 ABO식 혈액형의 유전자는 상염색체에, 적록 색맹 유전자는 X 염색체에 있다. 적록 색맹에 대해 정상 대립유전자를 X^R, 적록 색맹 대립유전자를 X^r라고 하자.

ㄱ. (가)가 발현된 6과 7 사이에서 (가)가 발현되지 않은 9가 태어났으므로 (가)는 우성 형질이고, T가 (가) 발현 대립유전자, T*가 (가) 미발현 대립유전자이다. 3에게서 (가)가 발현되지 않았지만 7에게서 (가)가 발현되었으므로 (가)의 유전자는 상염색체에 있다. 따라서 (가)의 유전자는 ABO식 혈액형 유전자와 같은 염색체에 있다.

오답 풀이 ㄴ. 항 A 혈청, 항 B 혈청과의 응집 반응 결과 4와 8은 모두 응집하지 않았으므로 O형, 5는 항 A 혈청에 응집하였으므로 A형 또는 AB형, 9는 모두 응집하였으므로 AB형이다. 9는 AB형이므로 6은 O형이 아니다. 1, 2, 5, 6의 ABO식 혈액형은 모두 다르므로 1과 2는 각각 AB형과 O형 중 하나이고, 5는 A형, 6은 B형이다. 9는 6으로부터 I^B와 T*를 물려받으므로 6은 i와 T가 같은 염색체에 있다. 따라서 6은 2로부터 i와 T를 물려받았으며 1은 AB형, 2는 O형이다. 6이 B형이고, 9가 AB형이므로 3과 7은 A형이다. 가계도 각 구성원의 유전자형을 표시하면 그림과 같다.

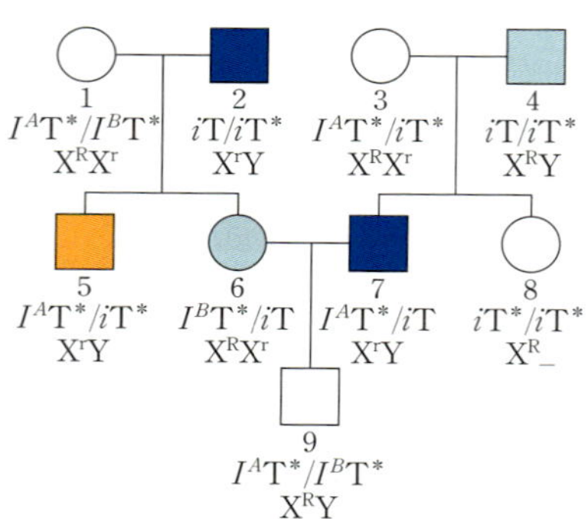

ㄷ. 9의 동생이 태어날 때, 이 아이가 적록 색맹일 확률은 $\frac{1}{2}$이고, (가)가 발현될 확률은 $\frac{3}{4}$이다. 적록 색맹과 (가)는 독립적으로 유전되므로 구하고자 하는 확률은 $\frac{3}{8}\left(=\frac{1}{2}\times\frac{3}{4}\right)$이다.

11강 사람의 유전병

01 ㄷ. (가)의 염색체 수는 47, (나)의 성염색체 수는 2이므로 $\dfrac{\text{(가)의 염색체 수}}{\text{(나)의 성염색체 수}}=\dfrac{47}{2}$이다.

오답풀이 ㄱ. 핵형 분석을 통해서는 페닐케톤뇨증과 같은 유전자 이상에 의한 유전병의 여부를 알 수 없다.

ㄴ. (가)에는 X 염색체 2개와 Y 염색체 1개가 있으므로 A는 클라인펠터 증후군, (나)에는 21번 염색체가 3개가 있으므로 B는 다운 증후군의 염색체 이상을 보인다.

02 적록 색맹 유전자는 X 염색체에 있으며, 적록 색맹 대립유전자가 정상 대립유전자에 대해 열성이다. 클라인펠터 증후군인 철수의 체세포 1개에는 X 염색체 2개와 Y 염색체 1개가 있다.

ㄱ. 철수는 적록 색맹이므로 어머니로부터 적록 색맹 대립유전자가 있는 X 염색체 2개를, 아버지로부터 Y 염색체 1개를 물려받았다. 따라서 ⓔ에는 적록 색맹 대립유전자가 있는 X 염색체 2개가 있으므로 (나)에서 염색체 비분리는 감수 2분열에서 일어났다.

오답풀이 ㄴ. ㉠에는 Y 염색체 1개가 있으므로 (가)에서 염색체 비분리는 감수 2분열에서 일어났으며, ㉡이 염색체 비분리로 형성된 정자이다. 따라서 ㉡의 염색체 수는 22 또는 24이다. (나)에서 염색체 비분리는 감수 2분열에서 일어났으며, 아직 염색 분체가 분리되기 전인 감수 2분열 중기 세포 ㉢의 염색체 수는 23이다.

ㄷ. ㉡이 염색체 비분리로 형성된 정자이므로 ㉡에는 X 염색체가 2개 또는 0개 있다. 따라서 ㉡의 세포 1개당 $\dfrac{\text{X 염색체 수}}{\text{상염색체 수}}$ 는 $\dfrac{2}{22}$ 또는 0이다.

03 ㄱ. ㉠과 ㉡은 크기와 모양이 같은 상동 염색체로 상염색체이고, A와 B가 있는 염색체는 성염색체인 X 염색체이다.

ㄷ. (다)에는 X 염색체에 있는 a가 상염색체로 전좌된 염색체가 있다.

오답풀이 ㄴ. (나)에는 a와 b의 위치가 뒤바뀐 염색체가 있으므로 역위가 일어난 염색체가 있다.

04 ㄱ. Ⅱ는 감수 1분열 중기 세포이므로 Ⅰ과 Ⅱ는 모두 46개의 염색체를 가지고 있고, Ⅰ에서 Ⅱ가 될 때 DNA가 복제되어 유전자의 양이 2배로 증가하므로 Ⅱ의 각 대립유전자의 DNA 상대량은 2이다. 따라서 ㉠은 Ⅰ, ㉢은 Ⅱ이다. Ⅲ은 감수 2분열 중기 세포이므로 대립유전자의 DNA 상대량이 짝수이어야 한다. 따라서 ㉢이 Ⅲ, ㉡이 Ⅳ이다.

ㄴ. ㉠(Ⅰ)은 a는 없고 A의 DNA 상대량이 1이므로 A와 a는 성염색체(X 염색체)에 존재하고, B와 b의 DNA 상대량이 각각 1이므로 B와 b는 상염색체에 존재한다. 즉, ⓐ의 유전자는 성염색체에 있다.

ㄷ. 감수 1분열에서는 성염색체 비분리가, 감수 2분열에서는 상염색체 비분리가 일어났고, ㉡(Ⅳ)은 A를 가지고 있으므로 ㉡은 X 염색체와 Y 염색체를 모두 가지고 있다.

05 ㄱ. ㉠의 유전자가 상염색체에 있다면 A*의 DNA 상대량이 같은 (나)와 형의 ㉠에 대한 표현형이 같아야 한다. 하지만 (나)에게서는 ㉠이 발현되지 않고 형에게서는 ㉠이 발현되었으므로 ㉠의 유전자는 X 염색체에 있으며, A는 ㉠ 미발현 대립유전자이고, A*는 ㉠ 발현 대립유전자이다. ㉠에 대한 유전자형이 $X^{A^*}X^{A^*}$인 (다)가 누나라면 아버지의 ㉠에 대한 유전자형이 $X^{A^*}Y$이고 ㉠이 발현되어야 한다. 하지만 (가), (나), (다) 중 1명에서 ㉠이 발현되었으므로 (다)는 어머니이다. 따라서 (가)는 아버지, (나)는 누나이다. 철수에게서 ㉠이 발현되지 않았으므로 철수는 아버지에게서 X 염색체와 Y 염색체를 모두 물려받았다.

오답풀이 ㄴ. ㉡에 대한 유전자형이 누나가 BB*, 어머니가 B*B*이므로 B가 ㉡ 미발현 대립유전자, B*가 ㉡ 발현 대립유전자이며, 누나에게서 ㉡이 발현되지 않았으므로 B가 B*에 대해 우성이다. (나)의 유전자가 X 염색체에 있다면 ㉡에 대한 유전자형이 $X^{B^*}Y$가 되면 ㉡이 발현되어야 한다. 하지만 형에게서 ㉡이 발현되지 않았으므로 ㉡의 유전자는 상염색체에 있다. 가족 각 구성원의 표현형과 유전자형을 표시하면 그림과 같다.

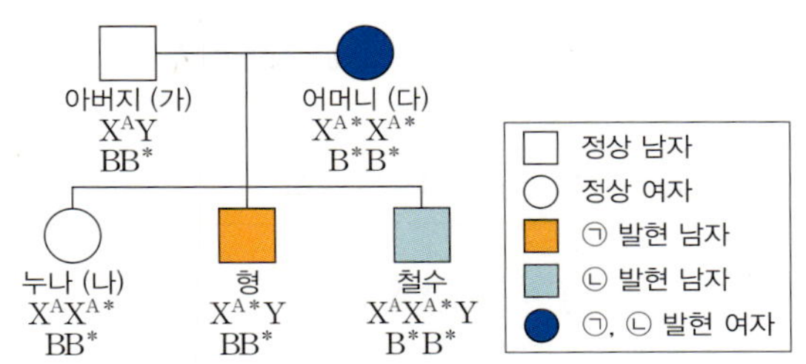

ㄷ. ⓐ는 X 염색체와 Y 염색체를 모두 가진 정자이므로 ⓐ가 형성될 때 염색체 비분리는 감수 1분열에서 일어났다.

06 ㄱ. (가)는 3쌍의 대립유전자에 의해 결정되므로 (가)의 유전은 다인자 유전이다.

오답풀이 ㄴ. 아버지와 어머니의 (가)에 대한 유전자형이 모두 AABbdd(1쌍의 대립유전자는 이형 접합성, 나머지 2쌍의 대립유전자는 동형 접합성)라면 자녀 2의 동생이 태어날 때, 이 아이에게서 나타날 수 있는 (가)의 표현형은 최대 3가지이다. 따라서 아버지와 어머니의 (가)에 대한 유전자형은 AaBbDd이다. (가)를 결정하는 3쌍의 대립유전자가 모두 다른 염색체에 있다면 자녀 2의 동생이 태어날 때, 이 아이에게서 나타날 수 있는 (가)의 표현형은 최대 7가지이다. (가)를 결정하는 3쌍의 대립유전자가 모두 같은 염색체에 있다면 자녀 2의 동생이 태어날 때, 이 아이에게서 나타날 수 있는 (가)의 표현형은 최대 3가지이다. 따라서 (가)를 결정하는 대립유전자 중 2쌍은 같은 염색체에 있고, 다른 1쌍은 다른 염색체에 있다. 아버지와 어머니 모두 A와 B가 같은 염색체에 있다면 자녀 2의 동생이 태어날 때, 이 아이에게서 나타날 수 있는 (가)의 표현형은 최대 7가지이다. 아버지와 어머니 모두 A와 b가 같은 염색체에 있다면 자녀 2의 동생이 태어날 때, 이 아이에게서 나타날 수 있는 (가)의 표현형은 최대 3가지이다. 따라서 아버지와 어머니 중 한 명은 A와 B(또는 A와 D, B와 D)가 같은 염색체에 있고, 다른 한 명은 A와 b(또는 A와 d, B와 d)가 같은 염색체에 있다. 이 경우 생식세포 형성 시 염색체 비분리가 일어나지 않았다면 자녀가 가질 수 있는 대문자로 표시되는 대립유전자의 수는 1에서 5까지 가능하다. 따라서 ⓐ와 정상 정자가 수정되어 태어난 아이는 자녀 2이다. 자녀 2에서 대문자로 표시되는 대립유전자의 수가 7개가 되려면 어머니에서 A와 B(또는 A와 D, B와 D)가 같은 염색체에 있어야 한다. 따라서 아버지에서는 A와 b(또는 A와 d, B와 d)가 같은 염색체에 있으므로 아버지에서 A, B, D를 모두 갖는 정자가 형성될 수 없다.

ㄷ. 자녀 2는 어머니로부터 A와 B(또는 A와 D, B와 D)가 있는 염색체 2개를 물려받아야 한다. 따라서 ⓐ의 형성 과정에서 염색체 비분리는 감수 2분열에서 일어났다.

94~96쪽

기본 개념 확인

01 다운, 클라인펠터 **02** $n+1$, $n-1$ **03** 고양이 울음
04 $n+1$, $n-1$, n **05** 정자, 난자

01 ② **02** ⑤ **03** ③ **04** ① **05** ⑤

01 ㄴ. A는 성염색체 구성이 XXY이므로 클라인펠터 증후군의 염색체 이상을 보인다.

오답 풀이 ㄱ. 핵형 분석을 통해서는 페닐케톤뇨증과 같은 유전자 돌연변이에 의한 유전병의 여부를 알 수 없다. 유전자 돌연변이는 DNA 분석을 통해 알 수 있다.

ㄷ. B는 5번 염색체의 특정 부위가 결실되었으므로 고양이 울음 증후군의 염색체 이상을 보인다.

02 ㄱ. Ⅰ과 Ⅱ는 모두 감수 2분열 중기의 세포이므로 Ⅰ과 Ⅱ에서 각 염색체는 2개의 염색 분체로 이루어져 있다. 따라서 Ⅰ과 Ⅱ의 세포 1개당 A, B, D의 DNA 상대량을 더한 값은 짝수이다. ⓛ의 세포 1개당 A, B, D의 DNA 상대량을 더한 값은 5이므로 ⓛ은 Ⅲ이다. 세포 1개당 A, B, D의 DNA 상대량을 더한 값은 Ⅲ이 Ⅰ보다 작아야 하므로 ⓒ은 Ⅰ, ㉠은 Ⅱ이다.

ㄴ. P의 ⓐ에 대한 유전자형은 AABb이므로 세포 1개당 A와 B의 DNA 상대량을 더한 값은 Ⅰ과 Ⅱ 중 한 개는 4, 나머지 한 개는 2이다. Ⅰ의 세포 1개당 A, B, D의 DNA 상대량을 더한 값이 6이고, ⓑ의 유전자는 X 염색체에 있으므로 Ⅰ은 X 염색체와 Y 염색체를 모두 가지고 있다. 따라서 Ⅲ은 X 염색체와 Y 염색체를 모두 가지고 있다.

ㄷ. 세포 1개당 21번 염색체의 수는 Ⅲ이 2, Ⅱ가 1이다. 따라서 세포 1개당 21번 염색체의 수는 ⓛ이 ㉠의 2배이다.

03 ㄱ. 고양이 울음 증후군과 클라인펠터 증후군은 염색체 돌연변이에 의한 유전병이고, 낫 모양 적혈구 빈혈증과 페닐케톤뇨증은 유전자 돌연변이에 의한 유전병이다.

ㄷ. 낫 모양 적혈구 빈혈증을 유발하는 유전자는 상염색체에 있으므로 남자와 여자에게서 모두 나타날 수 있다.

오답 풀이 ㄴ. 5번 염색체의 특정 부분이 결실된 사람에게서 고양이 울음 증후군이 나타나고, 성염색체가 XXY인 사람에게서 클라인펠터 증후군이 나타난다.

04 6과 7에게서 (가)가 발현되었지만 9에게서 (가)가 발현되지 않았으므로 (가)는 우성 형질이며, (가)의 유전자는 상염색체에 있다. 따라서 (나)의 유전자는 성염색체에 있다. 1과 2에게서 (나)가 발현되지 않았지만 6에게서 (나)가 발현되었으므로 (나)는 열성 형질이다. 4에게서 (나)가 발현되었지만 8에게서 (나)가 발현되지 않았으므로 8은 3으로부터 X 염색체와 Y 염색체를 모두 물려받았다.

ㄱ. (가)에 대한 유전자형이 1은 AA 또는 Aa인데, 1과 9 각각의 체세포 1개당 A의 DNA 상대량을 더한 값과 3과 7 각각의 체세포 1개당 a의 DNA 상대량을 더한 값은 같으므로 (가)에 대한 유전자형이 1은 AA이고, 3은 Aa, 7은 Aa, 9는 aa이다. 5에게서는 (가)가 발현되지 않았으므로 ⓐ는 A의 결실이 일어난 상염색체를 가지고 있다. 가계도 각 구성원의 유전자형을 표시하면 그림과 같다.

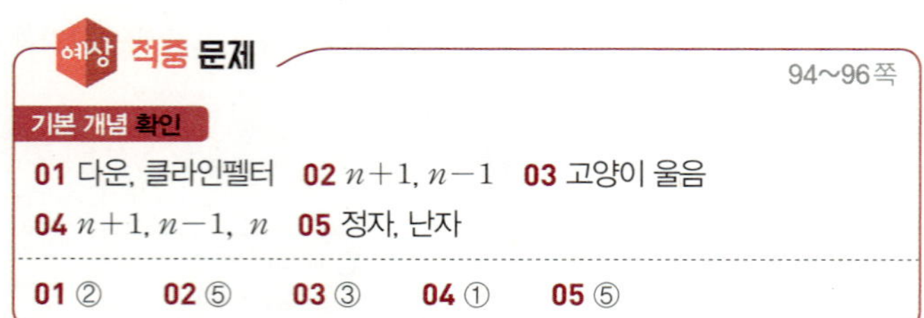
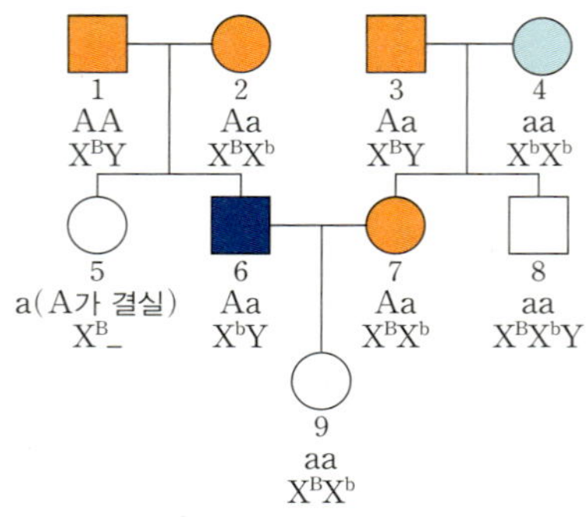

오답 풀이 ㄴ. ⓑ는 X 염색체와 Y 염색체를 모두 가지고 있으므로 ⓑ는 감수 1분열에서 염색체 비분리가 일어나 형성된 정자이다.

ㄷ. (가)와 (나)에 대한 유전자형은 6이 AaXᵇY, 7이 AaXᴮXᵇ이다. 9의 동생이 태어날 때, 이 아이에게서 (가)가 발현될 확률은 $\frac{3}{4}$, (나)가 발현될 확률은 $\frac{1}{2}$이다. (가)와 (나)는 독립적으로 유전되므로 9의 동생이 태어날 때, 이 아이에게서 (가)와 (나)가 모두 발현될 확률은 $\frac{3}{8}\left(=\frac{3}{4}\times\frac{1}{2}\right)$이다.

05 (가)의 유전자가 상염색체에 있다면 아버지의 (가)에 대한 유전자형은 AA이며, A는 (가) 미발현 대립유전자, A*는 (가) 발현 대립유전자이다. 그리고 어머니에게서 (가)가 발현되었으므로 어머니의 (가)에 대한 유전자형은 A*A*이다. 이 경우 자녀 1과 2 모두의 (가)에 대한 유전자형은 AA*가 되어 자녀 1과 2 모두에게서 (가)가 발현되지 않아야 한다. 하지만 자녀 1에게서 (가)가 발현되었으므로 (가)의 유전자는 X 염색체에 있다. 따라서 (나)의 유전자는 21번 염색체에 있다.

ㄴ. (가)에 대한 유전자형이 아버지가 XᴬY, 어머니가 Xᴬ*Xᴬ*인데 자녀 4에게서 (가)가 발현되지 않았으므로 자녀 4는 아버지로부터 X 염색체와 Y 염색체를 모두 물려받았다. 따라서 체세포 1개당 염색체 수가 47인 구성원은 자녀 4이다.

ㄷ. ㉠은 X 염색체와 Y 염색체를 모두 가지고 있으므로 ㉠은 감수 1분열에서 염색체 비분리가 일어나 형성된 정자이다.

 ㄱ. (나)에 대한 유전자형이 아버지가 BB*인데 아버지에게서 (나)가 발현되었으므로 (나)는 우성 형질이고, B는 (나) 발현 대립유전자, B*는 (나) 미발현 대립유전자이다. 가족 각 구성원의 표현형과 유전자형을 표시하면 그림과 같다. 따라서 ⓐ+ⓑ+ⓒ=4이다.

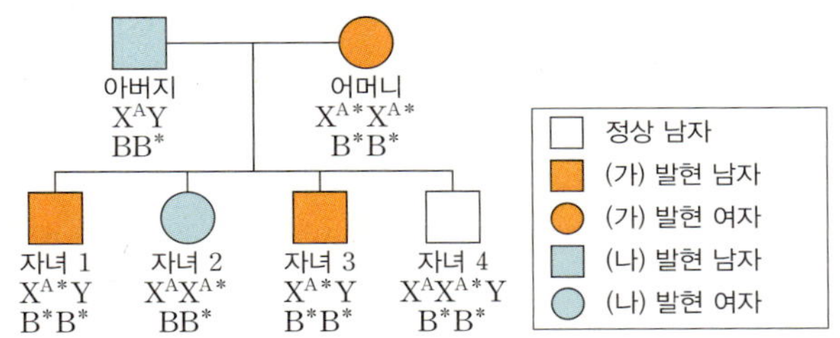

대단원 예상 적중 자료 정리

① 중기 ② 후기 ③ G_1기 ④ 2 ⑤ 1 ⑥ 없다 ⑦ $2n$ ⑧ 1 ⑨ h
⑩ X 염색체 ⑪ 1 ⑫ AB ⑬ B ⑭ AB ⑮ 열성 ⑯ $I^B i$ ⑰ $\frac{1}{4}$
⑱ $\frac{1}{2}$ ⑲ 복대립 ⑳ 다인자 ㉑ 상염색체 ㉒ 염색체 ㉓ 유전자 ㉔ 결실 ㉕ XXY ㉖ 상염색체 ㉗ 상염색체 ㉘ 열성 ㉙ 1 ㉚ AA ㉛ A ㉜ $\frac{3}{4}$ ㉝ $\frac{1}{2}$

12강 생태계와 개체군

기출 변형 문제

01 ② 02 ③ 03 ③ 04 ② 05 ① 06 ③ 07 ②
08 ②

01 ㄴ. 개체군은 일정한 지역에서 같은 종의 개체들이 무리를 이루어 생활하는 집단이다. 따라서 개체군 A는 하나의 종으로만 구성된다.

 ㄱ. 미생물은 맨눈으로는 잘 보이지 않는 작은 생물이므로 생물 군집에 해당한다.

ㄷ. 낙엽은 생물의 일부이고 토양은 비생물적 요인이므로, 낙엽이 떨어져 토양의 양분이 되는 것은 생물 군집이 비생물적 요인에 영향을 미치는 ㉡에 해당한다.

02 ㄱ. 토끼, 사슴 등과 같은 생산자를 먹이로 하는 초식 동물은 소비자이다.

ㄴ. 추운 날씨는 비생물적 요인이고 상록수는 생물이므로, 추운 날씨에 상록수가 체내 삼투압을 높이는 것은 ㉠에 해당한다.

 ㄷ. 꾀꼬리가 봄에 산란하고 송어가 가을에 번식하는 것은 일조 시간의 변화 때문에 생기는 것이므로, 이것은 비생물적 요인이 생물적 요인에 영향을 미치는 ㉠에 해당한다.

03 ㄱ. 생산자와 소비자의 사체는 모두 분해자에게로 이동하므로 A는 분해자, B는 생산자, C는 소비자이다. 따라서 토끼풀은 생산자인 B의 예에 해당한다.

ㄷ. 생산자가 합성한 유기물 중 일부는 소비자로 이동하며, 유기물에 화학 에너지가 저장되어 있으므로 ㉢ 과정에서 에너지도 함께 이동한다.

 ㄴ. 고산 지대와 평지에 따라 산소의 농도가 다른 것은 비생물적 요인에 해당하고, 이에 따라 사람의 적혈구 수가 달라지는 것이므로 ㉠에 해당한다.

04 ㄷ. A~C는 서로 다른 종이며 활동 영역을 달리하여 살아간다. 이는 개체군 사이의 상호 작용(㉢)에 해당한다.

 ㄱ. 비생물적 요인이 생물 군집에 영향을 미치는 것은 작용(㉠)이라고 한다.

ㄴ. 사막여우는 더운 지역에, 북극여우는 추운 지역에 서식하므로 사막여우가 북극여우보다 몸의 말단 부위가 큰 것은 비생물적 요인이 생물 군집에 영향을 미치는 ㉠에 해당한다.

05 ㄱ. A는 환경 저항이 없을 때 나타나는 개체군의 이론적 생장 곡선이다.

 ㄴ. 개체 수가 증가할수록 개체 사이의 경쟁이 심해지므로 B에서 개체 사이의 경쟁은 t_2일 때가 t_1일 때보다 많이 일어난다.

ㄷ. B에서 구간 Ⅰ에서는 개체 수가 급격히 증가하고 구간 Ⅱ에서는 개체 수가 완만하게 증가한다. 따라서 단위 시간당 개체 수 증가율은 구간 Ⅰ에서가 구간 Ⅱ에서보다 크다.

06 ㄱ. A에서 환경 수용력은 약 140이고 B에서 환경 수용력은 약 70이므로 환경 수용력은 A에서가 B에서보다 크다.

ㄷ. 개체 수가 많을수록 개체 간의 경쟁이 심해져 환경 저항이 증가하므로 A에서 환경 저항은 구간 Ⅱ에서가 구간 Ⅰ에서보다 크다.

오답 풀이 ㄴ. A와 B의 구간 Ⅱ에서 개체 수의 변화가 없는 것은 단위 시간당 출생률(태어나는 개체 수)과 사망률(죽는 개체 수)이 동일하기 때문이다.

07 ㄴ. B의 개체 수가 C의 개체 수보다 많고 B의 개체 수가 증가하면 C의 개체 수도 따라서 증가하므로 B는 피식자, C는 포식자이다.

오답 풀이 ㄱ. t_1일 때 개체 수가 증가하므로 출생률이 사망률보다 커서 $\dfrac{\text{사망률}}{\text{출생률}}$은 1보다 작다.

ㄷ. (나)에서 개체 수 변화가 주기적으로 반복되므로 B와 C의 개체 수 변동을 일으키는 주된 상호 작용은 포식과 피식이다.

08 ㄴ. B는 리더제이다. 리더제에서 리더는 다른 개체들을 이끌며, 나머지 다른 개체들 사이에는 서열이 없다.

오답 풀이 ㄱ. A는 힘의 서열에 따라 모이를 쪼는 순위가 정해져 있는 순위제이다.

ㄷ. C는 하나의 개체군 내에서 먹이 수집, 방어, 생식 등의 일을 분담하는 것이므로 사회생활에 해당한다.

03 ㄱ. Ⅰ형은 초기 사망률이 매우 낮고, Ⅲ형은 초기 사망률이 매우 높은 경우이다. 따라서 초기 사망률은 Ⅲ형이 Ⅰ형보다 높다.

ㄴ. A는 초기 사망률이 매우 낮으므로 Ⅰ형과 유사하고, B는 초기 사망률이 매우 높으므로 Ⅲ형과 유사하다.

오답 풀이 ㄷ. B는 상대 수명이 0~20일 때 100마리당 생존 개체 수가 15이므로 각 연령층에서 사망률이 일정한 것은 아니고, 초기 사망률이 매우 높은 것이다.

04 ㄴ. 환경 수용력이 1500인 ㉠의 경우 개체 수가 1500일 때 개체 수가 더 이상 증가하지 않으므로 ㉠의 단위 시간당 사망 개체 수(ⓐ)는 100이다. 환경 수용력이 2000인 ㉡의 경우 개체 수가 500일 때 개체 수가 증가하므로 단위 시간당 출생 개체 수보다 사망 개체 수가 적어 ㉡의 단위 시간당 사망 개체 수(ⓑ)는 100보다 작다. 따라서 $\dfrac{ⓑ}{ⓐ}$는 1보다 작다.

ㄷ. t_2일 때가 t_1일 때보다 개체 수가 많으므로 B에서 개체군의 밀도는 t_2일 때가 t_1일 때보다 크다.

오답 풀이 ㄱ. A가 B보다 환경 수용력이 크므로 ㉠이 B, ㉡이 A이다.

104~105쪽

기본 개념 확인

01 군집 **02** 세포 호흡 **03** Ⅰ, Ⅲ **04** 환경 수용력

01 ③ **02** ⑤ **03** ③ **04** ④

01 ㄱ. (가)는 생산자, 소비자, 분해자로 구성된 생물 군집이다. 생물 군집은 두 종 이상의 개체군으로 구성되어 있다.

ㄷ. ⓐ~ⓒ는 모두 생물 군집이 비생물적 요인에 영향을 미치는 ㉡에 해당한다.

오답 풀이 ㄴ. 유기물은 생산자에서 소비자와 분해자로 모두 이동하므로 Ⅲ이 생산자이고, Ⅰ이 소비자, Ⅱ가 분해자이다. 빛에너지를 화학 에너지로 전환하는 것은 생산자(Ⅰ)이다.

02 ㉠은 광합성, ㉡은 세포 호흡이고, A는 벼, B는 메뚜기, C는 곰팡이이다.

ㄱ. 세포 호흡(㉡)은 벼와 메뚜기에서 모두 일어난다.

ㄴ. 벼는 생산자이므로 광합성(㉠)을 통해 빛에너지를 화학 에너지로 전환한다.

ㄷ. 곰팡이는 분해자이므로 사체와 배설물에 포함된 유기물을 분해하여 에너지를 얻어 살아간다.

13 강 군집

기출 변형 문제

01 ①	**02** ⑤	**03** ⑤	**04** ①	**05** ②	**06** ③	**07** ②
08 ②						

01 ㄱ. 개체는 독립된 하나의 생명체이므로 생물의 특성인 적응과 진화를 한다.

오답 풀이 ㄴ. (나)는 개체군으로, 하나의 종으로 구성된 무리이다.

ㄷ. (다)는 군집으로, 여러 개체군으로 구성되어 있다. 군집은 비생물적 요인은 포함하지 않는다.

02 ㄱ. 종간 경쟁 관계에 있는 두 종은 모두 손해를 입으므로 B가 종간 경쟁이며, ㉠은 '손해'이다. D는 포식과 피식 관계이므로 ㉡은 '손해'이다.

ㄴ. 기생에서 숙주 생물은 손해를 입고, 기생 생물은 이익을 얻으므로 A가 기생이다. A에서 종 Ⅰ은 손해를 입으므로 숙주 생물에 해당한다.

ㄷ. 상리 공생에서는 두 종이 모두 이익을 얻으므로 C가 상리 공생이다.

03 ㄱ. A는 B보다 건조에 강하고 A를 제거하여도 B가 ㉠에 서식하지 못하는 것으로 보아 건조에 대한 내성은 B가 ㉠에 서식하지 못하는 환경적 요인에 해당한다.

ㄴ. ㉡에서 A와 B는 모두 환경 저항을 받는다.

ㄷ. ㉢에 A가 없는 것으로 보아 경쟁·배타 원리가 적용되었다.

04 ㄱ. (가)는 A와 B를 단독 배양했을 때 나타나는 실제 생장 곡선으로 S자형이다.

오답 풀이 ㄴ. t_1일 때는 A의 개체 수가 최대가 된 후 더 이상 증가하지 않는 시점이며, 이때에는 환경 저항이 크게 작용한다.

ㄷ. A와 B 사이의 상호 작용은 종간 경쟁이다.

05 ㄴ. 혼합림에서는 지표면에 도달하는 빛의 세기가 약하므로 음수의 어린 나무가 양수의 어린 나무보다 잘 자란다.

오답 풀이 ㄱ. 용암 대지에 지의류가 개척자로 들어온 후 지의류에 의해 바위의 풍화가 촉진되어 토양이 형성되며, 이후 토양의 수분과 양분 함량이 증가하여 초원이 형성된다. 따라서 ㉠ 시기 동안 천이가 진행될수록 토양 속 수분과 무기 양분의 양은 증가한다.

ㄷ. C에서 산불이 날 경우 이후 초원을 이루는 초본이 개척자가 된다.

06 ㄱ. 이 식물 군집의 천이는 초원에서 시작하므로 2차 천이이다.

ㄴ. A에서의 우점종은 강한 빛에서 잘 자라는 양수이고, B에서의 우점종은 약한 빛에서 잘 자라는 음수이다. 시간이 지날수록 음수가 더 증가하므로 ㉠은 B에서의 우점종, ㉡은 A에서의 우점종이며, ㉠은 음수인 신갈나무이다.

오답 풀이 ㄷ. 잎의 평균 두께는 양수가 음수보다 두껍다.

07 (가)는 개체군 간의 상호 작용, (나)는 개체군 내의 상호 작용이고,

㉠은 분서, ㉡은 텃세이다.

ㄴ. 포식과 피식은 개체군 간의 상호 작용 (가)에 해당한다.

오답 풀이 ㄱ. ㉠은 분서이다.

ㄷ. 한 그루의 가문비나무에서 3종의 휘파람새가 활동 영역을 달리하여 살아가는 것은 분서(㉠)에 해당한다.

08 ㄷ. 중요도＝상대 밀도＋상대 빈도＋상대 피도이며, B가 중요도가 가장 크다. 따라서 이 군집의 우점종은 B이다.

오답 풀이 ㄱ. A의 개체 수는 6, B와 C의 개체 수는 각각 12이므로 상대 밀도는 B와 C가 같다.

ㄴ. A와 C의 빈도는 $\dfrac{5}{25}$이고, B의 빈도는 $\dfrac{10}{25}$이다.

예상 적중 문제

기본 개념 확인

01 분서(생태 지위 분화) **02** 내, 간 **03** 상대 밀도, 상대 빈도, 상대 피도
04 초원

01 ①	**02** ③	**03** ①	**04** ②

01 ㄱ. A와 B를 각각 단독 배양했을 때보다 함께 배양했을 때 환경 수용력이 모두 작다.

오답 풀이 ㄴ. (나)에서 A는 t 이후 환경 저항을 많이 받기 때문에 더 이상 개체 수가 증가하지 않는다.

ㄷ. A와 B를 혼합 배양하면 단독 배양할 때보다 A와 B 모두 최대 개체 수가 감소하므로 (나)에서 A와 B 사이의 상호 작용은 상리 공생이 아니다.

02 ㄱ. 은행나무는 가을에 온도가 낮아지면 단풍이 든다. 따라서 은행나무가 가을에 단풍이 드는 것은 ㉠에 해당한다.

ㄷ. 말미잘이 흰동가리에게 은신처를 제공하는 것은 공생에 해당하며, 공생은 군집 내 개체군 간의 상호 작용인 ㉡에 해당한다.

오답 풀이 ㄴ. 일벌과 여왕벌은 같은 종이므로 하나의 개체군을 구성한다.

03 ㄱ. 조사한 면적이 동일하고, 개체 수는 A가 23, B가 16, C가 11이므로 밀도가 가장 높은 종은 A이다.

오답 풀이 ㄴ, ㄷ. A의 상대 밀도는 $\dfrac{23}{50}\times100＝46\,\%$, B의 상대 밀도는 $\dfrac{16}{50}\times100＝32\,\%$, C의 상대 밀도는 $\dfrac{11}{50}\times100＝22\,\%$이다. A의 빈도는 $\dfrac{9}{25}$, B의 빈도는 $\dfrac{15}{25}$, C의 빈도는 $\dfrac{6}{25}$이므로 A의 상대 빈도는 $\dfrac{9}{30}\times100＝30\,\%$, B의 상대 빈도는 $\dfrac{15}{30}\times100＝50\,\%$, C의 상대 빈도는 $\dfrac{6}{30}\times100＝20\,\%$이다. 각 개체당 방형구를 덮고 있는 면적이 모두

동일하므로 각 종의 상대 피도는 상대 밀도와 같다. 중요도＝상대 밀도 ＋상대 빈도＋상대 피도이므로 A가 우점종이다.

04 ㄷ. 건성 천이 과정에서 관목림 이후 양수림이 형성되어 지표에 도달하는 빛의 세기가 약해지면 빛의 세기가 약한 곳에서도 잘 자라는 음수의 어린 나무가 양수의 어린 나무보다 더 잘 자라 양수림에서 혼합림을 거쳐 음수림으로 변하게 된다. 따라서 구간 A에서 군집의 천이를 일으키는 주된 환경 요인은 지표에 도달하는 빛의 세기이다.

오답 풀이 ㄱ, ㄴ. (가)는 빈영양호로부터 부영양호를 거쳐 습원이 형성되므로 1차 천이 중 습성 천이에 해당하며, 습원 이후 초원이 형성되어 건성 천이와 같은 과정을 거친다.

14강 물질 순환과 에너지 흐름, 생물 다양성

기출 변형 문제   114~115쪽

01 ① **02** ③ **03** ⑤ **04** ③ **05** ② **06** ⑤ **07** ②
08 ③

01 암모늄 이온(NH_4^+)이 질산화 세균에 의해 질산 이온(NO_3^-)으로 전환되므로 A는 암모늄 이온, B는 질산 이온이다.

ㄱ. 식물은 암모늄 이온과 질산 이온을 모두 뿌리를 통해 흡수하여, 질소 동화 작용을 통해 단백질을 합성한다.

오답 풀이 ㄴ. 질산 이온(NO_3^-)이 질소 기체(N_2)로 전환되는 것을 탈질산화라고 하며 과정 (나)가 탈질산화 과정에 해당한다. 따라서 탈질산화 세균은 (나)에 관여한다.

ㄷ. (나)는 탈질산화 세균에서 일어난다.

02 ㄱ. 광합성을 통해 무기물인 이산화 탄소가 유기물인 포도당으로 합성된다.

ㄴ. (나)와 (다)는 모두 세포 호흡 과정이므로 이화 작용에 해당한다.

오답 풀이 ㄷ. A는 생산자, B는 소비자, C는 분해자이며 버섯, 곰팡이, 세균 등은 분해자(C)에 해당한다.

03 ㄱ. A는 3차 소비자, B는 2차 소비자, C는 1차 소비자, D는 생산자이다. 초식 동물은 1차 소비자(C)에 해당한다.

ㄴ, ㄷ. 2차 소비자(B)의 에너지양을 x라고 하면 3차 소비자(A)의 에너지 효율은 $\frac{3}{x}\times100(\%)$이다. 1차 소비자(C)의 에너지 효율은 $\frac{100}{1000}\times100＝10\%$인데, A의 에너지 효율이 C의 에너지 효율의 2배이므로 2차 소비자의 에너지양(x)은 15이다. 상위 영양 단계로 갈수록 에너지양은 감소한다.

04 ㄱ. 총생산량은 호흡량＋순생산량이므로 A는 호흡량이다.

ㄴ. 순생산량은 피식량·낙엽·고사량＋생장량이므로 낙엽의 유기물량은 B에 포함된다.

오답 풀이 ㄷ. 호흡량은 총생산량－순생산량이다. 구간 Ⅰ에서 천이가 진행됨에 따라 호흡량은 증가하고 총생산량은 조금 감소하므로 천이가 진행됨에 따라 구간 Ⅰ에서 $\frac{총생산량}{A}$은 감소한다.

05 ㄷ. 생태계 내로 들어온 빛에너지의 양 A는 열을 통해 생태계 외부로 방출되는 에너지양과 같다. B＋C＋D에는 분해자로부터 방출되는 열에너지는 포함되어 있지 않기 때문에 A＞B＋C＋D의 관계가 성립한다.

오답 풀이 ㄱ. 생태계 내에서 물질은 순환하지만 생태계 내로 들어온 에너지는 순환하지 않고 한 방향으로 흐른다.

ㄴ. 생산자를 먹이로 하는 초식 동물이 1차 소비자이고, 육식 동물은 2차 소비자이다.

06 ㄱ. 대기 중의 탄소는 바닷물에 녹아 주로 HCO_3^- 형태로 존재한다.

ㄴ. 뿌리혹박테리아는 질소 기체를 고정하여 NH_4^+으로 전환하며 이 물질을 콩과식물에게 제공한다.

ㄷ. 질소 성분은 생산자에서 소비자로 질소 화합물의 형태로 이동하며 단백질은 그중 하나이다.

07 A는 생태계 다양성, B는 종 다양성, C는 유전적 다양성이다.

ㄷ. 유전적 다양성(C)이 높을수록 급격한 환경 변화나 전염병에도 살아남을 확률이 높다.

오답 풀이 ㄱ. 생태계 다양성(A)은 생물 군집 사이의 상호 작용과 생물 군집과, 무기 환경 사이의 상호 작용을 모두 포함한다.

ㄴ. 감수 분열 시 상동 염색체의 무작위 분리는 생식세포의 염색체 조합을 다양하게 하여 유전적 다양성(C)을 높이는 직접적인 원인이 된다.

08 ㄱ. 그림은 개체군 크기가 클수록 유전자 변이 수가 많다는 것을 의미하며, 이는 유전적 다양성과 관련이 있다.

ㄴ. (가)가 (나)보다 종 수가 많고 각 종이 비교적 균등하게 분포하므로 종 다양성은 (가)에서가 (나)에서보다 높다.

오답 풀이 ㄷ. ㉡의 상대 밀도는 (가)에서 $\frac{24}{100} \times 100(\%)$이고, (나)에서 $\frac{24}{90} \times 100(\%)$이다. 따라서 ㉡의 상대 밀도는 (나)에서가 (가)에서보다 크다.

116~118쪽

예상 적중 문제

기본 개념 확인

01 NH_4^+, NO_3^- **02** 순생산량 **03** 광합성, 질소 동화 작용
04 피식량, 피식 **05** 상대 밀도 **06** 유전적

01 ④ **02** ④ **03** ③ **04** ③ **05** ① **06** ②

01 A는 생산자, B와 C는 소비자, D는 분해자이다. (가)는 광합성을 통해 CO_2가 유기물로 합성되는 과정, (나)는 뿌리혹박테리아와 같은 질소 고정 세균에 의해 질소가 고정되는 과정, (다)는 세포 호흡을 통해 유기물이 CO_2로 분해되는 과정, (라)는 질소 동화 작용을 통해 암모늄 이온(NH_4^+)이 아미노산으로 합성되는 과정이다.

ㄴ. 생산자, 소비자, 분해자는 모두 세포 호흡을 하므로 A~D에서 모두 (다)가 일어난다.

ㄷ. 질소는 단백질과 같은 유기물, 탄소는 탄수화물과 같은 유기물의 형태로 생산자(A)에서 1차 소비자(B)로 이동한다.

오답 풀이 ㄱ. 생산자(A)는 대기 중의 질소(N_2)를 직접 사용할 수 없으므로 (나)와 같은 물질의 변화가 일어나지 않는다.

02 ㉠은 생산자, ㉡은 1차 소비자, ㉢은 2차 소비자, ㉣은 3차 소비자

이다.

ㄴ. 2차 소비자의 에너지 효율은 $\frac{20}{100} \times 100 = 20\,\%$, 3차 소비자의 에너지 효율은 $\frac{4}{20} \times 100 = 20\,\%$이다.

ㄷ. 순생산량은 총생산량－호흡량이므로 (나)에서 순생산량은 t_1일 때가 t_2일 때보다 많고, 호흡량은 t_1일 때가 t_2일 때보다 적다. 따라서 $\frac{호흡량}{순생산량}$은 t_1일 때가 t_2일 때보다 작다.

오답 풀이 ㄱ. 1차 소비자의 호흡량은 생산자의 피식량에 포함된다. 피식량은 순생산량에 포함되므로 1차 소비자인 ㉡의 호흡량은 생산자의 호흡량인 B에 포함되지 않는다.

03 ㄱ. 생산자는 대기 중의 CO_2를 이용하여 광합성을 하므로 ⓑ가 콩과식물이고, ⓐ가 뿌리혹박테리아, ⓒ가 초식 동물이다. ㉠은 CO_2, ㉡은 N_2이다.

ㄷ. 콩과식물(ⓑ)은 뿌리혹박테리아(ⓐ)가 제공하는 NH_4^+을 이용하여 질소 동화 작용을 한다.

오답 풀이 ㄴ. 빛에너지가 화학 에너지로 전환되는 과정은 광합성이며, 생산자인 콩과식물(ⓑ)에서 광합성이 일어난다.

04 ㄱ. ㉠은 총생산량, ㉡은 순생산량이며, 호흡량＝총생산량－순생산량이다. 이 식물 군집에서 순생산량은 t_1일 때가 t_2일 때보다 많고 호흡량은 t_1일 때가 t_2일 때보다 적으므로 $\frac{순생산량}{호흡량}$은 t_2일 때가 t_1일 때보다 작다.

ㄴ. 1차 소비자의 섭식량은 식물 군집의 피식량과 같다. 식물 군집의 피식량은 순생산량에 포함되어 있으므로 1차 소비자로 이동한 에너지양은 순생산량(㉡)에 포함된다.

오답 풀이 ㄷ. 종 수가 많고 각 종이 균등하게 분포할수록 종 다양성은 높아진다. t_1일 때와 t_2일 때 A~C가 모두 서식하여 종 수는 같지만, t_1일 때가 t_2일 때보다 A~C의 분포 비율이 더 균등하므로 t_1일 때가 t_2일 때보다 종 다양성이 높다.

05 ㄱ. (나)에서 C가 유입된 이후에 A가 사라지고 C만 남았으므로 경쟁·배타 원리가 적용되었다. 경쟁·배타 원리는 생태적 지위가 같은 종 사이에서 종간 경쟁이 일어날 때 적용된다.

오답 풀이 ㄴ. 평형에 도달한 이후 (가)와 (다)에 분포하는 식물 종 수는 같으나 (다)에서가 (가)에서보다 두 종이 균등하게 분포하므로 종 다양성은 (다)에서가 (가)에서보다 높다.

ㄷ. 평형에 도달한 이후 A의 상대 밀도는 (가)에서 $\frac{5}{6} \times 100(\%)$이고, (다)에서 $\frac{8}{16} \times 100(\%)$이다.

06 학생 (다) : 유전적 다양성이 높을수록 급격한 환경 변화에도 적응한 개체가 있을 수 있어 살아남을 확률이 높으며, 생명 공학 기술에 의해 특정 형질이 생기면 유전적 다양성이 높아진다.

오답 풀이 학생 (가) : 특정 생물종의 다양한 형질은 유전적 다양성을 의미한다.

학생 (나) : 생물 종 다양성에는 식물, 동물뿐만 아니라 원생생물, 세균
등 다양한 생물이 포함된다.